国家社会科学基金青年项目（16CFX040）资助

侵权损害综合救济研究

——侵权赔偿与社会化救济的系统性协调

◆叶延玺　著

U0739010

ZHEJIANG UNIVERSITY PRESS
浙江大学出版社
·杭州·

图书在版编目（CIP）数据

侵权损害综合救济研究：侵权赔偿与社会化救济的
系统性协调 / 叶延玺著. -- 杭州：浙江大学出版社，2023.4
ISBN 978-7-308-23642-3

Ⅰ. ①侵… Ⅱ. ①叶… Ⅲ. ①侵权行为－赔偿－研究
－中国 Ⅳ. ①D923.84

中国国家版本馆CIP数据核字(2023)第059740号

侵权损害综合救济研究——侵权赔偿与社会化救济的系统性协调

叶延玺　著

责任编辑	赵　静
责任校对	胡　畔
责任印制	范洪法
封面设计	林智广告
出版发行	浙江大学出版社
	（杭州市天目山路148号　　邮政编码　310007）
	（网址：http://www.zjupress.com）
排　　版	杭州林智广告有限公司
印　　刷	杭州高腾印务有限公司
开　　本	710mm×1000mm　1/16
印　　张	18.25
字　　数	322千
版 印 次	2023年4月第1版　2023年4月第1次印刷
书　　号	ISBN 978-7-308-23642-3
定　　价	88.00元

导　论

一、问题缘起

侵权赔偿的最高指导原则是损害填补（平）。[1] 损害填补原则通常又被认为植根于亚里士多德的矫正正义理论。[2] 矫正正义的"两极性"限定了私法救济的基本特征：一方不公正的所得与另一方不公正的所失具有内在联系，不可分割。[3] 受限于矫正正义的关系结构，侵权赔偿只能在两造之间进行损失转移：要么将损失留给受害人，要么让加害人进行赔偿。侵权赔偿中的主要制度，如归责原则、因果关系、连带责任等，均不过是要在两造之间实现利益平衡。

侵权赔偿也可以视为一种损失或利益分配机制，只不过分配主体范围仅限于特定的加害人与受害人。侵权赔偿一方面局限于损失只能在加害人与受害人之间进行分配，另一方面还受到加害人赔偿能力的限制。与之相比，保险机制属于社会化的救济模式，相对于侵权赔偿具有明显优势。通过保险的风险集中与分散机制，全体投保人分摊所有潜在损害的风险，完全不受侵权赔偿关系中分配主体及其赔偿能力的局限。当然，不同保险类别又各有特点：第一方保险可以充分发挥被保险人（受害人）的意思自由——当事人可以根据自身的风险情况自主选择保险的范围、种类、条件等，对传统私法救济的影响较弱；在责任保险当中，保险人替代被保险人（加害人）进行赔偿，有效解决了侵权赔偿中加害人的赔偿能力问题；社会保险又不同于商业保险，其保障条件和保障水平主要取决于一国的公共政策、经济状况等因素，总体上具有补偿范围"广"而"浅"的特征。

在现代社会，除传统侵权赔偿以外，第一方保险、责任保险、社会保险等

---

[1]　曾世雄：《损害赔偿法原理》，中国政法大学出版社，2001，第 16 页。

[2]　Ernest J. Weinrib, *Corrective Justice*, Oxford: Oxford University Press, 2012, pp.9-20.

[3]　Ernest J. Weinrib, *The Idea of Private Law,* Oxford: Oxford University Press, 2012, pp.63-66.

社会化救济机制在侵权损害救济中起着越来越重要的作用。[①] 这种由侵权赔偿和第一方保险、责任保险、社会保险等共同构成的救济机制即多元补偿机制。目前，几乎所有的现代化国家和地区在侵权损害救济领域均处于多元补偿机制的发展阶段，只不过各种机制所占比重可能有所不同。[②] 在此背景下，现代侵权法正面临内外逼迫的困境：一方面，随着无过错责任、惩罚性赔偿、市场份额责任等制度的兴起，侵权法制度之间冲突明显，侵权法的内在理念显得矛盾和撕裂，侵权赔偿的建构基础变得破碎不堪；另一方面，责任保险、第一方保险、社会保险等社会化救济机制对侵权赔偿的替代程度日增，侵权法的传统功能和价值也正在遭受巨大的外部冲击。[③]

当前，商业保险和社会保险在我国侵权损害救济中占有越来越大的比重，但是，我国立法上并未实现侵权赔偿与各种社会化救济机制的合理衔接，实践中也普遍存在各类补偿项目的给付重叠或缺漏。自党的十八届四中全会提出全面推进依法治国以来，对现代侵权法的内在关系进行重新梳理并使之与各种社会化救济机制进行有效衔接和整合，成为我国法学研究的重要任务。2020年制定和颁布《中华人民共和国民法典》（简称《民法典》）本是解决侵权赔偿与社会化救济一般关系的良好契机，但遗憾的是，《民法典》仍然未对此问题作出一般性规定，仅于第1213条、第1215条和第1216条等就机动车交通事故责任涉及的强制保险、商业保险和社会救助基金作了特别规定。已经基本定型的工伤保险对工伤事故侵权责任的替代规则甚至依旧保留在相关司法解释当中。[④]

侵权赔偿与各种社会化救济机制的衔接和整合是必然的趋势。如果将私法上的单一赔偿到多元补偿视为侵权救济模式转变的一个阶段，那么，在当前多元补偿基础上的进一步发展可以被视为下一个新阶段。很显然，下一阶段的任务目标应当是：基于侵权赔偿和各种社会化救济机制多元并存的现状，在不同层次上对各种救济机制进行整合，使之成为一个内在协调的侵权损害综合救济系统。

---

① 目前学界对"社会化救济"并无统一定义。本书中的"社会化救济"是指相对于"个别化救济"（即侵权赔偿）而言，其补偿资金可以通过商业保险、税收、特别费用提取、募捐等方式获得，最终由社会公众分摊的各种救济机制的统称。

② 威廉·范博姆、米夏埃尔·富尔等：《在私法体系与公法体系之间的赔偿转移》，黄本莲译，中国法制出版社，2012，第276页。

③ Richard B. Stewart, "Crisis in Tort Law? The Institutional Perspective", *The University of Chicago Law Review*, Vol.54, No.1, 1987, pp.184-199.

④ 司法实践对工伤保险与用人单位民事责任关系的处理主要援引原《最高人民法院关于审理人身损害赔偿案件适用法律若干问题的解释》（法释〔2003〕20号）第12条的规定。2020年通过的《民法典》没有吸纳该规定的内容，但随后修订的"法释〔2003〕20号"继续完整保留了该规定（即现"法释〔2003〕20号"第3条）。

凯尔森曾指出，"若诸规范之效力皆可回溯至充任其终极效力根据之某一规范，则诸规范便构成统一体或秩序"[①]。尽管多元补偿机制存在"政出多门"的问题，但各种补偿机制均具有一个共同的规范目的——对受害人的补偿。在此共同规范目的之下，各种补偿机制之间又存在多元价值和不同制度的矛盾和冲突，由此决定了多元补偿机制自始就是一个"矛盾统一体"。当前法学研究的任务就是要在此共同目标之下对多元补偿机制的诸矛盾进行妥善安排和处理，以使其达到内在的协调。

二、研究背景

（一）国内研究背景

我国侵权损害的社会化救济及相关立法起步较晚。社会化救济与侵权赔偿的协调问题在此前并不突出。近些年来，随着我国社会保险制度的逐步健全和商业保险的不断发展，该问题日渐凸显，开始引起学界关注。

国内相关研究主要涉及以下几个方面：（1）无过错责任与责任保险发达的关系[②]；（2）特殊侵权的责任保险问题，如产品责任保险、机动车交通事故责任保险、环境责任保险等[③]；（3）责任保险对侵权法的一般影响[④]；（4）侵权责任立法对责任保险市场的影响[⑤]；（5）社会保险对侵权赔偿的影响，其中包括对工伤保险、医疗保险等具体制度的影响[⑥]；（6）侵权赔偿与社会保险的并行给付[⑦]；（7）现代社会条件下侵权救济模式的转型等[⑧]。

从总体趋势来看，国内近年的相关研究以侵权法为中心逐步向周边其他救济机制拓展；从具体进路来看，理论上对侵权赔偿与责任保险交叉问题的讨论较早，随之扩展至与社会保险相关的问题；从关注程度来看，侵权赔偿与责任保险受到的关注最多，侵权赔偿与社会保险其次，侵权赔偿与第一方保险、侵权赔偿与其他社会化救济（如社会救助）、各救济机制的综合协调、相关的法哲学问题等罕有涉及。国内近年的相关研究进展迅速，但仍存在不足之处：

① 凯尔森：《纯粹法理论》，张书友译，中国法制出版社，2008，第81页。
② 刘士国：《现代侵权损害赔偿研究》，法律出版社，1998；邹海林：《责任保险论》，法律出版社，1999。
③ 王利明：《惩罚性赔偿研究》，《中国社会科学》2000年第4期；张新宝、陈飞：《机动车第三者责任强制保险制度研究报告》，法律出版社，2005；贾爱玲：《环境责任保险制度研究》，中国环境科学出版社，2010。
④ 陈飞：《责任保险与侵权立法》，《法学论坛》2009年第1期。
⑤ 杨鹏艳：《侵权立法对责任保险市场的影响机制》，《保险研究》2011年第4期。
⑥ 林嘉：《社会保险对侵权救济的影响及其发展》，《中国法学》2005年第3期。
⑦ 周江洪：《侵权赔偿与社会保险并行给付的困境与出路》，《中国社会科学》2011年第4期。
⑧ 刘水林：《风险社会大规模损害责任法的范式重构——从侵权赔偿到成本分担》，《法学研究》2014年第3期。

（1）在研究视角方面，当前的研究主要涉及某些直观现象和孤立问题，缺少从综合救济的整体视角展开的系统性研究；（2）在研究深度方面，对相关制度和现象背后的理论基础和法哲学问题的研究非常薄弱；（3）在研究方法方面，未能或极少采用更适合主题对象的系统论方法。

从本书立场来看，我国还有些重要问题尚待进一步研究：侵权赔偿与各种社会化救济机制协调问题的根源是什么？协调的理论基础和社会背景是什么？协调涉及哪些方面或层次？应采用什么样的具体协调方法？协调的最终目标是什么？对这些问题的解答需要有新的理论视角和研究思路。

（二）国外研究背景

国外在相关领域的立法和研究较早，内容丰富，但各国情形不一，以下就典型情况略述之。

（1）新西兰是以社会保险取代侵权赔偿最激进的国家。新西兰曾组织委员会对工业事故赔偿展开调查，并于 1967 年提交了著名的"伍德豪斯报告（*Woodhouse Report*）"。[1] 该报告指出了侵权赔偿体系的不足，建议代以社会保障性质的"无过错事故补偿体系"。1972 年《事故补偿法》（*Accident Compensation Act,* 1972）通过，侵权赔偿的适用范围极度缩小。总体上，学者对新西兰的"事故补偿体系"是普遍肯定的，但对该体系与侵权赔偿的关系存在很大争议。争议的焦点在于如何在"事故补偿体系"下对待侵权赔偿的作用。尽管社会保险十分强大，新西兰也存在"保险协会（ICNZ）"下的商业保险体系。（2）英国 1942 年的"贝弗里奇报告（*Beveridge Report*）"就涉及社会保险与普通法赔偿（侵权赔偿）的关系。[2] 1972 年，"皮尔逊报告（*Pearson Report*）"发布。该报告指出，侵权赔偿至少存在四方面的缺点：较低的赔偿率（仅约 25%）、审判结果的不确定性、赔偿时间的延迟和过高的管理成本（超过 45%）。[3] 一些当代英国学者认为，侵权法是最没有效率的补偿系统，英国应充分发挥社会保障制度、工业事故救济制度、犯罪受害人补偿制度、慈善救济和第一方保险等的作用。[4] 英国也是较早规定交通事故强制责任保险和雇主强制责任保险的国家。截止到

---

① *Compensation for Personal Injury in New Zealand: Report of the Royal Commission of Inquiry*, New Zealand, 1967.

② William Beveridge, *Social Insurance and Allied Services*, HMSO, Cmd. 6404,1942,para.258-264,Sec.III.

③ *Report of the Royal Commission on Civil Liability and Compensation for Personal Injury*, Cmnd 7054, 1978.

④ Vivienne Harpwood: *Law of Tort*, London: Cavendish, 1993, p.8.

"皮尔逊报告"发布之时，英国仅有约6.5%的事故损害寻求侵权赔偿救济。[①]
（3）美国侵权法改革的广度和深度较其他国家尤甚。1910—1920年期间，美国有43个州通过了劳工补偿法，开侵权法改革之先河。美国在医疗责任、产品责任、环境责任、交通事故责任等领域广泛推行社会保险和强制责任保险制度。"无过错保险（No-fault Insurance）"是美国在机动车事故领域采取的"强制第一方保险"性质的措施，对侵权赔偿有重大影响。"9·11受害人赔偿基金（the World Trade Center Victim Compensation Fund）"作为国家补偿对侵权赔偿的替代机制，对美国大规模侵权的赔偿模式有深远影响，但也存在巨大争议。[②]当前，美国针对侵权受害人的救济途径众多，由此引发了关于"平行来源规则"存废的广泛争议。（4）多数大陆法国家（如德国、法国、瑞士、荷兰等）司法界的基本观念是侵权赔偿与社会化救济分属于不同的独立体系，即所谓的"分离原则"。但学界普遍认为，法院实际上不可能不受到社会化救济因素的影响，侵权赔偿不过是整个追索程序的一环。[③]综合欧洲侵权法与保险法研究中心（ECTIL）跨国合作的系列研究来看，以社会化救济取代侵权赔偿的趋向在多数大陆法国家尚不明显，但工伤补偿是例外；侵权赔偿与社会化救济在核心要素、补偿范围、补偿金额等方面存在较大差异。[④]

　　由于两大法系及特定国家之间的制度差异，侵权赔偿与社会化救济的协调问题在各国体现于不同的环节，其焦点也不同。在新西兰，因社会保险有取代侵权赔偿的趋势，其焦点在于如何安排侵权赔偿的角色；大多数英美法系国家在司法中考虑侵权赔偿与社会化救济的关系，故其焦点在"平行来源规则"；大陆法国家受"分离原则"影响，司法中一般不特别考虑侵权法以外的因素，故其焦点在于案外追偿。除了制度、理论和方法等方面的借鉴意义，国外相关立法和研究对本书另有一重要启示：侵权赔偿与社会化救济的协调须立足于本国现行法的特殊性，并应当结合本国传统观念、社会发展水平、公共政策等客观因素。

① John G. Fleming,"Is There a Future for Tort?" *Louisiana Law Review*, Vol.44, 1984.
② Linda S. Mullenix & Kristen B. Stewart,"The September 11th Victim Compensation Fund: Fund Approaches to Resolving Mass Tort Litigation", *Connecticut Insurance Law Journal*, Vol.9, 2002.
③ 格哈德·瓦格纳：《比较法视野下的侵权法与责任保险》，魏磊杰等译，中国法制出版社，2012，第111页。
④ 乌尔里希·马希努斯主编《社会保障法对侵权法的影响》，李威娜译，中国法制出版社，2012，第351-361页。

三、研究思路

本书以侵权损害救济（侵权受害人）为中心，在分析侵权损害救济的历史演进基础上，比较侵权赔偿与各种社会化救济机制的产生背景、构建基础、补偿目标等方面的差异，并揭示它们的共性和协调基础。其次，从基本功能、补偿机制、补偿项目、追偿关系等方面分析侵权赔偿与各社会化救济机制的复杂关系，以及它们之间协调的原理和方法。最后，在对各救济机制进行协调的基础上，探讨侵权法的内在统一和侵权损害综合救济系统的构建问题（如图1）。

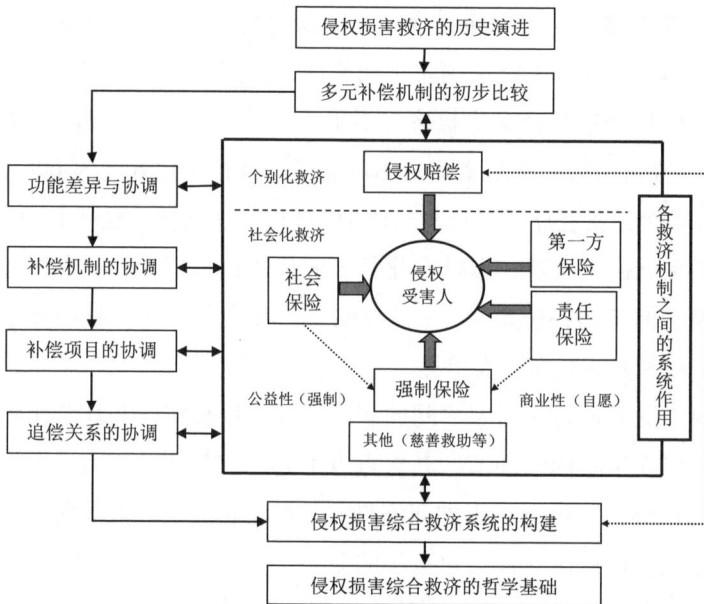

图1：研究框架与思路

四、主要内容

基于系统论的方法，本书拟在分析侵权损害救济演进历史的基础上，对各救济机制的基本功能、补偿机制、补偿项目、追偿关系等方面展开分析，探讨侵权损害综合救济系统内在整合和协调的路径。

第一，侵权损害的多元补偿机制及其系统性协调是侵权损害救济历史演进的必然结果和方向。侵权损害救济从原始的同态复仇逐渐演变为侵权赔偿制度，侵权赔偿又从古代法的结果责任演变成近代法中的过错责任。随着科技和工业的发展，现代风险表现出技术性、概率性、系统性等特征，侵权法领域开始兴起无过错责任，与之同时，责任保险、第一方保险、社会保险等社会化救济机制在侵权损害救济中也扮演着越来越重要的角色。虽然各种救济机制在产生背景、法理基础、功能定位、补偿条件、补偿项目等方面存在重大差异，但它们对侵权受害人均具有补偿作用。

第二，侵权赔偿与各种社会化救济机制均有自身的独立功能，这些独立功能相互结合形成综合救济系统的整体功能。根据矫正正义理论，侵权赔偿的基本功能为补偿和威慑。以侵权受害人为中心进行观察，商业保险的功能表现为损失补偿、风险分散和风险自主；社会保险的功能表现为损失补偿、风险分散和基本生活保障。根据系统科学原理，如果系统是线性的就满足所谓的叠加原理，而非线性系统则会产生涌现性。综合救济系统基本上保留了各构成机制的原有功能（线性叠加），但同时也表现出一定的修正特性（非线性涌现）。据此，我国综合救济系统的整体功能应定位为必要威慑、充分补偿、风险分散、风险自主。为了综合救济系统的整体功能目标，侵权赔偿等构成机制应当反过来对自身的功能定位进行适当调整。

第三，侵权赔偿与各种社会化救济机制均有不同的补偿条件和补偿范围，并且在综合救济系统中处于不同的补偿序位或优先地位。由于各救济机制补偿序位和优先性的不同，国际上形成了不同的综合救济系统模式，包括"新西兰模式""流行模式"和"阿蒂亚模式"。我国目前属于以侵权赔偿和责任保险为核心的"流行模式"。法定补偿条件与任意补偿条件的结合是综合救济系统的重要特征。各救济机制补偿条件的差异又决定了它们补偿范围的错位。各救济机制补偿范围协调的首要目标就是在实现充分补偿的前提下，尽可能减少补偿重叠带来的追偿和返还成本。我国现行法对各救济机制的补偿序位安排整体上符合"流行模式"的定位，但仍有若干方面有待进一步优化：一是要真正确立责任保险在我国侵权损害救济中的优先地位，二是要一体化安排侵权赔偿与责任保险的补偿程序，三是要协调好社会保险各险种之间的关系及其与侵权赔偿的关系，四是要充分发挥第一方保险的风险自主和补偿灵活的优势。

第四，侵权赔偿与各种社会化救济机制均有各自的补偿项目，它们的名称表述、法律属性、金额标准等有所不同。现有的四种协调模式（替代、选择、兼得、补充）只是在救济机制层次上的简单化操作，既未顾及综合救济系统的宏观背景，也未对具体补偿项目展开微观比较。补偿项目的协调应在综合救济系统的整体框架下，依照"分层协调、分类协调、分项协调"的思路展开。首先，综合救济系统内的协调关系发生在救济机制和补偿项目两个不同层次。若救济机制层次上没有冲突，则补偿项目层次上无需协调；否则，需要在补偿项目层次上做进一步协调。其次，根据补偿对象属性的不同，补偿项目可以分为人身性和财产性两大类。财产性补偿项目之间应以损害填补为总协调原则；人身性补偿项目之间应以利益平衡为总协调原则。最后，在补偿项目层次的协调过程中，还应当对各补偿项目的补偿对象、补偿水平、补偿方式等内在因素进行对比分析，以最终确定相关补偿项目之间的逻辑关系。

第五，侵权赔偿与各种社会化救济机制之间还涉及跨子系统的追偿关系，即社保机构对侵权第三人或商业保险人的追偿（"社保追偿"）和商业保险人对侵权人的追偿（"保险追偿"）。这两种追偿关系是综合系统层次上的重要现象。此外，侵权责任人之间的追偿虽然发生在侵权关系内部，但也具有一定的系统效应。综合救济系统内的追偿关系和追偿方向与各救济机制的补偿序位和协调效果有重要关联。若补偿能够完全依照预先设计好的各救济机制的补偿序位正常进行，追偿则可以避免。可以说，追偿制度是综合救济系统内各救济机制协作不周的一种补救措施。综合救济系统内追偿关系的实质是：一方面，法律要求序位在后的救济机制或责任主体在特定条件下替代序位在先者承担补偿责任；另一方面，法律再授权序位在后者在承担了补偿责任之后向序位在先者进行追回。综合救济系统内的追偿还与损害填补原则和终局责任的设置密切相关。鉴于追偿会产生一定的程序成本，通过各种协调方法尽量减少追偿关系是综合救济系统内在整合的任务之一。

第六，侵权损害救济中的价值矛盾和制度冲突不仅表现在多元补偿机制之间，也表现在作为我国综合救济系统构建核心的侵权赔偿机制内部。侵权责任的外延虽广，但不得突破其基本的要素和结构，此即"质的规定性"要求；侵权责任的内涵虽多，但不得超出其最大的边界范围，此即"量变"之限度。通过探究侵权责任"质的规定性"，可以为形态各异的侵权责任和制度提取"最大公约数"，以揭示现代侵权法建构的统一基础；通过分析侵权责任的"量变"及其限度，可以解释具有统一基础的各种侵权责任形态在不同时空背景下的变化及其可能达到的极限。"矫正正义框架内的动态平衡论"兼顾了侵权责任"质"与

"量"两方面的规定性，可以作为侵权法内在各种制度的统一基础。

　　总之，从单一侵权赔偿到多元补偿机制，再到综合救济系统的内在协调，是法律制度因应社会风险形势变化不断进化的过程。"系统性风险，系统性救济。"在现代社会风险背景下，对多元补偿机制进行协调，使之成为以侵权受害人为中心的综合救济系统是侵权损害救济法演进的必然方向。

第一节　侵权损害救济的历史演进与方向

一、古代法：民刑混合时期

自公私法被人为界分以来，论及侵权损害的救济，法律人很自然地将它归结为作为私法部门之一的侵权法的任务。然而，当代法律实践对侵权损害的处理早已不限于侵权赔偿，通常还会涉及责任保险、医疗保险等其他补偿来源。在历史上，围绕此类损害的救济，侵权赔偿作为主体救济机制仅仅是近代以来较短时期的现象，是特定社会时空条件下公私法绝对分割的结果。若跳出当下侵权法学的封闭视界，以侵权受害人为中心的损害救济本身就存在多种可供选择的方案。通过简要梳理侵权损害救济——以侵权受害人为中心的法律救济机制的历史演进，可以揭示不同时代侵权损害救济背后的深层社会原因，并为侵权损害救济的未来发展找到正确方向。

法律非自古有之，法制亦非亘古不变。有关侵权损害的各种法律并非自始就是现在的样子，而是由古老的习惯或惯常做法逐渐演化而来。历史研究认为，复仇是人类遭受他人损害时的自然反应和一项古老的习惯。霍布斯指出："在没有一个共同权力使大家慑服的时候，人们便处在所谓的战争状态之下。"[1] 在这种"每个人对每个人的战争状态"中，没有一个共同的权力来维持人与人之间的和平，个人在自身遭受伤害后只能反击和报复。所以卢梭认为："在法律确立之前，人人都是唯一的裁判者和对他自己所受侵犯的复仇者……随着人们相互触犯的情况发生越来越频繁，处罚也必定越来越严厉，可怕的复仇充当着严厉的法律。"[2] 简言之，复仇即法律，报复即正义。黑格尔也认为，报复是一种价值等同条件下"对侵害的侵害"。[3] 在今天所谓文明国家的法律中仍然可以找到许多初民社会中复仇观念的残余影响。

---

[1]　霍布斯：《利维坦》，黎思复、黎廷弼译，商务印书馆，1985，第 94 页。

[2]　卢梭：《论人类不平等的起源和基础》，高煜译，广西师范大学出版社，2009，第 134 页。

[3]　黑格尔：《法哲学原理》，范杨、张企泰译，商务印书馆，1961，第 104 页。

随着人类智识的开化和对秩序的渴求，建立一套公共权威机制以取代私人间无序的斗争成为历史必然。由于最早的侵权损害救济制度源于古老的复仇，因而它带有明显的报复色彩和惩罚性特征，而且在较早的某段时期内还存在反复的现象。在古代法早期，损害赔偿实质上是一种强制性的赎罪金，在加害人不欲赔偿或者无力赔偿的情况下，受害人及其家族仍保有其复仇的权利。[①] 在一些著名的古老法典当中，如《汉穆拉比法典》和《十二铜表法》，也均残存着同态复仇的规定。[②] 正如梅因所言："在最初的司法行政中，其程序主要是近似地模仿在私人生活中的人们发生争执时可能从事的一系列的行为。"[③]

"将法区分为公法和私法的必要，无疑地并不是在任何时代都被人意识着的。"[④] 在《十二铜表法》中，同态复仇（私刑）、公共刑罚、损害赔偿与"损害投偿"等形态各异的责任承担方式均被糅杂在一起。[⑤] 古罗马法对现代所谓的侵权行为与犯罪行为未做区分，均将其归属于"不法行为"。虽然"不法行为"中的"公犯"属于现代法上的犯罪行为，但作为现代侵权法渊源的"私犯"，无论就其行为性质或责任形式来看，都同时包含了现代刑法和侵权法的因素。[⑥] 正因如此，有的学者认为，古代法律中的侵权责任是从刑法中脱离并逐渐独立出来的。[⑦] 但是，若从法律救济或制裁作为对私人复仇的替代角度来看，对受害人进行补偿或抚慰的侵权责任，而非代表国家公共意志的刑罚，才是古代法的核心内容。"如果一种不法行为或侵权行为的标准被认为是个人而不是国家遭受了该行为的侵害，那么可以断言，在法学的初期，公民赖以得到保护以对抗暴力或欺骗的不是'刑法'而是'侵权行为法'。"[⑧] 所以梅因认为，"古代社会的刑法不是'犯罪'法，而是'不法行为'法，或者借用英语术语，就是'侵权行为'法"。换言之，事实应当是刑法从古代侵权法（不法行为法）中分离出来，而非相反。[⑨]

[①] 王利明：《侵权责任法研究》（上卷），中国人民大学出版社，2010，第 164 页。
[②] 例如，《汉穆拉比法典》第一九六条，"倘自由民损毁任何自由民之子眼，则应毁其眼"；《十二铜表法》第八表第二条，"毁伤他人肢体而不能和解的，他人亦得依同态复仇而毁其肢体"。杨立新：《侵权责任法》，复旦大学出版社，2010，第 57-58 页。
[③] 梅因：《古代法》，高敏、瞿慧红译，中国社会科学出版社，2009，第 286-287 页。
[④] 美浓部达吉：《公法与私法》，黄冯明译，中国政法大学出版社，2003，第 1 页。
[⑤] 李钧：《古罗马侵权法律制度与现代沿革》，中国政法大学出版社，2015，第 4-7 页。
[⑥] 江平、米健：《罗马法基础》，中国政法大学出版社，2004，第 368-369 页。
[⑦] 李钧：《古罗马侵权法律制度与现代沿革》，中国政法大学出版社，2015，第 7 页。
[⑧] 梅因：《古代法》，高敏、瞿慧红译，中国社会科学出版社，2009，第 284 页。
[⑨] 梅因：《古代法》，高敏、瞿慧红译，中国社会科学出版社，2009，第 283 页。

公私法不分、民刑混合是古代法的典型特征，这并非仅仅因为古代立法技术落后，而主要是因为最早的法律救济本身是对私人复仇进行强制替代的产物，所以必然带有私力救济中惩罚制裁和补偿救济两方面的因素。侵权责任和刑罚在后来因公私法的分立而被完全分隔，这并不意味着法律对私人之间损害的处置放弃了从古老的私人复仇中所继承的报复性惩罚的"基因"，仅仅是因为部门法分立后，惩罚的任务被分配给了公法（刑法和行政处罚法），而补偿则成为私法（侵权法）的剩余任务罢了。由此观之，侵权法在进行功能设计时仅局限于从本部门的视野来平衡补偿与威慑（制裁）的关系，自始就失之狭隘。

至于古代侵权法以结果责任作为归责标准或原则，则是十分自然的选择。因为，侵权赔偿作为私人复仇替代机制，必然与损害结果相联系，而与行为人的主观过错或其他因素没有太大关系。在所有的归责标准当中，结果责任最接近于早期的复仇机制，其构成条件也最为简单，所以是侵权法发展史上最早的归责标准，也是侵权责任构成的基本形态。

二、近代法：过错责任时期

一般认为，大陆法系国家近现代意义上的侵权法肇端于古罗马法中的私犯和准私犯制度。[①] 然而，也有研究表明，即使如公认为较成熟地阐明了不法行为的基本理论和过错责任的《阿奎利亚法》，也经过了古罗马后期裁判官和法学家的不断修正及中世纪和近代学者的努力改造，才能成为近现代侵权法构建的理论基础，否则也有可能完全被历史淘汰。[②] 甚至有学者指出："在现代法中，只是根据理论传统，人们才把私犯谈作同契约相并列的债的渊源；实际上，一种私犯也未剩下，因为私犯的后果即私刑已经消失了……"[③] 近现代意义上的侵权法虽然与古罗马法存在历史渊源上的连接，但仅仅形似而非神合，它们完全是不同时代条件下的社会政策的产物。近现代意义上侵权法的标志是资产阶级革命时期确立的过错责任原则，以1804年《法国民法典》为典型。该法典第1382条和第1383条将"过错责任"确立为与"所有权绝对"和"契约自由"并列的近代民法三大基本原则之一。就侵权损害救济机制的历史演进来看，从《法国民法典》制定之初至无过错责任被世界各国普遍接受之前这一较短的时期才属于

---

① 刘海鸥：《大陆法系侵权法历史研究》，法律出版社，2012，第33-56页。
② 黄文煌：《阿奎流斯法——大陆法系侵权法的罗马法基础》，中国政法大学出版社，2015，第260-266页。
③ 彼德罗·彭梵得：《罗马法教科书》，黄风译，中国政法大学出版社，2005，第307页。

纯粹意义上的侵权赔偿——完全处于私法关系内、以过错为条件的个人对个人的损害赔偿，故将其特称为"过错责任时期"。虽然人们习惯于将作为法国侵权法之标志的过错责任原则追溯到古罗马法，但二者的精神内涵及在侵权损害救济法历史演进过程中的意义仍然相差甚远。

无可否认，近代民法确实受到古罗马私法传统、经院学派、自然法学派、传统道德观念等诸多方面的影响。[①] 然而，其代表者《法国民法典》作为近代资产阶级大革命的成果和"自由个人主义的胜利"，对激进个人主义的弘扬和对资本主义自由竞争的保护才是过错责任背后两个最直接的立法动因。[②]

首先，基于自由个人主义的立场，一个人仅对自己控制范围内的行为后果负责，那么，采纳过错责任作为是否对其行为后果负责的分界标准就是最佳的选择。"自由概念有赖于自由意志——个人理性地选择其生活目标和生活计划的能力，以及他们对实现这些目标手段的掌控——的观念。"[③] 个人自由的核心要件是意思自决，但在社会层面上，意思自决必然对应着后果自负的要求。因为一个人在自由行动以追求某些价值目标时，就有可能与他人的自由发生冲突，乃至危及他人的生命健康和财产利益。[④] 过错正是个人意思自决和后果自负之间的连接点和平衡点。过错责任当然体现了特定社会对个人行为的价值评判及其背后的道德准则。[⑤] 但更为重要的是，一个拥有自由意志的人自然应当对其自主行为的后果负责。将责任后果与人的意志相连，这在罗马法中已经有所体现。耶林在研究古罗马法时就曾指出："让他承担责任的，不是外部动作，而是行为，也就是说包含了人的意志的行动的因果关系，而且也不是全部行为，而仅仅是包含意志的行为。"[⑥] 尽管如此，过错责任在古罗马私法中并未获得与在近代法上同等重要的地位，其关键原因在于：古罗马法尚处于将民刑不分的惩罚改造为私法赔偿的历史进程当中，个人自由在古罗马法中不可能成为法的基本价值追求。

其次，在资产阶级大革命背景下对自由竞争和工商业的保护才是近代侵权立法将过错责任确立为基本归责原则的最终原因。在法国大革命前后，法国正

① 李中原：《欧陆民法传统的历史解读——以罗马法与自然法的演进为主线》，法律出版社，2009，第286-299页。
② 雅克·盖斯旦、吉勒·古博：《法国民法总论》，陈鹏等译，法律出版社，2004，第99页。
③ 戴维·G.欧文主编：《侵权法的哲学基础》，张金海等译，北京大学出版社，2016，第203页。
④ Gerald J. Postema, *Philosophy and the Law of Torts*, Cambridge: Cambridge University Press, 2002, pp.22-23.
⑤ 王泽鉴：《侵权行为法》，北京大学出版社，2009，第12-13页。
⑥ 鲁道夫·冯·耶林：《罗马私法中的过错要素》，柯伟才译，中国法制出版社，2009，第77-78页。

处于从封建主义自然经济向资本主义商品经济过渡的时期，资本主义的商品经济客观上要求在工业、商业、金融、劳务等各个领域给予交易双方以最大的行为自由。保护工商业，促进自由竞争是当时全社会的共同愿望。[1]"过错制度的目的主要是进取，而非注意。"[2] 约翰·弗莱明（John G. Fleming）教授此语道破了过错责任在近代取得如此牢固地位的真实原因。若过错责任制度如许多人认为的那样是源于对道德缺陷的制裁，就应该对个体在行为时的真实认知状况进行考察。事实相反，近代侵权法并不考虑个体在行为时的脾性、智力、知识等内在特征，而从来都是以一般人"应当"具有的通常智识来判断过错之有无。[3] 有学者尖锐地指出："如果法律真的反映了道德准则的话，它就不会采纳过错的客观定义而忽略了行为人的个体特质。"[4] 事实真相是，过错责任在近代法中是倾向于行为人一方的风险分配原则，而不是道德伦理在法律上的体现。当然，我们也可以说过错责任原则体现了某种道德精神，但绝不是保守主义的那种传统道德，而是资本主义条件下的新道德——为了追求资本利益而在一定程度上牺牲安全利益，不仅值得，而且必要。美国研究侵权法史的学者也认为："传统观念认为（过错责任）侵权行为法的兴起应归咎于工业化的发展的观点是正确的。"[5]

对个人主义和自由竞争的保护不仅决定了过错责任在近代侵权法中的核心地位，同样也影响着过错责任的认定方式。近代侵权法上的过错概念含有两个要素："注意义务之存在"和"注意义务之违反"。[6] 注意义务是过错责任的前设条件，而判断注意义务的存在又需依赖于一个理性人处于相同情境下能否预见损害发生的标准。过错的实质内涵即为一个理性人"能预见损害之发生、能避免损害之发生、未避免损害之发生"。[7] 于是，"理性人"和"可预见性"成为过错责任认定的两项关键因素。为了自身利益最大化而行动的理性人标准并非法律上的粗鄙推定，实质上是个人主义和自由竞争条件下法律对个人的一项精致要求。过错责任对可预见性的要求使个人在竞争活动中免于动辄得咎，在保证

---

① 吴于廑、齐世荣主编《世界史·近代史编》（上卷），高等教育出版社，2011，第232页。

② John G. Fleming,"Is There a Future for Tort?" *Louisiana Law Review*, Vol.44, 1984, p.1194.

③ O. W. Holmes, *The Common Law*, London: Macmillan & Co., 1882, p.108.

④ Peter Cane, *Atiyah's Accidents, Compensation and the Law*, Cambridge: Cambridge University Press, 2006, p.180.

⑤ G. 爱德华·怀特：《美国侵权行为法：一部知识史》，王晓明、李宇译，北京大学出版社，2014，第23页。

⑥ 陈聪富：《侵权归责原则与损害赔偿》，北京大学出版社，2005，第45页。

⑦ 曾世雄：《损害赔偿法原理》，中国政法大学出版社，2001，第81页。

最基本社会安全需要的基础上最大程度地保障个人行动自由。理性人和可预见性的标准必然导致过错认定的客观化。诚如王泽鉴先生所指出的："过失的客观化醇化了传统个人主义的过失责任，不再强调行为人道德的非难性，而着重于社会活动应有客观的规范准则。"[①] 过错责任一旦客观化，就与道德没有太多实质的内在关联，而成为一套纯粹的外在行为标准。

自从过错责任被确立为侵权赔偿的基本归责原则，侵权损害救济就已经彻底摆脱了古代法中兼及惩罚和补偿的朴素道德，而成为社会行为风险和成本的一种分配机制。如果说民刑不分的古代法是对私人复仇冲动的强制替代，过错责任时代的侵权损害救济法则是促进个人自由和竞争的社会政策下的理性选择。也即，"侵权法是基于个人对其造成他人伤害的道德责任，而非道德过错或谴责"[②]。既然过错责任与行为人的主观道德无实际关联，或者仅有弱关联，那么，应社会情境和公共政策的变化对责任标准或风险分配标准进行再调整，乃至采取与过错无关的其他救济措施，也就顺理成章。

三、现当代：多元补偿时期

第二次世界大战结束以后，发达资本主义国家开始进入后工业化时期——"风险社会"时代。风险社会中的风险具有不同以往的三个重要特征：技术性、系统性、概率性（可估算性）。[③] 也即，在风险社会当中，损害事故的发生通常是工业技术运用的结果，而且这类事故风险是带有概率性的系统风险——无论如何谨慎注意都不可避免的风险。这类风险通常很难被归结为企业或行为人的主观过错，并且它们本身往往是社会所鼓励的行为，如疫苗注射、交通运输、产品制造等。过错责任在此前确立的行为自由与权益保护之间的平衡被打破——大量事故受害人在过错归责标准下得不到合理的救济。"一百多年后的今天，可以肯定，侵权行为法所倾向的重点已随着时间的推移而发生了变化。若探求责任法律制度领域最新的发展至当前的形态的动力，则我们不能回避公民对安全的要求以及由此产生的对社会安全的需求。"[④] 在此背景下，人们开始重新将社会安全的需求置于经济效率之上，相对于此前在个人主义和自由竞争条

---

① 王泽鉴：《侵权行为法》，北京大学出版社，2009，第14页。

② Richard W. Wright, "Principled Adjudication: Tort Law and Beyond", *Canterbury Law Review*, 1999, p.28.

③ 叶延玺：《风险社会与损害救济机制的转型》，《吉首大学学报（社会科学版）》2016年第4期，第80-85页。

④ 马克西米利安·福克斯：《侵权行为法》，齐晓琨译，法律出版社，2006，第4页。

件下对行为自由的片面追求,安全利益受到更多关注,无过错责任(或危险责任、严格责任)由此兴起。

另外,一些国家和地区的侵权法中尚有所谓公平责任的规定。我国原《中华人民共和国侵权责任法》(简称《侵权责任法》)第 24 条通常被认为是关于公平责任的一般规定。公平责任以双方当事人均没有过错为前提,且不符合无过错责任的条件,直接依据民法公平原则并结合当事人的受益情况、财产状况及其他相关情况责令一方当事人承担补偿责任。① 公平责任虽然只是一项辅助归责原则,不能与过错责任和无过错责任相提并论,但不能否认其在我国《侵权责任法》中曾占有一席之地。一般认为,侵权法中的公平责任源于风险分配的需要。虽然同样基于风险分配的需要,公平责任与无过错责任所涉及的风险类型却有所不同:无过错责任主要适用于现代社会条件下的技术性风险,而公平责任主要适用于传统的社会生活风险。② 随着《民法典》第 1186 条将原《侵权责任法》第 24 条的"可以根据实际情况"修改为"依照法律的规定",公平责任的适用范围在我国现行法中被严格限制。因为此条规定的变动,有观点认为我国民事立法不再有所谓的公平责任,而仅保留了"公平分担损失"。③ 但从广义的责任概念来看,"公平分担损失"仍然可以被视为公平责任。

侵权责任对加害人是一种负担,而对受害人则是一种资源。法院通过侵权责任来修复损害,其实质是为特定社会建立一种资源或负担的分配方式。④ 从过错责任到无过错责任,这不仅是侵权法内在归责原则或标准的变化,也意味着整个社会风险分配模式的调整。不仅如此,过错责任与无过错责任的并存使得侵权赔偿遵循着两套不同的理论逻辑,这令侵权法的理论基础开始变得模糊不清。以至于有不少学者认为:过错责任旨在制裁不法,其理论基础是矫正正义;无过错责任旨在救济不幸,其理论基础是分配正义。⑤ 暂且不论这些观点之正误,归责原则的分化确实造成了侵权法理论基础统一性的重大分歧。⑥ 无过

---

① 王利明:《侵权责任法研究》(上卷),中国人民大学出版社,2010,第 268-296 页;方新军:《侵权责任学》,北京大学出版社,2013,第 48-52 页。
② 周友军:《侵权法学》,中国人民大学出版社,2011,第 35-37 页。
③ 黄薇主编《中华人民共和国民法典解读(人格权编·侵权责任编)》,中国法制出版社,2020,第 301-304 页。
④ Peter Cane, "Distributive Justice and Tort Law", *New Zealand Law Review*, 2001, p.404.
⑤ 王泽鉴:《民法学说与判例研究》第二册,中国政法大学出版社,2005,第 140 页;周友军:《侵权法学》,中国人民大学出版社,2011,第 41 页。
⑥ Christopher J. Robinette, "Can There Be a Unified Theory of Torts? A Pluralist Suggestion from History and Doctrine", *Brandeis Law Journal*, Vol.43, 2004, pp.369-414; Gary T. Schwartz, "Mixed Theories of Tort Law: Affirming both Deterrence and Corrective Justice", *Texas Law Review*, Vol.75, 1997, p.1801.

错责任的影响不仅造成了侵权法内部的混乱，还直接催生了集体责任和社会化救济的思想，令责任保险、第一方保险、社会保险等各种社会化救济机制均介入其中，使得近代以来的单一私法救济（过错侵权责任）逐渐向多元化的救济模式转变。并且，由于集体责任和相关保险制度的产生和扩张，原本由个人承担的侵权赔偿责任在实践中反而成了特例。加害人和受害人在损害赔偿案件中变得更像"第三者"，而争议的焦点往往在于究竟是由受害人的保险人（第一方保险、社会保险）还是加害人的保险人（责任保险）来支付损失。侵权法实质上成为"规定保险追索求偿条件的法律"。[①]

　　当前，以受害人为中心的多元补偿机制在世界绝大多数国家和地区都广泛地存在，多元补偿的概念目前也被人们普遍接受。对于该多元补偿机制，应从侵权法内外两方面来看待。在侵权法内部，过错责任、无过错责任、公平责任实际上是三套不同的赔偿机制。就现实而言，过错责任仍然是侵权赔偿的核心，承担着"一般风险"的初次分配任务；无过错责任是对过错责任之外特定行为风险——"高危风险"的二次分配，即将原本在过错责任条件下由受害人承担的部分风险再次分配给行为人；公平责任（或"公平分担损失"）则是对过错责任和无过错责任之外"剩余风险"的三次分配，以作为侵权法功能范围最外缘的辅助性规定。从整体适用顺序来看，过错责任、无过错责任和公平责任是依次推进的关系，尽管过错责任和无过错责任之间存在部分重叠——有些适用无过错责任的行为人本身也存在过错。从归责逻辑和理论依据来看，这三者应属平行的不同补偿机制。其次，在侵权法外部，责任保险、第一方保险、社会保险等社会化救济机制又是与整个侵权赔偿体系平行的补偿机制。在以受害人为中心的多元补偿机制中，侵权赔偿与其他几种社会化救济机制的关系十分微妙，且在不同国家或法域的不同结合模式中表现也不尽相同。通常，侵权赔偿与责任保险的关系最为密切。责任保险以侵权责任的存在为前提，责任保险的兴起又为无过错责任的发展和侵权责任的扩张创造了外部条件。[②]与之相比，第一方保险和社会保险与侵权赔偿的关联似乎要弱一些，但实际上这仅仅是以流行的"侵权赔偿＋责任保险"为核心的模式为参照。此外，尚存在其他可能的多元补

---

① 马克西米利安·福克斯：《侵权行为法》，齐晓琨译，法律出版社，2006，第8页。

② Tom Baker, "Liability Insurance as Tort Regulation: Six Ways That Liability Insurance Shapes Tort Law in Action", *Connecticut Insurance Law Journal,* Vol.12, 2005, pp.1-16; George L. Priest, "The Current Insurance Crisis and Modern Tort Law", *The Yale Law Journal,* Vol.96, 1987, pp.1521-1590; Gerhard Wagner, "Tort Law and Liability Insurance", *The Geneva Papers,* No.31, 2006, pp.277-292.

偿机制的模式设计。[①] 例如，在"新西兰模式"中，社会保险整体上取代了侵权赔偿，责任保险的存在空间自然也十分有限；[②] 在"阿蒂亚模式"中，以第一方保险取代侵权赔偿，二者关系密切，而责任保险和社会保险则几乎无存在之余地。[③]

四、未来方向：整合与系统化

侵权法内在归责原则的多元化和多元补偿机制的并存一方面扩展了对受害人的救济途径，但另一方面不可避免地造成了侵权损害救济领域的杂乱现状。

鉴于侵权赔偿在多元补偿机制中始终处于基础性地位——不论其在整个补偿体系中所占金额比重如何，要对多元补偿机制进行整合，首先应当对侵权法的内部关系进行调和。实际上，侵权法的内在统一长期以来就是学理上的一个重要争议问题。霍姆斯（O. W. Holmes）曾试图论证所有侵权责任类型最小的共同基础，并认为过错才是所有侵权法制度背后的共同解释原则。[④] "侵权法统一于过错"长期被学者们奉为教条，直至 20 世纪六七十年代"侵权法危机"的到来。弗莱明·詹姆斯（Fleming James Jr.）指出，过错的概念本身就十分模糊，它在侵权法中至少有三重含义：个人的应受责难性、行为疏失和不符合法律标准。[⑤] 而且，即使认为过错责任相对于严格责任在侵权法中仍占有主导性，其地位也将因为责任保险和社会保险等的外部影响而松动。[⑥] 此期间甚至一度有学者认为，严格责任（危险责任、无过错责任）不仅主导当前的某些高度危险行为和产品责任等领域，还将进一步取代过错责任，成为未来侵权法的统一基础。[⑦] 虽然关于侵权法统一基础的争议在学界从未达成共识，但学者也从未放弃过努力。在"侵权法危机"以后，侵权法统一理论主要由基于法经济学的威

[①] 叶延玺：《现代综合救济体系的模式分析——全球视野下的宏观比较与选择》，载《遵循科学的自然法：刘士国教授 60 华诞祝寿论文集》，法律出版社，2014，第 130-144 页。

[②] Richard S. Miller, "The Future of New Zealand's Accident Compensation Scheme", *University of Hawaii Law Review*, Vol.11, No.1, 1989, pp.3-10.

[③] P. S. Atiyah, "No-Fault Compensation: A Question That Will Not Go Away", *The Insurance Law Journal,* Nov. 1980, pp.625-640.

[④] O. W. Holmes, *The Common Law,* London: Macmillan & Co., 1882, pp.77-129.

[⑤] Fleming James Jr, "Tort Law in Midstream: Its Challenge to the Judicial Process", *Buffalo Law Review*, Vol.8, 1959, pp.315-344；Fleming James Jr, "Nature of Negligence", *Utah Law Review*, Vol.3, No.3, 1953, pp.275-293.

[⑥] Fleming James Jr, "The Future of Negligence in Accident Law", *Virginia Law Review*, 1967, Vol.53, pp.911-918.

[⑦] William L. Prosser, "The Fall of the Citadel (*Strict Liability to the Consumer*)", *Minnesota Law Review*, Vol.50, 1966, pp.791-848; Kenneth S, Abraham, "Prosser's The Fall of the Citadel", *Minnesota Law Review*, Vol.100, 2016, pp.1823-1844.

慑理论和矫正正义理论所主导。[1] 盖多·卡拉布雷西（Guido Calabresi）较早地提出，侵权法主要应致力于最大化地发挥威慑作用，而不应该被各种虚伪的道德主义所占据。[2] 在他看来，"我们的社会并没有允诺不惜一切成本保护生命"，因此，侵权法的真正目标应当是在正义要求之上追求"事故成本的减少"——减少事故的数量与严重程度、社会成本与管理成本。[3] 理查德·波斯纳（Richard A. Posner）在卡拉布雷西的基础上将经济分析的方法全面引入侵权法，并认为经济分析的方法可以普遍适用于现行的侵权法规则。[4] 他认为，过错责任相对于严格责任更能实现威慑的目的，关键原因在于受害人在严格责任条件下没有为其自身安全采取预防措施的激励。[5] 这种基于"双边预防"角度得出的观察和分析结论不同于此前绝大多数侵权法学者的理论，并对侵权法的经济分析产生了重大影响。[6] 与之相反，威慑理论在乔治·弗莱彻（George P. Fletcher）和理查德·爱泼斯坦（Richard Epstein）等矫正正义论学者那里却没有任何独立的地位。[7] 欧内斯特·温里布（Ernest J. Weinrib）则进一步发展了矫正正义理论。在他看来，威慑和（或）补偿都具有独立正当的社会目的，但它们在功能主义中没有内在联系，无法成为侵权法（私法）的内在统一基础。私法（侵权法）只能从它的内在角度和自身目的方面进行解释。形式主义、矫正正义和康德式的权利相结合才能保证私法（侵权法）的内在连贯性。[8] 此外，也有一些学者从其他立场来看待侵权法的统一基础。比如，彼得·凯恩（Peter Cane）就认为，"侵权法是关于个人责任的一套规则和原则，其主要功能是对修复损害而施加责任进行正当化"[9]。侵权法是否具有内在统一性？如何统一？这些至今仍然是悬而未决的问题。

[1] Christopher J. Robinette, "Can There Be a Unified Theory of Torts? A Pluralist Suggestion from History and Doctrine", *Brandeis Law Journal*, Vol.43, 2004, pp.369-414.
[2] Guido Calabresi, "Some Thoughts on Risks Distribution and the Law of Torts", *The Yale Law Journal*, Vol.70, 1961, pp.499-553; Guido Calabresi, "Fault, Accidents and the Wonderful World of Blum and Kalven", *The Yale Law Journal*, Vol.75, 1965, pp.216-238.
[3] 盖多·卡拉布雷西：《事故的成本——法律与经济的分析》，毕竟悦等译，北京大学出版社，2008，第15-30页。
[4] Richard A. Posner, "The Cost of Accidents: A Legal and Economic Analysis", *The University of Chicago Law Review*, Vol.37, 1970, p.636.
[5] Richard A. Posner, "Strict Liability: A Comment", *The Journal of Legal Studies*, Vol.2, 1973, pp.205-222; Richard A. Posner, "A Theory of Negligence", *The Journal of Legal Studies*, Vol.1, 1972, pp.29-96.
[6] 罗伯特·考特、托马斯·尤伦：《法和经济学》，史晋川等译，格致出版社等，2010，第316页。
[7] Christopher J. Robinette, "Can There Be a Unified Theory of Torts? A Pluralist Suggestion from History and Doctrine", *Brandeis Law Journal*, Vol.43, 2004, p.385.
[8] Ernest J. Weinrib, *The Idea of Private Law*, Oxford: Oxford University Press, 2012, pp.1-21.
[9] Peter Cane, "Distributive Justice and Tort Law", *New Zealand Law Review*, 2001, p.403.

学界当前对各救济机制相互关系的研究较多的是侵权赔偿与责任保险。责任保险以侵权责任为保险标的，侵权责任是责任保险的前提基础，侵权法规则的变化和侵权责任的扩张最终会影响责任保险市场的运行。反过来，责任保险与侵权赔偿的并存又会对侵权法的功能、目标和具体制度产生微妙影响。[①] 其次，侵权赔偿与社会保险（障）的关系近年来也受到越来越多的关注。在现实中，"两个法律分支之间存在一定的重叠以及不可避免的影响与相关性。因此，社会保障保护程度的改变也必然会影响到侵权法，反之亦然。"[②] 社会保险本身是基于福利国家政策的风险集中和分散机制，但因为它的保障对象涵盖了侵权受害者而与侵权赔偿存在明显重叠。长期以来，各界对社会保险与侵权赔偿的关系未予太多重视，其主要原因在于传统上的社会保险与侵权赔偿的立论基础不同，二者在功能目标层面本身没有交集。但随着现代侵权法承载了越来越多的社会保障功能，同时社会保险又面临资金短缺、市场化等现实问题，如何恰当处理二者的交叉关系逐渐显得重要起来。其次，在某些侵权损害领域，如工伤事故，还呈现出以社会保险取代侵权赔偿的全球趋势[③]，更不用提如新西兰以社会保险全面取代侵权赔偿的情况。再次，法学界对社会保险与第一方保险、社会保险与责任保险、责任保险与第一方保险之间在补偿侵权受害人方面的重叠与冲突问题则鲜有关注。这些社会化救济机制不仅影响彼此，同时也会进一步影响到侵权赔偿的最终结果。

当侵权法面临外部救济机制的挑战时，其不仅要顾及内在的统一，还需要进一步与其他救济机制进行衔接以促成它们共同所属的综合救济系统的整体和谐。围绕受害人的救济问题，我国现行法不仅在侵权法内部存在过错责任、无过错责任、公平责任等多元机制，侵权法又与其外部的责任保险、第一方保险、社会保险及其他救济机制（如慈善救助）等社会化救济机制并存。相关救济机制的立论基础、功能目标、适用条件、补偿项目和运行规则等各不相同，彼此间难免存在龃龉。该状况虽然尚未引起法律运行的严重失序，却显然与现代社会运行和治理的精细化、科学化、系统化的要求相去甚远。因此，在当前多元补偿机制并存的基础上，对各种救济机制的相互关系进行有效协调，使它们整

---

① 叶延玺：《论美国二十世纪 80 年代保险危机以来的侵权法改革运动》，《云南大学学报（法学版）》，2014 年第 1 期，第 126-132 页。

② 乌尔里希·马格努斯主编《社会保障法对侵权法的影响》，李威娜译，中国法制出版社，2012，第 387 页。

③ 林嘉：《社会保险对侵权救济的影响及其发展》，《中国法学》2005 年第 3 期，第 90-97 页。

合成为一个内外统一、衔接有序的综合救济系统必将是该领域的未来发展方向。诚如某学者所言："我们国家应当重视社会保障制度、强制责任保险以及商业责任保险的作用，建立和健全相关的社会保障、责任保险制度，以期在未来社会建立一种综合的补偿机制。"[①]

第二节　侵权赔偿与社会化救济的初步比较

一、各救济机制的基本原理比较

（一）侵权赔偿的基本原理

俗语云："天有不测风云，人有旦夕祸福。"在日常生活中，每个人都面临各种风险的考验并要承担不幸损害的结果，也即"风险自负"。"风险自负"被默认为是一切有关风险与损害问题的初始规则。在此前提下，当人们认为"风险自负"于己不公并思考是否应由他人来承担或共担时，有关风险或损害分配的问题便随之产生。如果损害是由第三人造成，或者"第三人较之于受害人更加'接近'损害"，基于公正要求，就有必要让第三人承担这种损害的后果。[②]侵权赔偿就是一种在特定条件下将受害人的损害转移给第三人承担的法律机制。所以，侵权赔偿的法理基础为矫正正义，最基本的原理在于损害填补——受害人的损害等于加害人的赔偿，通过责令加害人赔偿使受害人恢复到受损害以前的状态。当然，在复杂的法律运作环境中，如何"填平"则是需要进一步考虑的问题。

侵权赔偿作为一种损害填补机制，不过是将受害人的损害转移给加害人，其中心问题是"归责"。"一种法律秩序在何时、在什么条件下将已发生的损失转由他人承担，这取决于很多因素，特别是取决于在该社会中占主导地位的思维方式和传统习惯。"[③]然而，社会形态及其价值观念总是不断变化的，这就决定了侵权赔偿归责标准和责任范围也必然会随着社会发展而持续地演进。结果责任与古代社会中的原始复仇观念和直觉思维相关；近代法中的过错责任体现了资本主义社会背景下侧重保护行为自由和效率优先的理念；无过错责任（与过错责任并存）则反映了现代社会风险条件下重新平衡行为自由与权利保护、

---

① 张新宝：《侵权责任法》，中国人民大学出版社，2016，第78页。
② 海尔姆特·库齐奥：《侵权责任法的基本问题》（第一卷），朱若译，北京大学出版社，2017，第2页。
③ 马克西米利安·福克斯：《侵权行为法》，齐晓琨译，法律出版社，2006，第2页。

效率与安全的需要。围绕归责之中心议题，侵权法中的因果关系、与有过失、连带责任等其他制度和规则也无非是加害人与受害人之关系天平上大小不同的砝码。

总之，侵权赔偿的原理不过是在受害人"自负风险"与加害人"填平损害"之间进行选择。一旦选择了由加害人"填平损害"——侵权责任成立，就在受害人与加害人之间形成了一个封闭的二元对称结构关系。基于这种结构关系，侵权赔偿相对于其他社会化救济机制而言，具有两个重要特征。其一，对受害人的补偿反过来也是对加害人的威慑，二者是"等值"和"对应"的关系。补偿与威慑作为侵权赔偿的两个并列的基本功能，"一体两面"而不可分割。其二，加害人作为侵权赔偿的唯一资金来源，其资产状况决定了受害人能否实际获得赔偿。在纯粹的侵权诉讼中，由于加害人没有赔偿能力而造成受害人虽然赢得诉讼却不能获偿的情况十分普遍。因此，侵权赔偿的封闭结构关系虽然可以对加害人产生较显著的经济威慑，但也严重限制了对受害人的实际补偿效果。这两个特征恰好体现了侵权赔偿相对于社会化救济机制的优势和劣势。

（二）商业保险的基本原理

"保险是集合具有同类风险的众多单位和个人，以合理计算分担金的形式，实现对少数成员因约定风险事故所致经济损失或由此而引起的经济需要进行补偿或给付的行为。"[1] 相对于侵权赔偿的"个体—个体"损失转移模式，商业保险是一种"个体—保险人—公众"的风险集中与分散机制。商业保险通过契约关系将大量的同类风险集中起来，根据个别风险的情况厘定保险费并筹集保险基金，当投保标的发生实际损害时，由保险基金进行补偿。作为一种风险集中与分散机制，保险应具备以下几项基本要素：（1）具有可保性的特定风险；（2）多数经济单位（投保人）的共同参与；（3）保险费的合理厘定及保险基金的建立；（4）基于保险合同确立的权利义务关系。[2]

商业保险具有经济和法律上的双重意义。作为一种经济上的安排，保险以大数法则和概率论为数理基础。包括侵权损害在内的社会风险本身是偶然的、随机的、不确定的，但是把一定范围内的风险集中起来，风险的发生就具有概率论上必然的、规律的、确定的特征。根据特定范围内发生实际损失的概率，

---

[1] 杨忠海：《保险学原理》，清华大学出版社，2011，第16页。
[2] 马宜斐、段文军：《保险原理与实务》，中国人民大学出版社，2015，第5页。

可以计算参保人所应支付的保险费。对于参保人而言，通过预先支付确定的、较小金额的保险费，在不确定的、较大金额的损害发生后可以获得相应的保险金。作为一种法律上的安排，保险的法律基础是基于意思自治的合同规则。保险的种类、范围、内容、费率及赔付条件等均由保险人和投保人双方合意选择。这种建立在合同基础上的补偿机制完全不同于侵权赔偿和社会保障，受害人能否获得、获得多少补偿完全取决于自愿选择，而非制度上的强制安排。①

对商业保险人而言，保险业务的运作自然是以营利为目的的。如果经营不善，不仅保险人自身无法持续运作，还有可能殃及投保人的利益乃至保险市场的整体稳定。在营利目标的驱动下，保险人对可以投保的风险和保险产品有所选择和限制。如此，且不论某些风险因其自身的特征而不具有可保性，一些原本应该通过保险机制进行分散的风险就可能反而被排除在保险市场之外。再者，保险人基于成本控制和利润优化的需要，通常都在保险产品中设置了许多限制性条件，如豁免条款、免赔额与赔偿限额等，这使得商业保险的风险分散功能受到一定程度的限制。

由于信息的不对称，商业保险中的最大难题在于投保人的逆向选择和道德风险。"逆向选择是指风险高的人要比一般的人更希望购买保险的这样一种行为，而道德风险则是指个人在得到保险之后改变日常行为的一种倾向。"② 对投保人而言，商业保险作为一种风险规避机制，同样也受到利益驱动——以最小代价获得最大保险保障。风险程度较高者的投保意愿较高，而低风险者的投保意愿较低。其结果就是，进入保险池的投保人总体上的风险程度偏高，导致保险人的赔偿成本和保险费整体升高，继而使得低风险者的投保意愿进一步降低，甚至退出保险池，产生恶性循环。由于风险损失成本通过保险转移给了保险人，投保人在保险范围内预防损害、减轻损害的激励就会降低，又会进一步提高保险池中的风险系数。虽然保险人可以通过各种规则设计来降低逆向选择和道德风险的不利影响，但不可能完全消除这种影响。③

商业保险可以根据保险标的和利益的不同分为第一方保险（人身保险和除责任保险以外的财产保险）和第三方保险（责任保险），二者在涉及侵权损害方

① 强制保险作为一种例外，受到法律上的较多规制，但相对于社会保险当事人而言，其仍然享有较大的选择自由。
② 孙祁祥：《保险学》，北京大学出版社，2013，第32页。
③ 叶延玺：《论责任保险的基本预防机制及其效果——以侵权法的预防功能为参照》，《广西政法管理干部学院学报》2015年第2期，第110-116页。

面有重大差别。第 方保险以侵权受害人（被保险人）自身的人身或财产利益为标的，受害人可以基于风险管理的需要自主决定保险的范围和条件；责任保险以侵权加害人的赔偿责任为标的，但受害人本身无法直接干预，只能基于保险关系间接获得保障。在责任保险关系中，保险人实际上是侵权赔偿的替代责任人。因此，责任保险与侵权赔偿在索赔程序和实体法关系中密不可分。从社会整体来看，第一方保险和第三方保险的根本区别在于："第一方保险是每个人为自己购买保险；第三方保险则是每个人为其他所有人购买保险，而自己的保险则包含在其他所有人的保险单中。"[1]

（三）社会保险的基本原理

商业保险作为一种社会化的救济机制，在相当程度上可以弥补侵权赔偿条件下加害人个体赔偿能力之不足。然而，商业保险对于侵权赔偿仍有许多无法覆盖或补偿不足的领域，社会保障制度的优越性由此显现。社会保障（Social Security）在多数语境下是社会保险（Social Insurance）的上位概念。在我国学理和实践中，社会保障的范围除了社会保险，还包括社会救助、社会福利、社会优抚等。然而，不论是从保障范围或是基金规模来看，社会保险都是社会保障的核心和主要内容。[2] 从全球范围来看，社会保障有投保资助、福利国家型、强制储蓄、国家保险四种模式[3]，其中，投保资助和国家保险模式下的社会保障的概念内涵与社会保险十分接近。

"社会保险是政府通过立法强制实施，运用保险方式处置劳动者面临的特定社会风险，并为其在暂时或永久丧失劳动能力、失去劳动收入时提供基本收入保障的法定保险制度。"[4] 我国学理上一般认为，社会保险是一种"收入关联保障制度"，解决的是工业化社会条件下劳动者的未来和不确定的风险。[5] 从《中华人民共和国社会保险法》（简称《社会保险法》）第 2 条的规定来看，我国社会保险的保障对象为"公民"，并不局限于"劳动者"。[6] 但是，该法规定的各险种参保范围和缴费的主体为用人单位和职工，并可以包括个体工商户、非全日制

---

① 叶延玺：《责任保险对侵权法的影响研究》，浙江大学出版社，2018，第 34 页。
② 刘晓梅、邵文娟：《社会保障学》，清华大学出版社，2014，第 5 页。
③ 刘晓梅、邵文娟：《社会保障学》，清华大学出版社，2014，第 31-34 页。
④ 林义：《社会保险》，中国金融出版社，2011，第 14 页。
⑤ 郑功成：《社会保障学——理念、制度、实践与思辨》，商务印书馆，2000，第 19 页。
⑥ 《社会保险法》第 2 条："国家建立基本养老保险、基本医疗保险、工伤保险、失业保险、生育保险等社会保险制度，保障公民在年老、疾病、工伤、失业、生育等情况下依法从国家和社会获得物质帮助的权利。"

从业人员、其他灵活就业人员，表明我国社会保险确实也是一种"劳动者相关型"的保障机制。

社会保险作为现代国家提供的一项重要公共产品，具有强制性、普遍性、互助性、公平性、公益性、保障性等不同于商业保险的特征。社会保险体系的建立以国家强制为基础，在法定范围内的劳动者和用人单位必须无条件参保并缴纳保费。在强制参保条件下，社会保险的保障内容较为广泛，保障对象较为普遍。当然，社会保险的保险深度和广度有其逐步发展的过程，总是受到一国社会经济发展水平的影响和制约。社会保险作为一项公共产品，本身不以营利为目的，而是一种公益性的保险机制。一方面，社会保险需要在劳动者因为疾病、事故、失业等原因导致经济损失或生活困难时给予一般化的补偿；另一方面，社会保险待遇的享有又要结合参保人的贡献，体现出社会保险兼顾保障性与公平性的要求。在现代福利社会政策条件下，社会保险是由政府公共机构组织运作的非营利性保障机制，是国家进行收入再分配的重要手段。社会保险为低收入者或生活困难者提供最基本的生活保障，是国家为其国民提供最后经济保障并由政府财政最后兜底的社会安全网。

社会保险在技术上也是一种风险集中与分散机制，与商业保险存在许多相同之处。社会保险所涉及的风险——人身伤害、医疗费用、疾病、失业等均是有待转移和分散的风险；风险统计和社会保险费的厘定都需要利用大数法则和概率论的方法；在保险事故发生后，由社保机构向受益人提供相应的补偿；等等。但是，社会保险也具有不同于商业保险的明显特征。（1）存在目的不同。社会保险为公益目的，商业保险为营利目的。（2）运作机构和方式不同。社会保险的运作主体为政府公共机构，以强制性、独立性、非竞争方式运作；商业保险的经营主体为商业保险企业，它们在市场化条件下相互竞争，追逐利润。（3）保障对象不同。社会保险的保障对象从最初的低收入者和生活困难者，逐步扩展至全体国民；商业保险的保障对象为自愿购买保险的投保人。（4）保费来源和权利义务关系不同。商业保险金以投保人缴纳的保费为单一来源，可领取的保险金与所支付的保险费成正比关系；社会保险的资金来源除了投保人（劳动者）和用人单位的缴费，在必要时还可以获得政府的财政补贴。①

当前，社会保险作为一种"劳动者相关型"的保障机制，与侵权赔偿的重

---

① 林义：《社会保险》，中国金融出版社，2011，第19-21页。

叠部分主要在工伤领域。在传统侵权法中，员工在执行职务时受到伤害的，应由用人单位承担赔偿责任。但是，自工伤保险制度推行以来，工伤保险在其保障范围内基本替代了侵权赔偿。根据我国现行法律的规定，雇员在从事雇佣活动中遭受人身损害的，雇主应当承担赔偿责任，但属于工伤保险范围的除外。[①]其次，社会保险与侵权赔偿的另一个重要结合部分为医疗费用。根据现行法的规定，在第三人侵权造成人身损害（含工伤）而无赔偿能力的情形下，医疗保险基金与工伤保险基金应"先行支付"并可以向第三人进行追偿。[②]由于医疗费用在人身损害方面处于重要地位，实践中医保与第三人侵权赔偿的关系较为复杂，也存在一些未决的问题。

（四）其他：社会救助、慈善捐助等

关于侵权损害的社会化救济，除社会保险和商业保险外，尚有社会救助、慈善捐助等其他途径，但它们在整个侵权损害救济中所占比重很小，故略述之。"社会救助是指社会成员陷入生存危机或不能维持最低限度的生活水平时，由国家和社会按照法定的标准向其提供满足最低生活需求的物质援助和非物质援助的社会保障制度。"[③]我国目前最主要的社会救助是"最低生活保障制度"，另外还有诸如灾难救助、司法救助、医疗救助、道路交通事故救助等专项社会救助项目。慈善捐助一般是指民间机构或个人对生活困难的人给予的各种形式的物质帮助。相对于社会救助，慈善捐助的特点是捐助主体的私人性和捐助对象的广泛性。在我国，红十字会属于公办性质的事业单位，对慈善捐助具有主导作用。社会救助和慈善捐助均有可能涉及侵权受害人，并对损害救济产生影响，但鉴于这部分影响对于整体而言比较微弱，本书对此存而不论。

二、侵权赔偿与社会化救济的差异分析

（一）产生背景

侵权赔偿历史悠久，属于私人间的个别化补偿，其产生背景是自始以来的传统社会和传统风险。在传统社会中，人与人之间的相互伤害、疾病和各种自然灾害事件是人类面临的主要危险来源。依照"不幸损害应让其停留在发生之处"的基本观念，早期法律对非人为损害通常不予干涉；至于人为损害，则由早

[①]《最高人民法院关于审理人身损害赔偿案件适用法律若干问题的解释》（2020）第3条。
[②]《社会保险法》第30条、第42条。
[③]刘晓梅、邵文娟：《社会保障学》，清华大学出版社，2014，第183页。

期的同态复仇逐渐演变成如今的侵权赔偿制度。[①] 在侵权赔偿中，加害人通常既是风险来源，也是赔偿主体。侵权赔偿在补偿救济受害人的同时，也会相应地对加害人产生威慑作用。鉴于人际伤害这类风险整体上具有偶然性，其损害范围也相对有限，侵权赔偿在多数情况下足以处置和应对。

自近代工业社会以来，人身和财产损害的原因除传统风险外，越来越多地源于规模化的工业生产或工业产品的应用。工业社会以后的此类风险——现代风险，有别于传统社会中的风险，呈现出技术性、系统性、概率性等特征。[②] 由于现代风险的技术性，它与行为人的主观原因联系非常微弱，实质上已经偏离了传统侵权赔偿的适用场景。基于现代风险的系统性和概率性特征，它需要一种超越个体之间损失转移的更广泛的风险分散机制，保险制度应运而生。"保险首先是一种社会化的安排，在这种安排下，个人和机构通过用相对少的保险费换取经济安全，免遭潜在的巨大损失，以保护自己。"[③] 大量同类风险的存在（风险的系统性）及其损害发生的可估算性（风险的概率性）是保险运作的前提，也使得保险在现代社会中具有不可替代的作用。

受到"可保性"和营利目的的限制，商业保险往往将许多危险系数较高的风险排除在承保范围之外，例如加害人故意伤害、酒驾肇事、巨灾等。这些事故只能通过社会保险等公共机制进行兜底式救济。不论是英国 16 世纪的《济贫法》还是现代各国的社保制度，社会保障均源于某种国家责任的观念。诚如洛克所言，政府的存在"只是为了人民的和平、安全和公众福利"[④]。社会保险是现代社会保障的核心内容，其存在的意义正是为了实现国家对民众基本生活之保障。

因植根于不同的社会背景，侵权赔偿与商业保险、社会保险各自承担着不同的制度任务，有着不同的制度宗旨。侵权赔偿需要处理人与人之间的一般人身和财产损害，以恢复矫正正义框架内的正常社会秩序。现代商业保险和社会保险则主要针对工业化背景下的系统风险，通过保险技术进行风险分散。

（二）法理基础

侵权赔偿以矫正正义为哲学基础，属于传统私法的范畴。作为一种私法关

---

① 王利明：《侵权责任法研究》（上卷），中国人民大学出版社，2010，第 163-170 页。
② 叶延玺：《风险社会与损害救济机制的转型》，《吉首大学学报（社会科学版）》2016 年第 4 期，第 80-85 页。
③ 特瑞斯·普雷切特、琼·丝米特等：《风险管理与保险》，孙祁祥等译，中国社会科学出版社，1998，第 35 页。
④ 洛克：《政府论》（下篇），叶启芳、瞿菊农译，商务印书馆，1996，第 80 页。

系，侵权赔偿关系应当具有内在的融贯性和统一性。侵权赔偿必须保持受害人与加害人之间的对应关系。加害人之所得，即受害人之所失；受害人之所得，为加害人之所失。侵权赔偿关系中的这种严密对应性又使其带有明显的封闭性特征。作为一种非自愿交易关系，侵权赔偿的发生条件及赔偿标准等均由法律规定，但并不排斥当事人的协商解决。因此，特定事故中的受害人在什么条件下能获得多少赔偿在法理上具有客观性和确定性。

商业保险以当事人签订的合同为基础，保险范围、赔偿或免赔条件、保险金等内容均由保险合同约定。保险合同是典型的射幸合同，在保险合同订立时，双方对未来是否发生保险事故不能确定，故而被保险人是否可从保险人处获得保险金有极大的不确定性。由于保险合同的射幸性，保险合同涉及其他合同中通常没有的特殊道德风险。因此，保险合同要求投保人和被保险人对保险标的具有利益关系，以便将受益人因保险事故的获益控制在保险标的价值范围内，防止赌博行为和道德风险。此外，在保险合同关系中，当事人还普遍存在信息不对称问题。保险标的的风险状况通常由投保人或被保险人掌握，保险人只能根据对方的告知来了解保险标的风险状况并厘定保险费。因此，保险合同通常还被认为是最大诚信合同，要求双方（尤其是投保人或被保险人）尽到更加严格的诚信义务。侵权赔偿和商业保险虽然均属私法范畴，但二者的法律属性有重大区别：侵权赔偿属于一般民事关系，商业保险为商事关系；侵权赔偿属于非自愿的民事交易，商业保险属于自愿的民事交易。

社会保险以分配正义为基础，属于公法范畴，但在技术上兼具商业保险的许多特点。虽然各国的社会保险理念、水平和具体制度有别，但均无法脱离分配正义的思维框架。现代社会对自由、平等、效率、秩序等基本价值的优先性问题有不少分歧，但对人的基本生存应予保障是普遍共识。在生存权保障的基础上，不断扩大其范围，福利权逐渐处于社会保险的重要位置。如果说生存权保障一个人可以活着，福利权则保障一个人可以有尊严地活着。所以，生存权和福利权实质上是同一问题在不同水平和层次的反映。为了保障人的生存权或福利权，对社会财富和社会资源进行统一调配和再分配就是国家对其公民的必要义务。因此，虽然社会保险起初只是为了向参保者提供基本的生活保障，但在福利国家政策和社会福利最大化的驱使下，现代各国的社会保险水平往往超越了基本生活保障。①

（三）功能定位

法律的作用或功能是对所调整的社会关系产生效果，每种法律因其调整对象和目的不同而有不同的功能定位。②关于侵权赔偿的功能有诸多不同表述，但从它所调整的具体损害赔偿关系来看，一是要对受害人进行补偿救济，二是要对加害人的行为施以"惩罚"。因此，侵权赔偿的基本功能应为补偿和威慑。③由于侵权赔偿关系的封闭性和二元对称性的特点，补偿和威慑功能乃同一赔偿事实产生的两个相反方向的效果，它们具有内在的关联性。确切地说，补偿与威慑并非侵权赔偿的两个独立功能，而是侵权赔偿追求的同一功能目标的两种表现，如同一枚硬币的正反两面。二者在实现侵权法目标时是不可分割的整体，不应厚此薄彼。单一的补偿或者威慑效果可以通过其他法律机制来实现，但二者之间的有机联系却属于侵权赔偿的独特属性。

商业保险作为风险管理的重要方法，它的功能就是"风险转移""风险集中"和"风险分散"，并兼具储蓄、融资、防损减灾、政策导向等派生功能。④在侵权损害救济方面，商业保险当然以补偿受害人为重要目标，但显然不如侵权赔偿那般纯粹。就保险人而言，向受害人支付保险金既非善举，也非固有义务，而是一种营利性交易行为。第一方保险中的受害人（投保人）获得保险赔付，实际上是购买了一种风险服务，或者是一种风险投资行为。责任保险中的受害人能否通过保险获得赔偿取决于加害人（投保人）的事先安排，受害人在赔偿方式——保险赔偿或加害人侵权赔偿上处于完全被动的地位。商业保险虽然对受害人有补偿作用，但其补偿的条件和性质与侵权赔偿不同。此外，商业保险中的某些制度同样带有威慑或预防的作用，如经验费率、赔偿限额与免赔额、不保风险、保险代位权等。不过，相对于商业保险（责任保险）因替代加害人赔偿而对侵权赔偿威慑功能的消解作用，其自身的威慑作用有限。

社会保险在侵权损害方面同样以救济性补偿为直接目的，但其补偿功能的表现与前二者又有不同。况且，社会保险的两种基本模式——"俾斯麦模式"和"贝弗里奇模式"，其补偿理念和条件等也存在巨大差异。"俾斯麦模式"的

---

① 李珍：《社会保障理论》，中国劳动社会保障出版社，2017，第60-61页。
② 张文显：《法理学》，高等教育出版社，2011，第48-49页。
③ 叶延玺：《责任保险对侵权法的影响研究》，浙江大学出版社，2018，第92-98页。
④ 孙祁祥：《保险学》，北京大学出版社，2013，第21-22页。

社会保险仅覆盖劳动人口，保险待遇的享受与劳动者的劳动期限、已缴保险费、个人收入和保险基金的积累等因素有很大关系，因而其补偿具有个别化的特点。"贝弗里奇模式"追求将社保范围覆盖全体国民，社保待遇相对固定，其资金来源于政府财政，具有平均化的特点。[①] 尽管社会保险内部存在多样性问题，但其补偿整体上相对于侵权赔偿和商业保险而言，具有"广"而"浅"的特征。社会保险也采用了商业保险中某些类似的技术措施，如医疗保险中的起付标准、报销比例等。这对于预防权利滥用等道德风险有一定的作用。但是，鉴于社会保险的公益性质，社会保险费的支付与参保人的行为之间不能建立较为有效的关联，难以达到与商业保险同等的预防效果。

（四）补偿条件

侵权赔偿采用过错责任与无过错责任二元体系。在一般情形下，受害人的损失必须是加害人的行为所引起的，二者之间具有因果联系，并且加害人在实施该行为时主观上存在过错。也即，侵权责任的构成必须具备侵权行为、损害结果、因果关系、主观过错四项要件。在法律有特别规定的情形下，加害人不论主观上是否有过错，对其行为造成的受害人损失，亦应承担赔偿责任。受害人欲主张侵权赔偿，得先举证证明前述四项或三项条件之成立。在归责条件之外，侵权法中尚有过失相抵、责任免除等其他限制性规定。因为侵权赔偿属于平等的双边关系，必须对加害人与受害人、行为自由与权利保护两方利益进行平衡。侵权赔偿补偿条件的设置既是基于正义价值的要求，也是依据特定之法律政策取舍权衡的结果。

商业保险既然以保险合同为基础，其补偿条件自然以当事人的约定为准。在财产保险场合，当被保险人发生合同约定之财产损害，并向保险人转让其对第三人的追偿权，被保险人始可以向保险人索赔保险金；在人身保险场合，当被保险人发生合同约定的意外事故、患病、年老而致其伤亡、残疾、丧失劳动能力，或者约定的期限届满的，保险人应向被保险人支付保险金。鉴于责任保险标的之特殊性，其以侵权责任的成立为前提。当侵权事故发生，保险人替代被保险人（侵权责任人）向受害人赔偿。此外，保险合同中都涉及免赔额、赔偿限额、不保风险等法定或约定条件的限制，属于补偿的消极条件。商业保险的当事人可以根据自身风险结构和需要来自主决定购买何种险种，并选择获得

---

① 丹尼·皮特尔斯：《社会保障基本原理》，蒋月、王铀镱译，商务印书馆，2014，第9页。

保险补偿的条件。因为商业保险补偿条件的可选择性，相对于侵权赔偿和社会保险来说，商业保险具有特别优势。

社会保险均以"无过错补偿"为原则，在法定条件和范围之内，不论相关人员是否存在责任或过错，均给予相应的补偿。然而，不同社会保险类型因性质和内容的不同，具体的补偿条件又存在很大差别。例如，养老保险金的领取必须达到法定退休年龄并缴费满一定年限，并且，保险金的额度要综合个人缴费年限、缴费工资、平均工资、人口平均预期寿命等诸多因素；基本医疗保险的补偿取决于两方面的条件，一是参保人的实际医疗费用支付，二是药品目录、诊疗项目等法定医保范围的规定。工伤补偿首先须符合"因工作原因受到伤害或患职业病"之先决条件，再考察实际医疗费用支付、伤残等级等其他具体条件。

侵权赔偿、商业保险、社会保险及其各险种的补偿条件均存在很大差异。各救济机制补偿条件差异造成的直接结果是有的受害人可以从多个来源获得赔偿，有的受害人却可能得不到充分补偿或者任何补偿。在多个补偿来源并存的情形下，受害人从不同来源中可获得的补偿额度也有很大差异。补偿额度的差异不仅与各救济机制的具体补偿项目有关，还涉及其他复杂因素，如保险费、工龄、保险类别等。补偿额度的差异又进一步加剧了侵权赔偿与各社会化救济机制之间的协调难度。

（五）补偿项目

侵权赔偿与各种社会化救济机制的具体补偿项目也各不相同。在侵权事故发生后，侵权赔偿、责任保险、第一方保险和社会保险中的基本医疗保险、工伤保险、失业保险等均可能存在相应的补偿项目，这些补偿项目难免存在重叠或缺漏。受害人能否同时获得相关的补偿、侵权人能否主张损益相抵、商业保险机构或社会保险机构能否追偿等均与各类补偿项目的性质、标准、额度等相关。

现行法关于各救济机制中的补偿项目至少存在下列问题。（1）名称使用混乱。例如，关于收入损失补偿的项目，侵权法有"误工费"，工伤保险有"治疗工伤期间的工资福利"，失业保险有"失业保险金"等；再如，关于残疾赔偿，侵权法有"残疾赔偿金""残疾生活辅助器具费""护理费"，社会保险法有"安装配置伤残辅助器具所需费用""生活护理费""一次性伤残补助金""伤残津贴"等。（2）性质界定不明。例如，"单位给予的停工留薪的工伤保险待遇""失业保险金"是否具有"收入"性质在司法实践中存在很大争议，导致出现不同法院对"误工费"的认定结论完全相反的情况。（3）相同或类似补偿项目的标准和额度不一。不仅受害人从不同救济机制中可获得的补偿总额有差异，不同救济机制下同名或近似补偿项目的补偿标准和额度也有落差。如各救济机制中"残疾赔偿金""病残津贴""伤残补助金""伤残津贴""一次性伤残就业补助金"的补偿标准和额度就存在极大的差异。

此外，侵权损害事故中总是存在一个最终的责任人，通常涉及追偿关系。《中华人民共和国保险法》（简称《保险法》）第60条、《机动车交通事故责任强制保险条例》第22条和第24条、《中华人民共和国社会保险法》（简称《社会保险法》）第30条（基本医疗保险）和第42条（工伤保险）等均对追偿作了相应规定。然而，我国各救济机制中追偿的条件并不统一，追偿利益的分配也不尽合理。

三、侵权赔偿与社会化救济的共性分析

（一）目标一致

侵权赔偿与商业保险、社会保险等原本没有太多关联（侵权赔偿与责任保险例外），将它们关联起来的原因在于各种救济机制均可以对侵权事故受害人进行补偿。首先，侵权赔偿以补偿受害人为直接目标。其次，在商业保险中，责任保险虽然直接向被保险人（加害人）补偿其因承担民事责任所发生的损失，但最终补偿对象是受害人的损失。鉴于责任保险越来越追求受害人的独立地位，补偿受害人也逐渐成为责任保险的直接目标。再次，第一方保险作为被保险人（受害人）立足自身利益的风险管理安排，自然是以补偿本人财产或人身损失为目标。当然，第一方保险涉及的范围非常广泛，此处仅指补偿因第三人侵权造成的损失。最后，对于社会保险而言，疾病、年老、失业、意外事故等均是造成保障对象经济困难的原因。在人身侵权事故发生后，受害人必然会产生医疗费等支出，还可能造成收入丧失或减少，乃至永久失去劳动能力而失业的情况。所以，社会保险与侵权赔偿在救济对象方面有着明显交叉，二者的补偿目标也高度一致。

侵权赔偿与各种社会化救济机制本质上都是风险或损害的转移机制，只是

它们转移的方式和途径有所不同。侵权赔偿是在加害人和受害人两个个体之间，由受害人转移给加害人；商业保险是将损害从被保险人转移、分散给全体参保人；社会保险则是将损害转移、分散给参保人、用人单位、政府（纳税人）。

侵权赔偿之外尚有其他补偿机制，于受害人及社会而言，本乃善事一桩。然而，多个补偿来源均致力于补偿目标也导致了一个现实问题：受害人应当获得哪些补偿？实践中无非三种处理方式：一是受害人均得请求并保有；二是受害人仅得法定或任意地选择其一；三是受害人均得主张，但不得超过其所受损害。[1] 任何一种处理方式背后，均体现了法律在相关问题上的不同理念和政策。补偿目标的一致性不仅连接了侵权赔偿与其他社会救济机制，也是引发此处所论问题之根源。

侵权赔偿与责任保险、第一方保险、社会保险等虽然在救济受害人的总体目标上一致，但不容忽视的是，它们各自均有若干不同的目标。例如，侵权赔偿不仅要补偿受害人，还旨在对加害人及潜在的同类人群产生威慑效果；商业保险对受害人的补偿实际上是保险人营利追求之外的剩余目标；社会保险作为国民收入再分配和调节的手段，还要服务于社会稳定和社会调控等更宏大的目标。

（二）功能协作

在一个系统当中，各构成部分不仅要致力于完成各自独立的目标，还应当为了系统整体目标进行功能上的协作。这种功能上的协作正是各部分在共性基础上的差异性表现。

囿于私法关系之封闭性特点，侵权赔偿必须在权利保护与行为自由、受害人与加害人之间进行取舍平衡，难免顾此失彼。尤其在现代风险条件下，因为合法权益越来越多地暴露在系统性风险当中，侵权法不得不被动地表现出强化权利保护的趋向。甚至有人认为，现代侵权法承担了越来越多的社会功能。[2] 言外之意，侵权赔偿部分地承担了本应属于社会保障的功能。有学者指出："社会保障保护的范围越大，侵权法的预防功能就越强；但是反之亦然，社会保障保护开展得越少，侵权法就得越多地服务于赔偿与保护功能。"[3] 侵权赔偿与社

---

[1]　王泽鉴:《侵权行为法》，北京大学出版社，2009，第27页。

[2]　Richard B. Stewart, "Crisis in Tort Law? The Institutional Perspective", *The University of Chicago Law Review*, Vol.54, 1987, pp.184-199.

[3]　乌尔里希·马格努斯主编《社会保障法对侵权法的影响》，李威娜译，中国法制出版社，2012，第355页。

会保险之间表现出微妙的功能平衡关系。一个国家的社会保险越发达，其侵权赔偿就无需太多地顾及一般的保障性功能，就越能在权利保护与行为自由的平衡中实现其既定目标。我国在原《侵权责任法》立法和《民法典》编撰的过程中，由于社会保障体系总体上还欠发达，让侵权责任法适当地承担风险分散和社会保障功能是立法的重要背景考量。例如，原《侵权责任法》第 87 条（《民法典》第 1254 条）规定"高楼抛物"难以确定侵权人时，由可能加害的建筑物使用人进行补偿，正是基于"合理分散损失"和"促进社会和谐稳定"的需要。[①] 但是，如果跳出单一侵权赔偿的思维界限，从多元救济机制协作的更大视野来看待问题，"高楼抛物"此类事件本应通过社会保险或商业保险来解决。

因为责任保险以侵权责任为保险标的，二者的功能关系尤为密切。侵权赔偿虽然较各种社会化救济机制有独特优势——兼顾了补偿与威慑，但也存在一个明显弱点：它的赔偿资金唯一来源于加害人。一旦加害人存在资金不足或其他原因而无法支付赔偿金，受害人就不能获得赔偿。责任保险可以从根本上解决侵权赔偿资金的可靠性问题，因为一旦发生索赔，直接支付赔偿金的是保险公司。当然，责任保险在强化侵权赔偿补偿功能的同时，又存在消解或削弱侵权赔偿威慑功能的不利影响。[②]

尽管对受害人的补偿是侵权赔偿、责任保险、第一方保险和社会保险等共有的功能，但由于它们在补偿条件等方面的差异，彼此在补偿功能的实现上也存在互补。侵权赔偿和社会保险属于"法定补偿"，其补偿条件和范围完全固化。受害人通过侵权赔偿或者社会保险能否获得补偿，获得多少补偿，只能被动地承受。责任保险虽然属于商业保险，其补偿条件和范围等取决于当事人在保险合同中的自由意思。但是，该自由意思仅仅属于保险人和侵权责任人一方，而作为最终利益攸关方的受害人却对此毫无表达的机会。在这几种补偿机制中，受害人无法就其发生人身或财产损害后如何获得补偿进行自决。然而，侵权赔偿、责任保险和社会保险的明显不足之处，恰好又是第一方保险的最大长处。在第一方保险中，受害人可以根据自身的风险境况和安全需要，决定其人身保险或财产保险的范围和条件，充分发挥其意思自治在损害救济中的作用。

此外，商业保险和社会保险作为社会化救济的两种模式，虽然解决路径不

① 王胜明：《中华人民共和国侵权责任法解读》，中国法制出版社，2010，第 427 页。
② 叶延玺：《责任保险对侵权法的影响研究》，浙江大学出版社，2018，第 102-122 页。

同，但在损害救济中的终极目标和现实作用却是一致的。并且，商业保险和社会保险在实践中还存在彼此向对方转化的现象。商业保险相对于社会保险的最大特征在于其私法属性，也即被保险人可以自愿选择是否投保和确定保险人及保险条件等。但是，强制保险在很大程度上限制了被保险人的选择自由。以当前的机动车道路交通事故强制保险为例，被保险人只能选择保险公司，而保险费、赔偿条件等均由法律统一规定。强制保险虽属商业保险，却承担着与社会保险相同的功能。在某些领域，通过商业保险替代社会保险是当下的重要潮流之一。例如，有些国家将养老保险分为国民年金、企业年金和个人年金，国民年金属于社会保险，而后两者属于商业保险。[①]

（三）系统属性

侵权赔偿、责任保险、第一方保险、社会保险等均属以受害人为中心的补偿系统，即"以受害人为中心的侵权损害综合救济系统"（以下简称"综合救济系统"）。虽然从传统部门法划分的角度来看，这些救济机制原本的法律属性和宗旨相差甚远，但因为它们均以救济侵权受害人为共同目标，并且在功能上可以相互协作，所以理应整合成一个独特的救济法律系统。

这种观点与近年来我国学界的"行业法"或"领域法"之说十分契合。相对于以公私法划分为基础的传统部门法学说，"行业法"是以行业为中心，包括了与该行业相关的所有部门和层级的法律规范。[②]"领域法"则是以"问题领域"为中心来处理法律议题的一种思维方法。[③]此两种新近的学说均试图跳出传统部门法划分的思维框架，而重新选择一个中心（"行业"或"问题领域"）进行法律规范的体系性整合与规划。若就"行业法"而言，侵权赔偿、责任保险、第一方保险、社会保险等所构成的综合救济体系当属于"损害救济行业法"；若以"领域法"来看，综合救济系统的中心问题即为"对受害人的救济"，侵权赔偿、商业保险和社会保险均为此领域的相关构成部分。

侵权赔偿、责任保险、第一方保险和社会保险属于同一救济系统并不是一个主观理解的问题，而是既成的客观事实。以侵权受害人为中心的现代综合救济系统不仅正在形成或业已形成，而且在全球范围内存在多个可选模式，并仍

---

① 林义：《社会保险》，中国金融出版社，2010，第 22 页。
② 孙笑侠：《论行业法》，《中国法学》2013 年第 1 期，第 53 页。
③ 刘剑文：《论领域法学：一种立足新兴交叉领域的法学研究范式》，《政法论丛》2016 年第 5 期，第 9 页。

在发生形态演变。[①]根据王泽鉴先生的观察,该体系的演变趋势为:由"侵权赔偿为主,无过失补偿次之,社会保障再次之"的倒金字塔型,转变为三者并行的平方型,再转变为"社会保障和无过失补偿为主,侵权赔偿次之"的金字塔型。[②]无论各救济机制在其中的主次地位如何,均以综合救济系统为共同的上层系统。

第三节　法律系统论:协调的方法论基础

一、系统论的基本问题

系统论的一般观点认为,世界上的一切事物,从原子到宇宙,均以系统方式存在并不断演化。"系统"的观念并非近代才产生,但直到近代人们才真正认识到它的重要意义。在古代,当人们认识到"整体大于部分之和"时,系统论的基本问题就已经被提出。[③]一般系统论奠基人贝塔朗菲(Ludwig Von Bertalanffy)指出:"一般系统论是关于'整体'的一般科学。"[④]用系统论的另一位重要奠基人拉兹洛(Ervin Laszlo)的话来说:"系统论的观点总是把系统作为由从属组成部分结合成的集成整体来对待,从来不把系统当作处在孤立因果关系中的各部分的机械聚集体来对待。"[⑤]

什么是系统?我国系统科学的开拓者钱学森先生指出,系统就是"由相互作用和相互依赖的若干组成部分结合成的具有特定功能的有机整体"[⑥]。从钱先生的理解中可以看出,系统概念注重部分之间的联系性及它们所表现出来的整体功能性。通常来说,系统应当具有三个基本特征:其一,组成元素的多元性;其二,不同元素之间的相关性;其三,相关元素的整体统一性。[⑦]系统必须具备一定的内部构造,并相对于外部其他事物而言具有相对的独立性。从内部来说,系统总是包含一定量的组分或元素,这些元素以一定的方式联系起来,产

---

① 叶延玺:《现代综合救济体系的模式分析——全球视野下的宏观比较与选择》,载《遵循科学的自然法:刘士国教授60华诞祝寿论文集》,法律出版社,2014,第130-144页。
② 王泽鉴:《侵权行为法》,北京大学出版社,2009,第35-37页。
③ Ludwig Von Bertalanffy, "The History and Status of General System Theory", *The Academy of Management Journal*, Vol.15, No.4, 1972, pp.407-426.
④ 冯·贝塔菲:《一般系统论:基础、发展和应用》,林康义、魏宏森等译,清华大学出版社,1987,第34页。
⑤ E·拉兹洛:《用系统论的观点看世界》,闵家胤译,中国社会科学出版社,1985,第13页。
⑥ 钱学森等:《论系统工程》,湖南科学技术出版社,1988,第10页。
⑦ 苗东升:《系统科学精要》,中国人民大学出版社,2010,第20页。

生了系统的结构。"系统是元素和结构的统一，元素与结构一起称为系统的内部构造。"① 换言之，特定的元素和它们之间的特定结构就构成了一个特定的系统，也即系统的内部规定性。但是，仅从内部来分析系统是不够的，因为任一特定系统又是世界普遍联系的一部分。广义上，特定系统之外的世界上的其他一切事物的总和即是该系统的环境。但在现实中，只有少部分事物才会与系统发生有意义的联系。所以，狭义上的环境仅指与特定系统之间相互作用的那部分事物的总和。系统与环境通过交换能量、信息、物质而相互作用的属性，被称为系统的开放性。这样的系统被称为开放系统；反之，不与环境进行交换的系统被称为封闭系统。由于事物联系的普遍性，绝对封闭的系统并不存在。一般而言，系统总是开放性与封闭性的矛盾统一体。系统具有一定的封闭性才能独立于环境而成为一个系统；系统只有保持开放性，与环境交换作用，才能持续生存并发展。

系统论最重要的科学意义在于发现和研究多个元素或组成部分的结合所具有的整体特性或效应，而该整体效应不存在于这些元素或组成部分的独立状态中。系统所具有的这种整体效应被称为整体性或整体涌现性（突现性）。② 如果多个元素的相互结合能够产生它们单独存在时所不具有的有益的整体性，那么，从系统论而非原子论的视角来对待这些元素就具有非常重要的科学意义。另外，"从事物存在的方面看，一系统具有的整体性，是这一系统区别于其他系统的一种规定性。反过来说，一系统之所以区别于另一系统，只是因为系统都是作为具有整体性的东西而存在"③。系统论的根本任务之一就在于发现、整合、提升具有特定联系的多个元素的整体涌现性。整体涌现性的效用不仅取决于系统内部元素的差异性及其整合效果，也取决于其他系统（环境）与本系统的交换作用。

在系统内部，元素的不同结合方式可能产生不同的系统整体效应。元素之间的结合方式即系统的内部结构，而不同系统结构表现的外在作用即系统功能。在给定元素的条件下，元素之间的不同结构关系决定系统的整体特征及其功能表现。任何一个系统总是具有特定的内部结构，并总是具有一定的外部功能。系统结构是系统功能的基础，系统功能决定于系统结构。结构是系统元素之间

① 苗东升:《系统科学精要》，中国人民大学出版社，2010，第23页。
② 苗东升:《系统科学精要》，中国人民大学出版社，2010，第31-34页。
③ 魏宏森、曾国屏:《系统论: 系统科学哲学》，世界图书出版公司，2009，第207页。

相互关系的描述，功能是系统整体特性和效应的外在表现。^①在特定系统的组成元素和外部环境既定的条件下，对元素间结构关系的调整是系统功能优化的主要途径。

二、作为系统存在的法律

杂多的法律规范只有在统一体中才能构造出理想的法律秩序。^②由于现代社会关系的极端分化引起法律的分立和细化，法律系统论日益受到学界重视，但相关理论和研究明显还处于起步阶段。将法律系统论导入具体法律部门或领域可谓意义重大，但也存在鲜有前例可以借鉴的困难。目前，法律系统论似乎只是法社会学的一个研究方向，而且其论述自尼古拉斯·卢曼（Niklas Luhmann）以来基本上被法律自创生系统学说所主导。

卢曼法律自创生系统学说的首要任务是解决实证法内在的"自我指涉"（或"自我关联"）现象。^③"自我指涉"实际上是说，由于实证法拒绝如自然法主义中的某些先验法则的验证，便将自身合法效力的来源指向自己。卢曼提出，如果一种法律系统除了实在法以外还包含有其他的不需要实证的法，就会出现一种对抗实在法的反抗权。因此，实证法就面临是否需要有一个更高层次的依据或者"合法性确认"的问题。^④法律自创生系统学说认为，"法律的效力不能从外部赋予，它只能在法律内部产生"，所以，"实在法是自我生产的法律——不仅在人定的意义上，而且在法律由法律生产的意义上"^⑤。

自创生系统学说认为，法律系统是一个"规范上封闭的系统"，又是一个"认知上开放的系统"。^⑥封闭性是系统维持自身存在的必要条件。法律系统在规范上的封闭使得法律只能通过自我指涉或自我关联从而获得"合法的外衣"。但事实上，规范上的封闭不可避免地使法律规范效力来源的解释走入"明希豪森困境"——无限递归、循环论证和武断终止论证。对此，贡塔·托依布纳（Gunther Teubner）认为：首先，自我关联和重复适用最终可以导向稳定；其次，通过隐藏悖论使之中立，并尝试对自我关联的社会的解决方法"去悖"；最后，

① 魏宏森、曾国屏：《系统论：系统科学哲学》，世界图书出版公司，2009，第297-299页。
② 黄茂荣：《法学方法与现代民法》，法律出版社，2007，第523-524页。
③ 尼克拉斯·卢曼：《法社会学》，宾凯、赵春燕译，上海人民出版社，2013，第423页。
④ 尼克拉斯·卢曼：《社会的法律》，郑伊倩译，人民出版社，2009，第17页。
⑤ 贡塔·托依布纳：《法律：一个自创生系统》，张琪译，北京大学出版社，2004，第14页。
⑥ 尼克拉斯·卢曼：《法社会学》，宾凯、赵春燕译，上海人民出版社，2013，第425-426页。

在使自我关联悖论无害的法典基础上建立法律系统，从而达到控制——而非解决——悖论的效果。① 由于系统的规范封闭性，法律系统本身无法觉察其悖论的存在。"法律自己其实扮演了一个观察者，而且站在观察对象之外，法律是在自己虚构为整个世界的观察对象的外面，但法律却以为自己看到了整个世界。"② 因此，只有通过二阶观察——对观察本身进行观察，才能发现法律系统如何进行自我参照和外部参照的区分。③ 根据卢曼的理解，法律系统通过实际运作与外部环境相区别，从而具有自成一体性。系统的自成一体性有别于封闭性，因为它是面向环境开放的。同时，开放性也只有在自成一体性的基础上才有可能。从该视角来看，对法律规范效力来源的观察就不能仅进行自我参照，还必须进行外部参照。基于法律系统的自成一体性，"承认以道德为依据的外部参照"本就是法律系统自身的运作。④

在系统论的本来意义上，自创生性是指在没有外部干预下系统从无到有地自我创造、自我产生、自我形成，也即在没有样本或母体的条件下，一种全新的结构、模式、形态从无到有地自我产生出来。例如，世上第一个活细胞的出现是自创生，细胞复制则不是。⑤ 然而，卢曼及其以后的学者似乎没有打算在严格意义上使用自创生性的概念，而是将自创生系统界定为一种"可以自己对自己进行规定的系统"。⑥ 如托依布纳所言："自创生理论是一种理解法律权威性的循环性的社会理论，即法律决定什么可被算作法律。"⑦ 由此看来，法律自创生理论兜了一个很大的圈子，最终不过重述了凯尔森等实证主义者的基本论点——"法律的权威来自法律"。

这并不是说法律自创生理论没有意义，它至少为我们提供了一种观察法律存在和运作的新视角。自创生理论目前还只是将法律作为一个"黑箱"系统来考察其某些整体性状及与外部环境的交互关系（即"结构耦合"），但对于法律系统的元素、结构、功能等内在构成方面尚缺少具体的分析。如果理论法学不只是将自己定位为一门谈玄弄虚的学问，那么，法律系统论（包括自创生理论）

---

① 贡塔·托依布纳：《法律：一个自创生系统》，张骐译，北京大学出版社，2004，第23-24页。
② 宾凯：《法律悖论及其生产性——从社会系统论的二阶观察理论出发》，《上海交通大学学报（哲学社会科学版）》2012年第1期，第68页。
③ 尼克拉斯·卢曼：《社会的法律》，郑伊倩译，人民出版社，2009，第38页。
④ 同上书，第44页。
⑤ 苗东升：《系统科学精要》，中国人民大学出版社，2010，第149页。
⑥ 河本英夫：《第三代系统论：自生系统论》，郭连友译，中央编译出版社，2016，第108页。
⑦ 贡塔·托依布纳：《法律：一个自创生系统》，张骐译，北京大学出版社，2004，第5页。

就应该进一步观察法律作为系统存在的具体方面。

三、法律系统的层次解析

（一）第一层：法律系统（总系统）

为了便于对法律这样一个复杂系统展开分析，我们必须找到一个"解剖"的切入口。众所周知，"法律是由国家制定或认可的，并由国家强制力保证实施的行为规范"。有关实证法的一般定义至少给出了法律系统的三个特征：其一，法律是由国家制定或认可的，意味着法律是一个"事前装置"系统；其二，法律是一个执行国家意志的系统；其三，法律是社会关系（行为）的调整系统。法律系统与现实社会系统（外于法律的社会系统）之间的关系属于一种不完全的映射关系。动态来看，人们在交往过程中产生特定的社会关系，而这些社会关系始终处于法律系统的监控之下。社会关系在符合一定条件时就会主动或被动地触发法律系统的装置，并产生某种反馈作用。例如，男女之间交往产生恋爱关系，哪怕存在道德上的不伦，若法律对这类关系无对应的"装置"，就不可能进入法律系统并产生反馈；如果男女双方均符合法定结婚条件，就可以主动申请结婚登记，进而在法律系统中产生正反馈——婚姻关系受到法律的确认和保护；假如一方已婚，同时又与他人结婚，就会触发法律对重婚行为的负反馈。可见，法律系统就是一系列行为规范指令及其相应反馈机制的集合。

（二）第二层：法律部门（子系统）

"在元素众多、结构复杂的系统中，元素之间有一种成团现象，一部分元素按某种方式更紧密地联系在一起，具有相对独立性，有自己的整体特性。"[①]复杂系统内的部分元素成团结合在一起，即子系统或分系统。法律系统中的元素成团现象首先表现为法律部门的分立。由于社会关系（行为）纷繁多样，映射在法律系统中的行为规范也尤为复杂，故有必要根据社会关系的类型对行为规范进行相应的类型化处理，因此有了法律上部门法的划分。最基础的部门法被划分为公法和私法：公法调整隶属性的社会关系，私法调整平等性的社会关系。私法内部又依照"权利—救济"模式进行体例（二级部门法）安排。权利法包括人格权、身份权、物权、债权（股权、知识产权等其他权利类型均由此四种基本民事权利的要素复合而成）。救济法又依交易过程分为自愿或非自愿而有

---

① 苗东升：《系统科学精要》，中国人民大学出版社，2010，第24页。

别：自愿交易过程中的救济属于合同（违约）法；非自愿交易过程中的救济属于侵权法。所以，法律部门之下通常还可以再分为若干次级子部门，如民法之下有合同法、侵权法、物权法等。

（三）第三层：法律制度（二级子系统）

法律系统中还有更基础、更低阶的元素成团现象，即法律制度。法律制度是一个内涵十分模糊，使用上也比较混乱的概念，此处仅指法律部门之下具有同一功能目标的法律规则的集合。例如：刑法上的正当防卫制度，又包括一般正当防卫和特殊正当防卫。一般正当防卫又涉及不法侵害规则、防卫条件规则、防卫限度规则、防卫过当规则等。再如，侵权法中的人身损害赔偿制度，包括一般侵权责任构成规则，以及伤残等级、死亡赔偿金、残疾赔偿金、精神损害赔偿金等规则。一般所指的法律制度是部门法中明显可见的规则集群，通常情况下被冠以某个特定的称谓或概念，有时很难与法律中的基本概念进行区分。例如，"自然人"在许多场合可以作为一个基本概念使用，但同时"自然人"之下又包括了出生、死亡、权利能力、行为能力等多个规则和制度，所以在有的场合也不妨表述为"自然人制度"。虽然法律制度不是一个严格的概念，但它在特定的法律部门中对某一组法律规则的集合具有较高的可识别性。从系统论角度来看，特定法律制度的运作具有相对独立性（自成一体性），往往属于法律部门中的关键构成部分和实践中的作用焦点。

（四）第四层：法律规则（系统元素）

法律系统的元素在法学理论中常被称为法的要素，指法律构成的基本成分。关于法的要素模式，传统理论上有"命令模式""规则模式""规则、政策、原则模式""律令、技术、理想模式"等。我国法理学界当前以法律概念、法律规则、法律原则"三要素说"为通说。[1] 系统元素相对于特定的系统而言具有"基元性"或不可再分性的特征，但离开特定的系统，元素本身又可以进一步划分为更低层次的组成部分。[2] 从法律作为一个行为规范系统的角度来看，法律系统的基

---

[1] 张文显：《法理学》，高等教育出版社，2011，第63-77页；周永坤：《法理学——全球视野》，法律出版社，2016，第161-175页。

[2] 苗东升：《系统科学精要》，中国人民大学出版社，2010，第22页。

本构成元素应当且仅仅是法律规则（范）。[①]

　　法律规则是法律系统内在的基本运作单元，如同有机体的活细胞。法律规则是法律系统针对具体行为的直接反馈机制；法律作为体现国家意志的行为规范，也表现为法律规则的直接作用。作为一种反馈机制，法律规则必须具有一定的内在逻辑结构。目前法律规则的逻辑结构主要有"三要素说"和"二要素说"。[②] 三要素说将一个完整的法律规则分为假定、处理、制裁三部分。制裁仅适用于法律的负面评价后果，为人所诟病。二要素说将完整的法律规则分为行为模式和法律后果两部分，较为准确地描述了法律规则的逻辑结构。根据法律对相关行为要求的设定，行为模式可归纳为三种："可为模式"（权利）、"应为模式"（作为义务）和"勿为模式"（不作为义务）。根据法律对行为的正负评价，法律后果无非两类：合法（正当）或非法（不正当）。合法后果的评价具体表现为法律予以确权和保护；非法后果的评价具体表现为法律不予确权保护，乃至权益被剥夺或惩罚。行为模式首先设定了行为参照标准，符合标准的产生合法后果，不符合标准的产生非法后果。这一简化的逻辑结构使法律系统"二元规则化"，法律系统的基本运作就是对触发系统反应的行为做出"合法/非法"的反馈。[③]

　　法律系统与外部环境的直接沟通总是发生在法律规则层次上。基于法律的指引作用，现实或未来行为也与特定法律规则中的行为模式发生参照比对关系。且无论行为人自身是否有所认知，他的行为始终都被相应法律规则所检验。这种"默示"的检验必须依赖于某个观察者——行为人、相对人、律师、法官或者其他任何试图进行观察之人。当某个行为被观察到与相应法律规则中的行为模式相符，则结果合法，法律系统通常对该行为保持"静默"。法律系统的这种"静默"正是它对合法行为发出的正反馈。反之，当某个行为被观察到与相应法律规则中的行为模式不符，则结果非法，法律系统就会对该行为发出否定性评价或制裁等负反馈。

[①] 法律概念不应视为独立的系统元素，理由在于，法律概念是构成法律规则的基本语义单元；部分法律概念本身表征了特定的法律制度或法律规则，如时效、代理、盗窃、累犯、过错、违约等。
法律原则不必视为独立的系统元素，理由在于，法律原则或者抽象地对法律规则进行评价或指引，或者在特定案件中具体化为可操作的法律规则。即便将法律原则与法律规则并行作为法律系统的元素，但在法律系统终端运作的仍然是法律规则。
[②] 周永坤：《法理学——全球视野》，法律出版社，2016，第166页。
[③] 尼克拉斯·卢曼：《社会的法律》，郑伊倩译，人民出版社，2009，第29页。

四、法律系统的功能结构

　　任何开放系统都会对环境产生某种影响或作用，此即系统的功能。给定元素和结构即可以定义一个系统，同时也限定了该系统的功能。"从系统本身看，功能由元素和结构共同决定。"[①] 那么，在给定元素的条件下，元素的不同结合方式（结构）就会产生不同的系统功能。这种体现功能特性的元素结合方式可称之为系统的功能结构。法律系统是由众多法律规则为元素结合而成的复杂系统，其在不同层次上均表现出多元的功能特性。基于结构与功能的辩证关系，通过调整法律系统内的元素结构即可实现功能的改变和调整。

　　在法学理论上，法的功能和法的作用通常被作为同义词使用。[②] 就法律作为规范系统而言，它的系统功能主要表现为指引、评价、预测、强制和教育等规范功能。从法律的终极追求来看，它的系统功能又表现为正义、秩序、自由等通常所谓的法的基本价值。法律系统的整体功能当然取决于它内在的全部元素及其结构的综合性能。特定法律系统的整体功能与其内部元素和结构的实际关系因其过于复杂而难以具体描述。"一旦有人适用一部法典的一个条文，他就是在适用整个法典。"[③] 同理，单一法律规则的功能实现是整个法律体系整体功能作用的结果；作为基本元素的单一法律规则中也蕴含了法律系统的整体功能信息。例如，"机动车不按交通信号灯行驶，扣6分并罚款300元"。该规则不仅为机动车驾驶人提供了一条具体的行为规则，同时也体现了法律一般性的指引、评价、预测、强制、教育等规范功能，以及秩序和安全等价值功能。法律系统的整体功能结构隐含在法律规则的微观结构当中。如前所述，法律规则的内在逻辑结构无非是"行为模式—法律后果"。行为模式有可为、应为、勿为三种，法律后果有合法、非法之分。不同行为模式与法律后果的组合即产生不同的指引、评价等效果。

　　在法律制度层次上，系统的功能结构表现为多个法律规则之间的联结关系。法律制度作为法律规则之元素"成团性"的表现，通常以某个特定法律规则为中心，再以其中的某些法律概念或词语为结点，连接了多个相关法律规则。以"共同侵权行为"制度为例，该制度以《民法典》第1168条确立的规则为核心：

---

① 苗东升:《系统科学精要》，中国人民大学出版社，2010，第29页
② 周永坤:《法理学——全球视野》，法律出版社，2016，第117页。
③ 卡尔·恩吉施:《法律思维导论》，郑永流译，法律出版社，2004，第73页。

"二人以上共同实施侵权行为，造成他人损害的，应当承担连带责任。"其中，"侵权行为"指向第 1165 条和第 1166 条有关侵权行为的一般规则；"连带责任"指向第 178 条的连带规则。此外，根据现实情况，该规则还需要联结侵权法及其他法律部门中的相关规则和制度。这种法律规则的结构首先是通过语言逻辑上的联系，同时也是一种功能意义上的联系。

在法律部门层次上，系统的功能结构与法律制度层次的功能结构同样表现为法律规则之间的逻辑联系，但它们之间的结合强度相对较弱。根据系统论的一般理论，"低层次系统的要素之间具有较大的结合强度，而高层次系统的要素之间的结合强度则要小一些。随着层次的升高，结合的强度也就越来越小"[1]。同时，层次越高，基于整体涌现性原理，系统所表现出来的整体功能也越明显区别于单一元素或低层次时元素结合的功能表现。以建造房屋为例：砖石、瓦、钢筋、水泥等为基本元素；当地基打好时，砖石、钢筋、水泥等元素的结合表现出地基的功能特性；当整栋房屋完工时，它们的结合才最终呈现出房屋的完整功能特性。当我们将视野上移至法律部门层次，法律作为规范（子）系统的整体功能特性开始显现。以作为子部门的侵权法为例，侵权法的整体功能和结构与其内部某单一法律规则或制度的具体功能和结构显然有层次上的差别。通常认为，侵权法整体上的基本功能为填补损害（补偿）和预防损害（威慑）。[2]相应地，侵权法的主体关系结构表现为矫正正义下的二元封闭对称结构：损害（加害人）—受偿（受害人）。侵权法中二元对称结构的优点在于：在封闭的二元对称关系结构之下，加害人支付的赔偿金恰好是受害人的损失，二者是同一法律关系的正反两面，将补偿与威慑两项基本功能有机地结合在一起，完美地体现了矫正正义的内在逻辑要求。同时，该结构的缺点在于：由于它是一个封闭的结构，侵权损失只能在加害人与受害人之间分配，难免存在着在行为自由和权利保护上的取舍平衡之困难。[3]

基于元素结构对系统功能的决定关系，通过改变元素结构可以实现系统功能的调整。在侵权法中，近代以来，无过错责任的设立不仅增加了一项新的赔偿规则或制度，更重要的是它已经微妙地突破了侵权赔偿的二元封闭结构。无过错责任的法理逻辑在于将事故风险集中于以企业为主的行为人一端，再由其

① 魏宏森、曾国屏：《系统论：系统科学哲学》，世界图书出版公司，2009，第 221 页。
② 王泽鉴：《侵权行为法》，北京大学出版社，2009，第 8-10 页。
③ 叶延玺：《责任保险对侵权法的影响研究》，浙江大学出版社，2018，第 12-13 页。

通过价格、保险等机制分散给社会公众。如此一来，侵权法中的二元封闭结构就变成了：受偿（受害人）—损害（加害人）—分散（社会公众）。侵权赔偿关系结构变成了一个实质上的开放性结构。至此，侵权法的基本功能就不再是严格的补偿／威慑，同时还具有一定的风险分散功能；侵权赔偿系统就不再是仅在受害人与加害人之间进行损失分配的严格封闭的系统，而具有了一定的开放性。

五、法律系统论的应用

法学作为一门社会科学，其观点和结论很容易受到人们思维方式的左右。《法国民法典》和《德国民法典》虽然共享荣誉，但风格迥异，皆因不同时代和不同社会背景下的立法思维和方法之不同。[①] 基于不同的思维或视角，本书所讨论的问题对有些人而言或许根本不能称其为问题，因为有人始终相信，侵权赔偿、社会保险、商业保险等归属于各自独立的法律部门，没有必要将它们放在一起进行讨论。[②] 但从本书的研究视角——法律系统论的立场，多元救济机制彼此独立的状态正是侵权损害救济领域当前面临的最重大问题。本书的目标正是要克服多元救济机制之间的割裂状态，从系统整体上来把握它们之间的关系。这种把研究对象当作系统整体来认识和处理的方法正是系统论的方法。[③]

目前，法律系统论主要囿于法理学范围内的讨论。除了偶尔作为法律解释的方法之一（系统解释），法律系统论尚未真正对法律实践或部门法领域产生普遍的指导意义。法律系统是有着具体内部结构和构成要素的"有血有肉"的系统，而非看不清内部构造的"黑箱"。导入系统论的方法和思维不仅对本书的研究至关重要，也是将法律系统论具体应用于部门法领域的一次重要尝试。

将法律系统论导入本书的研究，首先，应始终从系统视角来看待各救济机制之间的关系，并以系统整合为最终目标。一方面是因为多元救济机制之间存在重叠和冲突，需要通过系统整合来实现它们之间的协作；另一方面，由于现代社会条件下的风险本身具有系统性的特征，系统性风险需要系统性的救济。其次，在识别综合救济系统的内部构造及其应予协调的主要问题的基础上，以系统视角对各救济机制之间各方面的重点关系进行系统分析，并提出系统整合的总体思路或要求。再次，在涉及各救济机制的具体问题的协调处理过程中，

---

① 　K. 茨威格特、H. 克茨：《比较法总论》，潘汉典等译，法律出版社，2003，第 219-224 页。
② 　格哈德·瓦格纳：《比较法视野下的侵权法与责任保险》，魏磊杰等译，中国法制出版社，2012，第 396 页。
③ 　谭璐、姜璐：《系统科学导论》，北京师范大学出版社，2009，第 27 页。

基于系统化的要求和思维进行取舍平衡，提出科学的解决方案。但如前所述，系统的层次越高，系统元素之间的结合强度越弱。综合救济系统正是侵权损害法领域到目前为止的最高层次系统，其组成元素（各子系统）之间的结合强度较弱，而这也是其组成元素之间的系统联系容易被人们所忽视的原因。正因如此，基于系统性思维来审视和协调侵权赔偿与各种社会化救济机制之间的关系，具有重要的系统论意义。

应特别指出，近年来国内外私法领域兴起的"动态系统论"学说是将法律系统论应用于部门法的有益尝试。动态系统论最早由奥地利法学家瓦尔特·维尔伯格（Walter Wilburg）提出。[1] 其基本构想是："就一定的法律领域，特定可能会发挥作用的作用力，通过这些作用力的动态协同作用说明各个法律规范、法律效果及其变迁，并将其正当化。"[2] 后来经学者阐发，动态系统论的核心观点可归纳为：鉴于法律的内在价值和目标具有多元性，对法律的理解不应限于某个单一理念，而应将各种关键要素置于一个动态系统中进行综合考量。在法律适用时，如果某个要素不满足或者较弱，但其他要素可以满足或者较强，此时仍然可以构成相应法律后果。[3] 动态系统论的主要目标是克服概念法学模式下"固定构成要件"的僵化，以寻求法律效果的弹性化；动态系统论也试图克服自由法学式的恣意——将相关要素的综合考量和评价置于法的内在体系范围。[4] 考察动态系统论研究的相关文献，学者们关注的焦点更多地在于"动态"，而非"系统"。

---

[1]　瓦尔特·维尔伯格：《私法领域内动态体系的发展》，李昊译，《苏州大学学报（法学版）》2015年第4期，第107-116页。

[2]　山本敬三：《民法中的动态系统论——有关法律评价及方法的绪论性考察》，解亘译，载梁慧星主编：《民商法论丛》（第23卷），金桥文化出版（香港）有限公司，2002，第181页。

[3]　海尔姆特·库齐奥：《侵权责任法的基本问题》（第一卷），朱若译，北京大学出版社，2017，第15-17页；海尔姆特·库齐奥：《动态系统论导论》，张玉东译，《甘肃政法学院学报》2013年第4期，第41页。

[4]　解亘、班天可：《被误解和被高估的动态体系论》，《法学研究》2017年第2期，第41-57页。

第二章

侵权赔偿与社会化救济的功能协调

第一节　各救济机制的基本功能分析

一、侵权赔偿的基本功能

　　学理上对侵权赔偿功能的表述非常多元，英美法系学者提到的侵权赔偿功能包括矫正、威慑、损失分散、补偿、安抚、惩罚、证明无辜或修复、预防等。[①] 大陆法学者对侵权赔偿功能的表述包括补偿、损害抵偿、预防、抑制、损害转移、损害分散、制裁、惩罚、教育、保护等。[②] 面对这些纷繁的表述，如何才能正确理解和界定侵权赔偿的功能？侵权赔偿作为一种私法上的责任，其法理基础来自矫正正义。矫正正义的特性限定了侵权赔偿乃至整个私法的功能内容和边界。依照亚里士多德的经典定义，矫正正义代表一种算术比例（加减法）的平等。[③] 在矫正正义的关系结构中，加害人的"所得"即受害人的"应得"，二者乃一体两面的关系。"矫正正义把被告的不当所得与原告的不当损失联系起来……矫正正义所矫正的不公正本质上是双极的。"[④] 作为矫正正义在非自愿交易中的典型表现，侵权赔偿的功能同样也表现出双极性的特征。侵权赔偿对受害人是一种补偿，反过来，对加害人一方又会产生威慑效果。补偿与威慑是同一个赔偿关系产生的两个相反方向的效果，二者乃一体之两面。因此，从侵权法的矫正正义基础及其两极性的特征来看，侵权赔偿的基本功能无非是补偿与威慑（预防），并且二者因其内在关联而不可分割。其余所谓侵权赔偿的功能均是补偿或威慑的衍生效果。

　　补偿作为侵权赔偿的基本功能没有任何争议，但补偿的具体条件、标准、效果等则因背后的理念不同而有差异。一般认为，侵权赔偿的基准为损害填补，

[①]　See Kenneth S. Abraham, *The Forms and Functions of Tort Law,* New York: Foundation Press, 2002, pp.14-19; Peter Cane, *Atiyah's Accidents Compensation and the Law,* Cambridge: Cambridge University Press, 2006, pp.408-439.

[②]　王泽鉴：《侵权行为法》第一册，中国政法大学出版社，2001，第7页；迪特尔·梅迪库斯：《德国债法总论》，杜景林、卢谌译，法律出版社，2004，第428页；于敏：《日本侵权行为法》，法律出版社，2006，第38页；王利明、杨立新：《侵权行为法》，法律出版社，1996，第24-25页。

[③]　亚里士多德：《尼各马可伦理学》，廖申白译，商务印书馆，2003，第137页。

[④]　欧内斯·J.温里布：《私法的理念》，徐爱国译，北京大学出版，2007，第67页。

故以"完全补偿"为目标。但由于补偿的最终实现要受到诸多条件的限制，受害人能否得到补偿及获得实际补偿的额度往往与"完全补偿"的目标相去甚远。首先，决定补偿结果的条件是侵权责任的构成要件，如加害人过错的标准、因果关系的界定、损害范围的认定等。侵权责任构成的每一项具体要件都会直接影响侵权责任的成立和赔偿额度的大小。其次，即使在侵权责任范围已确定的前提下，受害人能否得到补偿及实际受偿额度还要取决于责任人的资产状况。如果责任人的赔偿能力有限，对加害人的补偿最终也将无法实现。可见，具体案件中的最终补偿结果与"完全补偿"目标的实现总会存在落差，而且能否实际获得还有极大的不确定性。实际补偿的不完全和不确定使得侵权赔偿的补偿功能大打折扣，这就为其他社会救济机制的介入留下了空间。

关于侵权赔偿的威慑功能，学理上存在两种不同态度。以法经济学为代表的部分学者认为，威慑乃是侵权赔偿的首要功能；但也有部分学者认为，威慑仅仅是补偿带来的附属功能。[①] 认为威慑仅仅是附属功能的主要理由在于，侵权赔偿通常只关注受害人损失的大小，而对加害人主观过错的程度一般不做区分。将加害人的主观过错程度与其赔偿责任大小联系起来固然可以提高威慑的实际效果，但并非认定威慑是否为侵权赔偿核心功能的正确理由。引起该分歧的关键在于对侵权赔偿归责基准的理解。若认为过错责任是侵权归责的基准，侵权赔偿未将责任大小与过错程度相关联可以说明威慑不是它的核心功能和目标。但是，从侵权法的矫正正义理论和历史起源来看，结果责任才是侵权赔偿初始的归责基准，而过错责任只是近代侵权法根据利益平衡和行为自由保护的需要对赔偿责任范围的适当限制。单一地将威慑作为侵权赔偿的首要功能同样有失偏颇。在矫正正义和结果责任的框架内，"得"与"失"、威慑与补偿之间具有不可割裂的内在联系。因此，威慑和补偿均应被视为侵权赔偿的核心功能。至于威慑的实效，主要取决于实际赔偿结果与侵权行为的关联程度。由于过错在多数场合仅决定责任之有无，过错程度通常与责任大小无关联，相应地减少了侵权赔偿在主观方面的威慑效果。在客观方面，威慑实效主要取决于加害人通过侵权行为获益与其因赔偿责任而受损（赔偿成本）的比较。赔偿成本应当足以消除侵权获益，否则，无异于鼓励侵权行为的发生。在此方面，法经济学的分

---

① 方新军:《侵权责任法学》，北京大学出版社，2013，第14页。

析方法具有重要价值。[①]

　　在补偿与威慑之外，侵权赔偿当然还可以衍生出一些其他功能，如预防、安抚、教育、损害转移、修复等。但这些衍生功能基本上没有超出补偿和威慑的作用范围，不应与此二种基本功能并列对待。再者，侵权法中还有一些所谓的特殊功能，如惩罚性赔偿的"惩罚"功能、公平责任（公平分担损失）的"损失分摊"功能等。且不论这些功能与侵权赔偿的矫正正义基础相龃龉而存有疑虑，它们也仅仅涉及侵权法中极个别的制度或条文。[②]

二、侵权赔偿的功能扩张

　　如果以近代法为起点进行考察，侵权赔偿在全球范围内不断扩张它的适用范围。该扩张趋势除了像无过错责任和"市场份额规则"此类明显标志外，还体现在侵权责任构成的许多细节方面。首先，过错在侵权法中是一个被严重泛化的概念，背离道德上的过错概念越来越远。在侵权法中，过错的认定并不意味着行为人确实做了什么道德上应受责难之事，而常常是因为法律上需要归责于他。侵权赔偿对行为人小心行事的要求远比道德标准更加严苛。其次，因果关系链条总是不断被人为延长，以扩大侵权赔偿的范围。侵权责任是否成立及损害范围的大小主要取决于法官在司法审判中截取因果链条的长短。在一种"归咎文化"背景下，因果关系在司法实务中总是不断地被突破、延展。此外，侵权赔偿的功能扩张还可以通过放松损害评估、扩大责任人范围（连带责任、替代责任）等途径来实现。整体来看，侵权法自近代以来确实是在朝着扩大赔偿以有利于受害人的方向发展。[③]

　　"危害事故自古有之，今日为烈。"[④]在此背景下，适当扩大侵权赔偿的功能范围正是为了顺应时代变化之要求。侵权责任扩张是法律面对社会现实做出的必要反应，当属正常现象。然而，目前的这种扩张似乎正在超出侵权赔偿的功能范围而有过度之嫌。任何事物均有其"质的规定性"要求，其"量变"不得超越"质"的范畴。侵权赔偿的正常扩张属于"量变"范围，而过度扩张则有"质变"之虞。过错认定范围的扩大、因果关系的延长均属正常量变，但美国法上

---

①　罗伯特·考特、托马斯·尤仑：《法和经济学》，史晋川等译，格致出版社，2010，第300-301页。
②　叶延玺：《责任保险对侵权法的影响研究》，浙江大学出版社，2018，第91-94页。
③　P.S.阿蒂亚：《"中彩"的损害赔偿》，李利敏、李昊译，北京大学出版社，2012，第23-73页。
④　王泽鉴：《侵权行为法》，北京大学出版社，2009，第3页。

的"市场份额规则"和我国侵权责任法中的"高空抛物"责任等已有质变的迹象。

与侵权责任扩张相伴随的是侵权赔偿的功能泛化问题，即侵权赔偿制度承载了越来越多的社会福利功能。[1]侵权赔偿的私法属性决定了它只能在矫正正义的两极框架内实现损害的转移，超出该范围的损失分配或分散问题本身与侵权赔偿无关。然而，受到单一私法思维的影响，一些外围问题被强行引入侵权法中以试图通过侵权赔偿来解决。当具体案件中无法查明实际侵权人，或者无法确定行为与损害的因果联系，侵权赔偿的救济即已用尽，无法获得侵权赔偿的受害人只能寄望于商业保险或社会保障等其他社会化救济机制给予补偿。在商业保险和社会保障机制尚不发达的情形下，侵权赔偿扩张的解决方案最多只能算是一种权宜之计，而不应被视为常态的应对措施。随着商业保险和社会保障机制的日益普及和逐步完善，令侵权赔偿回归其本位才是当然的选择。

三、商业保险的基本功能

商业保险是通过商业保险合同的方式，由投保人根据其自主选择的保险种类或级别向保险人缴纳一定的保险费，当发生保险事故时由保险人根据约定的条件支付保险金的一种风险集中和分散机制。有人认为，"组织经济补偿和实现保险金的给付"为商业保险的唯一基本功能[2]；也有人认为，商业保险的基本功能包括"补偿损失"和"分摊损失"两项[3]。商业保险的基本功能应当结合其基本特征和关系结构进行分析，并尽可能使之与相近的其他机制区分开来。商业保险的基本特征在于以概率论为数理基础，以射幸合同为媒介，将风险集中于保险人——保险人向实际受害人支付较大额的保险金，并分散给全体投保人承担——潜在受害人共同向保险人支付较小额的保险费。商业保险的基本关系结构可以表达为：全体投保人（潜在受害人）—保险人—个别投保人（具体受害人）。与侵权赔偿相比较，商业保险的关系结构中多了保险人一环，并且其一端是封闭的（保险人—具体受害人），另一端却是开放的（保险人—潜在受害人）。因此，从商业保险的关系结构上可以首先确定其基本功能包括"损失补偿"和"损失分散"。

---

① See Richard B. Stewart, "Crisis in Tort Law?" *The University of Chicago Law Review*, Vol.54, No.1, 1987, pp.184-199.

② 徐文虎、陈冬梅：《保险学》，北京大学出版社，2014，第45页；马宜斐、段文军：《保险原理与实务》，中国人民大学出版社，2015，第24页。

③ 杨忠海：《保险学原理》，清华大学出版社，2011，第26页。

虽然同样具有"损失补偿"功能，商业保险与侵权赔偿的补偿条件和补偿程度却不完全相同。侵权赔偿补偿功能的实现以侵权责任构成为条件，其补偿程度取决于具体案件中的实际损失、侵权人的赔偿能力等；商业保险的补偿条件和实际程度则取决于双方在保险合同中的约定，并受限于保险的某些基本规范。在实际损失范围内，侵权赔偿是非自愿的、法定的补偿，商业保险是自愿的、约定的补偿。侵权赔偿直接体现了法律对损害风险的分配政策；商业保险则充分尊重了当事人对本人风险的自主安排。由于保险人对出险的具体受害人的损失补偿资金最终来源于全体投保人，商业保险的"损失补偿"功能的实现需依赖于"损失分散"。"损失分散"功能的实现也是商业保险健康、持续运作的前提条件。"损失分散"的效果主要取决于保险人对保险产品的设计、保险费的厘定、保险深度和广度、日常经营成本的控制等诸多因素。基于"损失补偿"与"损失分散"的逻辑关系，二者之间必须保持一定的均衡。相对于侵权赔偿，商业保险的补偿较为充分可靠、及时有效，并且补偿资金分摊面广，可以有效减轻直接责任人或受害人的经济负担。

在商业保险条件下，投保人可以自主选择是否购买保险，以及所购保险的品种、保险标的、承保风险和金额等。"风险自主"功能是商业保险区别于侵权赔偿、社会保险等其他救济机制的重要显性特征，也是它的一项独特优势。虽然"风险自主"即意味着投保人选择通过保险进行"风险分散"，二者关系密切，但鉴于前者可以凸显商业保险的功能特点，从本书研究视角来看，"风险自主"应视为一项独立的基本功能。责任保险的风险自主选择权在行为人，第一方保险的风险自主选择权在受害人。有鉴于此，商业保险的基本功能应修正为三项：损失补偿、风险分散、风险自主。

此外，通常认为商业保险还具有若干派生功能。其一，资金融通。保险公司向不特定的社会公众收取保险费，往往可以汇集金额十分庞大的保险基金。保险基金的收取与支出有一定的时间差，这一过程中可以令大部分保险基金闲置，沉淀下来。保险公司为了降低成本和提高收益，利用沉淀的保险基金进行投资，以实现保值增值。其二，防灾减灾。保险事故的发生率直接地决定保险赔付率，是影响保险公司盈亏的关键因素。因此，保险公司用巨大的经济激励来采取措施以减少保险事故的发生。在实务中，保险业者在事前通常都会督促被保险人采取安全保障措施，研究防灾减灾方法，提供灾害发生预警信息等；

同时，在保险事故发生过程中，保险业者积极参与抢险救灾，对受灾财产和人员采取救护措施，以减少最终损害和防止损害扩大。从历史经验来看，保险业的参与对整个社会的防灾减灾具有重要意义。其三，社会管理。商业保险通过自愿化的方式，可以让公众灵活安排自身风险。在事故发生后，保险救济有助于受害人尽快利用保险金恢复生产生活。在灾害发生时，商业保险不仅惠及特定的被保险人，也有利于社会整体的安全和稳定。[①]

四、社会保险的基本功能

社会保险与商业保险在运行机制方面十分相近，均以现代保险原理和保险技术为中心，故而二者在风险处理方面的功能也十分相近。从救济侵权受害人的角度来看，社会保险同样具有损失补偿和风险分散的功能。然而，社会保险与商业保险在法律依据、存在目的、运作机构、保障对象、保障程度、资金来源等方面存在众多差异，致使它们的损失补偿和风险分散功能的实际效果有所不同。

相对于社会救助型和社会福利型的保障体系，社会保险既是一种基本保障型、强制型的体系，同时也是一种权利义务结合型的体系。[②] 一方面，作为一种基本保障型、强制型的体系，社会保险对侵权受害人的损失补偿整体上属于较低标准的补偿。社会保险作为由政府公共机构主导的风险防御机制，具有鲜明的政策导向特征。"社会保险的基本目标是为大多数人提供基本的经济保障，以抵御由于早逝、老龄、疾病、伤残和失业等造成的长期风险。"[③] 既然目标定位是"为大多数人提供基本的经济保障"，社会保险在损失补偿方面整体上必然属于一种浅层次的补偿。当然，其实际补偿水平还要取决于国家财政状况、保障模式、基金运作情况等因素。另一方面，作为一种权利义务结合型的保障体系，社会保险对侵权受害人的补偿程度还与费用缴纳情况相关。就社会保险基金的来源而言，世界各国做法不一，包括劳动者负担、用人单位负担、国家负担、劳动者与用人单位共同负担、劳动者与国家共同负担、用人单位与国家共同负担、劳动者和用人单位与国家共同负担等形式。[④] 根据《社会保险法》和《社会保险费征缴暂行条例》等相关规定，我国社会保险费整体上实行用人单

---

① 徐文虎、陈冬梅：《保险学》，北京大学出版社，2014，第46-47页。
② 穆怀中：《社会保障国际比较》，中国劳动社会保障出版社，2014，第30-34页。
③ 乔治·E.雷吉达：《社会保险和经济保障》，陈秉正译，经济科学出版社，2005，第32页。
④ 林嘉：《社会保险法教程》，法律出版社，2011，第300-301页。

位与职工共同缴纳、政府财政补贴的资金筹措形式，但具体险种缴费主体和缴纳比例有所不同，且属于强制性规定。基本养老保险、基本医疗保险和失业保险由单位和职工共同缴纳，单位缴纳的比重相对较大；工伤保险和生育保险则完全由单位缴纳，职工不缴纳。在此背景下，我国社会保险相对于商业保险而言，保障对象获得补偿的程度虽然在某些条件下与本人缴费额相关，但主要还是取决于法律的强制规定。社会保险在损失补偿方面的综合特点在于：补偿条件和额度等总体上属于强制性规定，但同时也受到单位和（或）职工个人缴费情况的影响。

在风险分散方面，社会保险的运作理念和机制与商业保险既有相似性，也存在诸多差别。社会保险和商业保险均通过集中再转移的方式，将风险分散给不特定的社会公众进行分摊；二者都需要以大数法则和概率论为依据进行精确的测算，以保证资金收支的平衡；并且二者均属于社会化的经济保障和风险分散机制。但是，它们之间的差异性也同样明显。社会保险由政府机构主导，政府可以通过强制性方式在国家层面进行最大范围的风险分散，而商业保险机构通常难以达到如此的层次和规模。另外，商业保险必须考虑营利需要，必然对许多缺乏"可保性"的社会风险持规避态度；相反，无利可图，甚至可能亏空的风险领域正是社会保险所要努力填补进行风险分散的方面。"对私人保险来说是对的东西，对社会保险可能就是不对的。例如，私人保险强调个人权益性，而社会保险强调的则是社会适当性。"[1] 风险的有效分散是商业保险正常运营的基本条件，否则，商业保险必然选择将其从保险产品目录中排除或者极大地提高保险费。但对于社会保险而言，某项风险即使无法有效分散给参保人，在必要时也应当通过政府财政补贴的方式承受下来。鉴于政府财政收入来自全民税收，财政补贴这部分社保基金更体现了社会保险更广泛的强制风险分散功能。

从社会保障整体层次的初始目标来看，社会保险与社会救助、社会福利一样均为"保障民生"的政治措施。[2] 但从社会保障内部之中观尺度上观察，社会保险因其资金来源以参保人及其雇主的缴费为主，它与社会救助和社会福利的保障对象、保障水平、保障手段、给付标准等也存在明显差异。[3] 作为分配正义

① 乔治·E. 雷吉达：《社会保险和经济保障》，陈秉正译，经济科学出版社，2005，第29页。
② 史柏年：《社会保障概论》，高等教育出版社，2012，第5页。
③ 林义：《社会保险》，中国金融出版社，2011，第28页。

的休现，社会保障本以"需要"为导向，而非"应得"。但是，"社会保险的被保险人对社会保险待遇享有主观权利，不适用家庭资产状况调查。被保险人被赋予享受社会福利的权利，与他（她）是否实际'需要'该待遇无关"①。就此而言，社会保险更像是由公共机构主导运作的商业保险——获益与投入正相关，而非基于现实需要。不论是由职工个人或是由其单位缴纳的费用，均应视为职工个人劳动收入的一部分，归根结底属于私人财产。然而，若进一步分析又会发现，社会保险除了运作机构不同于商业保险外，其保障理念和原理也与商业保险存在质的差别。社会保险的经济补偿虽然与职工个人或其单位的缴费（主观权利）相关，但参保人在主观上并无选择是否投保及投保额度的自由，而自主选择性却是商业保险的本质特征。社会保险的保障标准既不是"最低生活水平"（社会救助），也不是"提高生活质量"（社会福利），而有其独特的定位——"基本生活水平"的保障。②"基本生活水平"的保障表现在：社会保险以参保人现有的工资收入水平为参照，厘定其应缴的保费标准；同时，在参保人发生工伤、疾病、失业等变故而受经济损失时，社保基金向其支付保险金，以尽可能维持其现有的生活水平。虽然社会保险在客观上未必能真正维持参保人的现有生活水平，但其"基本生活水平"尚可保障。正因如此，基本生活保障可视为风险分散、损失补偿之外社会保险的另一项独有的基本功能。

作为现代文明社会中最重要的制度之一，社会保险还可以延伸出一些其他功能，如收入再分配、促进社会安定、调整和升级消费、积累建设资金、应对老龄化等。③

第二节　侵权赔偿与社会化救济的功能关系

一、侵权赔偿与责任保险的功能关系

在以受害人为中心的综合救济系统中，侵权赔偿与责任保险是最为核心的两个机制，彼此的功能关系也最为复杂和微妙。如前所述，侵权赔偿的基本功能为补偿和威慑，并且二者属于同一个赔偿关系产生的正反两方面的效果，乃

---

① 丹尼·皮特尔斯：《社会保障基本原理》，蒋月、王铀镱译，商务印书馆，2014，第6-7页。
② 林义：《社会保险》，中国金融出版社，2011，第28页。
③ 同上书，第18页。

是不可分割的一体之两面。责任保险作为商业保险之一种，其保险标的即民事（侵权）赔偿责任。责任保险作为侵权赔偿之替代，首先割裂了侵权赔偿中补偿和威慑之间的有机联系；但与此同时，二者又紧密结合成为一个功能化的整体。在涉及责任保险的侵权案件中，保险人才是最终的"埋单人"和受害人所欲追索的对象，而侵权责任人的地位更像是第三人。[1] 由于保险人的介入，侵权责任人免于直接向受害人支付赔偿金，而仅需支付较少的保险费，侵权赔偿原有的威慑功能荡然无存。同时，因保险人具有一般侵权责任人所没有的雄厚的赔付能力，受害人最终获得实际补偿更有保障。正因如此，一般认为责任保险对侵权赔偿具有正反两方面的影响：既削弱了侵权赔偿的威慑功能，又强化了侵权赔偿的补偿功能。

所谓责任保险削弱了侵权赔偿的威慑功能，是指保险人在事故发生后进行替代赔偿，加害人（被保险人）虽然在法律上应负赔偿责任，而实际上被免除了赔偿责任，故而没有经济上的激励去预防事故的发生。当然，为了避免被保险人免于赔偿而可能产生的道德风险，责任保险当中设计了一系列的预防性措施，如不保风险、赔偿限额与免赔额、代位求偿、经验费率等。但实际上，不保风险、赔偿限额与免赔额制度仅仅是限制了保险的承保范围，将部分风险留给被保险人自己承担；代位求偿制度因与责任保险存在逻辑矛盾，在责任保险中一般没有意义；责任保险中唯一能模仿侵权赔偿威慑功能的只有经验费率。侵权赔偿的威慑功能表现为赔偿责任的有无、大小与事故发生与否、损害大小正相关；经验费率则是将被保险人（投保人）应支付的保险费费率与其此前保险事故发生的情况相关联。因此，从经济激励的角度可以将经验费率制度视为对侵权赔偿威慑功能的复制和模仿。然而，因风险分散为保险之根本目标，平均费率是保险业必然的主导趋向。况且，经验费率的程度越高，逆向选择的问题就会越严重，故而并不存在所谓的绝对经验费率——保费与赔偿金额完全一致，无损害则零保费。可见，责任保险中的预防机制不可能完全复制侵权法的威慑机制，责任保险对侵权赔偿威慑功能的消极影响不可避免。[2]

责任保险对侵权赔偿补偿功能的强化主要指责任保险对受害人而言较侵权

---

[1] Tom Baker, "Liability Insurance as Tort Regulation: Six Ways That Liability Insurance Shapes Tort Law in Action", *Connecticut Insurance Law Journal*, vol.12, 2005, pp.1-16.

[2] 叶延玺：《论责任保险的基本预防机制及其效果——以侵权法的预防功能为参照》，《广西政法管理干部学院学报》2015年第2期，第110-116页。

赔偿更为可靠。在损害赔偿案件中，受害人能否获得赔偿及赔偿是否充分不仅要受到侵权责任构成条件等法律框架的限制，还要最终取决于责任人是否具有赔偿能力。因责任保险以侵权责任的成立为前提，其补偿范围以侵权责任为最大限度，故而侵权责任构成条件对受害人获偿的限制同样制约着责任保险条件下的赔偿。然而，责任保险作为侵权赔偿的替代，受害人的获偿最终来自保险人，避免了侵权责任人自身赔偿能力限制带来的赔偿不充分。在应对责任人的偿付能力之不足方面，责任保险确实强化了对受害人的补偿。但也应注意到，责任保险的补偿效果同样受到若干限制。其一，责任保险以侵权责任成立为前提，且未覆盖全部侵权赔偿，主要包括不保风险、免赔额和赔偿限制等情形；其二，责任保险自身也对赔偿条件、赔偿程序等有一定要求，在可保范围内进一步将部分损失的赔偿排除在外；其三，除了强制责任保险，加害人（投保人）对责任保险的险种、承保范围等有任意选择的权利，不可能包括其全部侵权责任风险。因此，责任保险对侵权赔偿补偿功能的强化仅在特定条件和范围内才有效，侵权法的补偿功能不能被完全取代。[①]

在侵权赔偿与责任保险的功能关系中，不仅责任保险对侵权赔偿的补偿和威慑功能有作用，后者对前者同样也有反作用。侵权赔偿责任作为责任保险的标的和需要分散的风险，侵权赔偿的内在损害分摊机制是责任保险的逻辑前提。只有侵权赔偿事先将损害风险分配给行为人承担，才可能进一步由责任保险进行分散。如果侵权赔偿将某类风险事先分配给受害人自己承担，那么，相应风险的商业性分散渠道只能是第一方保险。简言之，侵权赔偿先在地将损害分配给行为人是其通过责任保险实现"风险自主"的前提。同理，侵权赔偿确定的责任范围也限定了责任保险补偿功能的最大边界；侵权法越是倾向于将损害风险分配给行为人（侵权责任扩张），责任保险补偿功能的优势就越为显著。此外，侵权赔偿的威慑机制和效果也是责任保险中经验费率等预防机制的程度上限和参照基准。

二、侵权赔偿与第一方保险的功能关系

以侵权赔偿为中心进行观察，第一方保险与责任保险虽然均以补偿事故造成的损失为最终目标，但二者因投保人和保险标的的不同而与侵权赔偿的功能

---

① 叶延玺：《责任保险对侵权法的影响研究》，浙江大学出版社，2018，第126页。

关系有所不同。责任保险的投保人为加害人，保险标的为加害人的赔偿责任（间接指向受害人的损害），与侵权赔偿构成功能替代关系；第一方保险的投保人为受害人，保险标的为受害人因事故遭受的损失，与侵权赔偿的功能构成重叠，即二者均以直接补偿受害人损失为目标。

在侵权事故中，若受害人自身购有相关的第一方保险，如人身意外伤害险、财产损失险等，既有权向加害人请求侵权赔偿，也可以请求保险人进行赔付。如此，受害人就对同一损害享有两项请求权。然而，侵权法与保险法原则上均不允许受害人同时获得两项补偿。侵权赔偿须遵循损害填补和"禁止得利"的基本原理，即"赔偿损害之结果，被害人不得较无损害事故发生时更为优越"[1]。同时，保险法上的赔偿也要依循"损失补偿"的原则，因为"保险补偿的目的是使被保险人得到的保险赔偿基本能够弥补其因保险事故造成的保险金额范围内的损失"[2]。为解决侵权赔偿与第一方保险的补偿重叠问题，各国保险法中对财产保险均设置了代位求偿制度。依照我国《保险法》第60条、第61条的规定，保险人在支付保险金后代位取得被保险人（受害人）对第三人（加害人）的赔偿请求权；被保险人已经获得或放弃对第三人侵权赔偿的，保险人对此部分均不予赔偿。综合言之，代位求偿权制度的实质效果是将赔偿责任最终分配给侵权行为人承担。鉴于损害填补原则和代位求偿制度的存在，第一方保险对受害人之损害补偿的真正作用在于：其一，因保险索赔为非诉程序，较之侵权赔偿诉讼通常具有简单、便捷的优势；其二，在侵权责任人（被追偿人）偿付能力不足的情况下，将其赔偿不能的风险转移给了保险人。

须特别指出，第一方保险中的代位求偿制度并非如多数人理解的是一个当然的选择，而是以侵权赔偿为中心背景下的将侵权行为人作为最终风险承担者的法律政策安排。在美国等实行"无过错（第一方）保险"的领域，因全部或部分地限制受害人提起侵权赔偿诉讼，保险人被安排为最终的责任承担者，自然无法享有相应的代位求偿权。[3] 在这种政策和制度安排下，第一方保险就类似于强制责任保险，其与侵权赔偿之补偿功能的关系就不是重叠，而是替代。

鉴于侵权赔偿与第一方保险的补偿条件不同，二者也并非在所有方面完全

---

[1] 曾世雄：《损害赔偿法原理》，中国政法大学出版社，2001，第238页。
[2] 贾林青：《保险法》，中国人民大学出版社，2009，第72页。
[3] P. S. Atiyah, "No-Fault Compensation: A Question That Will Not Go Away", *The Insurance Law Journal*, Nov., 1980, pp.625-640; James M. Anderson, Paul Heaton & Stephen J. Carroll, "The U.S. Experience with No-Fault Automobile Insurance: A Retrospective", California: *RAND Corporation*, 2010, p. xiii.

重叠。限制侵权赔偿范围的主要因素在其构成要件，尤其是过错和因果关系两项要件对补偿范围具有决定性影响。究其背后的法理原因，侵权赔偿需要在加害人代表的行为自由与受害人代表的权利保护之间进行利益平衡，而必须有所取舍。与之相比，第一方保险的补偿范围主要取决于"发生的危险事故是否属于保险责任范围内的保险事故"[①]。保险事故发生后，保险人须将该事故与保险合同约定的保险范围进行比对，只要该事故属于承保范围的，保险人即应理赔。在此情形下，受限于侵权赔偿的构成要件、受害人赔偿能力等原因而无法获得补偿的损失就可以由受害人自主安排进行风险分散。因此，第一方保险的风险自主功能具有弥补侵权赔偿无法覆盖部分的重要意义。

尽管第一方保险在整体上与侵权赔偿的补偿功能重叠，在重叠范围之外对侵权赔偿的补偿功能又有补充作用，但侵权赔偿的威慑功能是第一方保险本身所缺失的。法律对侵权事故的处置目标是不仅要补偿损失，还要尽可能实现预防和减少事故的发生。在侵权赔偿与第一方保险并存之情形下，仍然应当保留并充分发挥侵权赔偿的威慑功能。为了达成此目标，目前我国法律的处理方法一是通过赋予受害人请求权的选择，保留了选择直接向加害人请求侵权赔偿的机会；二是赋予保险人以代位求偿权（若受害人选择请求保险赔偿），最终还是将责任归结于侵权责任人。如此安排，虽然保留了侵权赔偿的威慑功能，但也与通过保险进行风险分散的政策目标相违背，尤其是对于无过错责任（危险责任）条件下那些为社会所鼓励的行业中出现的不可避免的技术性风险事故。诚如有学者指出，"危险责任的基本思想，不是对不法行为的制裁。民用航空器的使用、原子能设施的经营、商品的制造销售等，虽具危险性，乃现代社会必要的经济活动，法所容许，无不法之可言，不得以之作为违法性判断的客体，原则上不得对之主张侵害除去或侵害防止请求权"[②]。对于此类危险责任的行为人，将其作为最终责任承担人并不符合保护有益社会活动的价值导向。

三、责任保险与第一方保险的功能关系

责任保险与第一方保险作为商业保险的两大类型，二者均具有一般商业保险的共同功能：损失补偿、风险分散与风险自主。然而，以侵权关系（加害人—受害人）为中心进行观察，责任保险与第一方保险功能实现的途径恰好相反。

---

① 贾林青：《保险法》，中国人民大学出版社，2009，第143页。
② 王泽鉴：《侵权行为法》，北京大学出版社，2009，第15页。

责任保险以加害人一端为起点，由潜在加害人为其可能造成的第三人损害投保，将风险转移给保险人，再分散给全体潜在加害人；第一方保险则以受害人一端为起点，由潜在受害人为其可能遭受他人造成的损害投保，将风险转移给保险人，再分散给全体潜在受害人。责任保险体现了加害人一方对其可能造成第三人损害的责任风险的自主安排；第一方保险体现了受害人一方对其可能遭受他人的直接损害风险的自主安排。责任保险直接补偿的是加害人，并间接保障了受害人的赔偿利益；第一方保险则直接向受害人提供补偿。因为责任保险与第一方保险的投保人不同，故而在实践中可能发生加害人投保责任保险与受害人投保第一方保险并存的情形。

在责任保险与第一方保险并存于同一侵权事故的情形下，会产生一个很特别的"规则干涉"现象：无论受害人选择向加害人请求侵权赔偿或者向第一方保险人索赔，鉴于第一方保险人的代位求偿权，最终的赔偿责任都会经由加害人转移给责任保险人。若受害人选择向第一方保险人索赔，此时的责任保险就类似于第一方保险的再保险。对此，我们不禁要反思：造成该现象的根本原因是什么？第一方保险人的代位求偿权显然是导致前述结果和现象的重要一环。保险代位求偿制度的意义主要在于避免被保险人（受害人）获得双重赔偿，并防止加害人因（第一方）保险而逃避责任。[1]但是，由于加害人仍然可以通过责任保险来转移（逃避）风险，加害人方面的原因似乎并不重要。代位求偿权的存在可以解释受害人只能根据损害填补原则获得一次赔偿，但仍不足以解释为什么最终责任人必须是加害人方的责任保险人。最关键的原因在于，侵权赔偿作为整个救济体系的基础法律关系，事先已经将此类损害风险分配给了加害人一端。所以，即使当加害人与受害人分别为同一损害投保了责任保险和第一方保险，最终的赔偿责任仍然要由加害人转移给本方的保险人。

可见，在两类商业保险并存的情形下，责任保险最终吸收了第一方保险的功能，成为最终的赔偿来源。但是，考虑到责任保险与第一方保险的保险范围、赔偿条件等可能存在的差异，彼此仍有在一定程度上各自独立发挥功能的余地。

---

[1]　聂尚君等：《论保险代位权的行使对象》，《保险研究》2013年第10期，第80-86页。

四、侵权赔偿与社会保险的功能关系

同商业保险一样，社会保险与侵权赔偿功能关系的最显著之处均在于对受害人的补偿存在重叠。但是较之于商业保险与侵权赔偿的关系，社会保险与侵权赔偿在补偿条件和补偿范围等方面的差异更大。在补偿条件方面，侵权赔偿受限于过错等构成要件及责任人的偿付能力等，在此不作赘述；社会保险要求被保险人是纳入社保体系的职工，并且其遭受的损害必须属于年老、疾病、工伤、生育、失业等社会保险的保障范围。在补偿范围方面，侵权赔偿整体上根据损害填补原则追求全面补偿；社会保险则以实现"基本生活保障"为宗旨，对参保职工因医疗费用支出、收入减少等损失给予"与经济社会发展水平相适应"的补偿。以我国基本医疗保险为例，社会保险的补偿额度虽然在很大程度上也与参保职工实际遭受损害的程度相关联，但更显著的是与职业性质、职工收入和所缴保费挂钩。

关于侵权赔偿与社会保险补偿功能的重叠，其处置方式首先取决于立法和司法中处理模式的选择。以工伤保险和侵权赔偿关系为例，当前主要有四种处理模式：替代模式、选择模式、兼得模式、补充模式。[1] 在替代模式下，由工伤保险代替侵权赔偿虽然具有程序简单、索赔成本较低的优势，但补偿额度通常较低，且受害人一般不能获得精神损害赔偿。在选择模式下，受害人有权在工伤保险与侵权赔偿之间进行选择，但其优、劣势与替代模式刚好相反。兼得模式对受害人的补偿最为充分，但又因重复补偿而与侵权赔偿的损害填补和社会保险的"基本生活保障"理念存在冲突。补充模式以受害人的实际损失为限，可以同时请求工伤保险和侵权赔偿的补偿，被普遍认为是最合理的处理方式。由于我国相关立法并不完善，司法实践中常有同案不同判的情况，因此不宜将我国情况简单地归为前述四种模式中的任何一种（详见下文相关章节）。但是，从我国《社会保险法》第30条第2款和第42条的规定来看，至少在医疗费问题上，我国法律明确将补偿责任最终归于侵权加害人，而仅仅赋予社保机构在加害人不支付或无法确定加害人情形下的垫付义务，并授予其代位求偿权。在社保机构对加害人享有代位求偿权的条件下，社会保险与侵权赔偿补偿功能的关系完全类似于第一方保险。

---

[1] 信春鹰：《中华人民共和国社会保险法释义》，法律出版社，2010，第126-127页。

在不同关系模式下，社会保险与侵权赔偿的并存对社会保险之风险分散功能的实际效果也有不同影响。在替代模式和选择（社会保险）模式下，因社会保险成为最终的赔偿来源，其风险分散功能得以实际发挥。在兼得模式下，因受害人所获补偿可能超过其实际损失，社会保险之风险分散功能可能会遭到扭曲。在补充模式下，社会保险对事故风险的作用范围被缩小，但其风险分散功能本身不受影响。

再者，社会保险的存在还可能对侵权赔偿之威慑（预防）功能产生微妙影响。有国外学者指出，"社会保障保护的范围越大，侵权法的预防功能就越强。但是反之亦然：社会保障保护开展得越少，侵权法就得越多地服务于赔偿与保护功能"[①]。结合我国现实情况来看，由于社会保险及其他保障机制长期存在不充分、不全面的问题，侵权法便承载了一些原本应属社会保障体系的功能。从整体上观察，侵权赔偿的补偿功能有所增强，但也进一步弱化了侵权赔偿与过错、因果关系等责任要件的内在联系，从而削弱了侵权赔偿对责任人的反向激励作用，也即威慑功能。

五、商业保险与社会保险的功能关系

商业保险（第一方保险、责任保险）与社会保险在功能方面既有很多的共性，也存在不少差异。二者对侵权受害人均具有损失补偿和风险分散的作用，但经营目的、运行主体、运行方式、保障对象和资金来源等差异巨大。其中，最能反映它们之间差异性的是商业保险的风险自主与社会保险的基本生活保障两项功能，这也体现了它们各自的优势所在。商业保险为被保险人提供自由选择转移侵权损害或责任风险的途径；社会保险为包括侵权受害人在内的参保人提供基本的生活保障，以免其因保险事件的发生而陷于贫困。商业保险以自主选择为长处，社会保险以（强制）基本保障为优点，可互为补充。

商业保险与社会保险作为现代国家两个重要的经济保障系统，虽然在宏观层面相互影响，但在实践操作中一般并无多少关联。[②]然而，商业保险与社会保险往往并存于许多侵权赔偿案件之中，二者可能因侵权赔偿关系而于具体案件中纠缠在一起。在此情形下，第一方保险、责任保险与社会保险就可能直接发生功能交互。例如，在上下班途中发生的交通意外事故中，通常会同时涉及

---

① 乌尔里希·马格努斯主编《社会保障法对侵权法的影响》，李威娜译，中国法制出版社，2012，第355页。
② 林义：《社会保险》，中国金融出版社，2011，第21-22页。

责任保险和社会保险（工伤保险或基本医疗保险）；若受害人投保了人身意外伤害险，还涉及第一方保险。依照前文分别对侵权赔偿与责任保险、第一方保险、社会保险功能关系的论述，可知我国法律当前乃是以侵权赔偿为核心，使责任保险人成为索赔关系链条最末端的终极责任人。此种模式安排是否妥当，应进一步研究。

社会保险的整体保障水平相对较低，通常不足以覆盖参保人的全部实际损失，也即说明它的损失补偿和风险分散功能有所局限。对于社会保险范围之外的风险，受害人可以通过第一方保险进行自主安排。在现实中，第一方保险与社会保险必然存在功能重叠。但从相互协作的角度来看，第一方保险的最大价值在于它的风险自主功能——受害人可以选择投保社会保险已知不能覆盖的其他风险。因此，社会保险与第一方保险既有功能重叠和冲突，也可以互补协作。

当然，无论商业保险还是社会保险，均是达到社会目标的手段。"私人资金和公共资金两个方面之间显然没有清晰的分界线。实际上，通常有彼此相通的不同的解决办法。许多法律体系也采用私法和公法混合的解决办法，以什么为重点，这可以随着时间而改变。"[1] 从社会治理的层面来看，商业保险与社会保险的技术路线虽然不同，但最终的功能目标高度一致。根据本国社会经济发展水平和现实需要，立法者可以对社会保险与商业保险的整体布局和功能关系进行调整。

第三节 综合救济系统的整体功能及其实现

一、系统内各机制的功能交互作用

前文已就侵权赔偿、商业保险（责任保险与第一方保险）、社会保险等主要救济机制各自的功能及它们之间的相互关系做了个别化分析。然而，在整个综合救济系统内，各救济机制并非单纯地独立作用或部分机制之间彼此作用，而是所有机制之间均存在复杂的交叉影响，彼此重叠冲突又互补协作。其中任何一项救济机制的功能定位和安排，均有可能会对全体产生系统性影响。从本书的研究视角出发，正是要在局部功能分析的基础上实现对综合救济系统整体功

---

[1] 威廉·范博姆、米夏埃尔·富尔：《在私法体系与公法体系之间的赔偿转移》，黄本莲译，中国法制出版社，2012，第296页。

能的定位和调整。

　　侵权赔偿原本试图在补偿与威慑之间建立起内在联系，并平衡二者的关系。责任保险作为侵权赔偿的替代，加强了对受害人一方的补偿作用，却因为免除了加害人的赔偿责任而消解了侵权赔偿的威慑功能，并且破坏了补偿与威慑之间的内在联系。第一方保险旨在由受害人自主地进行损害风险分散，与责任保险的实现路径刚好相反。基于损害填补的原理，同一损失只能获得一次补偿，责任保险与第一方保险在实现侵权损害的救济方面看上去完全是重复和矛盾的。如果再考虑到各种社会保险的作用，现行法对侵权受害人似乎有过度保护之嫌。然而，现实中"三个和尚没水喝"的情形又十分常见，侵权受害人能否获得补偿、获得补偿是否充分仍有很大的不确定性。"调整行为的各项规范如果要保障行为导向的确定性以及法律和平的话，就不可以是自相矛盾的，并且各项规范之间要能够相互协调。"[1] 如果不对各种救济机制在综合救济系统中的功能进行合理、准确的定位并使之协作，难免会发生相互"踢皮球"的现象，侵权救济机制的多元化对于受害人而言也就未必是好的结果。[2]

　　系统论作为一门关于"整体"问题的科学，理解系统的关键在于其"整体性"，尤其是系统功能的整体性。[3]"系统不仅具有整体性的结构，而且是在与环境的相互关系和作用下具有整体性的行为和功能。"[4] 现代综合救济系统作为以救济受害人为中心（系统论中称之为"吸引子"）构建起来的多元组合机制，由其内部各组成机制之间的功能关系及其交互作用而形成的整体功能目前尚未得到科学验证。"系统整体之所以具有整体性，是因为它是系统中的要素、部分有机联系的综合，也是系统中多种关联的统一和协调。"[5] 就我国目前的综合救济系统而言，其首要的统一和协调任务应当是科学地界定侵权赔偿、第一方保险、责任保险和社会保险这几种主要救济机制在系统中的地位，以便确立综合救济系统的基本结构。因为依照系统论中"结构—功能"关系的基本原理，系统结构

---

① 齐佩利乌斯：《法学方法论》，金振豹译，法律出版社，2010，第 52 页。
② 以笔者 2017 年了解到的一个案件为例：受害人驾驶小车与一辆卡车相撞，遭受严重伤害。经查，肇事卡车司机为醉酒驾驶，应承担该事故的全部责任。肇事卡车虽然投保了交强险和商业责任险，但因司机醉驾，保险公司拒赔。肇事司机除了在受害人入院抢救时垫付了少部分医疗费，因经济困难，无力再支付其余费用。在此情形下，家属请求由受害人的基本医疗保险支付，但当地社保机构以第三方造成事故为由同样拒赔，尽管依照《中华人民共和国社会保险法》第 30 条第 2 款的规定，基本医疗保险应当先行垫付再向第三方追偿。
③ 冯·贝塔朗菲：《一般系统论：基础、发展和应用》，林康义、魏宏森等译，清华大学出版社，1987，第 34 页。
④ 刘敏：《生成的逻辑——系统科学"整体论"思想研究》，中国社会科学出版社，2013，第 58 页。
⑤ 魏宏森、曾国屏：《系统论：系统科学哲学》，世界图书出版公司，2009，第 212 页。

必然地决定着系统功能。根据笔者以往的研究，当前综合救济系统在全球范围内从理论到实践无非呈现为三种基本结构模式：其一，以社会保险为核心的"新西兰模式"；其二，第一方保险优先的"阿蒂亚模式"；其三，以"侵权赔偿＋责任保险"为核心的"流行模式"。[1] 在不同的结构模式下，综合救济系统的总体价值目标和整体功能表现显然有所不同，对内部各构成机制的功能取舍及它们之间功能交互的最终效果也会不同。

在"新西兰模式"下，社会保险的基本生活保障功能被置于绝对优先的地位。商业保险在侵权事故救济方面的业务范围被严重限缩，其风险自主功能亦不能有效发挥。同时，由于将放弃普通法上的侵权诉讼权利作为获得社会保险补偿的前提，侵权赔偿机制在实践中几乎被遗弃。[2] 在这种结构安排下，"新西兰模式"综合救济系统的最大功能优势在于补偿的广泛和高效，而其最大缺点在于侵权赔偿本有的威慑和预防功能被舍弃。[3] "阿蒂亚模式"将第一方保险作为首要的风险分散和损害补偿机制，是最符合市场效率原则的，可以充分发挥受害人对风险控制和补偿选择的自主性。在阿蒂亚教授看来，责任保险和社会保险均是第三人（加害人或国家）为受害人选择保险，必然会导致低效率和不公平。很显然，在"阿蒂亚模式"中，第一方保险的风险自主成为整个综合救济系统的显性功能。"流行模式"中依然将侵权赔偿和责任保险作为并联的核心机制，在充分利用责任保险的损失补偿、风险分散和风险自主功能的基础上，最大限度地保存了侵权赔偿的威慑功能。

二、综合救济系统整体功能的涌现

"任何复杂系统的发展演化都将遵循自组织涌现律达到结构层次的更新、结构功能的提高和整体优化。在这个过程中，涌现是问题的核心。"[4] 系统科学对传统科学的突破正在于发现了层次涌现的规律。[5] 本书也正是要通过对侵权赔偿与责任保险、第一方保险、社会保险等社会化救济机制进行协调研究，发现

---

[1] 叶延玺：《现代综合救济体系的模式分析——全球视野下的宏观比较与选择》，载《遵循科学的自然法：刘士国教授60华诞祝寿论文集》，法律出版社，2014，第130-144页。

[2] *Accident Compensation Act*, S27 (1), 1982, New Zealand.

[3] Richard S. Miller, "The Future of New Zealand's Accident Compensation Scheme", *University of Hawaii Law Review*, Vol.11, No.1, 1989, pp.1-80.

[4] 杨桂通：《涌现的哲学——再学系统哲学第一规律：自组织涌现律》，《系统科学学报》2016年第1期，第10-12页。

[5] 周理乾：《论系统科学的一个统一理论范式——谈迪肯的通现动力学理论对系统科学的意义》，《自然辩证法研究》2017年第6期，第99-104页。

和揭示多元补偿机制形成的更高层次的综合救济系统所具有的涌现特征。

系统的涌现性表现为整体具有部分及其加和所没有的某些新的功能。由侵权赔偿与责任保险、第一方保险、社会保险等构成的所谓综合救济系统的涌现性何以产生？或者，它是否具备产生的条件？系统科学理论一般认为，整体涌现性产生于系统组分，（要素和分系统）之间的非线性相互作用、差异整合、等级层次结构、信息运作和环境选择等条件。[①] 由此观之，综合救济系统完全具备产生涌现特性的相关条件。

其一，综合救济系统由侵权赔偿、责任保险、第一方保险、社会保险等多个组分构成，各个组分之间存在客观的规则和功能差异，但又同时可以服务于对侵权受害人进行救济的共同目标。共同目标为各个组分的整合提供了"吸引子"，使之能够结合成为一个整体；彼此间的差异又让它们的结合朝着系统生成的方向发展，而不是以一加一等于二的方式简单地凑合在一起。

其二，综合救济系统内各救济机制可以有多种结合方式（模式选择），为它们之间的非线性相互作用创造了条件，也令它们的差异整合具有多种可能。涌现性是系统的整合效应，也即结构效应或组织效应。组分之间如果能互补互惠、协同行动，就可以产生正面的涌现效应；如果组分之间彼此掣肘、拆台，就会产生负面的涌现效应。[②] 侵权赔偿与责任保险、第一方保险、社会保险之间有明显的互补作用，尤其在损失补偿和风险分散功能方面，但也存在彼此冲突的地方，如责任保险对侵权赔偿威慑功能的消解。

其三，综合救济系统与其内部的任何单一救济机制之间形成了明显的层次结构。而且，成为综合救济系统构成组分的单一机制内部也同样存在次一级的层次结构。侵权赔偿中的过错责任和无过错责任是可以被清楚识别的两套分系统。责任保险与第一方保险的救济途径方向相反，又同属于商业保险系统。社会保险仅仅是社会保障系统中的一个重要分支，除其之外还存在社会福利系统、社会救助系统等；社会保险又包括了基本医疗保险、工伤保险、失业保险等分系统。因此，综合救济系统是一个足够复杂的多元、多层次系统，完全具备产生整体涌现特性的层次结构要求。

其四，如前所述，综合救济系统的各救济机制在不同的结构模式下存在不

---

① 苗东升：《系统科学精要》，中国人民大学出版社，2010，第65-68页。

② 同上书，第66页

同的功能交互关系。它们之间的交互作用主要通过某些特殊的法律规则来实现。例如，代位求偿规则将社会保险或第一方保险的最终责任导向侵权责任人；责任保险中约定的替代赔偿规则又将侵权责任人的赔偿责任导向责任保险人。代位求偿规则引发的赔偿责任在各个救济机制之间的移动正是系统论中信息传输和运作过程的表现。代位求偿此类规则对综合系统的生成和演进起到了重要的整合和组织作用。

其五，综合救济系统整体功能的涌现也是外部环境作用的必然结果。现代风险是工业化和市场经济模式下的副产品，具有不同于传统风险的技术性、系统性、概率性特征。现代风险条件使得仅在加害人与受害人之间进行封闭式风险分配的侵权赔偿机制不足以有效应对，而商业保险对这类技术性、系统性、概率性风险恰好具有强大的分散功能。现代福利社会政策要求国家对公民所涉及的包括侵权事故在内的各种意外风险提供基本保障。同时，又因侵权赔偿对预防和减少事故发生具有不可替代的意义，其在处置风险事故中必须占有一席之地。各种救济机制在如此的社会环境下进行功能整合和协作就是一种自然的反应。

三、综合救济系统整体功能的定位

系统科学理论认为，现实世界存在的相互作用都是非线性的，但有强非线性与弱非线性之分，非线性弱到足够程度，就近似于线性相互作用；只要存在组分之间的相互作用，就会有涌现现象。线性相互作用或弱非线性相互作用只能产生平庸的涌现性，非线性相互作用才能产生非平庸的涌现性。[①] 相对于生物学、气象学、工程学等复杂系统领域，综合救济系统的内部相互作用应介于非线性和线性之间，属于相对弱的非线性相互作用。

根据系统科学原理，如果系统是线性的，即满足"叠加原理"，而非线性系统则不然。叠加原理所表现的"加和性"说明了线性关系组分互不相干的独立作用。线性叠加原理与（非线性）整体涌现原理是两种相反对的判断。[②] 因此，通过分析系统对叠加原理的表现程度即可判断该系统非线性的强弱及整体涌现特性的水平。如前所述，侵权赔偿的基本功能表现为损失补偿和威慑（预防）。以侵权受害人为中心进行观察，商业保险的功能表现为损失补偿、风险分散和风

[①] 苗东升：《系统科学精要》，中国人民大学出版社，2010，第66页。
[②] 同上书，第105-106页

险自主；社会保险的功能表现为损失补偿、风险分散和基本生活保障。直观地看，综合救济系统基本上保留了各组分原有的功能（线性叠加），但同时也表现出一定的功能修正特性（非线性涌现）。另外，基于立法论层面的主观能动性要求，综合救济系统应当尽可能保留并强化其构成机制的功能优势，并努力对内在的功能冲突进行调和处理。据此，综合救济系统整体的基本功能应定位为：充分补偿、风险分散、风险自主和必要威慑。

（一）充分补偿

鉴于任何单一救济机制对侵权受害人均具有损失补偿的功能，其线性叠加的结果是综合救济系统中必然保留损失补偿的功能，并且，各救济机制在补偿条件、补偿范围、补偿额度、实际补偿机会等方面的叠加可以使综合救济系统的损失补偿功能更为充分。虽然综合救济系统与各构成机制的损失补偿本质上相同，但仍有量的差别。侵权赔偿的实际补偿效果受限于过错、因果关系等构成要件，责任减免条件（如过失相抵）及责任人的赔偿能力等；商业保险的补偿受限于当事人是否投保、投保金额、保险种类及免责条件等；社会保险本身是较低层次的补偿，对侵权事故的补偿范围也较窄，还要受限于受害人的职业性质、薪酬状况和国家财政政策等。但受益于多元化的补偿来源，综合救济系统在实现对侵权受害人的补偿时有更多的选择机会和运作空间。因此，综合救济系统的整体功能首先应定位为充分补偿。当然，受损失填平原则的限制，所谓充分补偿也只能以受害人的实际损失为限，而这又体现了系统在整合过程中对其部分功能的约束和限制效应。

（二）风险分散

由于现代风险的系统性特征，传统侵权赔偿模式在受害人与加害人之间的封闭关系内进行单纯的风险转移已不足以应对，但是侵权法对此也并非毫无反应。例如，在适用无过错责任的产品责任当中，企业可以通过价格机制将赔偿成本分散给终端消费者是一个重要的考量因素。从风险分散的角度，产品责任可以被如此理解：先通过侵权赔偿将风险转移给企业，再由企业通过提高产品价格的方式将成本分散给消费者。[1] 然而，受限于侵权赔偿之封闭法律关系的本质属性，它所能实现的风险分散作用毕竟有限。在此情形下，社会化救济机制擅于风险分散的优势就显现了出来。相对于责任保险、第一方保险和社会保

---

[1]　叶延玺：《风险社会与损害救济机制的转型》，《吉首大学学报（社会科学版）》2016年第4期，第80-85页。

险等任何单·机制，综合救济系统对风险的分散又具有全方位的特点。责任保险和第一方保险只能从加害人或受害人的某一端进行风险分散；社会保险实质上也是从受害人一端进行风险分散。商业保险是通过私法渠道进行风险分散；社会保险是通过国家层面公法渠道进行风险分散。

（三）风险自主

风险自主是商业保险的独特功能，也是其相较于侵权赔偿和社会保险的功能优势所在。虽然综合救济系统在损失补偿和风险分散方面较之任何单一构成机制有所强化，但留给侵权关系当事人以自主选择风险安排的机会仍有必要。值得注意的是，由于商业强制性保险（强制责任保险或强制第一方保险）在近年来的逐步推广，商业保险所具有的风险自主功能面临被抑制的现实处境。强制商业保险可以被视为社会保险的一种替代方案。从有利方面来讲，强制商业保险通过市场化方式实现社会保险功能的同时，能够弥补社会保险的一些劣势，如财政紧张、效率低下等。从坏的方面考虑，强制商业保险也有可能是一种"糅合了公共机构和私人市场陋习"的糟糕妥协。[①] 考虑到"新西兰模式"下由公共机构进行损害救济存在诸多问题的教训[②]，市场化的风险规避机制理应在综合救济体系中占有相应的位置。在此情形下，通过强制商业保险方式以实现公共目标的尝试就可能要受到综合救济系统层次上的风险自主功能目标的限制。

（四）必要威慑

在各类事故频发的现代社会中，充分补偿事故受害人并有效分散事故风险当然是综合救济系统的重要任务。然而，对于许多涉及人身伤害的事故，再充分的补偿也无法填补生命健康的损失；所谓的风险分散也并不能消除任何风险，而仅仅是损害后果的分摊。因此，减少事故、预防损害仍然应当作为现代综合救济系统的重要功能目标之一。在传统的侵权赔偿关系中，威慑或预防功能具有与损失补偿同等重要的地位，且二者之间存在不可分割的有机联系。责任保险作为侵权赔偿的替代不仅彻底割裂了侵权关系中补偿与威慑之间的有机联系，而且还几乎将侵权赔偿的威慑功能消除殆尽。从系统论的观点来看，责任保险对侵权赔偿威慑功能的消极影响本身是系统内部整合过程中的"负面涌现效

---

① 威廉·范博姆、米夏埃尔·富尔：《在私法体系与公法体系之间的赔偿转移》，黄本莲译，中国法制出版社，2012，第138页。

② See Ailsa Duffy, "The Common-law Response to the Accident Compensation Scheme", *VUWLR*, Vol.34, 2003, p.384.

应"。[①] 如果说侵权赔偿威慑功能的消解或弱化是综合救济系统形成过程中不可避免的代价，那么，通过综合救济系统内的其他机制来重建或代偿侵权赔偿的威慑或预防功能就是一项重要的任务。出于道德风险的防范，商业保险中相应地设置了不保风险、赔偿限额、代位权等制度，将被保险人部分地曝露在赔偿责任下，或者通过经验费率制度将保险金的赔付与保险费相关联，部分地恢复或复制了侵权赔偿的威慑效果。[②] 受其制度性质和目标的限制，社会保险所能采取的应对措施比商业保险更为有限。社会保险能在保险金与事故加害人的成本之间建立威慑关联的主要方式仍然是代位求偿权。但是，代位求偿权之实质不过是让社保机构承担一个先行付款的义务，最终的解决机制仍然是侵权赔偿。很显然，商业保险和社会保险所试图构建的威慑机制均主要依赖于将最终责任转移给侵权加害人。如果综合救济系统绕了一个大圈最终又回到侵权赔偿关系内解决问题，那么，商业保险和社会保险所高高举起的风险分散大旗又应置于何处？更何况，这一循环过程中还大大增加了保险运营成本和保险人的追偿成本。综合救济系统中的风险分散与最终归责于侵权加害人的威慑机制之间必然存在冲突。如何平衡风险分散与威慑两大功能的关系也就成了综合救济系统中的一道难题。目前看来，在尽可能进行风险分散的前提下保留必要威慑似乎是综合救济系统内部整合的折中选择。"必要威慑"除了经验费率等商业保险中的现行措施外，对代位求偿权的行使条件进行限制，如仅限于加害人故意或重大过失的情形，是未来可以考虑的调整方向。

　　以上综合救济系统的四项功能基本上延续并整合了其内部构成机制的功能要素，但社会保险中的基本生活保障未包括在内，盖因其在综合救济系统层次上已无实际意义。在综合救济系统内，由于受害人在社会保险的补偿之外仍然可以通过侵权赔偿和商业保险获得其余补偿。受害人获得补偿的金额或机会在绝大多数情形下均较单一社会保险途径更为充分，因此，社会保险的基本生活保障功能在综合救济系统中几乎完全被充分补偿的功能所遮蔽。

四、综合救济系统整体功能的实现

　　如果把原始习惯或习惯法比作自然生长的野生林木，那么，现代法律则是

---

① 苗东升：《系统科学精要》，中国人民大学出版社，2010，第 66 页。
② 叶延玺：《论责任保险的基本预防机制及其效果——以侵权法的预防功能为参照》，《广西政法管理干部学院学报》2015 年第 2 期，第 110-116 页。

经过人工选育的经济作物。虽然法律作为一个"自创生系统"的概念已被广泛接受，但这是从"要素、结构、过程、边界、特性、功能和施行"等有关法律的全部静态和动态内容所观察到的结果。[①] 自创生理论虽然宏大深刻，但并不能为部门法研究提供现实、具体的指引。综合救济系统作为庞大法律系统的小部分，所面临的却都是现实而具体的问题。法律作为社会系统的子系统的一个重要特征在于，它既调整人的行为，又受人的行为所调整。综合救济系统的整体功能虽然是系统涌现的结果，但仍然可以进行某些人为的选择性干预，以使其朝着设定的理想化方向演进。

首先，在理论上确立以侵权受害人为中心的综合救济系统观念，并确定相应的立法和司法改革目标。虽然侵权赔偿、责任保险、第一方保险、社会保险及其他社会化救济等均是我国侵权受害人可能的补偿来源，但我国当前的立法并没有从全局上进行整体规划，司法中也往往存在龃龉之处。综合救济系统内的构成机制有公法规范，也有私法规范，有自愿规范，也有强制规范，完全突破了部门法划分的传统边界，但恰恰符合当前以解决现实问题为中心的"行业法"或"领域法"学说思潮。[②] 唯有当综合救济系统的整体观念确立，才能进一步就其功能的实现进行统一安排。

其次，准确定位各构成机制的独立功能及它们之间的功能结构，并在此基础上处理好综合救济系统与其构成机制的功能关系。"所有的子系统都必须各自拥有其独特的基础立场，以使得在系统开放的同时有可能保持自我指涉的封闭。"[③] 相对于综合救济系统，侵权赔偿、责任保险等构成机制本身也都是相对独立的子系统。理论上对综合救济系统整体功能涌现的认识是建立在各构成机制子系统功能定位基础之上的。系统的整体涌现性有两种，一种是加和性，另一种是非加和性。非加和性与加和性的差额被称为"剩余功能"。[④] 剩余功能也正是系统作为整体超越其组分的功能特性。所以，我们要实现综合救济系统的整体功能，必须同时确定其组分的加和性功能和从部分跃升到整体的非加和性功能。

再次，适当地调整综合救济系统内各构成机制的功能定位，使之符合综合

---

① 贡塔·托依布纳：《法律：一个自创生系统》，张骐译，北京大学出版社，2004，第40页。
② 孙笑侠：《论行业法》，《中国法学》2013年第1期，第46-59页；刘剑文：《论领域法学：一种立足新兴交叉领域的法学研究范式》，《政法论丛》2016年第5期，第3-16页。
③ 尼克拉斯·卢曼：《法社会学》，上海人民出版社，2013，第424页。
④ 乌杰：《关于自组（织）涌现哲学》，《系统科学学报》2012年第3期，第1-6页。

救济系统的整体功能目标。系统功能的正面涌现虽然表现为对其组分功能的外在超越和强化，但往往也伴随着对其组分功能的内在抑制和约束。这实际上也是系统内部正负反馈机制相互制衡的过程。[①]鉴于综合救济系统内各构成机制的功能冲突和重叠，必须对部分构成机制的功能进行取舍以服从于系统整体目标，同时，对存在重叠的功能部分通过制度协调进行处理。

第四节　基于系统目标的各救济机制功能协调

一、必要威慑：自己责任的保留与抑制

事故救济领域所谓的威慑，即由造成损害或有机会防止损害的相关者承担经济补偿成本，使其在成本内部化的基础上激励其不实施损害行为或防止损害发生。[②]威慑以当事人的行为（或损害后果）与补偿成本之间的关联性为基础；二者间的关联性越密切，威慑效果越强，反之越弱。很显然，在综合救济系统内的所有构成机制中，威慑功能的实现主要依赖于侵权赔偿，其他救济机制只起到有限的协助和配合作用。因此，在多元机制构成的综合救济系统背景下，如何安排侵权赔偿的地位对保存综合救济系统整体的必要威慑功能至关重要。

侵权法以自己责任为原则，将损害行为与赔偿责任直接联系在一起。侵权赔偿虽然在联结行为状态与赔偿成本方面较其他救济机制明显，但本身也存在关联性不足的问题。侵权归责的重点乃是损害之大小而非行为之恶性。在过错责任条件下，行为人过错之有无仅决定侵权责任成立与否，而与责任大小基本上没有关联（有过失、数人侵权等少数情形例外）；在无过错责任条件下，行为人过错之有无通常也不影响侵权责任的成立，即使行为人已尽预防事故发生之充分努力也不能免责。此外，侵权法中的连带责任、惩罚性赔偿、因果关系等制度均会对侵权责任的大小及其与行为状态的关联性产生一定影响，并进而影响到侵权赔偿的威慑效果。[③]因此，从综合救济系统之大局出发，适度提高侵权赔偿中行为状态与补偿成本之间的关联度是可供选择的协调措施。受矫正正义基础的限制，侵权赔偿不可能达到如刑法中刑罚与主观恶性的关联程度，但

---

① 范冬萍：《复杂系统突现论——复杂性科学与哲学的视野》，人民出版社，2011，第80-81页。
② A. 米切尔·波林斯基：《法和经济学导论》，郑戈译，法律出版社，2009，第14-22页。
③ 叶延玺：《责任保险对侵权法的影响研究》，浙江大学出版社，2018，第108-112页。

仍有一定的改进余地。例如，在非财产损害案件中，侵权法可以提高精神损害赔偿金额与行为人主观恶性的关联度；或者，在重大过失或恶意侵权的情形下，适当放宽法律因果关系的标准以扩大赔偿范围；或者，适度扩大惩罚性赔偿在恶意侵权条件下的适用范围等。

自己责任及责任与主观过错的关联度是影响侵权赔偿威慑效果的关键。虽然侵权赔偿在监护人责任、雇主责任等情形下存在替代责任或为他人行为负责，但对自己责任及责任与主观过错整体关联度的影响甚微。真正对自己责任以及责任与主观过错的关联程度产生重大不利影响的是责任保险和其他社会化救济机制。责任保险作为对侵权赔偿的替代对自己责任的颠覆已如前述，不再赘言。如果存在其他可选择的赔偿方案，受害人起诉侵权行为人的积极性必然会降低，并影响到侵权赔偿及其对行为人注意义务的激励。[①] 社会保险等其他救济机制同样会在一定程度上对侵权赔偿及其威慑效果产生消极影响。侵权损害所要分散的风险并不限于受害人一方，还包括整个社会的行为风险，故应将行为人的赔偿风险同样考虑在内。相应地，社会化救济本身也将减轻行为人的责任负担作为目标之一。在此背景下，社会化救济机制的风险分散功能与侵权赔偿的威慑功能自相矛盾：风险分散要求更多的人进行损失分摊；侵权威慑却倾向于将损失集中于行为人。综合救济系统为了兼顾威慑与风险分散，只能在一定程度上牺牲侵权赔偿的威慑效果，也即在尽可能保留自己责任基础上对其进行必要的抑制。

对于综合救济系统必要威慑目标的实现，其他社会化救济机制虽然影响甚微，但也不无作用空间。既然威慑效果以当事人的行为（或损害后果）与其支付的补偿成本的关联度为基础，商业保险和社会保险中那些将损害后果（保险金或社保金）与被保险人自身缴纳费用相关联的措施均可视为综合救济系统内的威慑措施。

责任保险中模仿或借用侵权威慑功能的主要措施有经验费率、不保风险、赔偿限额与免赔额和保险代位权。[②] 其中，责任保险中的经验费率是对侵权赔偿威慑机制的直接模仿，也是预防保险道德风险的重要手段。然而，受到逆向

---

① 威廉·范博姆、米夏埃尔·富尔：《在私法体系与公法体系之间的赔偿转移》，黄本莲译，中国法制出版社，2012，第45页。

② 叶延玺：《论责任保险的基本预防机制及其效果——以侵权法的预防功能为参照》，《广西政法管理干部学院学报》2015年第2期，第110-116页。

选择因素的影响，绝对经验费率（保险费与赔偿金相等）实际上不可能存在，现实中的保险费率均带有不同程度的平均费率因素。因此，经验费率不可能使威慑效果完全恢复到侵权赔偿的威慑水平。其次，不保风险、赔偿限额和免赔额制度的实质是将一部分风险保留给被保险人（侵权加害人）自己承担。责任保险中不保风险等预防措施的实质是责任保险仅部分地替代了侵权赔偿，而将其余损害风险继续留给侵权赔偿处理。鉴于责任保险标的之特殊性，代位权制度与责任保险存在制度目的上的根本冲突，其在责任保险中一般没有意义。[①]

如果从单边预防（加害人）的角度来看，第一方保险与责任保险的情况有所不同。由于第一方保险的被保险人为受害人本身，经验费率、不保风险等措施对加害人行为均不能产生任何影响。但是，如果考虑到双边预防——加害人和受害人均有机会预防事故的发生，[②] 经验费率、不保风险等措施仍有助于激励受害人一方提高预防水平，其效果与责任保险对加害人的激励效果类似。不同于责任保险，代位求偿权在普通的第一方保险中有举足轻重的地位。但是，第一方保险中的代位求偿权实质上将损害风险最终又归结于加害人，使第一方保险的风险分散功能被严重削弱。除非采纳如"无过错保险"之类的强制第一方保险并限制保险人的追偿权，第一方保险在综合救济系统中的意义仅仅是便于受害人获偿，并在加害人清偿能力不足时保障受害人实际获偿的机会。

社会保险在涉及侵权事故时直接保障的对象是受害人，故而它对侵权赔偿功能的影响整体上类似于第一方保险。但是，由于保费来源和征缴方式不同，社会保险较之第一方保险的影响尚有细微差别。社会保险的保费由参保人和所属单位共同缴纳，且在必要时由政府财政进行补充，所以社会保险所能利用保费与参保人行为相关联的空间更加有限。并且，鉴于社会保险作为一项公共服务机制，较第一方保险对侵权第三人进行追偿的必要性和动因均有所减弱。

总之，"只要涉及保险——无论是商业保险还是社会保险——就会在一定程度上斩断侵权人、侵权行为之损害及其与赔偿之间的联系，并且弱化了损害赔偿金之判决所被认为具有的预防或威慑作用"[③]。在综合救济系统的框架下，一方面，侵权赔偿的威慑功能因社会化救济机制的存在而必然被抑制；另一方面，

[①] 根据《机动车交通事故责任强制保险条例》第22条，保险公司在醉酒驾驶等情形下向事故受害人垫付抢救费用的，有权向致害人追偿。此情形属于例外。

[②] 罗伯特·考特·托马斯·尤仑：《法和经济学》，史晋川等译，格致出版社，2010，第316-317页。

[③] 乌尔里希·马格努斯主编《社会保障法对侵权法的影响》，李威娜译，中国法制出版社，2012，第374-375页。

虽然商业保险和社会保险均试图对侵权赔偿的威慑功能进行重建——主要通过经验费率和代位求偿权，但同样受限于风险分散和其他功能目标，它们只能部分地保留或恢复威慑功能。

二、充分补偿：多元机制的重合与优化

（一）多元补偿机制的结合模式

综合救济系统内的多元补偿机制为受害人获得充分补偿提供了条件，但由于损害填补原则对补偿范围的限定，也带来了多元补偿机制之间的重叠和冲突问题。在此背景下，综合救济系统的补偿目标应设定为：第一，向受害人提供充分、及时的补偿，但要避免超出受害人的实际损失或者相应社会经济条件下所应得的补偿；第二，防止因补偿条件差异和补偿程序衔接等原因导致各救济机制之间产生补偿空白，并防止相互"踢皮球"的现象发生；第三，尽可能降低综合救济系统的补偿程序成本，尤其是跨补偿机制之间的追偿成本。多元救济机制重叠造成的最大困扰在于冗余的追偿程序极大地增加了综合救济系统的整体运行成本。这三个并行目标也正是综合救济系统为实现充分补偿功能而对多元补偿机制重叠关系的优化要求。由于各国商业保险、社会保险与侵权赔偿关系的差异和政策导向的不同，实现上述目标的具体措施应有所区别。根据我国现行法及其实践的情况，可以根据责任保险、第一方保险、社会保险与侵权赔偿的结合情况对各方当事人的补偿关系进行优化调整。

以侵权赔偿为中心，多元救济机制在实践中可能存在的结合模式如下：

① 侵权赔偿 + 责任保险

② 侵权赔偿 + 第一方保险

③ 侵权赔偿 + 社会保险

④ 侵权赔偿 + 责任保险 + 第一方保险

⑤ 侵权赔偿 + 责任保险 + 社会保险

⑥ 侵权赔偿 + 第一方保险 + 社会保险

⑦ 侵权赔偿 + 责任保险 + 第一方保险 + 社会保险

鉴于第一方保险与社会保险均属对侵权受害人的直接补偿，第一方保险人与社保机构在追偿关系中的地位类似。为行文简洁，前述模式②和③、④和⑤可以合并论述；但在第一方保险与社会保险并存的情况下（前述模式⑥和⑦），

二者之间存在独立的关系，故应单列。各救济机制的结合模式可以简化如下（下文编号以此为准）：

① 侵权赔偿 + 责任保险

② 侵权赔偿 + 第一方保险 / 社会保险

③ 侵权赔偿 + 责任保险 + 第一方保险 / 社会保险

④ 侵权赔偿 + 第一方保险 + 社会保险

⑤ 侵权赔偿 + 责任保险 + 第一方保险 + 社会保险

（二）模式①的优化思路

在"侵权赔偿 + 责任保险"的结合模式中，赔偿请求的逻辑关系为受害人→加害人（被保险人）→责任保险人。侵权责任认定是责任保险人支付保险金的先决条件。在实践中，受害人与加害人的和解若不能取得保险人同意，就不能对保险人产生效力。所以，受害人与加害人的和解在责任保险条件下处于不确定的状态，进而会影响双方和解的意愿。我国《保险法》第65条虽然规定了在特定条件下——若侵权责任已确定或被保险人怠于请求，保险人可对受害人直接赔偿或者受害人可对保险人直接请求，但仍然将加害人（被保险人）作为联结受害人与保险人关系的"中间人"。[①] 该规定显然保留了侵权中心主义和侵权赔偿与责任保险分离主义的思维。[②] 如果从侵权赔偿与责任保险一体化的系统思维来看，侵权受害人和保险人才是案件中的真正当事人，加害人（被保险人）不过是"第三人"。加害人（被保险人）实际上的"配角"地位与其在前索赔程序中的"主角"作用并不相当。因此，保险立法应当突破侵权赔偿与责任保险分离主义的思维，规定受害人在保险范围内无条件地享有对责任保险人的直接请求权，将赔偿请求的逻辑关系简化为"受害人→责任保险人"。如此，将极大地解决三方关系带来的和解困难和索赔成本增加问题。

（三）模式②的优化思路

在"侵权赔偿 + 第一方保险 / 社会保险"的结合模式中，赔偿请求的逻辑关系为受害人→第一方保险 / 社会保险→加害人。[③] 通常，受害人在保险范围内向保险人或社保机构请求补偿，再就超出保险范围的部分向加害人直接索赔；保

[①] 《最高人民法院关于适用〈中华人民共和国保险法〉若干问题的解释（四）》（2018年）第14条至第20条的规定明显进一步强调了责任保险条件下被保险人（加害人）的中心地位。

[②] 格哈德·瓦格纳：《比较法视野下的侵权法与责任保险》，魏磊杰等译，中国法制出版社，2012，第396页。

[③] 此处所指的赔偿请求逻辑关系应为各方当事人之间关系链的最大化展开，但实践中不排除受害人向加害人或其他关系人直接索赔而避开某个中间环节的情况。下文同理。

险人或社保机构在补偿受害人后再向加害人进行追偿。这一连锁关系虽然极大地保障了受害人获得补偿的充分性，但在加害人本身能够及时、充分赔偿的情况下，保险人或社保机构的补偿与追偿完全是没有效率的冗余程序。如果能设置某种"事前调查与协商"制度，促使加害人与保险人或社保机构在事前就各自应当支付的侵权赔偿金和社会保险金达成协议，应该是一个不错的解决方案。因为双方达成协议通常要比社会保障机构付款后再提起追索诉讼耗费时间、精力更少，"事前调查与协商"比"事后追偿"的效率要高。当然，为确保对受害人补偿的及时性，"事前调查与协商"制度还应当以侵权损害确定之日为起点设置一定的时间限制。[①] 据此，模式②的补偿关系就可优化为"受害人→第一方保险/社会保险"和（或）"受害人→加害人"两个直接请求关系。

（四）模式③的优化思路

在"侵权赔偿＋责任保险＋第一方保险/社会保险"的结合模式中，赔偿请求的通常逻辑关系为受害人→第一方保险/社会保险→加害人→责任保险人。[②] 此模式中，责任保险人才是最终的责任承担者，第一方保险/社会保险和加害人均不过是索赔链条的中间环节。基于减少索赔成本的目标，令责任保险人的赔偿序位前置以消除不必要的中间环节当是首要的优化措施。再考虑到各类保险的保险范围问题，模式③的优化补偿关系可调整为：受害人→责任保险人；（责任保险范围以外部分损害）受害人→第一方保险/社会保险→加害人。责任保险范围以外部分损害的补偿关系实为模式②的初始状态，可依前文"事前调查与协商"制度进一步优化为"受害人→第一方保险/社会保险"和（或）"受害人→加害人"。在模式③的优化处理方面，有些国家采用了社保机构与商业保险人之间"一揽子追索协议"的方式。[③] 但基于我国当前的社会保险政策和责任保险人（侵权人）的最终责任人地位，"一揽子追索协议"似乎难以作为我国模式③的解决方案。

（五）模式④的优化思路

在"侵权赔偿＋第一方保险＋社会保险"的结合模式中，因第一方保险与社会保险的直接补偿对象均为受害人，受害人就同一损害只能在二者中择一请

---

① 乌尔里希·马格努斯主编《社会保障法对侵权法的影响》，李威娜译，中国法制出版社，2012，第373页。

② 此逻辑关系以损害均在第一方保险或社会保险的范围为前提；超出第一方保险或社会保险部分的赔偿请求逻辑关系应为：受害人→加害人→责任保险人（参见模式①）。

③ 采纳"一揽子追索协议"方案的国家通常都在一定条件下将社保机构作为最终补偿人并限制其追索权为条件。另见下文。

求，故而赔偿请求的逻辑关系为：受害人→第一方保险→加害人，和/或者，受害人→社会保险→加害人。就受害人的任何单一选择而言，模式④与模式②的补偿关系完全一样，可以依照与后者相同的方式进行优化。但不同之处在于，模式④中存在受害人补偿请求对象的任意选择问题。虽然受害人有权选择对加害人、社保机构、第一方保险人任何一方进行索赔，但是从综合救济系统之整体来看，模式④可能存在的问题有：其一，受害人任意选择背后的利益需求与综合救济系统的整体功能目标可能发生冲突；其二，在单一补偿责任人（第一方保险人或社保机构）不足以覆盖全部损害的情况下，受害人必然要向另一方索赔其余部分，由此会启动另一索赔程序并产生额外的成本；其三，在加害人无赔偿能力而致第一方保险人或社保机构不能追偿的情况下，对被受害人任意选中的补偿责任人也存在不公平或不合理的疑虑。对此，德国、荷兰、瑞士、法国、奥地利等国家为了促使社会保险机构与商业保险人索赔关系的合理化、简单化和标准化，采纳了"一揽子追索协议"。"一揽子追索协议"即社保机构和商业保险人基于过去的数据和经验，同意在社保机构支付的全部救济金上确定一个固定比例后由商业保险人偿还，而不考虑单个案件中的实际追偿权。[①] 国外"一揽子追索协议"的本意在于解决社会保险和责任保险之间的索赔关系，但在我国更适合于处理模式④条件下社会保险与第一方保险的关系。在双方协议基础上，社保机构与第一方保险人分别依照约定比例向受害人提供补偿，然后再向加害人追偿。

（六）模式⑤的优化思路

模式⑤中结合了侵权赔偿与各种社会化救济机制，是我国综合救济系统理论上的完整模式。基于受害人索赔对象的任意选择权，模式⑤可能因受害人的选择而可能产生前述四种模式的任何一种。因此，模式⑤的关系虽然最为复杂，但补偿优化思路反而简单：根据受害人任意选择的结果，依照实际产生的追偿关系（模式①—④）进行优化即可。

三、风险自主：商业保险的优势与缺点

由于侵权赔偿受限于责任构成条件、责任人赔偿能力等诸多因素，侵权受害人所能获得的救济极为不确定。同时，基于现代风险的技术性、系统性和概

---

① 乌尔里希·马格努斯主编《社会保障法对侵权法的影响》，李威娜译，中国法制出版社，2012，第374页。

率性特征，风险事故中的加害人在多数情况下也是现代风险的"受害者"。因此，现代综合救济系统给予侵权事故的加害人和受害人以自主选择商业保险的方式分散和规避某些风险实属合理且必要。相对于侵权赔偿和社会保险的法定补偿机制，商业保险的风险自主功能有其不可替代的优势。

虽然责任保险在其诞生之初就被认为是责任人逃避风险的一种"非法"途径，但是当人们面对许多受害人因为加害人赔偿能力不足及因为其他各种原因而不能获得充分救济时，对责任保险"非法"的质疑就开始松动。[①] 尤其当人们越来越认识到，许多造成损害的行为本身并非"不法"，而是现代社会生产和交往过程中必然存在的"不幸"，行为人通过责任保险以规避风险就获得了社会普遍认可。[②] 尽管责任保险在相当程度上可以加强侵权赔偿的补偿效果，但仍有很大的局限性。其一，责任保险以侵权赔偿责任的成立为前提，侵权责任的范围是其最大的边界；对于侵权赔偿救济范围之外的损害，责任保险同样无法提供救济。其二，鉴于道德风险等因素，责任保险的实际保障范围必然要小于侵权赔偿。其三，责任保险是仅供加害人一方可选择的风险规避途径，加害人必然以自身的利益需要进行选择，受害人通过责任保险只能被动地获得相应的"反射利益"。因此，受害人通过第一方保险自主地进行风险安排在责任保险条件下仍有其独立意义。

第一方保险可以覆盖受害人的各种风险损失，其主要保障对象为意外风险，而来自第三人侵权的损害风险并非第一方保险的核心领域。但正因如此，第一方保险对与侵权损害相连的某些边缘性损害事件具有重要的风险自主价值。某些损害事件可能符合侵权赔偿的条件，也可能因构成要件等原因被排除在侵权赔偿和责任保险之外。所以，在第一方保险与责任保险（侵权赔偿）存在功能重叠的背景下，如果能准确识别并区隔责任保险（侵权赔偿）的救济范围，受害人就能最大程度上利用第一方保险对责任保险（侵权赔偿）保障范围以外的那些"剩余风险"进行自主安排。在第一方保险与责任保险重叠场合，若受害人向第一方保险人索赔，第一方保险人根据代位权又将向侵权责任人索赔，并由责任保险人承担最终的赔偿责任。如此复杂的追索程序显然对两方保险人都是额外的负担。受害人虽然享有在第一方保险和责任保险之间进行选择的便利，

---

① See Kenneth S. Abraham, *The Liability Century: Insurance and Tort Law from the Progressive Era to 9/11*, Cambridge: Harvard University Press, 2008, pp.23-26.

② 周友军：《侵权法学》，中国人民大学出版社，2011，第41页。

但受经验费率的影响，向自己的保险人（第一方保险人）提出索赔并不是一项明智的选择。因此，第一方保险合同中不妨加入一项条款：在第三人侵权造成损害时，受害人（被保险人）应当先向侵权加害人及其责任保险人进行索赔；索赔不成或者仍有其他损害的，再由（第一方）保险人进行赔偿。如此，既可以保障受害人得到充分的补偿救济，又避免了第一方保险人的索赔成本。同时，第一方保险人应将其节约的索赔成本与受害人（被保险人）分享——相应地降低受害人的保险费。

　　然而，当事人能够自主选择如何分散其风险损害与赔偿责任既是商业保险的优势，也是它主要的缺点。首先，很显然，许多人在自由选择条件下并不愿意为未来小概率风险而现实地支付一笔不小的保费。风险自主的结果是许多人拒绝保险而宁愿曝露在风险之下。其次，对于任何商业保险的参保者而言，他所面对的潜在风险具有极大的不确定性，而能为此支付的保费资源又总是有限的，因此，商业保险绝不可能覆盖特定个体生活中的所有风险。现实中常常出现的情形是，一个人或其家庭就某类风险购买了商业保险，而他（们）却在生活中遭遇了另一类风险的实际损害。在这个意义上，买保险与买彩票的实际效果几乎一样，毕竟它们都是射幸合同。[①] 再次，受逆向选择因素的影响，高风险者选择投保的意愿较高，而总是有一部分低风险者不愿投保或者选择较低费用和保障范围的险种。[②] 总之，在自主选择的条件下，必然存在一部分无保险保障的责任人或受害人，或者因选择险种"不当"而处于商业保险保障范围之外的参保人。

　　对于商业保险自主选择留下的保障空白，强制商业保险制度是有效的补救手段。以当前我国机动车交通事故责任保险为例，"交强险"的保险金额约为12万元，而大多数车主会另外选择保险金更高的第三者商业责任险。"交强险"可以为所有交通参与者提供最基本的保险保障，其余部分的责任风险则由车主自主安排。从实践情况来看，一定金额限度内的强制保险与自主选择的纯商业保险相结合的确能产生不错的社会效应。但也必须注意到，强制保险以牺牲商业保险的自主选择为代价。当然，为确保最低限度保险的覆盖率，通过强制保险

---

① 阿蒂亚教授曾批评侵权赔偿因太过于不确定而像"中彩"，并主张以第一方保险进行替代以保障受害人对风险安排的自主选择。但他似乎没有注意到，即使采纳第一方保险的替代方案，当事人购买何种（第一方）保险及保险范围能否覆盖实际损害同样如"中彩"一般不确定。参见 P.S. 阿蒂亚：《"中彩"的损害赔偿》，李利敏、李昊译，北京大学出版社，2012。

② 特瑞斯·普雷切特、琼·丝米特等：《风险管理与保险》，孙祁祥等译，中国社会科学出版社，1998，第40-41页。

在一定程度上限制参保人对商业保险的自主选择也有利于综合救济系统整体功能的实现。

强制保险虽然在一定程度上可以解决商业保险自主选择留下的空白，但也有很大的局限性。这主要是因为强制保险只能在交通事故等某些特定领域实施，很难进行全行业推广而起到社会整体层面的风险保障底线作用。因此，全民广泛参与的社会保险无疑是弥补商业保险保障空白的最后一道"防火墙"。

四、风险分散：风险管理的目标与疑虑

"现代风险"作为人类工具理性和工业文明的副产品，具有技术性、系统性和概论性的特征。[①] 这种系统性风险不能完全通过传统侵权赔偿制度合理、有效地转移给任何个人或企业来承担，因为造成事故的加害人也往往是现代风险条件下的不幸者。系统性风险，应当系统性救济。基于大数法则和概率论原理的保险技术当然地成为解决现代风险问题的关键。除侵权赔偿以外，综合救济系统中的其余救济机制均以保险技术为核心进行风险分散。而且，综合救济系统是一种全方位、多渠道的风险分散机制——既从加害人端分散，也从受害人端分散；既有商业渠道，也有公共渠道。如果忽略掉保险技术中有限的预防机制，综合救济系统十分接近于卡拉布雷西所说的"完全风险分散的世界"。

毫无疑问，全方位、多渠道地分散事故风险是综合救济系统风险处置政策的现实。就受害人的补偿而言，完全风险分散似乎是一种理想的状态，因为它意味着事故损害总能得到最充分的补偿。但是，受害人在"完全风险分散的世界"中真的处于最佳境况吗？依据损害填补原则，受害人并不能因救济机制的多元重合获得超额补偿，最多只能得到受偿机会提高的利益，更何况实践中也不乏受害人被"踢皮球"的例子。并且，相对于带给受害人的利益而言，完全风险分散所需付出的直接或间接成本也是综合救济系统应当考虑的因素。

风险分散与风险集中本是一对相互矛盾的概念。风险集中契合于责任自负的基本法理，即在归责条件成立时将损失风险转移给加害人或者在条件不成立时保留给受害人自己承受。风险分散意味着损失要由侵权关系以外的其他人来分摊，削弱了责任制度对直接当事人预防损失的激励。风险越分散，损害后果与事故直接当事人的关联越弱；完全的风险分散则意味着事故直接当事人与损

---

① 乌尔里希·贝克：《风险社会》，何博闻译，译林出版社，2004，第18-19页。

害后果之间彻底失去关联。因此，"完全事故损失分散的世界似乎是不能接受的，因为它与我们大多数人的期望相比，鼓励了更多的事故"①。再者，一个社会处置风险的方式越分散，为了控制事故就越需要通过其他强制性方式来降低事故成本，尤其是行政强制和刑事惩罚手段。②

综合救济系统作为一个多元价值的复合体，尽可能地分散风险和最大程度地预防事故都是它所要追求的目标。在现代风险条件下，风险分散当然属于综合救济系统中的优先目标，但这并不意味着可以放弃另一个重要的预防目标。因此，综合救济系统在追求风险分散功能目标时应当兼采一些有助于事故预防的措施。其一，保险机制中的经验费率、不保风险、免赔额与赔偿限额等预防机制虽然在一定程度上会影响风险分散的效果，但仍然是完善综合救济系统时需要进一步强化的方向。其二，侵权赔偿作为关联风险行为与损害后果的核心机制，应在综合救济系统中继续发挥重要作用。有学者指出："今天使用事故（侵权）责任制度的主要理由不应当是给予受害人赔偿，因为这一目的可以通过我们发展完善的且运行成本相对低廉的保险制度来完成。因此，如果我们要在某些事故领域使用责任制度，其主要目的应当是责任制度产生了保障安全的激励。"③ 其三，在特定条件下，通过代位追偿制度将一部分原本已分散的风险再次集中于侵权责任人是综合救济系统所应采纳的必要折中措施。但是，为了使风险分散和特殊威慑两个目标的实现效果最佳、抵消效应最小，理应根据综合救济系统的整体目标，对代位追偿制度的适用范围和适用条件进行必要调整。其四，为了弥补风险分散造成的对事故预防和威慑的不足，应当加强综合救济系统与其外部其他预防和制裁措施的配合，如保险人的风险预警机制、行政治理等。

---

① 盖多·卡拉布雷西：《事故的成本——法律与经济的分析》，毕竞悦等译，北京大学出版社，2008，第57页。
② 同上书，第56页。
③ 斯蒂文·萨维尔：《事故法的经济分析》，翟继光译，北京大学出版社，2004，第344页。

第三章

侵权赔偿与社会化救济的补偿机制协调

第一节 综合救济系统的中观结构与协调思路

一、综合救济系统的中观结构

系统层次的划分应当符合客观实际，但也具有相对主观的特点。[①]综合救济系统是侵权损害救济法当前发展的最新阶段，也是最高层级。前文关于功能协调的讨论主要是从宏观层次对综合救济系统的观察，以下将在中、微观层次做进一步的分析。作为一个多层次系统，综合救济系统内部的层次划分越往下，其结构将越细密，划分的主观性越大。但在中观层次上，综合救济系统内的第二层次构成则是非常客观明显的，主要包括侵权赔偿、商业保险（责任保险与第一方保险）、社会保险等补偿机制。各个补偿机制也可以进一步划分为多元的（第三层次）子系统。各个补偿机制的子系统相对于综合救济系统则属于微观层次的构成。以侵权赔偿为例，依据不同标准可以划分为过错责任子系统和无过错责任子系统、自己责任子系统与替代责任子系统等。第三层次的子系统通常又是由诸多法律规则群所构成。鉴于所设定的研究目标和实际需要，对微观层次的分析将主要从各救济机制的具体补偿项目展开（详见第四章）。

从中观层次考察，综合救济系统内的各平行补偿机制因各国发展水平和政策导向的不同而在整个系统中的地位和占比有所不同。有的国家社会保险和商业保险在损害救济中的比重较小，仍主要依赖于传统的侵权赔偿；有的国家社会保险、商业保险和侵权赔偿在损害救济中的作用较为均衡；有的国家（如新西兰和西欧等发达国家）社会保险十分发达，在损害救济方面有取代侵权赔偿的趋势，同时也在一定程度上抑制了商业保险在损害救济中的作用。王泽鉴先生曾指出，"各国依其社会经济发展创设形成的不同的补偿体系，基本上系由倒金字塔型转为平方型（平衡型），并渐次移向金字塔型"[②]。然而，综合救济系统的中观结构是否必然朝着王先生所称的方向转变？从全球范围来看，虽然在工

---

① 魏宏森、曾国屏:《系统论:系统科学哲学》，世界图书出版公司，2009，第222页。

② 王泽鉴:《侵权行为法》，北京大学出版社，2009，第37页。

伤赔偿等个别领域的确存在社会保险广泛取代侵权赔偿的现象，但很难说确定存在一个从"私法赔偿"（侵权赔偿与商业保险）向"公法赔偿"（社会保险）转移的趋向。因为，在某些国家的某些领域，从"公法赔偿"到"私法赔偿"的逆向转移同样存在。[①]

　　尽管我们无法断定综合救济系统当前是否存在朝着某种结构转型的必然趋势，但不同国家和地区的综合救济系统内各救济机制的角色安排上却存在现实差别。基于侵权赔偿、第一方保险、责任保险和社会保险在价值取向、功能目标等方面的不同，一国通常以某种机制为核心，再辅之以其他机制。各国因历史背景和社会经济发展水平的不同，而有不同的政策选择。目前，理论和实践中主要有三种综合救济系统模式：一为基于公共福利政策的"新西兰模式"，二为兼顾威慑与补偿的"流行模式"，三为基于自由市场政策的"阿蒂亚模式"。[②]

　　（1）"新西兰模式"以社会保险为主要救济机制，极力缩小乃至消除侵权赔偿的适用，同时也导致商业保险在侵权损害领域的严重萎缩。[③] "新西兰模式"因其体现了高度发达的社会福利水平而被公认为现代综合救济制度的典范。

　　（2）"阿蒂亚模式"是阿蒂亚教授提出的以第一方保险为核心的模式。阿蒂亚教授认为，社会保险、责任保险和侵权赔偿均受限于他人的选择和支付能力，通常导致少数人获得了过高的赔偿，而有的人甚至得不到赔偿。所以，这些补偿机制都极其不公平且低效率。但是，如果以第一方保险为核心让受害人对其个人风险安排进行自主选择，这才符合市场的经济效率要求，而且不存在公平性的疑虑。[④] 以美国等为代表的机动车"无过错保险"正是"阿蒂亚模式"的重要实践。[⑤]

　　（3）"流行模式"即目前盛行于绝大多数国家的以"侵权赔偿＋责任保险"为核心的模式。相对于另外两种模式，该模式沿袭了以侵权赔偿救济事故损害的传统路线，并结合了保险机制进行风险分散。"流行模式"的最大特点在于兼

[①]　威廉·范博姆、米夏埃尔·富尔：《在私法体系与公法体系之间的赔偿转移》，黄本莲译，中国法制出版社，2012，第283-286页。

[②]　叶延玺.《现代综合救济体系的模式分析——全球视野下的宏观比较与选择》，载《遵循科学的自然法：刘士国教授60华诞祝寿论文集》，法律出版社，2014，第130-144页。

[③]　Richard S. Miller, "The Future of New Zealand's Accident Compensation Scheme", *University of Hawaii Law Review*, Vol.11, No.1, 1989, pp.1-80; Geoffrey Palmer, "New Zealand's Accident Compensation Scheme: Twenty Years on", *The University of Toronto* Law Journal, Vol.44, No.3, 1994, pp.223-273.

[④]　P.S. 阿蒂亚：《"中彩"的损害赔偿》，李利敏、李昊译，北京大学出版社，2012，第92-100页。

[⑤]　James M. Anderson, Paul Heaton , Stephen J. Carroll, *The U.S. Experience with No-Fault Automobile Insurance: A Retrospective,* California: RAND Corporation, 2010, pp.11-16.

顾了补偿和威慑，将最终补偿责任归结于加害人及其责任保险人一方。

二、协调前提：系统模式的选择

一般而言，系统结构是指"系统内部各个组成要素之间的相对稳定的联系方式、组织秩序及其时空关系的内在表现形式"[①]。该定义描述了单一系统内在要素的结合方式，但并未直接涉及多层次系统中子系统之间的结合方式。"没有按一定结构框架组织起来的多元集是一种非系统。"[②] 多层次系统中的子系统也必须以某种相对稳定的方式结合起来，才能构成更高层次的系统。因为子系统的结合方式与系统的层次性相关，故子系统之间的结合方式可以称为系统的层次结构。系统功能与系统结构互为表里，系统的内部结构决定其外部功能；反之，欲使系统达成某种特定功能，亦可以通过其内部结构的选择和改造来实现。

前述综合救济系统的三种模式实际上反映了侵权赔偿、责任保险、第一方保险和社会保险等子系统之间的不同结合方式，也是综合救济系统的三种可供选择的层次结构模式。基于系统结构与系统功能的辩证关系，为使综合救济系统达到预期的功能目标，对系统层次结构模式的选择乃是对各种补偿机制（子系统）进行协调的前提条件。

如果依照王泽鉴先生的前述观点，"新西兰模式"代表了综合救济系统未来发展的方向，应当是最理想的选择。但是，"新西兰模式"的几十年实践表明，该模式也存在许多问题。一是经费不足。尽管新西兰事故补偿局经费收支持续成倍增长，引起雇主方的强烈不满，但事故补偿基金仍然十分紧张。二是补偿不足。作为侵权赔偿的替代，社会保险虽然扩大了对事故受害人的救济广度，但同时也限制了受害人原本可以获得的某些索赔请求，尤其是精神损害赔偿。如此一来，原本被认为从中受益的受害人一方也对该补偿体系产生了强烈的不满。三是成本持续升高。"新西兰模式"在运行之初所宣称的优势在于较低的运行成本和高效的管理体制，但这项优势却随着运行时间而消退，运行成本持续上升，管理效率不如人意。这又进一步加剧了经费不足和补偿不足的问题。[③]

阿蒂亚教授对侵权赔偿低效率和不公平问题的批评非常正确，他主张以第

---

① 魏宏森、曾国屏：《系统论：系统科学哲学》，世界图书出版公司，2009，第294页。

② 苗东升：《系统科学精要》，中国人民大学出版社，2010，第23页。

③ See Richard Mahoney, "New Zealand's Accident Compensation Scheme: A Reassessment", *The American Journal of Comparative Law*, Vol.40, 1992, pp.159-211.

一方保险为核心的系统模式听上去也很完美。但是，"阿蒂亚模式"的实现需要满足一个基本前提：必须全面采纳强制第一方保险政策，并完全废除侵权赔偿和相应的责任保险制度。如果不废除侵权赔偿制度，受害人仍然会向加害人（或责任保险人）索赔，否则受害人自身也将因向第一方保险人索赔而支付较高的保险费，第一方保险人也将向加害人（或责任保险人）进一步追偿。此外，如果不全面采纳强制第一方保险政策，又有多少潜在的受害人愿意为了预防未来不确定的损害而现实地支付一笔不小的保险费呢？然而，如果实施强制第一方保险政策，这是否又与阿蒂亚教授所宣称的第一方保险条件下受害人的风险自主选择相矛盾？[①]

相对于前两种模式，以"侵权赔偿＋责任保险"为核心的"流行模式"能为大多数国家和地区所接受确有其现实基础。侵权赔偿加责任保险的双核心结构的最大优势在于最大限度地保留侵权赔偿经济威慑功能的同时，又可以充分发挥责任保险的风险分散、充分补偿作用及一定程度的风险自主作用。鉴于侵权赔偿的威慑功能无法被刑罚、保险经验费率等其他机制所完全替代，而第一方保险、责任保险和社会保险三者实质效果相近而无法区分优劣，以"侵权赔偿＋责任保险"为核心的模式无疑是综合救济系统最恰当的选择。[②]就我国现实情况而言，《保险法》和《社会保险法》均规定了第一方保险人和社保机构对第三侵权人及其责任保险人的追偿制度，说明我国立法将侵权赔偿的最终责任归结于侵权人和责任保险人一方。相对而言，"新西兰模式"和"阿蒂亚模式"均在很大程度上限制或禁止了受害人对侵权人的请求权或第一方保险、社保机构对侵权人的追偿权。因此，我国现行立法显然属于以侵权赔偿和责任保险作为核心救济机制的"流行模式"。

三、协调目标：整体涌现与优化

从多元补偿机制到综合救济系统是侵权损害救济法律发展历程中的又一次革命性变化。综合救济系统的概念本身意味着对当前的多元补偿机制进行整合，以实现和优化系统论上的整体涌现性"复杂系统从组分层次到整体层次的涌现不可能经过一次整合就完成，需要经过多次逐级整合，逐级涌现，才能完全实

[①] 叶延玺：《现代综合救济体系的模式分析——全球视野下的宏观比较与选择》，载《遵循科学的自然法：刘士国教授60华诞祝寿论文集》，法律出版社，2014，第130-144页。
[②] 叶延玺：《责任保险对侵权法的影响研究》，浙江大学出版社，2018，第36-39页。

现从元素质到系统质的飞跃。"[1] 所谓多元补偿机制的协调即指综合救济系统在内部各个层次上的整合与优化。

以何种机制作为综合救济系统的核心并确定各机制在综合救济系统中的地位本身就有系统整合的意义。因此，多元补偿机制的模式选择是综合救济系统内部整合的第一步，而且是最基础的一步。侵权赔偿、责任保险、第一方保险与社会保险作为综合救济系统中四个主要的子系统，它们的结合方式决定了综合系统的基本结构和主要特性。如"新西兰模式"以社会保险为核心，就决定了商业保险和侵权赔偿处于被抑制的地位，并决定了整个系统在资金来源、补偿条件、补偿程度、补偿项目等一系列的具体安排与其他模式不同。

以"侵权赔偿＋责任保险"为核心的模式是我国当前及未来长期的选择。该模式背后的选择理由包括以下几个方面。其一，在当前社会发展阶段，我国各类侵权事故频发，侵权成本较低，需要继续坚持并充分发挥侵权赔偿对侵权行为的有效威慑作用。其二，我国近二三十年来商业保险在事故救济方面主要向责任保险发展，与之相关的第一方保险的投保意愿和保障程度都处于较低的水平。尤其是我国强制性商业保险也主要倾向于责任保险。其三，我国社会保险的参保率和保障程度在近年虽有大幅提高，但目前的发展重点还是在养老、基本医疗和工伤等方面，从长期来看也无法全面覆盖侵权事故领域。我国综合救济系统定位以"侵权赔偿＋责任保险"为核心的结构模式符合前述四个系统整体功能目标的要求。将"侵权赔偿＋责任保险"作为我国综合救济系统的核心机制在延续损害救济历史传统的基础上，既保留了对侵权行为的必要威慑，又兼顾了对受害人的充分补偿；同时，以第一方保险和社会保险作为辅助性救济手段，也利于受害人另行自主安排风险和充分地进行风险分散。当然，责任保险、第一方保险和社会保险作为社会化的救济机制，均有充分补偿、风险自主和风险分散的作用。但在"侵权赔偿＋责任保险"为核心的模式中，责任保险应为主要的作用机制，第一方保险可作为受害人对侵权赔偿和责任保险之外的赔偿不能风险的补充机制，而社会保险则扮演最后风险兜底的角色。

基本模式的选择界定了综合救济系统的总体发展方向，但各补偿机制之间的关系还有待进一步厘清，使之成为一个内部协调的有机系统。"整体有机性程度，也就是整体的结构自组织化程度，有机程度越高，则整体的自组织化程度

---

[1]　苗东升：《系统科学精要》，中国人民大学出版社，2010，第66-67页。

就越高；否则，系统就是紊乱的、无序的。"①在中观层次上，综合救济系统内部还需要就各补偿机制的补偿条件、补偿范围、补偿序位和追偿关系等若干具体方面进一步协调和优化。

四、协调路径：系统规律的应用

系统论原理中有许多重要的规律，如自组（织）涌现律、层次转化律、结构功能律、整体优化律、差异协同律、涨落有序律、信息反馈律等。这些系统规律是系统内部整合与协调所必须遵循的法则和方法。前文对综合救济系统模式选择的分析也在相当程度上反映了系统规律的要求。在确定综合救济系统模式的前提下，欲对侵权赔偿、责任保险、第一方保险和社会保险等机制做进一步的整合，则必须在比较各补偿机制的具体差异的基础上根据系统的整体目标进行调整。

差异性是系统内部构成要素或子系统之间相互作用的条件，也是系统生成和演化的基本动力。甚至可以说，没有事物之间的差异，现实世界的一切都不可能存在。同时，彼此差异的事物又必须因某种统一性或"吸引子"而相互联系起来才能组织成为一个系统。侵权赔偿、责任保险、第一方保险和社会保险等本是功能各异的一系列规则的集合，因对受害人的共同补偿作用而自然地组织起来，成为一个整体。然而，这些多元的补偿机制一旦相互吸引而组织起来，又会因彼此间的差异性而进一步相互作用。其中，有的相互作用符合同一目标而彼此加强，有的相互作用则可能因为方向不同而彼此冲突。多元补偿机制之间的差异和相互作用（加上环境的外部作用）正是综合救济系统生成和演进的基础。

综合救济系统内部的各子系统之间并不只是一种抽象的联系，而是通过补偿条件、追偿关系等具体路径相互作用而结合在一起。补偿条件、补偿范围、补偿序位、追偿关系等是在中观层次上可以观察到的综合救济系统的内在连接路径。"只要不触动系统的内在连接和总目标，即使替换掉所有的要素，系统也会保持不变，或者只是发生缓慢的变化。"②反之，如果改变系统的内在连接，系统就会发生巨大的变化。

---

① 乌杰：《系统哲学》，人民出版社，2008，第108页。
② 德内拉·梅多斯：《系统之美：决策者的系统思考》，邱昭良译，浙江人民出版社，2012，第25页。

第二节 侵权赔偿与社会化救济的补偿条件

一、补偿条件的初步比较

（一）侵权赔偿

侵权赔偿的补偿条件即侵权赔偿责任的构成条件。在过错责任条件下，侵权责任的成立须存在损害结果、侵权行为、过错和因果关系；在无过错责任条件下，依据法律的特别规定，只需具备损害结果、侵权行为和因果关系，不论行为人是否有过错。同时，法律规定的免责事由可以作为承担侵权赔偿责任的例外条件。侵权责任构成条件为基本常识，然而，为寻求侵权赔偿与社会化救济机制补偿条件的协调依据，尚需对侵权责任构成条件背后的法理重新做一番梳理。

损害本是一切救济法律问题的起点。一般情况下，"损害由法益所有者来负担""由他人来承担自己的损害"属于例外规则。[1] 因此，将一人的损害转移给他人承担（归责）必须具有特别的理由。侵权法的核心问题就是：在什么条件下将受害人的损害转移给他人承担？或者说，受害人在什么条件下可以要求他人对其损害进行赔偿？侵权法的传统观念认为："只有当他人实施了不正当的行为时，才可能由该他人代替受损失的人承担责任"[2]。这一观念可以追溯到公元前的《阿奎利亚法》，甚至更早的一些古老习惯法。该观念又被进一步理解为"损害必是因某个有过错的行为而导致"[3]。尤其自近代以来，过错责任被奉为侵权赔偿的核心原则。如此一来，侵权赔偿的焦点就从损害转向了过错。我国《民法典》也同样将过错作为侵权归责的基础，其第1165条第1款规定："行为人因过错侵害他人民事权益造成损害的，应当承担侵权责任。"[4] 然而，过错作为侵权归责的基础并非当然如此，而是近代自由资本主义背景下对行为自由与权利保护进行平衡的结果。得出该论断的一个重要依据在于：即使在过错责任条件下，过错也仅仅是责任成立的条件之一，而与赔偿责任的大小一般没有关联。

---

[1] 埃尔温·多伊奇，汉斯-于尔根·阿伦斯：《德国侵权法——侵权行为、损害赔偿及痛苦抚慰金》，叶名怡、温大军译，中国人民大学出版社，2016，第3页。

[2] 马克西米利安·福克斯：《侵权行为法》，齐晓琨译，法律出版社，2006，第2页。

[3] 埃尔温·多伊奇，汉斯-于尔根·阿伦斯：《德国侵权法——侵权行为、损害赔偿及痛苦抚慰金》，叶名怡、温大军译，中国人民大学出版社，2016，第4页。

[4] 《民法典》第1165条第1款相对于原《侵权责任法》第6条第1款增添了"造成损害的"表述，对规范内容没有任何影响，但强调了"损害"在责任构成中的地位。

在侵权责任成立的前提下，最终决定赔偿责任大小的关键因素仍然是损害大小。

自 20 世纪初以来，无过错责任在世界各国逐渐被确立为过错责任之外的另一套归责标准，同样表明了过错不过是侵权责任构成中一个可以增减的要素。如果回到侵权法问题的起点——损害，而非过错，就不难发现结果责任才应当是侵权归责的初始规则。整部侵权法发展到目前为止，不过是以结果责任的三项要件（损害、行为、因果关系）为基础，根据社会经济环境的变化增减构成要件，以实现行为自由与权利保护之间的平衡。

侵权赔偿肇端于损害，证成于因果关系。损害能否被归咎于他人取决于它是否因该他人的行为所造成，也即损害与行为之间的因果关系。至于造成损害的行为是否要求为不正当、不法、有过错或高度危险性，则是基于侵权法政策的附加条件。因果关系不仅是侵权赔偿的前提条件，也是界定损害范围和赔偿责任大小的关键因素。由于世界的普遍因果联系，加害行为引起的损害可能会无限延伸，但可以提起侵权索赔的损害必须被限制在法律政策允许的因果关系范围之内。

此外，受害人能否请求侵权赔偿，除了应具备责任构成的积极条件，还受限于责任减免的消极条件。

在以"侵权赔偿＋责任保险"为核心的综合救济系统模式下，侵权责任的构成条件不仅决定了受害人能否从加害人处获得赔偿及赔偿的范围，也会直接或间接地影响到其他救济机制的成立条件和救济范围，尤其责任保险。责任保险以侵权责任的成立为前提，侵权赔偿是责任保险金的最大上限。因此，侵权赔偿的成立条件事实上成为责任保险的一个先决条件。侵权责任虽然对第一方保险和社会保险补偿条件的成立没有直接影响，但在因第三人侵权而请求第一方保险或社会保险补偿的背景下，侵权赔偿的条件仍然决定着第一方保险人或社保机构可追偿利益的范围，并间接地影响到受害人的保费等其他利益。

（二）社会保险

我国自 2011 年《社会保险法》实施以来，参保人群覆盖面、基金收支规模、保障待遇水平等不断提高。[1] 但是，社会保险的给付结构受限于经济发展水平、社会保险目标、收入替代水平、指数调节机制和法律制度等诸多公共因素。[2]

---

[1] 王延中：《中国社会保障发展报告（2015）No.7——"十三五"时期的社会保障》，社会科学文献出版社，2015，第2-7页。
[2] 林义：《社会保险》，中国金融出版社，2011，第64-65页。

社会保险补偿条件的设置既要保证参保人能够享受基本生活水平，同时又要考虑经济发展水平等现实因素。因此，社会保险的补偿条件具有法定性、现实性、动态性的特点。并且，由于社会保险包括养老、医疗、工伤、失业、生育等多个险种，各险种的功能目标均有不同，社会保险的补偿条件呈现类型多元化的特征。我国社会保险五个险种中的基本医疗保险、工伤保险、基本养老保险和失业保险均可能与其他救济机制发生重叠。生育保险涉及的对象范围非常狭窄，与其他救济机制发生重叠的概率较小，此不赘述。

1. 基本医疗保险

我国法律上的基本医疗保险是对参保人因病就医支出的医疗费用给予补偿的一种社会保险。医疗保险的保障对象较为单纯，仅限于参保人的医疗费用。医疗费用在民法上一般认为属于既得财产利益的损失，其补偿不得违反损害填补原则。我国基本医疗保险的补偿条件甚为明了，即医疗费用的支出符合法定报销范围。《社会保险法》第 28 条规定："符合基本医疗保险药品目录、诊疗项目、医疗服务设施标准以及急诊、抢救的医疗费用，按照国家规定从基本医疗保险基金中支付。"在法定报销范围内，医疗保险对参保人的生病原因、诊疗次数、费用金额等未另作其他要求。但该法第 30 条第 1 款明确规定了若干例外，包括应由工伤保险支付，应由侵权第三人负担，应由公共卫生负担和境外就医等四种情形，不纳入基本医疗保险范围。

2. 工伤保险

工伤保险是职工因工作原因受到事故伤害或者患职业病，由国家或用人单位补偿其直接经济损失，以及保障其基本生活的经济补偿制度。工伤保险的补偿条件简单来说即"因工受伤"。工伤认定是工伤保险赔付中的核心问题，构成工伤应符合两个基本条件。[①]

一是工作原因。所谓工作原因，完整来说是指职工于工作时间、工作场所、工作原因而遭受人身伤害。在工伤认定中，要将工作时间、工作地点、工作原因三个要素联系在一起做出判定，但在前两个要素不易界定的情况下，工作原因的判定是工伤认定的关键。

二是人身伤害。工伤保险中人身伤害又分为两种情况：事故伤害或患职业病。事故伤害是指职工在履行工作职责过程中因自然灾害、意外事故、安全事

---

① 信春鹰：《中华人民共和国社会保险法释义》，法律出版社，2010，第 106-107 页。

故或他人侵权而造成伤害，致病、致残或死亡。所谓患职业病是指职工在工作过程中接触有毒、有害物质致病或因工作造成积累性疾病。

《工伤保险条例》（2010）第14条规定了构成工伤的若干具体情形：（1）在工作时间和工作场所内，因工作原因受到事故伤害的；（2）工作时间前后在工作场所内，从事与工作有关的预备性或者收尾性工作受到事故伤害的；（3）在工作时间和工作场所内，因履行工作职责受到暴力等意外伤害的；（4）患职业病的；（5）因工外出期间，由于工作原因受到伤害或者发生事故下落不明的；（6）在上下班途中，受到非本人主要责任的交通事故或者城市轨道交通、客运轮渡、火车事故伤害的；（7）法律、行政法规规定应当认定为工伤的其他情形。以及第15条还规定的若干视同工伤的情形：（1）在工作时间和工作岗位，突发疾病死亡或者在48小时之内经抢救无效死亡的；（2）在抢险救灾等维护国家利益、公共利益活动中受到伤害的；（3）职工原在军队服役，因战、因公负伤致残，已取得革命伤残军人证，到用人单位后旧伤复发的。但是，职工本人因故意犯罪、醉酒、吸毒、自残或者自杀而发生前述事故的，不构成工伤（第16条）。

3. 基本养老保险

养老保险是以劳动者因年老而失去劳动能力或者达到法定劳动年龄界限后，为满足其基本生活需要而给予经济保障的制度。养老保险依照保险金给付是否与劳动者收入相关，分为普遍保障型和收入关联型。普遍保障型养老保险的给付范围包括全体国民，与领取者的收入无关，提供较为平均的低水平保障。收入关联型养老保险的给付直接取决于保险覆盖面、劳动者个人收入水平、缴费期限等诸多因素，与收入状况密切相关。[①] 我国基本养老保险显然属于收入关联型。在基本养老保险之外，我国还存在保障层次较低的新型农村社会养老保险和城镇居民社会养老保险。我国基本养老保险分两种情况对补偿条件有不同要求。

（1）一般补偿条件：法定退休。

根据《社会保险法》的规定，"参加基本养老保险的个人，达到法定退休年龄时累计缴费满十五年的，按月领取基本养老金（第16条第1款）"。因此，我国基本养老保险的给付必须同时满足两个条件：一是达到法定退休年龄，二是

---

① 林义：《社会保险》，中国金融出版社，2011，第97页。

缴费满十五年。在养老保险中，"退休年龄"是一个最核心的概念，关系到参保人利益、保险基金收支、保险金给付条件等重要方面。[①] 根据《国务院关于安置老弱病残干部的暂行办法》和《国务院关于工人退休、退职的暂行办法》（国发〔1978〕104号）文件的规定，职工正常退休年龄为男年满六十周岁，女年满五十周岁，并且累计工龄满十年。或者，从事井下、高空、高温、特别繁重体力劳动或其他有害身体健康的工作，且累计工龄满十年，退休年龄为男年满五十五周岁、女年满四十五周岁；或者，由医院证明并经劳动鉴定委员会确认完全丧失劳动能力，且累计工龄满十年，退休年龄为男年满五十周岁，女年满四十五周岁。此外，"参加基本养老保险的个人，达到法定退休年龄时累计缴费不足十五年的，可以缴费至满十五年，按月领取基本养老金；也可以转入新型农村社会养老保险或者城镇居民社会养老保险，按照国务院规定享受相应的养老保险待遇"（第16条第2款）。

（2）特殊补偿条件：死亡或完全丧失劳动能力。

我国基本养老保险基金由统筹基金和个人账户基金两部分组成。其中，个人账户基金在职工工作期间的工资收入中扣除而形成，相当于强制性个人储蓄。因此，当职工在法定退休年龄前死亡或因丧失劳动能力而无法工作时，家属或本人有权继承个人账户部分积累的资金，或者就此获得补偿。[②]《社会保险法》第17条规定，"参加基本养老保险的个人，因病或者非因工死亡的，其遗属可以领取丧葬补助金和抚恤金；在未达到法定退休年龄时因病或者非因工致残完全丧失劳动能力的，可以领取病残津贴"。若职工因第三人侵权而导致死亡或者伤残而完全丧失劳动能力的，依此规定就可能涉及养老保险中的丧葬补助金、抚恤金、病残津贴与侵权赔偿中的相关补偿项目发生重叠给付问题。

4. 失业保险

失业是指在法定就业年龄内具有劳动能力的人未就业而处于待业的状态。失业与就业直接关系到个人及其家庭的经济来源和生活状况，并进而影响到一国社会稳定和经济运行。失业保险具有两项功能目标：一是对失业人员及其家庭给予基本的经济保障；二是促使失业人员尽快再就业。基于此目标，我国《社会保险法》第45条规定失业人员领取失业保险金的条件为：（1）失业前用人单

---

① 史柏年：《社会保障概论》，高等教育出版社，2012，第94页。
② 信春鹰：《中华人民共和国社会保险法释义》，法律出版社，2010，第43页。

位和本人已经缴纳失业保险费满一年的；（2）非因本人意愿中断就业的；（3）已经进行失业登记，并有求职要求的。我国失业保险的救济对象仅限于非自愿性失业人员，并对其提出了再就业的要求。自愿性失业人员是基于本人主观性原因而不就业，不能通过政策经济手段和法律政策来消除，对其进行救济也悖于就业市场的激励规则。[①]

符合条件的失业人员除了依法领取失业保险金，享受基本医疗保险待遇（第48条）之外，若在领取失业保险金期间死亡的，参照当地对在职职工死亡的规定向其遗属发放一次性丧葬补助金和抚恤金（第49条第1款）。但是，个人死亡，同时符合领取基本养老保险丧葬补助金、工伤保险丧葬补助金和失业保险丧葬补助金条件的，其遗属只能选择领取其中的一项（第49条第2款）。前款规定也表明，失业保险丧葬补助金属于失业保险中一项独立的补偿项目。作为对社会保险参保人员的生活保障，失业保险与养老保险的救济目标和对象具有一致性。但两者相比较，失业保险属于临时性救济，而养老保险属于长期性救济。因此，领取失业保险金的人员达到退休年龄符合养老保险金补偿条件的，优先由养老保险进行救济，并停止失业保险救济（第51条第四项）。

实践中职工非自愿性失业主要是因为企业破产、裁员等市场因素，但也可能因为职工本人遭受工伤以外的疾病或伤残，乃至全部或部分丧失劳动能力，不能继续胜任原工作。若此类疾病或伤残是因第三人侵权所致，同样会发生失业保险与侵权赔偿的平行补偿问题。

（三）商业保险

商业保险与侵权赔偿均属私法性质的救济。但商业保险是基于保险合同，属于自愿补偿；侵权赔偿是直接基于法律的规定，属于非自愿补偿。商业保险的补偿条件由当事人在保险合同中任意约定是其显著特点。但是，由于保险合同的特殊性，法律和实践操作中对商业保险的补偿条件也存在若干客观（法定）条件的限制，主要涉及损失补偿、保险利益、近因规则等。[②]在客观条件以外，商业保险的补偿条件最终取决于双方在保险合同中的约定。保险合同中涉及的补偿条件主要涉及保险标的、保险价值、保险金额、保险责任、除外责任、保险期限等。被保险人可以根据自身的风险状况选择其保险条件，并相应地支付

---

① 林嘉：《社会保险法教程》，法律出版社，2011，第252页。

② 贾林青：《保险法》，中国人民大学出版社，2009，第69-75页。

保险费。商业保险补偿条件的任意性特征使其具有风险自主的功能优势。商业保险的任意补偿条件与侵权赔偿和社会保险的法定补偿条件相对应，二者的差异可以产生系统内部的互补性。

二、补偿条件的系统机理

（一）法律规则适用条件的一般系统意义

"法律规范是有条件的规范。"[①]任何一个完整的法律规则都必须设定相应的适用条件；只有符合特定条件的事件才能被某一法律规则所涵摄，并产生相应的评价结果。法律规则的适用条件非常类似于生物系统中的细胞膜。细胞膜能够对环境中的物质渗入细胞进行选择；社会事件能否进入相应法律系统也有类似的选择作用。法律规则的适用条件是环境事件进入法律系统的必经"界面"。特定法律系统内所有法律规则的适用条件相互作用，决定了该系统的功能范围；系统内全部法律规则的适用条件则是法律系统与外部环境彼此区隔的边界。

法律规则的适用条件也是法律系统内在结构和子系统的配置基础。例如，甲在生产的食品中掺入有毒原料，乙食用后中毒造成严重伤害。依据《中华人民共和国刑法》（简称《刑法》）第 144 条，符合"在生产、销售的食品中掺入有毒、有害的非食品原料的"和"对人体健康造成严重危害"的条件，可处"五年以上十年以下有期徒刑"。再者，依据《民法典》第 1202 条，符合"因产品存在缺陷造成他人损害"的条件，生产者应当"承担侵权责任"。"在生产的食品中掺入有毒原料"这一事件经由《刑法》第 144 条和《民法典》第 1202 条的条件选择，一是确定了此类行为应进入法律系统给予负面评价，以有别于合法的食品生产行为；二是经由两个规则不同适用条件的"分拣"，分别承担相应的刑事责任和民事侵权责任。

当然，法律规则及作为它的组成部分的适用条件并非孤立地对环境事件进行选择作用，同时也必须依赖于法律系统的整体运作。"单个规范之间不是无组织、混乱地联系在一起，而是在理想情况下，法秩序被思考成一个整体、一个价值判断尽可能一致的体系和'意义构造'，法律适用者在解释其单个组成部分时，不能孤立、无视其规范性的语境。……适用单个法条，最终是适用整个法律制度。"[②]比如在前例当中，对《刑法》第 144 条适用条件的描述实际上是过于

---

① 伯恩·魏德士：《法理学》，丁晓春、吴越译，法律出版社，2013，第 59 页。
② 恩斯特·A. 克莱默：《法律方法论》，周万里译，法律出版社，2019，第 55-56 页。

简化的，其完整的适用条件还必须同时参照《刑法》中关于主观过错（第 14 条和第 15 条）、责任能力（第 17 条和第 18 条）和《关于办理危害食品安全刑事案件适用法律若干问题的解释》（2013）等其他诸多规定。

（二）补偿条件与综合救济系统的边界

在以"侵权赔偿＋责任保险"为核心的系统模式中，侵权赔偿的补偿条件不仅限定了它自身作为子系统的边界范围，也是整个综合救济系统的一道"前置过滤网"。若将综合救济系统置于所有因他人致害的事件环境中观察，符合侵权赔偿补偿条件的事件将通过该过滤网进入系统范围，进而激发侵权赔偿、商业保险和社会保险的规则反馈和内部各机制之间的竞争关系，也即侵权损害综合救济系统的整体运作。若该事件不符合侵权赔偿的补偿条件，但符合第一方保险、基本医疗保险、工伤保险等的补偿条件，仍有可能进入系统内其他局部子系统，并通过子系统间的功能关联引发系统作用。这些被侵权补偿条件过滤掉的损害事件虽然不会直接激发系统的整体反应，但其局部作用仍有可能间接地影响到系统行为。

所有经由侵权赔偿补偿条件过滤进入系统的损害事件，都应当对综合救济系统的整体层次进行检视。系统性检视的内容主要包括：（1）该侵权损害关系中的加害人是否有责任保险及该损害是否符合责任保险的补偿条件？（2）受害人是否有第一方保险、基本医疗保险或工伤保险，以及该损害是否符合相关保险的补偿条件？（3）若受害人已到退休年龄，其是否符合领取养老保险金的条件？（4）若受害人因侵权损害而丧失劳动能力，其是否符合领取失业保险金的条件？经由此类的系统性检视，如果发现加害人或受害人符合一项或多项其他救济机制的补偿条件，再进一步对侵权赔偿与该并存机制的关系进行处置。处置方式最重要的是对各并存机制的补偿项目进行对比，并决定各救济机制下补偿项目能否兼得。此一系统性检视过程必然涉及司法审判、商业保险、社会保险等多个相关机构和救济程序的协同配合。在我国当前各救济程序彼此孤立运行的现状下，对损害救济进行前述系统性检视无疑是一项复杂而必要的任务。但是，随着信息共享技术和大数据科学的发展，在国家层面建立一个跨部门的"综合救济信息网络系统"在技术上完全可能，经济上也完全可行。而且，"综合救济信息网络系统"不仅可以针对个案进行多元补偿机制的系统化处置，还有助于实现如在商业保险机构之间、商业保险机构与社会保险机构之间进行"一揽了追偿"关系的处理。

"系统通过运动划分自己的边界，因运动而实现自我的存在。"[1] 侵权赔偿补偿条件的选择作用，以及符合条件进入系统的事件引发的多元补偿机制之间的互动作用，使综合救济系统实现了自我生成。多元补偿机制性质各异，彼此独立运作，但它们基于对受害人的共同救济作用而联结起来。然而，仅基于对受害人共同救济这一点尚不足以使它们进一步结合为系统。综合救济系统之所以能够被识别，正是因为那些符合侵权赔偿补偿条件的事件同时引起了侵权赔偿与各社会化救济机制之间的交叉作用。这些事件及其引发的交叉作用也使得侵权赔偿与各社会化救济机制之间的关系结构被描绘出来。诚如卢曼所言："每一种结构都必须在系统中先被生产出来，而且是通过系统作为自己的运作来支配的运作被生产出来。"[2] 虽然各救济机制的补偿条件及相关规则由人为设置，但它们之间的功能结构却在彼此的交叉作用下先于综合救济系统而存在。

（三）侵权补偿条件（责任）扩张的系统效应

侵权补偿条件是在受害人与加害人之间进行风险分配的基础界面。如果对受害人予以侵权补偿，即相关风险被分配给相应行为人或相关方；如果对受害人不予侵权补偿，即相关风险被分配给受害人自己。在侵权赔偿的基础上，综合救济系统进一步通过加害人将损害风险配置给责任保险，或者通过受害人配置给第一方保险人或社会保险。因此，侵权补偿条件是整个综合救济系统的功能配置和结构安排的基础。若作为系统基础设施的侵权补偿条件发生变化，势必引发综合救济系统的边界、功能和结构的整体变动。

系统的生存发展必须同环境相适应，外在环境变化会促使系统内在演化，以达成对环境的适应。[3] 半个多世纪以来，由于现代社会风险形态的变化及损害事故的剧增，综合救济系统受到了巨大的外部压力。面对风险环境的转变，综合救济系统的最初反应是侵权补偿条件的放宽及侵权责任的相应扩张，主要表现为无过错责任的兴起和因果关系的扩展。侵权责任的扩张将此前被认为属于"纯粹意外"的事故也纳入损害救济的范围，相应地导致了综合救济系统内在结构和功能范围的调整。这恰好体现了法律作为"规范上封闭"和"认知上开

---

[1] 河本英夫：《第三代系统论：自生系统论》，郭连友译，中央编译出版社，2016，第 117 页。

[2] 尼克拉斯·卢曼：《社会的法律》，郑伊倩译，人民出版社，2009，第 23 页。

[3] 苗东升：《系统科学精要》，中国人民大学出版社，2010，第 48 页。

放"系统的特性。① 侵权补偿条件作为救济规范的主要"入口",损害事件若符合进入条件即启动规范评价。规范评价本身必须依赖法律系统的封闭性才能做出,否则,评价结论将失去稳定性和一致性,一并失去的还会有法律的公正性。然而,法律规范不能绝对封闭而仅成为一个坚壁的容器,其自身也必须向环境开放,才能使法律系统与外部环境保持平衡的状态。侵权责任扩张恰恰体现了法律系统与外部环境之间的动态平衡。

侵权补偿条件扩张意味着法律政策将更多的风险分配给行为人。从综合救济系统的层次来看,行为人一端的风险分散途径为责任保险,其风险程度的增高表明责任保险在综合系统中的功能和比重有进一步提高的必要。反之,侵权补偿条件的限缩或受害人风险的增加则会推动综合救济系统朝着增强第一方保险和社会保险的方向发展。实践表明,第一方保险和社会保险在损害救济中取得优势地位通常也伴随着侵权赔偿功能的衰退。② 虽然"新西兰模式"和"阿蒂亚模式"均是综合救济系统内在结构调整的可选择方向,但是,在"行为人负责"的侵权法传统和"归咎文化"的影响之下,扩张侵权责任以令行为人承担更多责任更符合人们对法律政策的期待。如果这一趋势保持不变,综合救济系统还将继续朝着强化以"侵权赔偿+责任保险"为核心,以第一方保险和社会保险为补充的结构模式的方向发展。

(四)法定补偿条件与任意补偿条件

"现代综合救济体系是一个仍在发展中的复杂法律系统,其中既有传统制度与现代制度的重叠,公法与私法关系的交错,也有国家强制与私人选择的并存。"③ 各救济机制补偿条件的差异对综合救济系统的整体运行是一种挑战,但也为它们彼此的互补作用和系统整体涌现性的发生创造了条件。

综合救济系统是一个以受害人为中心,超越传统公法与私法部门划分的规范体系。侵权赔偿和社会保险补偿条件的强制性与商业保险补偿条件的任意性相互结合是综合救济系统的重要特征。侵权赔偿中的行为、损害、因果关系、过错或危险性等条件综合决定了行为人和受害人各自应承担的损失范围。在此基础上,行为人依据责任保险合同可以任意选择是否将其责任范围内的损失转

---

① 尼克拉斯·卢曼:《法社会学》,宾凯、赵春燕译,上海人民出版社,2013,第425-426页。
② 叶延玺:《责任保险对侵权法的影响研究》,浙江大学出版社,2018,第29-36页。
③ 叶延玺:《现代综合救济体系的模式分析——全球视野下的宏观比较与选择》,载《遵循科学的自然法:刘士国教授60华诞祝寿论文集》,法律出版社,2014,第130-131页。

移给保险人，以及转移的程度；受害人同样也有机会依据第一方保险任意选择是否将侵权法保留给他的损失转移给第一方保险人，以及转移的程度。对受害人而言，如果他没有选择通过第一方保险进行损失转移，或者转移之后仍有其余损失，则还有机会寻求社会保险的公法救济。但是，社会保险的法定补偿条件则更为严格，它对侵权受害人的救济甚至只是巧合而已。在我国《社会保险法》（第30条和第42条）的基本医疗保险和工伤保险将第三人侵权所致损害原则排除的情况下，只有当"第三人不支付或者无法确定第三人"时，才对受害人给予医疗费用等方面的有限救济；当领取退休金的人员受到人身伤害，或者在退休前因侵权事故而死亡或失能的，养老保险对侵权受害人也有一定之交叉补偿作用；在受害人因侵权事故造成伤病不能继续工作的情况下，失业保险与侵权赔偿也会发生重叠。当前，我国社会保险对侵权受害人的补偿整体上极为有限，但正符合以"侵权赔偿＋责任保险"为核心的综合救济系统的特征。

相对于补偿结果而言，法定补偿条件可视为一组"常量"，而任意补偿条件则是一组"变量"。在理想状态下，只有侵权关系当事人对法定补偿条件这一"常量"有充分认识，才能有效利用任意补偿条件之"变量"因素对自身损害风险进行合理安排。一个理性的行为人如果希望有效地规避损害风险，就应当依据侵权赔偿的法定补偿条件评估其自身的责任风险，并相应地选择责任保险的保障。同理，潜在受害人（日常生活中的任何普通人）如果想获得更安全的经济保障，就必须评估侵权赔偿和社会保险的保障空缺，并相应地选择第一方保险作为补充。

当事人可以通过商业保险合同设置任意补偿条件这一事实，无疑扩大了综合救济系统的保障范围，并使之具有弹性。"它赋予规范受众主动权，允许他们从这些备置的规则中按其私人利益和自在好处选取适用。在缔约自由的范围内，每一个权利主体都可以自行决定，他们是否以及与谁建立一个合同关系，并将在其指令之下行事。"[1] 尽管如此，商业保险的选择和任意补偿条件的设置并非完全由当事人"任意"为之，它们首先取决于综合救济系统对侵权赔偿和社会保险的法定补偿条件的设置。

---

[1] 托马斯·莱塞尔：《法社会学基本问题》，王亚飞译，法律出版社，2014，第196页。

三、法定补偿条件的协调

（一）补偿条件设置基础的差异

作为受害人的两个主要法定补偿来源，侵权赔偿与社会保险的补偿条件差异明显，但它们也有共同的必要条件——属于同一受害人的实际损害。在损害存在的基础上，侵权赔偿还必须满足因果关系、行为过错或危险性等其他条件；社会保险则要求受害人属于应受保护的对象，并且该损害属于被保障的风险范围。[①]侵权赔偿与社会保险的补偿条件差异起因于它们分属于私法和公法两个截然不同的领域，但更深层原因在于它们背后所涉及的价值考量不同。侵权赔偿补偿条件的设置必须平衡受害人权利保护与行为人自由保障两大基本价值，以便在受害人与行为人之间合理地进行风险分配。[②]社会保险补偿条件设置所要考虑的因素则包括受害人需要、经济发展水平、社会公平等。[③]归根结底，侵权赔偿的哲学基础是矫正正义，而社会保险的哲学基础是分配正义。二者补偿条件的设置均要受到背后不同正义基础的限制。我国在《民法典》（含原《侵权责任法》）和《社会保险法》的立法过程中并未特别考虑两类救济机制补偿条件的协作问题。除了如《社会保险法》中第 30 条第 2 款、第 42 条等少数规定外，立法上没有对这两类救济机制价值和制度的衔接作系统化处理。

（二）侵权补偿条件设置对社会保险因素的考量

基于矫正正义的要求，侵权赔偿的核心任务是在受害人与行为人之间进行风险的合理分配。侵权赔偿不只保护受害人的权利，也要一并考量赔偿责任对行为人自由所产生的消极影响。在综合救济系统的范围内，侵权赔偿不是救济受害人的唯一途径。有一些损害风险即使在侵权法框架内保留给受害人自己承担，也可以通过社会保险另行救济。因此，如果从综合救济系统的更高层级来考量侵权赔偿问题，社会保险应当作为衡量侵权赔偿关系的一个重要因素。

我国原《侵权责任法》第 1 条的立法宗旨仅规定了"保护权益""预防并制裁侵权行为"，没有将保障行为自由的价值考虑在内。[④]这表明原《侵权责任法》还局限于传统的部门法分割思维，未能从综合救济系统的更高层次对受害人与

---

① 乌尔里希·马格努斯主编《社会保障法对侵权法的影响》，李威娜译，中国法制出版社，2012，第 351-352 页。
② 叶延玺：《论侵权法中的价值平衡思想——权利保护与行为自由的平衡》，《行政与法》2012 年第 9 期，第 109-113 页。
③ 史柏年：《社会保险概论》，高等教育出版社，2012，第 8-10 页。
④ 王胜明：《侵权责任法解读》，中国法制出版社，2010，第 1-4 页。

行为人的利益关系进行整体平衡。从综合救济系统的层次来看，侵权赔偿并非救济受害人的唯一途径，对受害人的权利保护也不应当被作为侵权法的唯一价值。在立法宗旨本身较为狭隘的条件下，原《侵权责任法》中的许多规定都未充分考虑与其他救济机制协作的需要，同系统化救济的理念相悖，也导致该法承担了超出其功能范围的部分社会化职能。《民法典》第七章没有保留原《侵权责任法》第1条的内容，但可以理解为该条内容已被《民法典》第1条所吸收。例如，《民法典》第183条（原《侵权责任法》第23条）规定的"见义勇为受益者的补偿责任"本身不属于通常意义上的侵权关系，而是一种特定情形下的损失分担机制，其归责依据既不是过错，也不是行为的危险性。在"侵权人逃逸或者无力承担责任"的情形下，"见义勇为者"的损失应当通过社会保险或社会救助等途径进行补偿。如果说"受益者"也有一定之补偿义务，其义务也属于其他性质的法定义务，而非侵权法上的一般义务。再如，《民法典》第1254条（原《侵权责任法》第87条）规定的"建筑物使用人的补偿责任"，更明显地超出了侵权赔偿的调整范围，一味地追求在侵权法框架内对受害人进行救济。侵权赔偿的补偿条件虽然可以进行扩张调整，如采用举证责任倒置、放宽因果关系等，但不能毫无限制。法律并非万能，任何法律救济都有用尽之时。侵权法也不可能解决所有损害救济问题。若因侵权人不明而"连坐"于其他无辜的建筑物使用人，侵权赔偿的所有补偿条件均被废弃，侵权赔偿的内在逻辑也就被破坏。前述所举条文中的相关损害明显应当通过社会保险等其他制度进行救济，而不应将其限制在侵权赔偿的固有框架之内。[①]

基于综合救济系统的内在协调目标，不唯前述个别条文需要兼及社会保险对侵权赔偿补偿条件的影响，侵权法的整体制度设计都应将这种影响考虑进去。就此而言，侵权法中的归责原则、因果关系和连带责任等各项制度和规范，都应当从综合救济的全局视角重新检视。

（三）社保补偿条件设置对侵权赔偿因素的考量

侵权赔偿与社会保险均是救济社会风险所造成损失的手段，但二者在救济的风险和损失类型上有不同的侧重。社会保险侧重于救济"直接或间接影响劳动者经济保障和收入的那些风险"，包括老年风险、生育风险、疾病风险、死亡

[①] 李霞：《高空抛物致人损害的法律救济——以〈侵权责任法〉第87条为中心》，《山东大学学报（哲学社会科学版）》2011年第1期，第1-6页。

风险、工伤风险和失业风险等。[①] 侵权赔偿侧重于因人的行为过错或潜在危险所造成的损害风险。由于侵权损害也是造成劳动者经济和收入损失的重要风险来源之一，社会保险与侵权赔偿的救济对象本身存在交叉，从而引发彼此间的冲突和协调问题。

社保补偿条件一般从构成条件和除外条件正反两方面进行设置。其中，社保补偿条件设置对侵权赔偿因素的考量主要取决于一国对综合救济系统模式的选择。在"新西兰模式"中，社会保险（"新西兰事故补偿法"）旨在取代普通法上的人身侵权救济，故而侵权损害被纳为社会保险的基本构成条件之一。[②] "新西兰事故补偿法"的首要原则是"对发生在新西兰的人身损害进行救济"，关键补偿条件为存在法定范围内的"事故"和"人身伤害"。[③] 而在采纳"流行模式"和"阿蒂亚模式"的国家和地区，事故损害的救济主要是侵权赔偿（责任保险）或第一方保险的任务，社会保险处于辅助救济的地位；相应地，侵权损害通常属于社保补偿的除外条件。

我国事故损害的主要救济来源为侵权赔偿，故而综合救济系统整体上应属于"流行模式"。在我国，侵权损害整体上则被设置为社会保险的除外条件，即涉及第三人侵权所造成的损害，社会保险原则上不予救济。但是，由于社会保险各险种的功能定位和考量因素的差异，当前各险种与侵权赔偿的关系也有所不同。首先，基本医疗保险的补偿条件为参保人患病就医，并且医疗费用符合"基本医疗保险药品目录、诊疗项目、医疗服务设施标准以及急诊、抢救的医疗费用"的范围（《社会保险法》第 28 条）。但是，医疗费用应当由第三人（主要指侵权人）负担的，基本医疗保险不予补偿（《社会保险法》第 30 条第 1 款第二项）。其次，工伤保险中涉及侵权第三人的情况与基本医疗保险相同，由侵权第三人承担，工伤保险不予补偿。但是，工伤事故责任原属于用人单位的侵权赔偿责任，且通常为无过错责任性质。我国工伤保险实质上是社会保险对侵权赔偿的替代，属于局部采纳了"新西兰模式"。另外，基本医疗保险和工伤保险中涉及侵权第三人，而第三人不支付医疗费用或者无法确定第三人的，由社保基金先行支付，再对第三人进行追偿（《社会保险法》第 30 条第 2 款和第 42 条）。基本医疗保险和工伤保险中的社保先行支付与追偿制度进一步表明，我国

---

① 林义：《社会保险》，中国金融出版社，2010，第 10-11 页。

② Ailsa Duffy, "The Common-law Response to the Accident Compensation Scheme", *VUWLR*, Vol.34, 2003, p.384.

③ *Accident Compensation Act,* Article 20, 25 & 26, 2001, New Zealand.

法律将侵权人置于终局补偿责任人的地位，社会保险仅仅是事故损害救济的辅助机制。再次，若因侵权事故导致受害人失业或者失业、退休期间遭受人身事故的，同样可能发生侵权赔偿与养老保险、失业保险重叠的问题，但我国《社会保险法》第二章和第五章完全未涉及此情况。此情况在文义上似乎可以解释为"兼得模式"。换言之，养老保险和失业保险的补偿条件设置与侵权赔偿没有直接关系。然而，此情况究竟属于《社会保险法》的立法本意或是疏漏，尚需进一步讨论。

（四）侵权与社保补偿条件的协调思路

在综合救济系统内，侵权赔偿与社会保险的功能各有优劣。两者补偿条件设置的互补，对于发挥综合救济系统的整体涌现性至关重要。相对于社会保险，侵权赔偿令加害行为人承担终局责任，对个人行为具有精准的威慑导向作用；其不足之处在于，侵权赔偿属于个别化的救济，实际救济效果严重受限于个体的偿付能力。相对于侵权赔偿，社会保险可以汇集巨大的资金池，并且有政府财政为依托，补偿可靠性高，损失分散充分，对不幸损害的救济具有兜底作用；但其不足之处在于，社会保险补偿条件与造成损害的行为关联性太弱，几乎不具有预防损害的作用。可见，二者补偿条件的协调重点应在于最大程度地兼顾侵权赔偿的威慑功能与社保救济的风险分散和兜底作用。

侵权赔偿威慑功能依赖于责任自负的法理，即行为人应当为自己造成的损失承担最终的补偿责任。因此，在任何条件下将损失补偿责任分配给侵权人以外的第三人承担，均会消解侵权赔偿的威慑效果，包括侵权法内的替代责任、补充责任等。当社会保险代替了侵权赔偿且不能向侵权人进行追偿时，社会保险同样会消解侵权赔偿的威慑功能。当前，侵权赔偿与社会保险关系的四种模式中，"兼得模式"和"补充模式"均不排除侵权人责任的承担，对侵权赔偿的威慑功能没有影响。在"选择模式"中，如果受害人选择侵权赔偿，同样也体现了侵权人的终局责任；但如果受害人选择社保补偿，则必须通过社保追偿权的设置才能实现侵权人的终局责任。"替代模式"就是令社会保险替代侵权人进行赔偿且不能向侵权人进行追偿。目前，除新西兰"事故补偿法"采纳了较全面的替代模式外，多数国家和地区的工伤保险通常也属于该模式。

就工伤保险而言，我国2001年通过的《中华人民共和国职业病防治法》（简称《职业病防治法》）原第52条和2002年通过的《中华人民共和国安全生产法》(简称《安全生产法》)原第 48 条均规定,患职业病或因安全生产事故受到损害的人员除享有工伤保险外,还有权向单位提出侵权赔偿。该两部法律后虽经多次修正,但至今仍保留了此部分的内容。[①] 前述条文在这两部法律颁布之初就引起了较大关注和争议。[②] 一种意见认为,工伤保险与侵权赔偿的请求权基础不同,不能相互取代,受害参保人可以兼得("兼得模式");[③] 另一种意见认为,先由工伤保险向受害参保人提供补偿,若仍有不足的,可就不足部分向单位请求侵权赔偿("补充模式")。[④] 随后,最高人民法院"法释〔2003〕20 号"原第 12 条否定了"选择模式",肯定了侵权赔偿与工伤保险可以并行(受害人可能得到双份赔偿),但对侵权赔偿与工伤保险的整体协调持"暂时不作规定,留待日后再作解释"的态度。[⑤] 最高人民法院"〔2006〕行他字第 12 号"答复中也肯定了工亡者亲属在从第三人处获得侵权赔偿后可以申请工伤保险。《最高人民法院关于审理工伤保险行政案件若干问题的规定》(法释〔2014〕9 号)第 8 条也再次确认,除医疗费用以外,侵权赔偿与工伤保险为互不否定的关系。值得注意的是,《民法典》通过后依据"法释〔2020〕17 号"新修订的最高人民法院"法释〔2003〕20 号"第 3 条仍然保留了原第 12 条的内容。可见,我国立法和相关司法解释至今未就侵权赔偿和社会保险的关系作出一般性规定,如何安排二者补偿条件的关系仍然是我国侵权损害综合救济系统构建的重要任务。

原则上,侵权赔偿补偿条件的设置应当侧重于经济威慑,而将风险分散和兜底的功能分配给社会保险来承担。但是,近代以来侵权法的扩张趋势反映了一种单向度的思维,从未考虑到在综合救济系统内协调侵权赔偿与社会保险的需要。无过错责任的设置、因果关系的扩张,乃至如"建筑物使用人的补偿责任"此类规定,均是基于侵权赔偿的单向度思维对现代风险形势的简单回应。基于系统论立场,侵权扩张覆盖的许多现代风险完全可以通过社会保险和商业保险途径进行救济。在综合救济系统框架内,侵权赔偿可以聚焦于行为人主观恶性较大、因果关系较近的损害事故,以充分发挥其威慑作用,而把其他损害

[①] 《安全生产法》(2014)第 53 条:"因生产安全事故受到损害的从业人员,除依法享有工伤保险外,依照有关民事法律尚有获得赔偿的权利的,有权向本单位提出赔偿要求。"《职业病防治法》(2018)第 58 条:"职业病病人除依法享有工伤保险外,依照有关民事法律,尚有获得赔偿的权利的,有权向用人单位提出赔偿要求。"

[②] 吕琳:《工伤保险与民事赔偿适用关系研究》,《法商研究》2003 年第 3 期,第 54-61 页。

[③] 李适时:《中华人民共和国安全生产法释义》,中国物价出版社,2002,第 120 页。

[④] 卞耀武等:《〈中华人民共和国安全生产法〉读本》,煤炭工业出版社,2002,第 93 页。

[⑤] 最高人民法院民事审判第一庭:《最高人民法院人身损害赔偿司法解释的理解与适用》,人民法院出版社,2015,第 185 页。

的救济任务交给社会保险和商业保险去完成。在我国综合救济系统立法总体上
采纳以"侵权赔偿＋责任保险"为核心的"流行模式"的情况下，几乎不可能彻
底就侵权赔偿和社会保险的功能范围进行重新分配。但是，在现行法基础上对
侵权赔偿和社会保险的补偿条件进行微调却完全可行。

　　第一，基本医疗保险的补偿条件应适当放宽，将包括侵权损害造成的医疗
费用支付纳入基本医疗保险的范围；在此基础上，再授权社保基金对故意或重
大过失侵权责任人进行社保追偿。根据《社会保险法》第 30 条的规定，基本医
疗保险首先排除了对侵权事故中受害参保人的补偿，仅于侵权第三人不支付医
疗费用或者无法确定侵权第三人时才由基本医疗保险先行支付再追偿。现行法
的规定既没有给予侵权事故中的受害参保人以平等保护，也没有体现社会保险
对包括侵权行为人在内的普遍保障。现行法中基本医疗保险对侵权赔偿与社会
保险关系的协调思路是：侵权赔偿救济优先，社会保险有条件地兜底补充。此
处调整后的协调思路是：社会保险救济优先，兼顾对恶性侵权行为的经济威慑。
现行法协调思路的缺点在于对特定受害参保人不公平，未充分体现基本医疗保
险的社会保障功能，也未精准发挥侵权赔偿的威慑功能。调整后的协调思路则
充分兼顾了侵权赔偿威慑功能和社会保险的风险分散与兜底作用。

　　第二，工伤保险总体上应当采纳当前世界主流模式——"替代模式"，但
也可以视情况采用"补充模式"。也即，受害参保人原则上在获得工伤保险补偿
后，不得再向用人单位请求赔偿；但工伤保险补偿之外仍有其他损失的，也可
以考虑要求用人单位额外承担侵权赔偿责任。此外，若工伤事故是因用人单位
违反劳动安全保障规范造成的，或者因第三人故意或重大过失侵权造成的，社
保基金有权对该用人单位或第三人进行追偿。劳动生产的过程总是伴随着工伤
风险，它在传统侵权法中只能在职工和用人单位之间分配。其结果是，要么由
受伤职工自己承受不幸，要么由用人单位承担重负。[1] 工伤保险的立法目的有
三：一是"保障因工作遭受事故伤害或者患职业病的职工获得医疗救治和经济
补偿"，二是"促进工伤预防和职业康复"，三是"分散用人单位的工伤风险"。[2]
根据《社会保险法》第 41 条和第 42 条的规定，社保基金在"用人单位未依法缴
纳工伤保险费"且"用人单位不支付工伤保险待遇"时应先行支付工伤保险待遇

---

[1]　林义：《社会保险》，中国金融出版社，2010，第 244-245 页。
[2]　《中华人民共和国工伤保险条例》（2010）第 1 条。

并向用人单位追偿，以及在第三人造成工伤且"第三人不支付工伤医疗费用或者无法确定第三人"时应先行支付医疗费用并向第三人追偿。对照工伤保险的立法目的，现行法规定存在的问题主要有：（1）"用人单位未依法缴纳工伤保险费"应当是社保基金向用人单位追偿保险费和采取其他行政处罚手段的条件，而不应当作为工伤保险的免责条件；（2）将用人单位的终局责任与"未依法缴纳工伤保险费"相关联仅对用人单位不缴费行为有威慑作用，而不能促使用人单位遵守劳动安全保障规范，于工伤事故的预防十分有限；（3）工伤事故原因为第三人、其他雇员、雇主或纯粹意外，在工伤保险的目的范围内没有本质差别，故而区分对待第三人原因造成的工伤没有合理性。

关于工伤保险之外的其他损失可否要求用人单位另行赔偿，应重点考虑工伤保险的补偿充分程度和综合救济的效率要求。若工伤保险的补偿程度较低，则有必要允许受害人另向用人单位求偿；若工伤保险的补偿程度较高，考虑到效率价值，应禁止受害人就剩余的较小损失向用人单位求偿。目前，我国工伤保险较侵权赔偿主要缺了精神损害赔偿，整体补偿水平较为接近，补偿充分程度较高。因此，基于综合救济系统的效率目标，也可以接受禁止受害人就剩余损失再向用人单位求偿的方案。

第三，人身侵权导致受害人受伤后失业，或者失业、退休期间遭受人身侵权的，应当采纳"兼得模式"。然而，失业金、养老金与侵权赔偿中的误工费均为补偿受害人丧失劳动机会产生的经济损失，它们补偿对象的性质相同，采用"兼得模式"或有疑虑，应进一步分析。首先，当受害人遭受人身侵权受伤后失业，或者失业期间遭受人身侵权，所领取的失业金本身就是对其劳动收入损失的补偿，与误工费完全同质，二者理论上不应兼得。但是，补偿对象的同质性并非采用"兼得模式"的唯一考量因素：其一，失业保险费由用人单位和职工共同缴纳，具有强制储蓄性质，理应在参保人失业后以失业金形式向其返还；其二，失业金的支付标准较低，支付期限较短，对受害参保人的救济十分有限；其三，失业与人身损害对于受害人而言是双重损害，二者为两个完全独立的请求权基础。另外，职工在退休后仍有继续工作的权利和机会，领取养老金并不妨碍其继续获得其他劳动收入。即使职工在退休后不再继续工作，免除误工费的赔偿将会导致因受害人身份不同（在职或退休）而有差异的不当结果。因此，养老金与侵权误工费也应采纳"兼得模式"。

四、商业保险的特殊问题

（一）商业保险的法定补偿条件与任意补偿条件

相对于侵权赔偿和社会保险补偿条件的法定性，商业保险的补偿条件由保险当事人任意约定，但任意约定的前提是不违反法律的强制规定。该法律的强制规定即属商业保险的法定补偿条件。因此，商业保险的补偿条件实际上包括法定和任意两部分。商业保险的法定补偿条件包括但不限于保险合同的一般有效条件，保险金最高不得超过标的损失价值，投保人或者被保险人对保险标的具有法律上承认的利益，损失是由承保范围内的保险事故作为直接的、最接近的原因所引起的。商业保险中可以具体协商选择的任意补偿条件主要包括保险标的、保险期间、保险金额、保险事故、除外责任、免赔额与赔偿限额等。

作为综合救济系统的子系统，商业保险的法定补偿条件对其系统边界的划定具有重要的决定作用，因为只有符合法定补偿条件的相关行为才能合法地进入商业保险的系统。此外，商业保险系统边界还受到保险运行中的若干固有属性的限制。这类限制有的也体现为法定条件，有的则是一种隐性条件。首先，商业保险的风险必须具有偶然性、意外性、非投机性、大量性与概率性、可用货币计量性等属性，也即承保范围实际上仅限于可保风险。[1] 其次，商业保险的系统边界受限于保险市场正常运行所需的必要条件，如金融规范等。再次，商业保险的系统边界还受限于保险道德风险的防范需要。保险金是对保险事故损失的补偿，但是，"当一个人能从损失发生中获益时，道德风险就存在了"[2]。保险人在厘定费率时假定投保人的风险状况是外生的，其行为不会改变风险状况或损失概率，但在实践中，投保人或被保险人的行为总是导致风险的内生化。[3] 道德风险的客观存在对商业保险系统边界的影响在于：其一，保险合同中必须设置不保风险、免赔额、赔偿限额等规定，从而极大地缩小了实际可保风险的范围；其二，风险越高的潜在受害人越趋向于投保，风险较低的潜在受害人投保意愿越低，从而导致逆向选择的结果。[4] 为了应对逆向选择的负面效应，保险人必然会相应地限制高风险人群的投保。

---

[1] 杨忠海：《保险学原理》，清华大学出版社、北京交通大学出版社，2011，第10-11页。

[2] 特瑞斯·普雷切特、琼·丝米特：《风险管理与保险》，孙祁祥等译，中国社会科学出版社，1998，第10页。

[3] 祝向军：《道德风险与保险商品价格形成的博弈分析》，《财经研究》2004年第3期，第4-13页。

[4] 任燕燕等：《逆向选择和道德风险：基于老年基本医疗保险市场的考察》，《上海财经大学学报》2014年第4期，第54-63页。

　　在法定条件内，商业保险的具体补偿条件再进一步由当事人任意约定。例如，法定条件要求投保人或被保险人对保险标的有保险利益，但具体保险标的由保险合同约定；法定条件要求保险补偿金额不得超过标的价值，但保险人承担的补偿责任的最高金额由保险合同约定，最终的实际补偿责任金额又需以标的价值和保险金额范围内的实际损失为准；法定条件要求损失必须是由承保范围内的保险事故所引起，但承保范围内的具体保险事故类型及其除外责任由保险合同约定。在确定的法定条件内，当事人选择的任意补偿条件最终决定被保险人在保险事故发生后可以获得的保险金额。由此可见，商业保险是一个典型的既封闭又开放的系统。

（二）商业保险任意补偿条件与侵权赔偿、社会保险的衔接

　　鉴于商业保险是高度规模化和标准化的行业，实践中的商业保险合同基本上均属于格式化合同。保险合同的格式化也是保险人设计保险品种和厘定保费的必要途径。虽然商业保险的任意补偿条件理论上应由合同双方当事人充分协商确定，但基本上由保险人单方面拟定，投保人只能在保险人给定的保险产品中进行选择。在某些保险领域，如交强险，投保人甚至无法选择保险产品的类型，只能选择保险人。因此，商业保险任意补偿条件主要表现在保险产品及其合同条款的设计当中。

　　保险产品设计必须以市场需求为导向，而影响保险市场需求的第一位因素为潜在投保人（受害人或责任人）的风险状况。[1] 由于侵权损害救济途径的多元化，潜在投保人的侵权损害风险的相当一部分可以被侵权赔偿和社会保险所承担，规避侵权赔偿和社会保险救济范围之外的风险才是潜在投保人对商业保险的真正需求。因此，在侵权损害风险相关的领域，保险人必须有效识别侵权赔偿和社会保险的补偿范围，才能设计出真正符合市场需求的保险产品（商业保险的任意补偿条件），并合理厘定保险费率。由于责任保险与第一方保险承保标的和对象的差异，保险人在两类保险产品风险识别中涉及的问题不尽相同。首先，责任保险的承保风险是潜在加害人的侵权赔偿责任，并且我国《社会保险法》也将损失补偿的终局责任分配给了侵权加害人，因此，责任保险产品的设计应重点识别侵权赔偿的范围。我国保险业当前在责任保险产品设计中并未充分识别出一般侵权责任之外的某些额外赔偿风险，如连带责任、替代责任、惩

---

[1]　马宜斐、段文军：《保险原理与实务》，中国人民大学出版社，2015，第202页。

罚性赔偿等。[①] 其次，第一方保险的承保风险是投保人或被保险人自身遭遇的损害风险（此处仅限侵权损害风险），而这些风险损害大部分可以通过侵权赔偿或社会保险获得救济。基于损失填补和禁止保险获利的原则，即使受害人就该类损害风险投保了第一方保险，也不能在侵权赔偿和社会保险之外获得重复补偿。如此，第一方保险在与侵权赔偿和社会保险并存的情形下也就失去了实际保障作用，而这也是我国民众对人身意外伤害险等第一方保险的投保意愿较低的重要原因。若第一方保险合同明确将侵权赔偿和社会保险已补偿部分作为除外条件——作为法定补偿的补充，并相应地降低保险费率，必然有助于第一方保险（尤其人身意外保险）业务的良性发展。

从被保险人视角来看，唯有在准确识别自身风险状况和法定救济来源的基础上，才能合理选择相应的商业保险。由于现行法将侵权赔偿的终局责任归为侵权人，责任保险是侵权人转移风险的唯一有效途径。责任保险被保险人的风险状况除了受自身行为方式影响外，完全取决于侵权赔偿的补偿条件和标准。因此，被保险人在选择责任保险任意补偿条件时必须识别侵权赔偿的补偿条件和标准。例如，随着各地收入水平的提高，我国不少发达地区近年的死亡赔偿金已超过 100 万元；相应地，这些地区许多机动车商业第三者责任险的投保人普遍选择将保险金额从原 100 万元提高到 150 万元以上。同理，第一方保险人在选择人身意外保险时也必须综合考量侵权赔偿的救济范围和自身医疗保险、工伤保险的情况，才能最有效地通过商业保险进行风险规避和分散。

由上可知，欲在综合救济背景下真正发挥商业保险的价值，商业保险的当事人必须根据侵权赔偿和（或）社会保险的法定补偿条件来合理选择任意补偿条件（保险合同条款）。否则，商业保险将会与社会保险、侵权赔偿的补偿范围发生重叠或缺漏，因而失去保障意义或者保障不足。

（三）关于商业保险的免责事由

相对于社会保险，商业保险合同中通常设置了较多的免责条件或事由。此类免责事由固然有利于保险人控制风险范围、保险金支出、道德风险等正当目的，但如果设置范围太广，也可能限制被保险人的正当投保需求。依据保险合同中的免责事由本身是否具备可保性，可以大致将其分为两类：一类为法定免

---

① 李菁、王庆廷：《无明确约定的连带责任不宜纳入保险责任范畴》，《人民司法》2010 年第 11 期，第 106-109 页；叶延玺：《论惩罚性赔偿的可保性》，《河北法学》2016 年第 3 期，第 49-57 页。

责事由，另一类为意定免责事由。法定免责事由因涉及道德风险的控制，自始不具有可保性，如被保险人故意、犯罪行为等。此类行为本身也被法律禁止作为保险对象，也可以称为固有的免责事由。意定免责事由本身是可保的，但保险人为了控制特定保险险种的风险和保费，将其排除在保险范围之外。以中国人民财产保险股份有限公司"机动车综合商业保险"为例，酒驾、毒驾、无证驾驶、故意行为等应属法定的固有免责事由。① 将此类事由排除在保险范围之外不仅为防范道德风险所必需，也体现了商业保险与相关强行法规定的衔接。除此以外，该险种中的其他免责规定则大多属于意定免责事由，如地震和社会冲突造成的损失、间接损失、车辆贬值、超出国家基本医疗保险标准的费用、精神损害抚慰金、免赔率范围的损失等。其中，部分任意免责事由可以作为附加险额外投保，如"精神损害抚慰金责任险""不计免赔率险"等。因此，商业保险中的任意免责事由又可根据其是否有相应的附加险来分为两类：有附加险可保的任意免责事由和无附加险可保的任意免责事由。基于前述各类免责事由的不同属性，它们在综合系统中的意义及其显现的问题也各不相同。

1. 法定免责事由

此类事由被排除出保险范围的基本理由是因其本身属于违法或犯罪行为。仍以"机动车综合商业保险"为例，对于酒驾、毒驾等法律绝对禁止的行为，若允许行为人对其投保，则会导致放纵违法行为的恶果。然而，对于受害人而言，不论致害的原因行为系违法、犯罪或一般过失，均有通过商业保险获得相应救济之需要。根据《机动车交通事故责任强制保险条例》（2016 年）第 22 条，保险人对无证驾驶、醉驾、故意等造成的财产损失不予赔偿，但应在保险限额范围内垫付抢救费用。此规定即反映了立法者对法定免责事由和受害人利益的折衷考量和安排。尽管如此，法定免责事由使得醉驾等恶性事故中的受害人较之一般交通事故受害人处于更加不利的处境，其妥当性仍值得怀疑。法定免责事由旨在防范道德风险，但道德风险防范之手段不唯将其排除在保险范围之外。从法律系统的更高层次来看，因为此类不法行为另要承担行政处罚或刑罚后果，其防范措施可不必局限于商业保险或综合救济系统的范围。

2. 有附加险可保的任意免责事由

此类事由在基本险中属于免责事由，但专属于某些附加险。因此，有附加

---

① 《中国人民财产保险股份有限公司机动车综合商业保险条款》（AODAAX0015X00）。

险可保的任意免责事由之设置纯属保险双方当事人意思自治的范畴。此类免责事由实质上为险种设计与保费厘定的特殊方式，与法定免责事由的性质完全不同。投保人在斟酌风险与费率的基础上固然可以对附加险进行选择，但仍在很大程度上受制于保险品种的设计和保险人的态度。依照常理，附加险的承保对象应为基本险以外的特殊风险。但在实践中，保险人在某些保险品种中有意将一般风险归入附加险，而在获知被保险人遭遇此类风险后拒绝续签附加险。[①] 这种附加险的设计和运作方式让保险人处于选择优势地位，而令被保险人在真正面临损害风险时却无法投保。为了避免这种不公正情形的发生，保险人在主保险合同的有效期内或者续保期内拒绝附加险的行为应被禁止。[②]

3. 无附加险可保的任意免责事由

依照保险理论，将被保险人曝露在部分风险之下，与保险人共同承担风险，有利于提高被保险人的风险防范意识，降低道德风险。其中，由保险人与被保险人共同承担风险的最典型措施是设置免赔额和赔偿限额。免赔额的设置可以有效减少高频率的小额索赔带来的较高运营成本；赔偿限额则是保险人控制保费支出和提高保费计算精确度的重要方法。[③] 但是，被保险人除了获得较低保费的有限利益外，却面临无法将此部分风险进行有效分散的困难。并且，若任意免责事由没有附加险可以投保，又不能通过其他机制获得救济，就可能成为综合系统的救济漏洞。保险人在保险产品的设计过程中应当对此类风险进行识别，必要时可以增加相应的附加险种，如"机动车综合商业保险"中的车辆贬值、超出国家基本医疗保险标准的费用等。此类损失风险本身具有可保性，将它们纳入附加险的承保范围对保险人和潜在被保险人而言均属有利的举措。

第三节　侵权赔偿与社会化救济的补偿范围

一、侵权赔偿：全面补偿目标

"侵权行为损害赔偿责任之主要功能在于填补被害人之损害，使加害人负

---

① 孙成聚：《保险公司拒签附加险合同是否合法》，《中国保险》2010 年第 2 期，第 60-61 页。
② 偶见：《也谈保险公司拒签附加险合同是否合法》，《中国保险》2010 年第 7 期，第 37-38 页。
③ 王晓军、孟生旺：《保险精算原理与实务》，中国人民大学出版社，2014，第 198-201 页。

损害赔偿责任，非在于惩罚，而是要填补被害人之损害。"[1] 依照损害填补原则，侵权人应当补偿所造成受害人的实际损失，但受害人不得从侵权赔偿中获得额外利益。侵权赔偿以恢复受害人的原有状态为目标，其补偿范围应以受害人的全部损失为限度。正因如此，侵权赔偿在理论上是受害人可以获得的所有法律救济中最充分的一种。

然而，补偿"全部损失"仅仅是侵权赔偿的应然目标；受害人实际所能得到的侵权赔偿通常只是其全部损失的一部分，甚至可能根本得不到任何侵权赔偿。[2] 其一，受害人所获得赔偿的范围要受到侵权补偿条件的限制。侵权赔偿相对于其他救济机制的重要特点在于它需要对行为人和受害人的利益进行平衡，从而产生一个封闭的损失分配关系。在这个封闭的平衡关系中，侵权法为了合理照顾行为人一方的利益，只能对受害人的补偿进行相应的限缩。侵权补偿条件在相当程度上就是为了平衡双方利益而对补偿范围的限制。其二，基于侵权赔偿关系的封闭性，受害人最终可以获得的补偿还要取决于赔偿责任人的资产状况。现代侵权赔偿相对于古代法的一个重要特点在于它的纯私法属性。若责任人资产不足以赔偿全部损失，受害人的侵权救济即已用尽。因此，侵权责任人的资产水平是受害人可获得侵权赔偿的实际上限。

此外，"全部损失"或"实际损失"是一个十分不确定的概念，总是需要一个外在标准来界定其范围。比如，从因果关系的角度来看，受害人损失的大小完全取决于法律将因果关系截取在何处。法律上认可的因果链条越长，"全部损失"的范围就越大，反之越小。

侵权赔偿的中心是"损失"，而非"过错"或其他。侵权补偿范围取决于受害人损失的大小，而与加害人过错的程度基本上没有关系。因此，损失的认定或评估是确定侵权补偿范围的关键部分。依据私法上对权利的二分法，损失的内容无非财产与人身。因财产与人身的属性差异，对二者损失的评价所面临的问题或困难也有不同。

根据侵权行为与结果之间因果关系的远近，财产损失通常有直接损失与间接损失之分。"全面赔偿（填补损害）不仅包括侵害他人财产所造成的直接损害损失，而且还包括可能产生的间接损失，即除了积极损害之外，还应赔偿本应

---

[1]　杨佳元：《侵权行为损害赔偿责任》，台湾元照出版公司，2009，第7页。
[2]　曾世雄：《损害赔偿法原理》，中国政法大学出版社，2001，第25页。

获得但因侵权损害导致没有获得的财产利益。"[1] 依照《民法典》第 1184 条,财产损失按照"损失发生时的市场价格或者其他合理方式"计算。一般来说,直接或有形的财产损失总是可以确定一个合理的市场价格,计算方式也较容易;但间接损失、无形损失及"纯粹经济损失"等从来都是侵权赔偿中的疑难问题。[2] 间接损失是由侵权行为作用的对象间接产生的损失,通常为"赔偿权利人财产应增加而未增加之额数",如营业利润损失、机会损失等。[3] 鉴于因果关系的普遍性,间接损失要受到主客观方面的各种限制,否则将无限延展。在主观方面,间接损失应当属于可预见范围内的损失。可预见范围以外的损失虽然也是受害人"全部损失"的一部分,但不能计入补偿范围。在客观方面,间接损失虽然不是既有利益的损失,但应当属于"必然要发生"的损失,如停业必然会造成相应的收入损失。[4] 对于某些有一定概率的机会损失,如失去竞争性考试的机会,其损失评估则需要综合各方面的因素,而非简单的全有或全无问题。此外,学理上对财产侵权的补偿范围争议最大的要数纯经济上损失。"纯经济上损失是被害人所直接遭受的经济上的不利益或金钱上的损失,它并非因被害人的人身或有形财产遭受损失而间接引起的,或者说,它并非被害人所享有的人身权或物权遭到侵犯而间接引起的。"[5] 依据全面补偿的原则,纯经济损失也是受害人的实际损失,理当属于补偿的范围。但是,考虑到对行为自由的不利影响,纯经济损失的赔偿必须受到可预见性规则、相当因果关系等方面的严格限制。[6] 总之,财产损失及其补偿范围的认定并不是可以完全依照某些客观标准能实现的问题,其最终有赖于价值判断和利益衡量。

侵害他人人身权益的,其损害结果可分为三类:(1)人身(人格)本身的损害,即死亡、残疾和伤病;(2)相关的财产损失,如医疗费用、误工损失等;(3)精神损害。侵害人身相关的财产损失涉及的问题如前文所述,可以一定之标准来确定其实际损失。但是,关于死亡、伤残、精神损害等纯人格方面的损失评估与补偿标准是侵权法中的重大难题。侵权赔偿虽然以损害填补或恢复原状为目标,但实际上仅限于种类物的重置或物之同价补偿。所谓全面补偿仅限

---

① 陈小君:《财产权侵权赔偿责任规范解析》,《法商研究》2016 年第 6 期,第 7 页。
② 方新军:《侵权责任法学》,北京大学出版社,2013,第 197-199 页。
③ 曾世雄:《损害赔偿法原理》,中国政法大学出版社,2001,第 157 页。
④ 覃有土、晏宇桥:《论侵权的间接损失认定》,《现代法学》2004 年第 4 期,第 28 页。
⑤ 李昊:《纯经济上损失赔偿制度研究》,北京大学出版社,2004,第 7 页。
⑥ 王胜明:《中华人民共和国侵权责任法解读》,中国法制出版社,2010,第 85-86 页。

于在经济价值上给予等价补偿。然而，人死不能复生，体残亦不能复初。生命健康与精神安宁本不能以经济价值进行衡量，故其损害与"全面补偿"似乎并不兼容。但是，当生命、健康在遭到损害后，私法上除经济补偿外又别无其他方法可以救济。所以，生命健康的"全面补偿"是在特定社会经济条件和利益平衡关系内，最大可能地给予受害人及其家属经济上的救济。因此，死亡赔偿与伤残赔偿更注重于对受害人或其亲属（尤其被扶养人）给予物质生活的保障。[①] 就此而言，死亡与伤残赔偿更接近于社会保险的经济保障功能，而与财产损失之全面补偿、恢复原状的目标相去甚远。

二、社会保险：基本生活保障

"就赔偿范围而言，与侵权法不同，社会保障（险）法并不打算赔偿所有实际损失，只是为受害者提供克服危险处境所通常必需的金钱。因此，社会保障赔偿金通常以客观方式计算，与受害者的实际经济损失没有直接关联，但经常会与受害者的收入挂钩。"[②] 相对于侵权赔偿以"损失"为中心，从原理上讲，社会保险的中心是参保人的"基本生活需要"。但在保障"基本生活需要"的总目标下，各社保项目的实际补偿范围又因各自功能范围和补偿条件的差异而有所不同。

首先，医疗保险基金在法定报销比例内承担参保人的医疗费用，以保障参保人不会因治病所生额外经济负担而致贫困。我国当前存在（职工）基本医疗保险、新型农村合作医疗保险和城镇居民基本医疗保险等主要类型。此外，各地、各级、各类人群医疗保险的待遇水平又有很大差异。[③] 这些待遇水平差异主要与收入水平相关联，而与患病风险水平基本上没有关联。我国基本医疗保险费筹资与分配的基本结构为："保费与工资挂钩，在缴费上限和下限区间内，按照个人工资比例或社会平均工资筹资，并根据缴费额度与社会负担返还收益。"[④] 受限于经济发展不平衡的现状，我国医疗保险虽然在普及率方面有极大提高，但在社会保险二次分配功能的实现上仍有显著的不足。

其次，工伤保险专门补偿职工因工负伤的治疗所需和基本生活保障。工伤

---

① 张新宝：《侵权责任法原理》，中国人民大学出版社，2005，第 479 页。
② 乌尔里希·马格努斯主编《社会保障法对侵权法的影响》，李威娜译，中国法制出版社，2012，第 352 页。
③ 王延中：《中国社会保障发展报告（2015）No.7——"十三五"时期的社会保障》，社会科学文献出版社，2015，第 94-127 页。
④ 张春丽：《我国基本医疗保险制度研究》，中国政法大学出版社，2016，第 54 页。

保险是在法定补偿范围内对用人单位工伤事故侵权责任的替代，故而其补偿范围比较接近人身损害的侵权赔偿。工伤保险补偿涉及医疗待遇和伤亡待遇两个部分。工伤医疗待遇补偿范围包括《工伤保险条例》规定的"三项目录"范围内的医疗费用、住院伙食补助费、就医交通食宿费、伤残辅助器具费、护理费、一次性医疗补助金等；伤亡待遇补偿范围包括一次性伤残补助金、伤残津贴、丧葬补助金、供养亲属抚恤金、死亡补助金等。[①] 暂不论我国工伤保险与侵权赔偿在具体补偿项目方面存在的细微差别（见下文详细分析），二者补偿范围的最明显区别在于工伤保险并未将精神损害纳入补偿的范围。在法理上，将精神损失纳入工伤保险并不存在任何障碍，而且似乎也有此必要。[②] 但从全球范围来看，绝大多数国家的工伤保险都不补偿精神损害。[③] 其根本原因在于，工伤保险作为社会保险之一，仅提供基本生活的保障，而不追求对受害参保人的全面补偿。

再次，失业保险和养老保险均是在特定条件下对丧失劳动能力或机会的参保人给予经济补偿，其保障基本生活需要的意旨更为明显。在失业人员或退休人员遭受人身侵权损害时，即存在侵权赔偿中的误工费与失业金或养老金的交叉问题。从表面来看，侵权误工费、失业金、养老金的补偿对象均指向受害参保人的劳动收入，彼此性质完全相同，故依全面补偿原则应为择一关系。但细究之，绝对采用择一模式处理三者关系亦有疏漏：其一，误工费的计算本身是法律平衡的产物，不能真正反映受害人"实际减少的收入"；[④] 其二，误工费与失业金、养老金的参照标准和补偿范围并不相同，尤其养老金的浮动水平较大；其三，退休人员有领取养老金的法定权利，但同时也存在其继续工作并获得劳动收入的需要和权利。因此，退休人员主张误工费的正当性似乎并不因其领取养老金而受影响。

在劳动关联型的社会保险体系中，社会保险的补偿范围主要取决于参保人的薪酬水平和社会保险的待遇水平。社保待遇水平又取决于社会经济发展水平、替代率（分担比例）目标、支领期限和方式等诸多因素。[⑤] 以我国养老保险为例，

---

① 陈旻：《最新工伤事故索赔指南与赔偿计算标准》，中国法制出版社，2015，第29-103页。

② 曹艳春等：《工伤损害赔偿责任研究》，法律出版社，2011，第338-345页。

③ 乌尔里希·马格努斯主编《社会保障法对侵权法的影响》，李威娜译，中国法制出版社，2012，第352-353页。

④ 最高人民法院民事审判第一庭：《最高人民法院人身损害赔偿司法解释的理解与适用》，人民法院出版社，2015，第266-270页。

⑤ 杨燕绥：《社会保障》，清华大学出版社，2011，第76-77页。

"基本养老金根据个人累计缴费年限、缴费工资、当地职工平均工资、个人账户金额、城镇人口平均预期寿命等因素确定"[1]。我国机关事业单位养老保险费由单位和个人共同负担，全国统一。单位缴费进入统筹账户，以本单位工资总额为基数，缴费率为20%；个人缴费进入个人账户，以本人工资为基数，缴费率为8%。[2] 我国城镇企业职工养老保险费的缴纳则由地方决定，单位缴费比例差异明显，与各地方的经济水平、人口结构等因素有很大关系。[3] 此外，我国与养老保险有类似收入保障功能的最低生活保障的整体水平还偏低，与维持"基本生活需要"尚有较大差距。由此可见，"基本生活需要"本身也是具有很大弹性的模糊概念，其补偿标准取决于经济发展水平、社会政策、人口结构等诸多外在因素。此外，我国当前社会保险与参保人的缴费能力和水平关联密切，而与参保人实际内在需要的关联较弱。从正义论的角度看，侵权赔偿的基础是应得，属于矫正正义的范畴；社会保险的基础是需要，属于分配正义的范畴。社会保险作为社会资源的二次分配，应当将公平价值置于效率价值之上。除了养老保险应采取"多缴多得"的激励措施外，医疗保险、失业保险和工伤保险等其他项目均不宜过分强调"多缴多得"，而应当尽可能构建在普遍平等、社会共济的伦理基础之上。[4]

三、商业保险：意思自治原则

如前所述，商业保险的补偿范围受到若干方面的局限：一是保险损失补偿、保险利益、近因规则等法定补偿条件的限制；二是保险合同中的任意补偿条件及免责事由、免赔额、赔偿限额等的限制；三是被保险人的保险成本与投保意愿的限制。相对于侵权赔偿的全部赔偿和社会保险对基本生活的保障，商业保险的补偿条件和范围依双方意思自由约定，其最大特点是灵活性。

基于损失补偿原则，被保险人的实际损失是商业保险的补偿上限，也是侵权赔偿的补偿上限。但在此上限范围内，两种救济机制的限制依据和条件却迥然有别。侵权赔偿在实际损失范围内限制补偿的主要依据在于平衡受害人和行为人的利益，主要限制条件为过错、因果关系等。比较之，商业保险虽然也受

---

[1] 《中华人民共和国社会保险法》第15条第2款。基本养老金还应根据职工平均工资增长和物价上涨情况进行调整（第18条）。

[2] 《国务院关于机关事业单位工作人员养老保险制度改革的决定》（"国发〔2015〕2号"）。

[3] 宋晓梧：《"十三五"时期我国社会保障制度重大问题研究》，中国劳动社会保障出版社，2016，第56-57页。

[4] 同上书，第9页。

到各种法定或任意条件的限制，但投保人或被保险人可以根据自身风险状况选择可能的保险补偿范围。当然，这须以投保人事先确定的支付相应的保险费为前提。质言之，商业保险补偿范围的大小最终取决于投保人愿意支付多少保险费。

因人身保险的标的特殊，一般认为损失补偿在人身保险中原则上不适用，故而人身保险的补偿范围不同于财产保险。"由于人身保险的保险标的是人的寿命和身体，具有不可估价性，所以人身保险合同的保险金额，不能以保险标的的价值为依据，而是由合同双方当事人在订立人身保险合同时通过协商确定一个数额，以此作为保险人给付保险金的最高限额。"[1] 既然没有标的价值（实际损失）的限制，人身保险不存在超额保险、重复保险和保险代位问题，但通常认为医疗费用保险例外。[2] 因为医疗费用是疾病或伤害产生的财产性损失，其属性与财产保险相通，而异于一般的人身保险。人身保险中的医疗费用可以采用定额给付，也可以采用补偿方式；采用补偿方式的医疗保险实质上应属于财产保险的范畴，理论上必须适用损失补偿原则。[3] 除医疗保险以外，人身保险一般属于定额保险，尤其以人寿保险为典型。"发生保险事故时，不论被保险人是否有实际的经济损失，保险人均按照合同约定的基本保险金额来计算应向受益人或者被保险人给付的保险金数额。"[4] 人身保险的定额补偿方式使之明显区别于人身损害侵权赔偿。首先，虽然二者补偿的对象均是无价之人身利益，但人身损害侵权赔偿依据法定补偿标准总有一个补偿上限；人身保险只要投保人愿意，保险金可以上不封顶。其次，人身损害侵权赔偿与受害人身体受到伤害的程度成正比，即人身损害赔偿金总是以伤残等级或死亡作为计算依据；人身保险金虽然在某些情形下也与伤残等级或死亡相关联，但整体上以投保人缴纳的保险费之多少和保险合同约定的条件为基础。再次，精神损害在人身侵权中通常是一个独立的补偿对象，但在人身保险中并无独立地位。

就财产损失而言，第一方保险与责任保险因保险利益关系的不同，二者补偿范围也有各自的明显特征。第一方保险是被保险人（第一方）就本人或他人原因造成自身损害有权向保险人请求补偿的保险，与责任保险（第三方保险）

---

[1] 温世扬：《保险法》，法律出版社，2007，第 324 页。
[2] 江朝国：《保险法的基础理论》，中国政法大学出版社，2002，第 82 页。
[3] 温世扬：《保险法》，法律出版社，2007，第 324 页。
[4] 邹海林：《保险法》，社会科学文献出版社，2017，第 289 页。

相对。在损失填补原则下，第一方保险以被保险人的实际损害为上限，而不受第三人侵权的责任范围影响。责任保险是以被保险人对第三人依法承担的损害赔偿责任为标的的保险。责任保险的补偿必须以侵权责任的成立为前提，因此它的补偿范围以侵权赔偿为上限。第一方保险、责任保险和侵权赔偿均可以覆盖侵权行为造成的损害，但第一方保险可选择的保险范围并不限于侵权损害。对于第三人原因造成，却因过错、因果关系等构成条件限制，不在侵权赔偿补偿（及责任保险）范围内的损失，第一方保险因其任意选择性而具有独特的价值。

四、系统视角：错位互补关系

（一）各救济机制补偿范围的系统关系

内部组分的多样性和差异性既是无序、混乱产生的原因，也是秩序建立和系统整合的客观前提。[①] 基于彼此不同的建构基础和功能定位，各救济机制均有既定的宗旨和补偿条件，这也决定了它们补偿范围的差异。在中观层次上，各救济机制补偿对象的一致和补偿范围的差异也是综合救济系统生成的基础条件。

侵权赔偿以矫正正义为基础，兼具补偿与威慑双重功能。为了矫正侵权行为之结果，侵权赔偿以全面补偿为原则，旨在将受害人恢复至原有的应然状态。但在封闭的二元关系内，侵权赔偿必须考量对行为自由的消极影响，为其补偿范围设置一定的限制条件。虽然侵权赔偿设定的初始补偿范围较大，但其随后的制度设计和修正实际上多以限制补偿范围为目标。可以说，侵权赔偿补偿范围的设计是一个先宽后紧的过程。侵权赔偿的目标补偿范围虽大，但实际留下了许多有待填补的空缺部分。其次，社会保险以保障公民的基本生活需要为宗旨，但是，基本生活需要的水平并没有可供参照的绝对基准。况且，社会保险本身也是一个内含多元机制的体系，不同保险种类的保障范围和运行机制也有诸多差异。社会保险的补偿范围因不同险种的适用对象、参保人收入水平、财政状况和社会政策等而有极大差别。社会保险的补偿水平是综合社会总体经济和参保人个体收入状况的结果。整体上，社会保险的补偿范围总是处于参保人正常收入的一定比例之内，以保障参保人在遭遇疾病、意外伤害、失业、年老等变故时能维持基本生活需要。如果考虑到影响侵权赔偿和社会保险实际运作

---

① 苗东升：《系统科学精要》，中国人民大学出版，2010，第33页。

的种种内外因素，其实很难对两者的补偿范围之大小进行绝对的比较。例如，高收入者的养老金可能并不低于、甚至高于其通过侵权赔偿所能得到的误工费补偿。当然，这并不妨碍我们基于前述分析对两种机制的补偿范围做理论上的比较。

救济不应超过受害人的"全部损失"，否则就是"奖励"。因此，侵权赔偿在理论上是法律所能给予受害人的补偿范围最广的救济，也是综合救济系统中补偿最充分的机制。相应地，社会保险在理论上仅仅是对基本生活的底线保障，其救济不求"全面"，但求"有效"。然而，就任何单一的救济机制而言，均不能实现真正的全面补偿，其补偿有效性也均存在不足。如果能够对两种法定救济机制进行系统化整合，而非简单地采取"择一"或"兼得"，或许可以在照顾彼此功能目标的基础上实现补偿范围的最大化。

与侵权赔偿和社会保险相比较，商业保险是一种意定补偿机制，其补偿范围最终取决于保险当事人在合同中的约定。然而，基于损失补偿原则，商业保险的最大补偿范围理论上也以被保险人的"全部损失"为上限，但人身保险情况特殊。假如不考虑各种免责条件，责任保险和第一方保险原则上均可完全覆盖侵权赔偿的补偿范围。并且，第一方保险的补偿范围还可以进一步覆盖侵权赔偿以外的损失，包括第三人原因、本人原因和非人为原因造成的损失。相比之下，侵权赔偿可补偿的"全部损失"仅限于可归责于第三人原因的损失，而第一方保险理论上可选择的补偿范围才真正能够覆盖当事人的"全部损失"。

（二）各救济机制补偿范围的错位

侵权赔偿和社会保险作为法定补偿机制，在特定案件中的补偿范围完全固定。侵权赔偿以全面补偿受害人的实际损失为目标，理论上的补偿范围较大，但受到责任构成要件和责任人偿付能力等内外因素的诸多限制。社会保险以维持基本生活需要为目标，其补偿范围仅为参保人实际损失之一定比例。商业保险的补偿范围以合同约定为基础，原则上可以覆盖被保险人的全部损失，但也要受到各种法定和意定条件的限制。因此，三类主要救济机制虽然同样以受害人（参保人、被保险人）的全部损失为最大补偿范围，但均有缺失和不足。从综合救济系统的整体来看，它们各自补偿范围相对于全部损失的缺失和不足却是错位的，即某一机制不能补偿的部分可能恰好由另一机制进行补偿。各救济机制补偿范围的错位关系可以从如下三个方面进行观察。

1. 补偿条件的错位

各救济机制的补偿范围与各自补偿条件之间有重要联系。补偿条件限定了受害人可以获得补偿的边界，从而决定着补偿范围的大小。但是，补偿条件与补偿范围仍然是两个不同面向的问题。补偿条件侧重于补偿的外部形式方面，补偿范围侧重于补偿的内部实质方面。各救济机制补偿条件的差异也造成了各自补偿范围的错位。例如，过错侵权责任以过错为补偿条件之一，有过错则赔偿，无过错不赔偿。对于无过错而不在侵权赔偿范围内的损失，社会保险在符合自身条件的前提下给予补偿。对于被社会保险排除在外的其余损失，可以选择进一步投保相应的第一方保险。

2. 补偿项目的错位

在不同的功能目标下，各救济机制的具体补偿项目也不相同，从而形成各自补偿范围内实质内容的细部差异。同样基于全面补偿的原则，侵权赔偿的补偿项目尤为广泛，包含：（1）人身损害，如医疗费、护理费、交通费、住宿费、住院伙食补助费、营养费、误工费、残疾赔偿金、残疾辅助器具费、康复费、康复护理费、后续治疗费、死亡赔偿金、丧葬费及相关费用、精神损害赔偿金等；（2）财产损害，有直接损失、间接损失、纯经济上损失等。社会保险中各险种的承保风险类型不一，具体补偿项目也不相同。基本医疗保险单纯补偿医疗费用的支出；工伤保险作为工伤侵权责任的替代，其补偿项目与侵权赔偿较为类似，但又有细微差别，包括医疗费、康复费、住院伙食补助费、交通食宿费、伤残辅助器具费、护理费、伤残补助金、伤残津贴、医疗补助金、丧葬补助金、抚恤金、工亡补助金等；基本养老保险和失业保险主要补偿退休、失业人员的劳动收入损失，且在退休、失业人员死亡时向其遗属补偿丧葬补助金和抚恤金。商业保险的补偿项目依照合同约定，其范围理论上可以包括除法定限制条件以外的任何人身或财产损失的相关项目。

补偿项目的错位使得综合救济系统内各救济机制的协调关系异常复杂。补偿项目错位不仅涉及各救济机制可补偿的项目类型和名称的不同，还进一步涉及不同救济机制下相同类型和名称的补偿项目性质的不同。例如，侵权赔偿中的死亡赔偿金、工伤保险中的工亡补助金、基本养老保险中的遗属抚恤金等虽然均是针对受害参保人死亡的补偿，但它们的补偿目的和性质等均有微妙差异，也存在错位关系。这些补偿项目在综合救济系统中绝非简单的重叠关系，也不是只需要做出"择一"或"兼得"此般的简单选择。

3.补偿程度的错位

即使同一补偿项目的补偿目的和性质完全一致，不同救济机制在该项目之下的补偿程度也往往不同。如医疗费，社会保险仅补偿其一定之比例，侵权赔偿原则上应补偿全部，商业保险则依据保险合同补偿全部或部分。又如收入损失，养老保险和失业保险依法定标准补偿，通常不足以补偿当事人的原收入；侵权赔偿中的误工费在当事人有固定收入时按照实际减少的收入计算，或者在当事人无固定收入时按照法定标准计算；商业保险则依据保险合同补偿全部或部分。前述补偿项目错位涉及补偿性质（"质"）的差别，补偿程度错位涉及补偿金额（"量"）的差别。这两方面在协调各救济机制补偿范围时都是必须考虑的因素。

（三）各救济机制补偿范围的互补

各救济机制补偿范围的错位虽然造成综合救济系统内在协调的复杂化，但也使得系统化救济可以较任何单一救济机制的补偿范围更宽。就受害人补偿而言，无论通过何种机制实现本身没有区别。实现各救济机制补偿范围的互补正是综合救济系统内在协调的核心问题。

1.补偿范围的协调目标

虽然综合救济系统内救济机制的价值取向各异，但在补偿范围方面无疑有一个共同的总目标——对受害人的充分补偿。在综合救济系统内，所谓充分补偿就是要利用各救济机制补偿范围的错位，相互填补补偿漏洞。但是，充分补偿的上限是受害人的全部损失，即不得重复补偿。换言之，各救济机制补偿范围的协调目标就是要在实现充分补偿的前提下，尽可能减少因重复补偿带来的追偿和返还成本。

2.补偿范围的协调基础

各救济机制的补偿范围能够实现互补是建立在彼此错位的基础之上的。因此，要实现各救济机制补偿范围的互补需要准确识别各救济机制的补偿范围及它们之间的错位情况。如前所述，各救济机制补偿范围的错位主要表现在补偿条件、补偿项目和补偿程度三个方面。在具体案件中，我们需要从这三个方面对各救济机制的补偿情况进行比较分析，才能掌握受害人所应获得的综合补偿的结果范围。

3.补偿范围的协调路径

首先，对各救济机制补偿范围的协调应当在具体补偿项目层次上进行关系安排。现行法对各救济机制补偿关系的处理主要涉及救济机制这一层次，在特定案件中对侵权赔偿、社会保险或商业保险采用择一、兼得或补充等模式。在此层次上，无论采取何种处理方式均是十分粗浅的作业，不能真正发挥多元补偿机制的互补作用，因为其忽略了各救济机制之下相关补偿项目的性质和额度的差别。例如，在受害者为退休人员的侵权案件中，如果仅从侵权赔偿与社会保险层次上看待问题，就必然得出侵权误工费与养老金只能择一的结论。但事实上，侵权误工费与养老金的补偿依据和计算标准均有不同。若从具体补偿项目的更深层次来看，侵权误工费与养老金的关系就需要结合受害人的实际情况，如养老金水平、劳动能力、损害程度等，做出各种可能的安排。其次，明确各救济机制之下具体补偿项目的性质是确定它们彼此关系的基础。例如，侵权赔偿中的残疾赔偿金与工伤保险中的伤残补助金、伤残津贴虽然都是针对伤残的补偿，但补偿的背景和性质有很大差别。在未准确界定残疾赔偿金、伤残补助金和伤残津贴的各自法律属性的前提下，径直依照择一、兼得等模式来处理则是过于粗简的方式。依照各救济机制的互相关系，科学安排补偿的先后序位以减少程序成本，是实现综合救济系统补偿范围最大化必须兼顾的因素。

第四节　侵权赔偿与社会化救济的补偿序位

一、不同系统模式的补偿序位

系统有别于其组成部分的整体功能，而系统的功能特性又取决于组成部分的结合方式。综合救济系统是以侵权受害人为中心的多元补偿机制有机结合的产物，其系统功能首先取决于各救济机制的结合方式——系统模式。综合救济系统因占主导地位的救济机制不同而有不同的模式构成"秩序建立在结构基础之上，也即特定的结构安排决定了以该方式处理可以取得特定的结果。"① 就目前理论和实践中的三种模式而言，某一系统模式中的核心救济机制也必然是处于优先补偿序位的机制。系统模式决定了各救济机制的整体补偿序位，各救济

---

① Ludwig von Bertalanffy, *General System Theory: Foundations, Development, Applications,* New York: George Braziller, 1968, p.78.

机制的补偿序位也在很大程度上体现了相应系统的模式。

"新西兰模式"以社会保险为中心建立无过错综合事故补偿体系，以替代普通法上的侵权赔偿。[①] 并且，这种替代并非可以选择的，而是要求受害人不得再依据新西兰《事故补偿法》以外的其他法律提起侵权赔偿诉讼。[②] 因此，在该模式中，社会保险处于当然优先的地位，而侵权赔偿在绝大多数情形下被排除在补偿队列之外。[③] 在侵权赔偿被限制的情况下，责任保险的适用范围也几乎被完全限制。由于社会保险的覆盖范围广、保障程度高，第一方保险的适用范围被极大地压缩，但仍有一定的适用空间。根据新西兰保险协会（ICNZ）的官网显示，该协会共有 28 个成员，代表了新西兰境内 95% 的火灾和综合保险（Fire and General Insurances）。[④] 该协会成员涉及的保险险种有家庭及物品险、机动车险、旅行险、海洋险、企业险、信用偿还险等。以旅行险为例，其补偿范围就包含了医疗费用和个人责任等方面的损失。[⑤] 可见，社会保险在"新西兰模式"中处于绝对优先的地位，当然也是第一序位的补偿机制；第一方保险属于居次的辅助地位；而侵权赔偿和责任保险则完全被边缘化。

在"阿蒂亚模式"中，第一方保险则成了整个综合救济系统的核心，也是第一序位的补偿机制。自由意志范围内无不公平可言。阿蒂亚教授认为，只有每个人为自己的风险进行投保才是最公平、最有效率的机制，因为各人所能获得的补偿范围完全取决于自愿的选择。[⑥] 但是，第一方保险要作为优先补偿机制有一个前提，即同"新西兰模式"一样排除受害人对侵权人的索赔权。否则，即使受害人有机会获得第一方保险的补偿，也没有理由放弃对侵权人的索赔。如果受害人仍然有机会向侵权人索赔，"阿蒂亚模式"所设想的结果就无法实现。甚至，要完全实现阿蒂亚教授的设想，社会保险也必须退出对侵权受害人的救济，否则也会产生如侵权赔偿一样的效果。[⑦] 因此，纯粹的"阿蒂亚模式"实际

---

① Richard S. Miller, "The Future of New Zealand's Accident Compensation Scheme", *University of Hawaii Law Review*, Vol.11, No.1, 1989, pp.4-5.

② *Accident Compensation Act,* S.27(1), 1982, New Zealand.

③ 虽然侵权赔偿在新西兰事故补偿领域的地位在随后略有恢复的迹象，但相对于社会保险，仍处于微不足道的地位。这一点体现在《事故补偿法》当前仍然适用非常广泛的补偿范围。See *Accident Compensation Act 2001,* S.19-24, 2001, No.49, New Zealand.

④ https://www.icnz.org.nz/fileadmin/Assets/PDFs/Fair_Insurance_Code_2016.pdf（访问时间：2019 年 7 月 16 日）

⑤ https://www.icnz.org.nz/understanding-insurance/types-of-insurance/travel/（访问时间：2019 年 7 月 16 日）

⑥ P.S. 阿蒂亚：《"中彩"的损害赔偿》，李利敏、李昊译，北京大学出版社，2012，第 92-100 页。

⑦ P. S. Atiyah, "No-Fault Compensation: A Question That Will Not Go Away", *The Insurance law Journal*, November 1980, pp.625-640.

上是独尊第一方保险而排除其他救济机制的一种安排。

"流行模式"以侵权赔偿和责任保险为核心，社会保险与第一方保险在侵权损害救济中处于补充地位。在该模式中，侵权赔偿与责任保险是一对"双子星"，二者具有十分紧密的联系。侵权赔偿（责任）是责任保险的逻辑前提，责任保险是侵权赔偿的实际补偿来源。[①] 责任保险作为对侵权赔偿的替代，在"流行模式"中当然处于第一补偿序位。若责任保险不足以补偿受害人损失的，再由侵权责任人进行赔偿。在以侵权赔偿和责任保险为核心的模式中，社会保险对侵权损害原则上不予补偿，除非存在侵权行为人无法查明、没有偿还能力等特殊情况。第一方保险在"流行模式"中的作用较为灵活，与其在前两种模式中的作用有很大的不同。第一方保险与责任保险同为以意思自治为基础的私法救济，彼此间原则上不存在排斥关系。因此，责任保险虽然是"流行模式"政策上的第一序位补偿机制，但受害人也可以首先选择第一方保险进行补偿，再由第一方保险人对侵权责任人（责任保险人）进行追偿。第一方保险在"流行模式"中可能成为实际上第一序位的补偿机制，这完全取决于受害人的自主选择；而在"阿蒂亚模式"中，第一方保险是制度设计的当然第一序位补偿机制。

二、现行法框架内的补偿序位

我国法律救济侵权受害人的主要途径仍然是侵权赔偿与责任保险；社会保险和第一方保险在侵权损害救济中扮演着重要的作用，但整体上仍处于补充地位。对比不同模式下各种机制在侵权损害救济中的地位，我国现行法框架内的综合救济系统显然属于"流行模式"。然而，对系统模式的区分和归类只能描绘某一系统的大概轮廓，同一系统模式内各救济机制的关系仍有很大的细节差异。况且，综合救济系统内各救济机制的关系并非一成不变，总是在外部环境的渗透下不断地调适和发展。[②]

（一）侵权人的终局责任

"流行模式"的最显著特征在于坚持侵权人作为损害补偿逻辑上的最终承担者，而另两种模式均在不同程度上弱化或放弃了侵权赔偿。我国现行法虽然未对各救济机制的补偿序位作出总体规定，但相关部门法的规定均体现了侵权人

---

① 叶延玺：《责任保险对侵权法的影响研究》，浙江大学出版社，2018，第40-46页。
② 威廉·范博姆、米夏埃尔·富尔：《在私法体系与公法体系之间的赔偿转移》，黄本莲译，中国法制出版社，2012，第276-297页。

终局责任的立法意图。例如，《社会保险法》第 30 条第 1 款规定，应当由第三人负担的医疗费用不纳入基本医疗保险基金支付范围；第 30 条第 2 款和第 42 条分别规定，医疗保险、工伤保险先行支付医疗费用后，有权向第三人追偿。依照《保险法》第 46 条规定，虽然人身保险中的保险人在给付保险金后无权向第三人追偿，但被保险人或受益人仍有权向第三人求偿；第 60 条规定，因第三人造成财产损失的，保险人在赔付后有权向第三人行使代位求偿权。《机动车交通事故责任强制保险条例》第 22 条规定，保险人在交强险限额范围内垫付抢救费用后有权向致害的第三人追偿。这些规定要么安排直接由侵权人承担赔偿责任，要么安排由其他救济机制补偿后再向侵权人追偿。

我国立法将侵权损害的终局责任归于侵权人，一方面如人们常言是由于商业保险和社会保险不够发达，但最根本原因在于立法尽可能在促成充分补偿的基础上实现对侵权威慑功能的最大化。[1] 虽然社会保险和商业保险均可以在一定程度上兼及威慑的需要，如经验费率等，但两者的实际威慑效果都远不及侵权赔偿。从法经济学角度看，威慑程度在其他条件同等的情况下取决于行为获利与其成本之间的关联程度。侵权赔偿无疑是综合救济系统中将侵权行为与其不利后果进行最直接关联的机制。

现行法对侵权人终局责任的安排决定了侵权赔偿在我国综合救济系统中的核心地位，但这并不意味着侵权人将实际承担全部的补偿责任，或者侵权赔偿将在实际补偿中占据最大的比重。在综合救济背景下，侵权人的终局责任仅仅意味着侵权人是风险分散成本的最终负担者——虽然责任保险对侵权赔偿有替代作用，但最终支付保险费的仍然是侵权人。

（二）责任保险的优先地位

侵权人的终局责任是在"流行模式"下综合考量损害救济的补偿与威慑功能的结果。但是，侵权人承担补偿责任面临两个重要的现实问题：一是侵权人（无论企业或个人）的偿付能力有限；二是侵权人本身也有可能是现代风险的受害者，尤其在某些无过错责任案件中。因此，能否满足侵权人合理分散风险的需要是决定"流行模式"成败的关键。而基于侵权赔偿与责任保险的逻辑关系，责任保险注定会在采纳"流行模式"的综合救济系统中成为优先发展的机制。

"新西兰模式"和"阿蒂亚模式"虽然彼此的核心机制不同，却有一个重要

---

[1]　王利明：《侵权责任法研究》（上卷），中国人民大学出版社，2010，第 134-141 页。

的共同点，即社会保险与第一方保险相对于传统的侵权赔偿均属于社会化的救济机制。如前所述，现代风险的技术性、系统性、概率性是侵权损害救济走向社会化与多元化的根本原因。第一方保险、责任保险和社会保险均为社会化的救济机制，它们虽然在资金来源或直接保障对象方面有所差异，但作为现代风险的分散机制本身难分优劣。[①]"新西兰模式"试图完全超越私法上的侵权关系进行救济，与新西兰本国的高度福利条件、较少的人口和社会政策有很大的关系，很难被世界上其他国家所完全效仿。"阿蒂亚模式"试图从侵权关系中的受害人一端进行社会化救济，其优势在于第一方保险对风险的自主选择，其最大的弊端在于必须以放弃对侵权人的索赔及侵权赔偿的威慑功能为代价。相比之下，"流行模式"则是从侵权人一端进行社会化救济，兼顾了传统侵权赔偿的威慑功能与责任保险的风险分散功能。所以，强化责任保险在侵权损害救济中的作用是采纳"流行模式"国家的必然发展方向。

责任保险在"流行模式"下的重要发展趋势是强制责任保险范围的逐步扩大。目前，我国除了最广为人知的机动车交通事故责任强制保险外，还有如旅行社责任险、公众责任险、企业火灾保险、建筑工人意外伤害险、煤炭工人意外伤害险等。但是，相对于当前的社会经济发展水平及相应的风险水平，我国责任保险的发展仍显滞后。根据2014年国务院《关于加快发展现代保险服务业的若干意见》（国发〔2014〕29号），我国要重点发展环境污染、食品安全、医疗责任、医疗意外、实习安全、校园安全等领域的责任保险，加快发展旅行社、产品质量及各类职业责任保险、产品责任保险和公众责任保险，并探索开展强制责任保险试点。从全球范围来看，责任保险的保费总额有93%来自发达国家市场，而其中美国就占有一半以上。美国责任保险业务高度发展的一个重要因素是广泛地推行强制责任保险及各行业都有较高的责任风险防范意识。[②]专就医疗责任保险而言，许多发达国家早已将其作为医疗执业的必要条件，保险覆盖几乎达到100%。在我国当前医患矛盾突出的情况下，全面普及医疗责任保险对于及时解决医疗纠纷具有重要作用，理论界有很多人呼吁实施强制医疗责任保险。[③]

[①]　叶延玺：《责任保险对侵权法的影响研究》，浙江大学出版社，2018，第38-39页。
[②]　方晓栋：《美国责任保险市场发展现状》，《中国保险》2015年第8期，第60-64页。
[③]　陈诺：《医疗责任保险的困境破解与路径选择》，《中国保险》2019年第6期，第53-56页。

（三）社会保险的兜底救济

社会保险作为现代社会保障体系的核心制度和重要的政府职能，必须处理好与私法救济的关系，尤其是与依据市场规律运作的商业保险的关系。"在经济保障领域，政府的任务应该是从事那些个人自身所不能做的事情。"① 如果某些风险能够更有效地通过私法途径解决，社会保险反而有可能成为公共福利发展的阻碍因素。西方一些发达国家自第二次世界大战以来的高度社会福利制度虽然值得称赞，但近年来显现出两个重大问题：一是超过经济发展水平的高福利保障制度带来严重的政府财政危机；二是过高的福利保障水平会极大地助长国民惰性，甚至影响社会经济的正常发展。② 相比之下，"中国的社会保障制度强调只提供基本生活保障的原则，一方面是基于中国经济发展水平的约束，另一方面也是总结了各国福利制度引起的各种经济和社会问题的教训"③。

我国社会保险制度是社会安全网的最后一道防线，以兜底救济为原则，尤其体现在侵权损害救济方面。这具体表现在两个方面：一是社会保险的补偿程度以维持参保人的基本生活水平为基准；二是社会保险的补偿序位通常在其他救济机制之后。在多元补偿机制并存的情形下，由何种机制优先补偿或最终补偿并不存在绝对的理论逻辑，而取决于立法政策的选择。我国《社会保险法》一方面将补偿责任优先分配给第三人（侵权人和商业保险人），另一方面又安排社保基金补充第三人不支付的缺漏，正是社会保险致力于兜底救济的结果。

从综合救济系统的整体视角来看，我国社会保险的兜底救济兼顾了威慑与补偿两项功能。由第三人优先承担补偿责任和授权社保基金对第三人进行追偿，可以充分发挥侵权赔偿的威慑作用；在第三人不支付或无法确定第三人时由社保基金先行支付，可以实现对受害人的充分及时补偿。相对于"新西兰模式"单一地追求补偿价值和"阿蒂亚模式"单一地追求风险自主功能，我国采用"流行模式"可以在最大程度地保留传统侵权赔偿的威慑与补偿功能的基础上，充分发挥社会保险的兜底救济作用和第一方保险的风险自主价值。

（四）第一方保险的灵活补充

在没有法律强制要求的条件下，第一方保险作为侵权损害的救济手段完全取决于受害人的投保意愿。也即，受害人如要获得第一方保险的救济，首先应

---

① 乔治·E.雷吉达：《社会保险和经济保障》，陈秉正译，经济科学出版社，2005，第13页。
② 郑功成：《社会保障学——理念、制度、实践与思辨》，商务印书馆，2000，第165页。
③ 李珍：《社会保障理论》，中国劳动社会保障出版社，2017，第51页。

当在损害发生之前进行投保。但是，第一方保险在"流行模式"的综合救济系统中能否及如何发挥作用，不仅取决于受害人的自由意思，还要受到系统内其他因素的直接或间接影响。

考虑到风险的不确定性和普遍性，任何人均不可能为其所有潜在的风险进行投保。即使市场上有一些保险范围较宽的综合性人身或财产保险品种，其保险范围也不可能覆盖被保险人和保险标的的全部潜在风险。保险合同毕竟属于射幸合同，让一个人为其全部潜在风险投保就好比为了中彩而买下全部彩票，其结果必然是成本支出远远大于最终获益。因此，除非受害人事先对其未来风险类型和范围有准确预估，并且基于投保意愿实际投保，否则难以通过第一方保险获得相应的救济。相比之下，侵权赔偿（责任保险）和社会保险只需要在损害发生后依据法定条件和标准进行补偿，不受当事人事先安排的限制。可见，在立法对第一方保险未做强制的情形下，第一方保险对受害人的补偿具有很大的或然性，只能作为一种补充机制。

此外，即使受害人为其遭受的损害购有相应的第一方保险，也不能取消其通过侵权赔偿、责任保险和社会保险获得救济的权利。由于财产保险存在损害补偿原则，受害人在涉及人身保险和财产保险时寻求第一方保险救济的意愿和动机完全不同。在涉及财产保险（以及人身保险中的医疗费用保险）情形下，由于通过第一方财产保险、侵权赔偿、责任保险或社会保险获得补偿的总额不能超过其实际损失，受害人有合理的动机去寻求第一方保险以外的其他救济方式，除非其他救济的总和仍不足以补偿其全部损失。其原因在于，第一方保险最终将通过出险率和经验费率等方式令受害人自己"买单"，通过其他救济机制获得补偿并不会额外增加受害人的成本。然而，在涉及人身保险（不含医疗费用保险）情形下，由于受害人可以同时获得第一方保险和其他救济机制的补偿，即使其获得其他救济机制的补偿，受害人仍会向第一方保险人索赔。概言之，第一方财产保险仅具有补足其他救济机制不足部分的有限作用（实际损失范围内的补充）；第一方人身保险则是受害人在其他救济机制之外的额外补偿（人身损害的额外补偿）。可见，第一方保险在我国"流行模式"的系统中并没有处在固定的补偿序位，其补偿作用非常灵活。

（五）小结

在以"侵权赔偿＋责任保险"为核心的"流行模式"当中，综合救济系统的补偿安排和流程为：首先将主要的损失补偿责任分配给二元侵权关系中的加害人一端，再由加害人将其转移给责任保险，责任保险进一步将其分散给全体潜在的加害人；对于不构成侵权责任、侵权人下落不明、侵权人无力承担等其余部分的损失，当然地分配给受害人一端，再由受害人通过社会保险和第一方保险等途径进行转移和分散，或者由受害人自己承担。从补偿的先后序位来看，责任保险显然是"流行模式"中最优位的救济机制；责任保险不足部分，当然地继续由侵权赔偿进行补偿；无法通过侵权赔偿（责任保险）补偿的（侵权人不支付或下落不明等），再由社会保险或第一方保险补偿。前述补偿序位仅涉及侵权责任构成范围之内的损失。对于侵权责任构成范围以外的损失，受害人只能寻求社会保险或第一方保险进行补偿；在没有社会保险或第一方保险的情形下，由受害人自担风险。在"流行模式"中，社会保险完全属于"候补队员"，而第一方保险的补偿序位非常灵活，大致相当于"机动队员"的地位。我国现行法对各救济机制补偿序位的安排基本符合"流行模式"系统的整体特征——以侵权赔偿和责任保险为核心，以社会保险和第一方保险为补充。但是，各救济机制在我国法律框架内的协作是否顺畅，规则配合是否严密，仍需要进一步分析。

三、补偿序位安排的理论依据

各救济机制的补偿序位与系统模式有关，也制约着系统的基本关系结构。前已述及不同系统模式下救济机制补偿序位的总体差别及我国现行法内的补偿序位情况。然而，综合救济系统内的补偿序位安排应当以何为依据？这是对补偿序位进行优化的理论基础。

首先，各救济机制的补偿序位是一种系统现象，其安排必须服从于综合救济系统的整体功能目标。从综合救济系统的名称上就可以看出，其相对于单一救济机制的最大特点在于"综合"："真正的综合要求揭示系统部分、要素、方面所不具有的整体性质，发现全新的系统整体才具有的性质。"[①]对各救济机制补偿序位的安排正是一个重要的"综合"过程。各救济机制均是有着独立价值和运行规则的独立子系统，它们之间本身因为功能的交叉——对侵权受害人的补偿，而存在竞争性关系。如果不从综合救济系统的全局进行规划，各种救济机制之间就会发生"恶性竞争"或"各自为政"的局面：有的受害人或可以从多个来源

---

① 魏宏森，曾国屏：《系统论：系统科学哲学》，世界图书出版公司，2009，第211页。

重复获得补偿；其他受害人却可能得不到任何补偿。没有系统性的协调，补偿的重叠或缺漏现象就不可避免。只有在统一系统内对各救济机制的补偿序位进行安排，才能解决它们之间的这种失序状态。

其次，由于各救济机制有着不同的功能特征，补偿序位安排应当尽可能发挥它们各自独立的功能作用。在特定的补偿序位中，序位在先的救济机制较能充分实现其功能，序位越在后的救济机制的功能越被抑制。所以，补偿序位安排不仅涉及补偿顺序本身，实际上也是对各救济机制功能地位的安排。例如，"新西兰模式"以社会保险为第一序位，体现的是补偿功能（补偿的广泛性、及时性、高效性等）优先；"阿蒂亚模式"以第一方保险为第一序位，体现的是风险自主功能的优先；"流行模式"以侵权赔偿（责任保险）为第一序位，体现的是威慑功能的优先。社会保险以补偿功能优先，势必对侵权赔偿及其威慑功能产生严重的抑制作用；侵权赔偿以威慑功能优先，势必会抑制社会保险补偿的广泛性和及时性，以及第一方保险的风险自主性。在特定的系统模式下，如何在实现系统优先功能目标的基础上最大程度地兼顾其余功能，是在安排补偿序位时必须考量的问题。此外，由于不同救济机制的价值导向不同，补偿序位的安排也是综合救济系统对其内在各种价值的排序。

再次，特定系统模式下的救济机制补偿序位安排不是单纯的理论问题，还要受到本国社会状况、经济水平、政策导向等现实条件的影响。"现实世界中的系统，总是存在不同程度开放性的系统，因而总是发生着系统与环境的相互联系和相互作用，总是存在着内因和外因的相互作用、相互转化，从而系统总是处于发展演化之中的。"[1] 不同国家综合救济系统对补偿序位的不同安排体现了法律系统对社会政治环境的高度敏感性。外在环境对综合救济系统内补偿序位的影响还是卢曼学说中关于系统与环境之间"结构性联系"的一个例证。卢曼提出，"如果一个系统总是以自己环境的某些特点为前提，而且在结构上依赖于此，那么就应该说存在着结构性的联系"[2]。因为综合救济系统总是对环境开放，并与环境发生信息交换，系统中包括补偿序位在内的结构具有可变性。这就意味着，特定国家综合救济系统内补偿序位的安排并不存在绝对固定的模式，可以并应当根据环境变化作相应的调整。

---

① 魏宏森，曾国屏：《系统论：系统科学哲学》，世界图书出版公司，2009，第232页。
② 尼克拉斯·卢曼：《社会的法律》，郑伊倩译，人民出版社，2009，第233页。

四、现行法内补偿序位的优化

我国现行法对各救济机制补偿序位的安排整体上符合"流行模式"的定位，但仍有若干方面有待优化。

第一，真正确立责任保险在我国侵权损害综合救济中的优先地位，进一步提高责任保险在侵权损害赔偿中的比重。在侵权人负有终局责任的系统安排下，相关社会风险主要汇聚于侵权人一端。在此前提下，如果不能保证侵权人的赔偿支付和风险分散能力，不仅会抑制整个社会的行为自由，也会令受害人难以实际获得充分的救济。基于全面发展和升级责任保险的目标，我国应当从两个方面着手逐步推进强制责任保险：一是以行业为中心建立企业强制责任保险制度，这可以先在涉及高危行为和产品的企业实施，然后逐步向全行业推广；二是以职业为中心建立个人强制责任保险制度，如医生、律师、会计师、家政服务人员、企业高管等。只有全面实施强制责任保险，使责任保险成为有关企业和个人从事经营活动的必要条件，才能在"流行模式"下真正实现损害救济的社会化和对受害人充分可靠的补偿。

第二，一体化安排侵权赔偿与责任保险的补偿程序，并授予受害人对责任保险人的直索权。依照《保险法》第 65 条的规定，保险人可以依照法律规定、合同约定或被保险人请求，直接向第三者（受害人）赔偿保险金；第三者有权在被保险人怠于请求时就其应获赔偿部分直接向保险人请求赔偿，并且，在被保险人未向第三者赔偿时，保险人不得向被保险人赔偿保险金。《保险法》虽然规定了保险人对受害人的直接补偿和受害人有条件的直接索赔，但并没有完全授予受害人直索权，也没有完成侵权赔偿和保险赔偿的程序的一体化。另外，《最高人民法院关于适用〈中华人民共和国保险法〉若干问题的解释（四）》（法释〔2018〕13 号）第 20 条虽然对《保险法》第 65 条的规定有所细化，但仍然没有突破受害人直索权的条件限制。有人认为，《最高人民法院关于审理道路交通事故损害赔偿案件适用法律若干问题的解释》（法释〔2012〕19 号）已承认了受害人在机动车商业责任保险中享有不附条件的直索权。[①] 依照该解释第 16 条规定，受害人同时起诉侵权人和保险人的，法院应当按照交强险、商业第三者责任险和侵权赔偿的先后顺序确定赔偿责任。但应当注意的是，该条规定仍然以同时

---

① 杨勇：《任意责任保险中受害人直接请求权之证成》，《政治与法律》2019 年第 4 期，第 85-96 页。

起诉侵权人和保险人为前提，难谓受害人享有实体法上的不附条件的直索权。另据该司法解释第 25 条的规定，人民法院审理道路交通事故损害赔偿案件，应当将承保交强险的保险公司列为共同被告；当事人请求将承保商业三者险的保险公司列为共同被告的，人民法院应当准许。就前述司法解释中的两个条款内容来看，受害人虽然有权在诉讼中将保险人列为共同被告，但与实体法中对保险人的直索权尚有实质区别。尽管如此，该司法解释在诉讼程序上对侵权赔偿与责任保险一体化安排的做法已有很大的进步，值得进一步总结和推进。学理上关于受害第三人对责任保险人的直索权有许多解释，如责任免除请求权说、利他合同说、法定权利说、债权法定移转说等。[①] 这些学说虽然都有合理的成分，但均未跳出法律部门分立的传统思维和框架。若从综合救济系统的视角来看，侵权赔偿与责任保险之间并没有不可逾越的鸿沟，都是同一系统下彼此协作的部分。法律系统论无疑可以作为侵权赔偿与责任保险补偿程序一体化和受害人保险直索权的另一种论据。

　　第三，合理定位社会保险在侵权损害救济中的作用，协调好社会保险内部各险种之间及与其他救济机制的关系。由于社会保险本身包含了若干功能目标不同的险种，所以关于社会保险的补偿序位问题，不仅要在外部处理好它作为一个整体，与其他救济机制之间的关系，还要在内部处理好各险种之间的关系。《社会保险法》对其内部各险种之间的补偿序位和相互关系已有若干规定。该法第 30 条规定，工伤保险优先于基本医疗保险进行补偿；第 51 条规定，基本养老保险优先于失业保险进行补偿；第 48 条规定了失业保险与基本医疗保险的并存关系；第 49 条规定，个人死亡同时符合领取基本养老保险丧葬补助金、工伤保险丧葬补助金和失业保险丧葬补助金条件的，遗属只能选择领取其中一项。这些规定对于社会保险内部各险种之间的关系虽有调整，但不无可商榷之处。例如，依照第 30 条第 1 款，医疗费用应当从工伤保险中支付的，不纳入基本医疗保险的范围。在实践中，工伤医疗费用不能直接从医保报销，必须经过工伤认定程序才能获得正式补偿，而因工伤认定被延付或拒付的案例不少。为实现对参保人的及时、公平救济，我国未来对工伤保险与基本医疗保险应采取"前台统一报销，后台分别入账"的管理模式，兼顾社保便民服务与基金分类管理

---

① 　张力毅：《交强险中受害人直接请求权的理论构造与疑难解析——基于解释论的视角》，《法律科学》2018 年第 3 期，第 110-119 页；杨勇：《任意责任保险中受害人直接请求权之证成》，《政治与法律》2019 年第 4 期，第 85-96 页。

的需要。

第四，充分发挥第一方保险的风险自主和补偿灵活的特点，实现与其他救济机制的错位补偿与强化补偿关系。如前所述，第一方保险在我国综合救济系统中并没有绝对固定的补偿序位，其补偿效果在很大程度上取决于与其他救济机制的配合程度。再者，因为财产损害与人身损害的补偿遵循不同的规则，二者与其他救济机制的关系也完全不同，应当有所区分。在财产损害补偿方面，因社会保险基本上与此无涉，第一方保险本有较大的补偿作用空间。但是，由于财产保险受到损失填补原则的限制，第一方保险的真正可补偿范围仅限于侵权赔偿（责任保险）以外的剩余损失。所以，要发挥第一方财产保险的最大补偿作用，当事人必须能够准确评估侵权赔偿（责任保险）的补偿范围。在人身损害方面，因为没有补偿金额上限的限制，被保险人或其受益人可以在侵权赔偿（责任保险）和社会保险之外兼得第一方人身保险的补偿。因此，当事人可以根据自身风险和经济状况考虑是否需要投保第一方保险，以便在损害发生时可以确切地获得相应的人身损害补偿，而无须顾及第一方保险的补偿序位问题。

第四章

侵权赔偿与社会化救济的补偿项目协调

第一节　各救济机制的补偿项目对比

一、侵权赔偿的补偿项目

侵权赔偿作为私法中的基本救济机制，其救济对象范围涵盖除合同相对关系以外的一切民事权利。基于民事权利的二分法——财产权和人身权，侵权赔偿也相应地分为财产损害赔偿和人身损害赔偿。但因财产利益与人格利益之间的相互牵连，实践中也存在因侵害人身而损及财产利益或因侵害财产而损及人格利益之情形。

（一）财产损害的补偿项目

财产损害的赔偿相对单纯，因为不论何种财产均可依一定标准折算为金钱进行赔偿。换言之，财产损害的补偿项目原则上无需再分，只有实际损失一项。但是，现实中关于实际损失的计算标准却较为复杂。依据《民法典》第 1184 条，财产损失一般依照损失发生时的市场价格计算；没有市场价格或不宜通过市场价格计算的，依照其他合理方式计算。市场价格是指受损财产的重置或修复价格，基于损害填补原则，应当作为优先的计算方式。"其他合理方式"主要有三种标准。一是法定标准。法律对某类财产损失的计价方式有特别规定的，应当依法律的规定，如《中华人民共和国商标法》《中华人民共和国专利法》《中华人民共和国著作权法》等均有相应的侵权赔偿标准规定。二是评估价格。对于没有市场价格且没有法律赔偿标准的财产损失，可以由法院或第三方评估机构根据财产属性、损失程度、损害后果、行为性质、侵权人主观状态等因素综合确定其赔偿金额。三是合同价格。如果受到损害的财产是已生效买卖合同的标的物，而合同中已约定该标的物价格的，受害人可以主张将合同约定价格作为侵权赔偿的价格标准。[1]

根据侵权行为与损害结果之间因果关系的远近，财产损害可以分为直接损

---

[1] 王利明：《侵权责任法研究》（上卷），中国人民大学出版社，2010，第 673 页；方新军：《侵权责任法学》，北京大学出版社，2013，第 199 页。

害和间接损害，或者所受损害（积极损害）和所失利益（消极损害）。财产直接损害当然应予赔偿，而间接损害的赔偿问题比较复杂，争议较大。有的学者认为，"侵害财产间接损失赔偿适用的场合，原则上应当是有间接损失就应当赔偿。"① 也有学者认为，间接损失无法进行准确评估，从而不能适用完全赔偿，只能根据双方利益的平衡进行适当赔偿。② 依照损害填补原理和完全补偿原则，间接财产损失同样是受害人遭受的实际损失，理当全部赔偿。间接损失赔偿不应违背侵权赔偿的基本原理和原则，但是，间接损失范围的认定必然涉及法律因果关系和可预见性等问题，而法律因果关系和可预见性的认定无法避免对双方利益关系的平衡。③ 例如，在司法实践中，交通事故的肇事方在一般情形下对于受损车辆的停运损失不予赔偿；但如果受损车辆为出租车，对车辆停运的营业损失一般应予赔偿。车辆停运通常均会造成一定损失，但一般私家车辆停运造成间接损失的法律因果关系和可预见性认定比较困难，而出租车的营运损失较为明确。司法实践对二者处理结果有所不同的原因正在于此。

另外，财产损害赔偿中争议更大的是纯经济损失。纯经济损失的概念本身就非常含混，在一些学者的用语中，往往与间接损失、所失利益、信赖利益损失、反射损失等概念存在交叉。④ 纯经济损失主要有两种定义：英美法一般认为，它是指并非通过对原告人身和确定财产造成有形损害而产生的费用损失；大陆法一般认为，它是指没有侵害受害人的绝对性权益，而仅存在于其一般财产中的损害。⑤ 虽然纯经济损失与诸多概念存在交叉，但实践中往往将其与直接损失、间接损失并列。纯经济损失与间接损失的主要区别在于：有间接损失必然有直接损失，间接损失是直接损失的扩大；纯经济损失的受害人本身未受到任何有形损害。例如，甲车追尾乙车，造成乙车损坏是直接损失，乙车停运的营业损失是间接损失，丙车因此次事故而绕行产生的额外费用即是纯经济损失。⑥ 在比较法上，多数国家和地区对纯经济损失的赔偿持肯定态度，但法理依据和保护范围各有不同。⑦ 我国较有代表性的观点认为，纯经济损失原则上不予赔

---

① 杨立新：《侵权责任法》，复旦大学出版社，2010，第282页。
② 张新宝：《侵权责任法》，中国人民大学出版社，2016，第99页。
③ 方新军：《侵权责任法学》，北京大学出版社，2013，第87页。
④ 李昊：《纯经济上损失赔偿制度研究》，北京大学出版社，2004，第10-15页。
⑤ 周友军：《侵权法学》，中国人民大学出版社，2011，第127-128页。
⑥ 张新宝：《侵权责任法》，中国人民大学出版社，2016，第87页。
⑦ 王泽鉴：《侵权行为法》，北京大学出版社，2009，第298-306页。

偿，但在法律有特别规定的情形下可以赔偿。^①关于纯经济损失的赔偿问题，各种理论学说和立法例之间的差异巨大，很难断定何种观点更具有合理性。纯经济损失同其他损失一样，也是受害人因侵权行为实际遭受的财产减损，没有理由被区别对待。类型化的方法可以为司法实践处理纯经济损失提供经验上的便利，但不能做出逻辑上自洽的完满解释。所以，我们必须回归问题的根本——纯经济损失争议的起因。侵权法虽然奉行完全补偿的宗旨，但由于因果关系的普遍联系和侵权行为的"蝴蝶效应"，"损失"和"完全补偿"本质上均是不确定的概念，其认定最终都要依赖于利益衡量和价值判断。同样，纯经济损失背后的真正问题是"侵权责任可以在多大程度上扩张，而不会对个人的行为自由造成过重的负担？"^②也即纯经济损失是否赔偿终究取决于法律对权益保护与行为自由的衡量。

直接损失、间接损失或纯经济损失可以视为不同的补偿项目，但它们的区分主要涉及实践中因果关系的认定问题，它们补偿对象的属性没有本质区别。财产损害的补偿与综合救济系统中其他救济机制的牵连较少，相互关系和协调方式也相对简单。本书对财产损害的补偿项目不做具体区分，统一概称为"一般财产损失赔偿"——以区别于人身损害中涉及的财产损失赔偿。

（二）人身损害的补偿项目

人身损害赔偿是侵权赔偿中最复杂的领域，其首要原因在于生命、健康等人身利益本不能用经济价值进行衡量，但人身损害主要通过金钱方式给予救济。其次，侵害人身利益不仅会造成肉体方面的物质性损害，还可能涉及无形的精神损害和附随的财产损失，补偿名目十分繁杂。自改革开放以后恢复民事立法以来，我国法律对人身损害补偿项目的规范和完善过程大致可以分为三个阶段。

第一阶段：《中华人民共和国民法通则》（简称《民法通则》）。

1986年《民法通则》首次列明了人身损害的具体补偿项目。依据该法第119条，造成自然人身体伤害的，应当赔偿医疗费、因误工减少的收入、残废者生活补助费等费用；造成死亡的，并应当支付丧葬费、死者生前扶养的人必要的生活费等费用。依据第120条，侵害自然人的姓名权、肖像权、名誉权、荣誉

① 方新军：《侵权责任法学》，北京大学出版社，2013，第87页；王胜明：《中华人民共和国侵权责任法解读》，中国法制出版社，2010，第85页。

② Mauro Bussani , Vernon Valentine Palmer, *Pure Economic Loss in Europe,* Cambridge: Cambridge University Press, 2003, p.3.

权，或者侵害法人的名称权、名誉权、荣誉权，可以要求赔偿损失。有学者认为，该条规定的"赔偿损失"包括了对财产损失的赔偿和对精神损害的赔偿两部分。[1] 由于《民法通则》第120条所列举权利均不涉及物质性人身利益，其赔偿内容应为精神损害；唯有加害人间接获利的，才涉及财产损失赔偿。1988年《最高人民法院关于贯彻执行〈中华人民共和国民法通则〉若干问题的意见（试行）》第150条和第151条即是基于此观点的解释。

第二阶段："精神损害赔偿解释"与"人身损害赔偿解释"。

《最高人民法院关于确定民事侵权精神损害赔偿责任若干问题的解释》（法释〔2001〕7号）进一步明确，侵害他人生命权、健康权、身体权、姓名权、肖像权、名誉权、荣誉权、人格尊严权、人身自由权、亲权、死者人格利益、人格物等，可以请求赔偿精神损害。依据该条规定，因人身利益遭受损害的，受害人或其家属均可请求精神损害赔偿。此规定不仅明确了原《民法通则》第120条规定的赔偿损失为精神损害赔偿，还将精神损害赔偿的范围扩展至几乎全部人身权领域。在《民法通则》和"法释〔2001〕7号"的基础上，《最高人民法院关于审理人身损害赔偿案件适用法律若干问题的解释》（法释〔2003〕20号）原第17条对人身损害的补偿项目做了进一步完善。依据该条规定，人身损害的补偿项目包括医疗费、误工费、护理费、交通费、住宿费、住院伙食补助费和必要的营养费；受害人因伤致残的，补偿项目包括残疾赔偿金、残疾辅助器具费、被扶养人生活费，以及因康复护理、继续治疗实际发生的必要的康复费、护理费、后续治疗费；受害人死亡的，补偿项目除了抢救医治过程中发生的相关费用外，还包括丧葬费、被扶养人生活费、死亡补偿费，以及受害人亲属办理丧葬事宜支出的交通费、住宿费和误工损失等其他合理费用。另外，该司法解释原第18条再一次确认了受害人或其近亲属可以请求精神损害抚慰金。相对于《民法通则》的规定，"法释〔2003〕20号"对补偿项目规定的变化在于：第一，补偿项目的内容进一步扩展和细化，如在医疗费基础上扩展至与医疗过程相关的护理费、交通费、住宿费、后续治疗费、康复费等，在丧葬费基础上扩展至办理丧葬事宜相关的费用，并增加了残疾辅助器具费；第二，补偿项目的名称表述更简洁、规范，如"因误工减少的收入"更改为"误工费"，"死者生前扶养的人必要的生活费"更改为"被扶养人生活费"；第三，对某些补偿项目的性质有

---

[1] 张新宝：《侵权责任法》，中国人民大学出版社，2016，第117页，注释③。

不同理解，如将"残废者生活补助费"变更为"残疾赔偿金"不仅是名称变化，更体现了对补偿项目性质的不同理解；第四，明确了精神损害赔偿的概念（精神损害抚慰金）及其适用的条件和范围。

　　第三阶段：《侵权责任法》和《民法典》。

　　2009年《侵权责任法》第16条规定："侵害他人造成人身损害的，应当赔偿医疗费、护理费、交通费等为治疗和康复支出的合理费用，以及因误工减少的收入。造成残疾的，还应当赔偿残疾生活辅助具费和残疾赔偿金。造成死亡的，还应当赔偿丧葬费和死亡赔偿金。"第22条规定："侵害他人人身权益，造成他人严重精神损害的，被侵权人可以请求精神损害赔偿。"这两个条款在总结《民法通则》和相关司法解释的基础上，确立了我国侵权赔偿补偿项目的最终形态。但值得注意的是，《侵权责任法》通过后，前述两个司法解释并没有被废止，尤其是"法释〔2003〕20号"在侵权案件裁判中仍然被经常援引。《侵权责任法》的两个条款所列举的仅仅是比较典型的补偿项目，司法实践中涉及的"治疗和康复支出的合理费用"还可以包括其他项目，如营养费、住院费等。此外，如伤残鉴定费等相关的其他合理费用也应属于侵权赔偿的范围。

　　2009年《侵权责任法》关于补偿项目规定争议最大的问题主要是"被扶养人生活费"。因《侵权责任法》第16条相对于"法释〔2003〕20号"原第17条未再单列"被扶养人生活费"，其是否仍然属于侵权赔偿的补偿项目存在疑问。依照《最高人民法院关于适用〈中华人民共和国侵权责任法〉若干问题的通知》（法发〔2010〕23号）第4条，如受害人有被抚（扶）养人的，应当依据"法释〔2003〕20号"第28条的规定，将被抚（扶）养人生活费计入残疾赔偿金或死亡赔偿金。[①]然而，"法发〔2010〕23号"第4条中"计入"的含义仍然存在不同的理解。所谓"计入"究竟是指《侵权责任法》中的"两金"等于原"法释〔2003〕20号"中的"两金"加上被扶养人生活费，或者《侵权责任法》中的"两金"即等于原"法释〔2003〕20号"中的"两金"，而被扶养人生活费应从原"法释〔2003〕20号"中的"两金"中扣除？[②]此问题不仅涉及侵权法中相关补偿项目性

---

① 《最高人民法院关于适用〈中华人民共和国侵权责任法〉若干问题的通知》（法发〔2010〕23号）第4条："人民法院适用侵权责任法审理民事纠纷案件，如受害人有被抚养人的，应当依据《最高人民法院关于审理人身损害赔偿案件适用法律若干问题的解释》第二十八条的规定，将被抚养人生活费计入残疾赔偿金或死亡赔偿金。"但是，《最高人民法院关于审理人身损害赔偿案件适用法律若干问题的解释》第28条只涉及"被扶养人"，没有"被抚养人"一词。"法发〔2010〕23号"的表述应属字误。

② 胡卫：《论被抚养人生活费的计入与析出》，《贵州大学学报（社会科学版）》2011年第6期，第45-53页。

质和计算标准的理解，还关系到侵权赔偿与其他救济机制的协作问题。

《民法典》第1179条继承了原《侵权责任法》第16条的规定，但增加列举了营养费和住院伙食补助费两项。由于该两项在原"法释〔2003〕20号"中已有规定，《民法典》第1179并没有实质新增补偿项目。我国现行法关于人身损害的补偿项目有的是直接针对人身伤害本身的补偿，有的是针对附随财产损害的补偿。综上所述，根据直接补偿对象的二分法，将涉及人身损害的补偿项目列举如下。

1. 财产性补偿项目：

（1）医疗费（含康复费、后续治疗费）；

（2）护理费（含康复护理费）；

（3）交通费；

（4）住宿费；

（5）营养费；

（6）住院伙食补助费；

（7）误工费；

（8）残疾辅助器具费；

（9）丧葬费。

2. 人身性补偿项目：

（1）残疾赔偿金；

（2）死亡赔偿金；

（3）被扶养人生活费；

（4）精神损害赔偿（抚慰）金。

（三）关于人身兼财产损害的补偿问题

以上分析了单纯以财产或人身为侵害对象的补偿项目。另外，实践中还存在侵害对象为财产与人身利益相结合的情况。

一种情况是，侵害的直接对象为人格利益，但因该人格利益本身具有一定的经济价值，同时造成相应的财产损害。原《侵权责任法》第20条规定："侵害他人人身权益造成财产损失的，按照被侵权人因此受到的损失赔偿；被侵权人的损失难以确定，侵权人因此获得利益的，按照其获得的利益赔偿；侵权人因此获得的利益难以确定，被侵权人和侵权人就赔偿数额协商不一致，向人民法院提起诉讼的，由人民法院根据实际情况确定赔偿数额。"有观点认为，本条是关于侵害他人人身权益造成财产损失的赔偿，包含了该法第 16 条（生命、健康、身体受到损害）的规范内容。[①] 也有观点认为，第 20 条规范的主要是侵害他人姓名、肖像、隐私、名誉、荣誉等造成财产损失的情形，不包括第 16 条的内容。[②] 虽然这两个条款均涉及侵害人身利益造成财产损害的内容，但是，所涉财产损害的方式和性质其实并不相同。第 16 条针对的是损害有形人身利益间接造成的医疗相关费用损失，而第 20 条针对的是损害无形人身利益本身蕴含的财产利益，对财产利益的损害实际上是直接损害。第 20 条涉及的财产损害通常是对"人格权商品化"利益的损害，主要指对他人姓名、肖像等未经授权的商业化利用。并且，通常也只有在未经授权的人格利益商业化利用情形下，才涉及本条所指的获利和获利能否确定的问题。第 20 条与第 16 条规范内容的根本区别在于：前者涉及的财产利益本身蕴含在人格利益当中，后者涉及的财产利益是人格利益受损后衍生的间接损失。因此，第 20 条涉及的内容无异于一般财产损失赔偿。《民法典》第 1182 条继承了原《侵权责任法》第 20 条的内容，但改变了赔偿标准的认定方式，将被侵权人的损失与侵权人的获利作为并列选项，并赋予了被侵权人选择的权利。但是，关于该条与《民法典》第 1179 条（原《侵权责任法》第 16 条）的关系仍然存在争议。[③]

另一种情况是，侵害的直接对象为特定财物，但因该财物对于它的所有者而言具有一定的人格利益，同时造成所有者的精神损害。此即通常所谓侵害"人格物"的情形。最高人民法院"法释〔2001〕7 号"原第 4 条规定："具有人格象征意义的特定纪念物品，因侵权行为而永久性灭失或者毁损，物品所有人以侵权为由，向人民法院起诉请求赔偿精神损害的，人民法院应当依法予以受理。"因财产权利受损而遭受精神损害的，所有权人原则上只能请求一般财产损害赔偿，不能请求精神损害赔偿。[④] 但是，人之精神作为无形的存在，可以寄于人身，亦可寄于人身以外的其他事物。财产上所寄托之精神利益因财产损害而受损的，依照损害填补原则，也应当赔偿。法律原则上不予赔偿主要有两点考量：一是因为财产上所寄托之精神利益为无形存在，具有强烈的主观特性；二

---

① 王胜明：《中华人民共和国侵权责任法解读》，中国法制出版社，2010，第 89-91 页。
② 高圣平：《中华人民共和国侵权责任法立法争点、立法例及经典案例》，北京大学出版社，2010，第 264 页。
③ 黄薇：《中华人民共和国民法典解读 人格权编·侵权责任编》，中国法制出版社，2020，第 286-290 页。
④ 唐德华：《最高人民法院〈关于确定民事侵权精神损害赔偿责任若干问题的解释〉的理解与适用》，人民法院出版社，2015，第 41-44 页。

是因为侵权法基于利益平衡的考量，对财产上所寄托之精神利益给予保护可能对行为自由造成过度限制。然而，某些特定纪念物品所承载的精神利益具有客观性，也为一般理性人所能认识。因此，对侵害"人格物"造成的精神损害给予赔偿可以突破前述两点消极方面的考量。《民法典》第1183条第2款吸收了相关司法解释的规定，但仅限于故意或者重大过失损害"人格物"并造成严重精神损害的情形。关于侵害"人格物"的精神损害部分，其补偿项目与侵害一般人身权益的精神损害赔偿金无异。

二、社会保险的补偿项目

我国社会保险的保障范围涉及生、老、病、死、残、失业等民生风险领域，分为基本医疗保险、工伤保险、基本养老保险、失业保险和生育保险五个险种，并实行"分别建账，分账核算"。[①] 其中，前四个险种与侵权损害赔偿的关系密切，是研究的重点。由于社会保险不同险种保障的风险类型不同，它们所包含的补偿项目彼此间也存在很大的差异。

（一）基本医疗保险：医疗费

世事无常，人身意外在所难免，而医疗救治当为首要任务。《社会保险法》为医疗费用单设基本医疗保险（第23条至32条），并于工伤保险中将第三人侵权情形下的医疗费用问题单列规定（第42条），本身就凸显了医疗费用补偿的特殊性。在针对受害参保人的诸多救济项目中，医疗费用因为关涉到当事人伤病的医治而自然被置于优先保障的地位。根据《社会保险法》第28条的规定，基本医疗保险的医疗费应当属于"符合基本医疗保险药品目录、诊疗项目、医疗服务设施标准以及急诊、抢救的医疗费用"。

（二）工伤保险：总体比照侵权赔偿

在近代法初期，工伤事故补偿本是侵权法中的独有问题，而且主要遵循过错责任原则。随后，因社会责任思潮的发展，各国对工伤事故逐渐采用无过错责任。继之，一些发达国家在风险社会和福利国家的背景下创设专门的工伤事故社会保障制度。[②] 现代各国工伤保险制度均是对工伤损害侵权赔偿传统模式的替代。由于工伤保险与工伤侵权赔偿的整体替代关系，工伤保险补偿项目涵

---

① 根据2018年12月29日第十三届全国人民代表大会常务委员会第七次会议《关于修改〈中华人民共和国社会保险法〉的决定》对第64条的修订，基本医疗保险基金与生育保险基金实行合并建账及核算，其余险种情况不变。

② 王泽鉴：《民法学说与判例研究》第三册，中国政法大学出版社，2005，第244-246页。

盖的补偿范围和类型与侵权赔偿非常相近。

依照《社会保险法》第 38 条，我国工伤保险的主要补偿项目包括：

（1）治疗工伤的医疗费用和康复费用；

（2）住院伙食补助费；

（3）到统筹地区以外就医的交通食宿费；

（4）安装配置伤残辅助器具所需费用；

（5）生活不能自理的，经劳动能力鉴定委员会确认的生活护理费；

（6）一次性伤残补助金和一至四级伤残职工按月领取的伤残津贴；

（7）终止或者解除劳动合同时，应当享受的一次性医疗补助金；

（8）因工死亡的，其遗属领取的丧葬补助金、供养亲属抚恤金和因工死亡补助金；

（9）劳动能力鉴定费。

此外，依照《社会保险法》第 39 条，用人单位还需支付因工伤发生的下列费用：[1]

（1）治疗工伤期间的工资福利；

（2）五级、六级伤残职工按月领取的伤残津贴；

（3）终止或者解除劳动合同时，应当享受的一次性伤残就业补助金。

若将工伤保险补偿项目与侵权赔偿相比较，不难发现，二者所含项目虽然名称上有差别，但除精神损害赔偿外，均涉及医疗费用及相关费用、收入损失、针对伤亡的人身性补偿和丧葬支出等财产性损失。

（三）养老保险与失业保险：以收入补偿为主

年老与失业是影响个人劳动收入的两个重要因素；基本养老金与失业保险金是对个人劳动收入的替代。养老保险和失业保险的共同特点在于补偿劳动者的收入损失。

《社会保险法》第 16 条规定，参加基本养老保险的个人，达到法定退休年龄并且累计缴费满十五年的，可以按月领取基本养老金。此外，我国还有保障水平相对较低的城镇居民社会养老保险和新型农村社会养老保险。自 2015 年实

---

[1] 用人单位支付的这部分费用既然由《社会保险法》直接规定，也应属于"工伤保险待遇"的构成部分。另外，根据该法第 41 条的规定，用人单位未依法缴纳工伤保险费而发生工伤事故的，由用人单位支付工伤保险待遇；用人单位不支付的，由工伤保险基金先行支付并向用人单位追偿。关于该条涉及的"工伤保险待遇"是否包括第 39 条规定的用人单位应当支付的补偿项目？这一问题可另行讨论。

行机关事业单位人员养老保险改革以来，我国开始对退休人员全面实行养老保险制度。[①]《社会保险法》第 17 条规定，参加基本养老保险的个人，因病或者非因工死亡的，其遗属可以领取丧葬补助金和抚恤金；在未达到法定退休年龄时因病或者非因工致残完全丧失劳动能力的，可以领取病残津贴。养老保险实行社会统筹和个人账户相结合的方式，单位缴费记入统筹账户，职工缴费记入个人账户。职工在退休前后因病或非因工死亡的，个人账户余额可以作为遗产由遗属继承；统筹账户内的单位缴费作为社会互济资金，遗属不能主张继承。丧葬补助金和抚恤金在一定程度上体现了参保人员对统筹基金的贡献。职工在未达到法定退休年龄前完全丧失劳动能力的，不能享受养老金待遇且又失去了收入来源，可以获得相应的病残津贴。病残津贴是养老保险收入保障功能的适当扩张。[②]

根据《社会保险法》第 45 条的规定，失业人员符合相关条件的，可以领取失业保险金；第 49 条规定，失业人员在领取失业保险金期间死亡的，参照当地对在职职工死亡的规定，向其遗属发给一次性丧葬补助金和抚恤金。给工作期间死亡职工的家属发放丧葬补助和抚恤金是我国长期坚持的一项福利制度，失业保险引入该制度体现了国家对失业人员及其家属的人性关怀。[③]

三、商业保险的补偿项目

商业保险作为意定补偿机制（强制险例外），具体补偿项目由保险合同约定，因而不同险种和合同中补偿项目的类型、名称、标准、金额及其详略程度等差异极大。例如，中国人民财产保险股份有限公司"人人安康家庭医疗保险"中的"一般医疗保险责任"下的具体补偿项目包括住院医疗费用（含床位费、膳食费、护理费、重症监护室床位费、诊疗费、检查检验费、治疗费、药品费、手术费、救护车使用费）、特殊门诊医疗费用（门诊肾透析费、门诊恶性肿瘤治疗费、器官移植后的门诊抗排异治疗费）、住院前后门急诊医疗费用等。[④] 再如，中国人民财产保险股份有限公司"机动车综合商业保险"中的"机动车车上人员责任保险"对补偿项目并无具体规定，仅约定"保险期间，被保险人或其允许的驾驶人

---

① 国务院:《关于机关事业单位工作人员养老保险制度改革的决定》(〔2015〕2 号)。
② 信春鹰:《中华人民共和国社会保险法释义》，法律出版社，2010，第 51-52 页。
③ 同上书，第 146-147 页。
④ 《中国人民财产保险股份有限公司人人安康家庭医疗保险条款》(C00000232512018102200592)。

在使用被保险机动车过程中发生意外事故，致使车上人员遭受人身伤亡，且不属于免除保险人责任的范围，依法应当对车上人员承担的损害赔偿责任，保险人依照本保险合同的约定负责赔偿"[1]。在此情形下，具体补偿项目自然以保险范围内的实际支出项目为准。

就补偿项目而言，商业保险虽然整体上具有任意性特征，但内部不同类型保险的补偿项目又有若干不同特点。责任保险的保险标的为被保险人依法应负的法律（侵权）责任，故而无论对其补偿项目做何约定，补偿项目种类和金额总和均不得超过侵权赔偿的范围。比较而言，第一方保险补偿项目的约定更加灵活。

四、补偿项目的对比分析

对侵权受害人的救济最终体现为具体的补偿项目。如果说各救济机制是综合救济系统的几个主要分支，各救济机制下的具体补偿项目则是其末梢。很显然，各救济机制的补偿项目差异与彼此的功能目标、补偿条件、补偿范围等其他方面的差异具有一致性，对补偿项目的理解必须回归各救济机制的制度基础。

上述各救济机制内的具体补偿项目的差异极大（详见表4-1）。侵权赔偿的补偿项目众多，财产损失补偿项目既有直接损失，也有间接损失，甚至可能涉及纯经济损失；人身损害补偿既有与人身直接相关的"两金"，也有与人身相关的财产损失补偿，还包括其独有的精神损害补偿。工伤保险作为对传统侵权赔偿的替代，其补偿项目的类型在社会保险中最为丰富，与侵权赔偿的补偿项目十分类似。并且，工伤保险除了来源于社保机构的补偿项目外，用人单位也承担了某些补偿项目。基本医疗保险的补偿项目比较单一，仅限医疗费一项。基本养老保险和失业保险主要以收入补偿项目为主，但同时对参保人的伤亡也有若干补偿项目。不同于前两类救济机制补偿项目的法定性，商业保险的具体补偿项目完全取决于保险合同的任意约定。侵权赔偿与社会保险作为法定补偿机制，其补偿项目也具有法定化、定型化的特征，而这正是彼此间可能发生重叠和冲突的主要原因。相对侵权赔偿与社会保险的"刚性"特征，商业保险的补偿项目则具有"柔性"特点。"刚柔相济"的互补效应或可成为各救济机制补偿项目之间关系协调的整体优势。

---

[1]《中国人民财产保险股份有限公司机动车综合商业保险条款》（AODAAX0015X00）。

表 4-1　各救济机制的具体补偿项目对比

救济机制		财产性补偿项目	人身性补偿项目	备注
侵权赔偿		一般财产损失（直接损失、间接损失）；医疗费（含康复费、后续治疗费）、护理费（含康复护理费）、交通费、住院伙食补助费、（异地）住宿费与伙食费、营养费、误工费、残疾辅助器具费、丧葬费	残疾赔偿金、死亡赔偿金、被扶养人生活费、精神损害抚慰金	——
社会保险	基本医疗保险	医疗费	——	——
	工伤保险	医疗费用、康复费用、住院伙食补助费、异地就医交通食宿费、伤残辅助器具费、生活护理费、一次性医疗补助金、丧葬补助金、劳动能力鉴定费	一次性伤残补助金、伤残津贴（一至四级）、供养亲属抚恤金、一次性工亡补助金	单位支付：工资福利、伤残津贴（五至六级）、一次性伤残就业补助金
	基本养老保险	基本养老金、丧葬补助金、病残津贴	遗属抚恤金	——
	失业保险	失业保险金、一次性丧葬补助金	遗属抚恤金	——
商业保险	责任保险	由保险合同约定	——	以侵权赔偿的补偿项目和范围为限
	第一方保险	由保险合同约定	——	——

第二节　补偿项目协调的理论基础

一、补偿项目的错位问题

当前，各救济机制均是根据自身固有的功能目标和内在逻辑对补偿项目做出安排。侵权赔偿基于损失填补和完全补偿的目标，其补偿项目基本覆盖了受害人可能遭受的各类实际损失；工伤保险作为社会保险对工伤侵权责任的替代，其补偿项目也较为全面地反映了受害人的实际损失（精神损害例外）；基本医疗保险、基本养老保险和失业保险的制度目标较为聚焦，故而它们的补偿项目也都较为单一。《社会保险法》对其内部几个险种之间补偿项目的关系有所安排（如第 49 条），但并没有进一步从综合救济系统层次考虑与侵权赔偿等其他救济机制补偿项目的协调需要。另外，法定救济机制（侵权赔偿和社会保险）与任意救济机制（商业保险）的补偿项目之间的配合问题也尚未被学理和实践所关注。

从综合救济系统的层面来看，各救济机制的补偿项目当前只是依照自身制度逻辑做出独立安排，它们之间存在不同程度的错位问题。如果各救济机制的补偿项目之间仅仅因重叠而发生冲突，只需通过"兼得""择一"等方法进行简单处理即可达成协调目标。但如果各救济机制的补偿项目本身是错位的，就不能简单进行类似加减法的"去此取彼"的操作。各救济机制补偿项目之间的错位主要表现在以下几个方面。

（1）名称表述不统一。各救济机制某些补偿项目的性质可能相同或相近，但名称表述不一。补偿项目协调的前提是对它们进行准确的定性，但名称表述不统一给定性造成极大困扰。例如，关于收入损失相关的补偿项目，侵权法有"误工费"，工伤保险有单位支付的"工资福利"，失业保险有"失业保险金"等；再如，关于残疾相关的补偿项目，侵权法有"残疾赔偿金""残疾生活辅助具费""护理费"，社会保险法有"安装配置伤残辅助器具所需费用""生活护理费""一次性伤残补助金""伤残津贴"等。为了在综合救济系统内实现补偿项目的协调，确定属于相同性质的补偿项目应当尽可能统一名称，以免产生歧义。

（2）法律属性不明确。特定补偿项目的法律属性主要表现为补偿的对象（具体损失）和目的。补偿项目的法律属性是分析补偿项目之间是否存在交叉重叠、受害人能否兼得的基础。补偿项目的属性在一定程度上可以从其名称上反映出来，但是，由于具体补偿项目与其所属救济机制本身的功能目标、补偿范围和计算标准等相关，名称相近或相同补偿项目所拟补偿的损失对象未必完全相同。例如，"单位给予的停工留薪的工伤保险待遇""误工费"等是否具有相同性质在司法实践中存在很大争议；再如，侵权赔偿支付给受害人家属的精神损害抚慰金与养老保险、失业保险的遗属抚慰金均冠以"抚慰金"之名，但它们的补偿对象和目的是否一致，同样存在争议。

（3）金额标准不相同。即使来自不同救济机制的名称或性质相同（近）的补偿项目，它们的补偿标准也往往不同。例如，各救济机制中针对伤残疾病分别存在"残疾赔偿金""一次性伤残补助金""伤残津贴""病残津贴"等项目。且不论这些补偿项目名称或性质方面的差异引起的协调上的困扰，它们的补偿标准也存在极大的差异。依据现行"法释〔2003〕20号"第12条，侵权损害的残疾赔偿金计算标准为：根据受害人丧失劳动能力程度或者伤残等级，按照受诉法院所在地上一年度城镇居民人均可支配收入标准，自定残之日起按二十年计算；但六十周岁以上的，年龄每增加一岁减少一年；七十五周岁以上的，按五年计算；依照《工伤保险条例》第35条、第36条和第37条，工伤伤残等级一至十级分别支付相当于本人工资17个月至7个月不等的一次性伤残补助金；另外，伤残等级为一至六级不能工作的，每月由工伤保险基金或用人单位支付相当于本人工资90%至60%的伤残津贴。依照《社会保险法》第17条，参加基本养老保险的个人在未达到法定退休年龄时因病或者非因工致残完全丧失劳动能力的，可以领取病残津贴。关于病残津贴的标准，中央部门目前尚未出台相关具体细则，各地方实施方法和具体标准不一。由于补偿标准的不一致，各救济机制补偿项目的协调不仅要考虑它们之间质的差异，还应进一步考虑其量的差别。

二、补偿项目的系统属性

（一）补偿项目在系统中的层次位置

系统及系统层次的划分具有相对性和多样性的特征。[①]综合救济系统作为法律系统的子系统，是以侵权事故受害人的救济为中心而构建起来的系统。在综合救济系统内部，同样可以从不同视角对其下层次的子系统进行划分，如法定救济子系统（侵权赔偿、社会保险）与任意救济子系统（商业保险）、公法救济子系统（社会保险）与私法救济子系统（侵权赔偿、商业保险）等。系统层次的不同划分在不同场合均有其特定的理论价值和分析意义。从现行法实际出发，综合救济系统最直观地表现为侵权赔偿、社会保险和商业保险三个主要子系统。再往下一层次，侵权赔偿子系统亦可以划分为过错责任和无过错责任两个二级子系统；社会保险子系统可以划分为基本医疗保险、工伤保险、基本养老保险、失业保险等若干二级子系统；商业保险子系统可以划分为责任保险和第一方保险二级子系统，或人身保险与财产保险二级子系统。

从综合救济系统到各救济机制（一级子系统）之下的二级子系统，各个（子）系统都具有自身的明显功能特征，差异性明显。例如，侵权赔偿之过错责任系

---

① 魏宏森、曾国屏：《系统论：系统科学哲学》，世界图书出版公司，2009，第219-220页。

统与社会保险之基本医疗保险系统除了致力于救济侵权受害人的共同目标外，二者其他方面可谓天差地别。然而，正是由于子系统之间这种差异的存在，它们才可能在一个共同的上层系统之下彼此协作。"层次不仅是系统要素存在的差异，同时也是要素相互协同、进化的途径与方法；没有差异就没有层次，没有协同也就没有层次；没有层次也就没有协同。"① 较之于各救济机制及其二级子系统之间的巨大差异，它们的具体补偿项目却存在明显的趋同性。不同救济机制下的补偿项目虽然在名称、类型等细节方面存在差异，但针对同类损失的补偿项目在整体上十分相近。人们基本上可以从补偿项目的种类、数量和构成上的差异来反推出其所属的救济机制。从该角度观察，补偿项目应属于综合救济系统中的基本元素（要素）。补偿项目在综合系统中的地位和作用十分类似于化学元素。类似于不同化学元素组合构成不同的物质，不同补偿项目的结合也决定了相应救济机制的构成。

补偿项目作为综合救济系统的基本构成要素，其性状的优劣必将通过系统内的结构关系向上传递，并影响到整个综合救济系统的功能效果。因此，单一补偿项目的优化和补偿项目之间的协作也是综合救济系统整体优化的基础。

（二）任一补偿项目的系统共性特征

系统的元素或子系统之所以能组织起来成为一个独立的系统，是因为元素或子系统之间存在某种结构关系。这种结构关系通常是系统整体涌现性的体现。然而，系统的元素或子系统因何而能组织起来？或者，系统的结构关系因何而能发生？系统整体涌现性虽然是孤立的组成部分所不具有的特性，但不能脱离该系统的组成元素而凭空产生。系统的元素或子系统中必然带有某些因素，能够促使它们相互组织起来并产生特定的结构关系。元素或子系统中具有此类作用的因素可以称为"系统共性特征"。贝塔朗菲曾指出："如果一个对象是系统，不论其属于哪一种，它必然具有某些一般系统的特征。"② 系统的共性特征既是系统元素或子系统组织起来的内在原因，同时又可以通过系统的组织结构在系统内进行全方位的传递。在纵向层次上，低层次系统或系统元素总是带有高层次系统的共性特征。俗语云："芥子藏须弥。""不论对某个事物进行多少层次的

① 乌杰：《系统哲学》，人民出版社，2008，第85页。
② Ludwig von Bertalanffy: *General System Theory: Foundations, Development, Applications*, New York: George Braziller, 1968, p.85.

分割，余下的部分都会带有其原始内容的特征。"① 例如，生物系统中的单一细胞，甚至一段 DNA，都含有其所属生物体的遗传信息。

虽然补偿项目只是综合救济系统的基本构成单元，但任何单一补偿项目均含有整个系统的共性特征——对侵权受害人的救济，以及它所附属的上层系统的基本条件。或者说，当我们谈到某一补偿项目，涉及的不只是该项目本身，实际谈的是层层向上的该项目所属的整个系统。因为离开了所属系统的界定和赋予它的种种条件，所谓的补偿项目就是一个没有内涵的空洞概念。比如，系统中有多个救济机制涉及"医疗费用"，在适用该补偿项目时必须首先确定它所属的子系统，然后再往上将其置于整个综合救济系统之下，才能正确适用。若是侵权赔偿中的医疗费用项目，除了满足医疗费用支出这一客观条件外，还须符合因果关系、过错等其他侵权赔偿条件；若是基本医疗保险中的医疗费用项目，则必须符合医保资格和相应的支付条件。因此，受害人获得一项具体医疗费用背后必然蕴含着该项目所属上层系统的全部共性特征和基本条件。

任一补偿项目具有整个综合救济系统的共性特征也是法律系统一般规律的体现。在法律系统论的视野下，当人们谈及任何单一的法律概念或规范时，实际上都牵涉到整个法律系统。这种观点的源起至少可以追溯至凯尔森："可以从同一个基础规范中追溯自己效力的所有规范，组成一个规范体系，或一个秩序。这一基础规范，就如一个共同的源泉那样，构成了组成一个秩序的不同规范之间的纽带。"② 在"纯粹法理论"中，法律秩序总是可以回溯至某个基础规范。③ 该基础规范赋予了其下所有规范的效力，从而建立起统一的规范体系（系统）。"根据凯尔森，规范的特点在于它们都是有条件的。它们的'条件'与边沁所说的'环境'基本一样。"④ 他们所理解的规范的条件或环境实际上正是特定规范层次之上的法律系统。

（三）补偿项目的内在构成

目前的学理和司法实践一般将补偿项目作为一个"实心体"，对不同救济机制之下的同名或相近的补偿项目未做进一步分析。如前所述，系统层次的划分具有相对性，如同物理学和生物学上对基本构成的认识总是一个不断突破的过

---

① Jeffrey Yi-Lin Forrest: *General Systems Theory: Foundation, Intuition and Applications in Business Decision Making,* Switzerland: Springer Nature Switzerland AG, 2018, p.28.
② 凯尔森：《法与国家的一般理论》，沈宗灵译，商务印书馆，2013，第 175 页。
③ 凯尔森：《纯粹法理论》，张书友译，中国法制出版社，2008，第 82 页。
④ 约瑟夫·拉兹：《法律体系的概念》，吴玉章译，中国法制出版社，2003，第 72-73 页。

程。从分子到原子再到亚原子粒子，从细胞到染色体再到 DNA，对事物系统层次向下认识的每一步都是科学史上的重大发展。补偿项目作为综合系统的构成元素也有一定的内在构成，应当被进一步分析。

（1）补偿对象（实际损失）。无损失则无救济，各种救济机制的补偿均以实际损失的存在为前提。实际损失的类型多样，而救济的条件和对象范围有所不同，故而有多元救济机制的差别。同理，由于实际损失具体类型的多样化，需通过不同的补偿项目进行对应的救济。例如，在侵权赔偿中，因为有医疗费用的损失，相应地有医疗费用项目；因为受害人的精神痛苦，相应地有精神损害抚慰金项目；因为身体受到伤害，相应地有残疾赔偿金项目；等等。每一补偿项目均有特定类型的实际损失作为其相应的补偿对象。相对于各救济机制补偿对象的抽象性和概括性，补偿项目的补偿对象必须是具体的、可界定的实际损失。实际损失的多样性决定了各救济机制中补偿项目的类型化；同时，补偿项目的类型化也是实际损失类型化的表现。

（2）补偿水平（补偿金额）。虽然各救济机制下同名或相近的补偿项目针对同一具体损失均可提供补偿，但它们的补偿水平或补偿金额往往因所属救济机制的功能、目的等的不同而存在较大差异。因此，若要确定某补偿项目的内容，除了应确定作为其补偿对象的实际损失外，还必须确定其具体的补偿水平。例如，侵权赔偿中的误工费、工伤保险中单位支付的工资福利、基本养老金和失业保险金均是针对收入损失的补偿项目，但它们各有不同的制度依据和计算方法，最终表现出的补偿水平各不相同。所以，在协调分别属于不同救济机制的补偿项目关系时，不得仅仅以它们补偿对象的相同来判断受害人是否已获得充分补偿，还必须考虑它们的补偿水平。简言之，补偿对象涉及补偿项目与实际损失的对应性，是补偿的有无问题；补偿水平则涉及补偿的充分性，是补偿的程度问题。

（3）补偿方式（支付方式）。补偿项目涉及的另一个重要因素是补偿方式。即使针对同一损失和同等补偿水平的补偿项目，以不同的方式进行补偿也会对受害人的利益产生影响。这里所谓的补偿方式主要涉及补偿款项的支付方式，如一次支付、多次支付或周期支付。例如，工伤保险针对残疾部分的补偿包括一次性伤残补助金和伤残津贴。一至十级伤残的一次性伤残补助金分别为本人工资的 27 个月至 7 个月。一至四级伤残的，由工伤保险基金按月支付相当于本人工资 90% 至 75% 的伤残津贴，五级和六级伤残且用人单位难以安排工作的，由用人单位每月支付相当于本人工资 70% 或 60% 的伤残津贴。比较侵权赔偿中残疾赔偿金的支付方式，虽然赔偿义务人依据现行"法释〔2003〕20 号"第 20 条可以申请以定期金方式支付，我国审判实践中对人身损害一般多采取一次性赔付方式。[①] 实际上，补偿项目的支付方式不仅涉及补偿的及时性和易得性，还会对受害方实际获得的补偿金额产生影响。对于定期支付的长周期补偿项目，补偿期数和实际补偿金额主要取决于受害人的寿命长短。

综上所述，补偿项目作为综合救济系统的基本元素，仍然可以进一步分析其内在结构和元素构成。通过分析补偿对象、补偿水平和补偿方式等，才能真正比较分属于不同救济机制之下那些名称上相同或相近的补偿项目之间存在的细微差别，从而为它们之间的关系协调提供可靠的基础。

三、补偿项目的协调现状

（一）现有的协调思路及处理模式

补偿项目虽然是综合救济系统内的底层构成要素，但其本身也有一定的内在结构。对补偿项目的解构和分析不仅是本层次协调的基础，也是整个综合救济系统内在协调的最后落脚点。由于没有进一步分析补偿项目的内在构成，我国当前学理和司法实践的协调思路还主要聚焦在救济机制层次上。当前，我国学理和司法实践对补偿项目协调问题的讨论较集中地体现在第三人侵权造成工伤的案件，如职工在上下班途中遭遇车祸、在执行职务过程中被他人侵害、因生产设备缺陷受到伤害等。此类情形下，受害人有权向侵权行为人索赔，也可以享受工伤保险待遇，首先涉及侵权赔偿与工伤保险的并行给付。若侵权人购有责任保险，还涉及责任保险；或者，在侵权人无责任保险、无赔偿能力或逃逸之场合，还可能涉及社会救助。此外，受害人自身也可能购有第一方保险，并享有基本医疗保险、失业保险等保障。由于侵权赔偿与第一方保险、责任保险、工伤保险、基本医疗保险、失业保险和社会救助等之间的价值取向、制度功能等各不相同，它们之间应如何协调运作遂成一重大现实问题。然而，学理上对上述问题的讨论也主要集中于侵权赔偿与工伤保险的关系，偶有学者将讨论范围扩展至侵权赔偿与社会保险的整体关系，而关于侵权赔偿与第一方保险、

---

① 最高人民法院民事审判第一庭：《最高人民法院人身损害赔偿司法解释的理解与适用》，人民法院出版社，2015，第 373 页。

第一方保险与社会保险、社会保险与责任保险等方面的关系则鲜有人关注，更罕有人系统地从侵权赔偿、第一方保险、责任保险、社会保险、社会救济等之全局关系进行讨论。

目前就侵权赔偿与工伤保险（社会保险）的协调方式，我国学理和实践中主要有替代、选择、兼得、补充四种模式。[①] 虽然这四种并非全部可能之模式，但其余均可视为相应模式之变种。侵权赔偿与社会保险以外其余救济机制之间的协调关系亦可以此为参照。

1. 替代模式

替代模式理论上可以是各种机制之间相互替代，但现实中只存在单向地以社会保险替代侵权赔偿，受害人只能请求社会保险补偿而不能再请求侵权赔偿。目前，全面地以社会保险取代侵权赔偿的国家只有新西兰。[②] 其他采纳替代模式的国家，如奥地利、比利时、法国、德国、希腊、意大利、瑞士等，仅适用于工伤赔偿领域。并且，这些国家以工伤赔偿替代侵权赔偿亦有种种条件和限制，如作为侵权人的雇主或其他受雇人有故意或重大过失，或者侵权人为第三人的，保险人享有追偿权等。[③] 替代模式面临的最大质疑在于免除侵权人赔偿责任的正当性。对此，支持者认为，替代模式乃历史趋势，具有简便、易行、公平、减少诉讼等优势，更何况工伤保险的费用本身是由雇主支付的。[④]

2. 选择模式

选择模式是指受害人可以在工伤保险和侵权赔偿之间选择，且只能选择其一，必须放弃其余。王泽鉴先生评价认为，此项制度表面上似属妥当，实则对受害人不利。主要因为工伤保险金额虽较侵权赔偿要少，但受害人常因经济急需而被迫选择额度较少、程序较便利的工伤保险。[⑤] 我国有的学者主张替代模式辅以选择模式，即一般工伤采用替代模式，第三人侵权造成工伤赋予受害人选择权。[⑥] 选择模式较替代模式赋予了受害人一定之选择自由，看似更为合理，

---

① 王泽鉴：《民法学说与判例研究》第三册，中国政法大学出版社，2005，第252-255页。

② Peter McKenzie, "The Compensation Scheme No One Asked for: The Origins of ACC in New Zealand", *VUWLR*, Vol.34, 2003, p.195; William Hodge, Bill Atkin, Geoff Mclay & Bruce Pardy, *Torts in New Zealand: Cases and Materials*, Oxford: Oxford University Press, 1997, p.138.

③ 乌尔里希·马格努斯主编《社会保障法对侵权法的影响》，李威娜译，中国法制出版社，2012，第356-360页。

④ 金福海、王林清：《论工伤保险赔偿与侵权赔偿之关系——写在〈工伤保险条例〉施行之时》，《政法论坛》，2004年第4期，第70-75页；王泽鉴：《民法学说与判例研究》第三册，中国政法大学出版社，2005，第254页。

⑤ 王泽鉴：《民法学说与判例研究》第三册，中国政法大学出版社，2005，第254页。

⑥ 张新宝：《工伤保险赔偿请求权与普通人身损害赔偿请求权的关系》，《中国法学》2007年第2期，第52-66页。

但也存在与替代模式同样的问题（当受害人倾向于选择工伤保险）。况且，在工伤保险与侵权赔偿的价值取向和补偿条件、范围、金额等存在差异的情况下，对受害人也难谓公平。

3. 兼得模式

兼得模式是指受害人可以同时获得侵权赔偿和社会保险补偿，但通常有一定的限制，如用人单位具有故意或重大过失、受害人缴纳了一定比例的社保费用、仅限于死亡赔偿等不可以用金钱计算的损失等。[①] 此种模式避免了前两种模式下免除侵权人责任引发的问题，对受害人最为有利。但由于对侵权赔偿与社会保险的性质理解不同，学者就兼得模式是否会对受害人构成重复补偿存在争议。

4. 补充模式

受害人对侵权赔偿和社会保险均可提出请求，但所获补偿的总额不得超过其实际损失。补充模式可以视为兼得与选择模式的有条件的折中。较之兼得模式，补充模式下的受害人亦可以同时获得侵权赔偿和社会保险金；较之选择模式，补充模式下的受害人亦享有一定之选择自由。补充模式的重要特征在于受害人所获补偿总额不超过其实际损失。补充模式的出发点为侵权法中的损害填补原则，旨在保障受害人获得充分补偿的同时又可避免重复补偿。由于补充模式欲兼顾两个目标，并兼具兼得与选择模式之特点，其操作方式相对复杂，同样存在一些问题。其首先涉及补偿机制的主次问题，即以何种补偿为主，再以何者补充之？我国有的学者认为，应以社会保险优先，不足部分再以侵权赔偿进行补充。[②] 其次，除非有主张之先后顺序限制，实践中受害人尚可自由选择请求之对象，难免出现获偿总额超出其实际损失之情形，故补充模式通常还需要借助损益相抵和代位追偿来平抑其所得。[③] 因此，补充模式还存在追索程序复杂、补偿结果难以符合预期的弊端。

也有学者注意到，传统模式"仅仅关注到侵权赔偿和社会保险各自的整体功能，忽略了各赔付项目本身的性质和目的"，从而主张依照各救济机制的不同赔偿项目进行分别判断，或可以兼得或进行"总额补差"。[④] 事实上，以上四种

① 张平华、郭明瑞：《关于工伤保险赔偿与侵权损害赔偿的关系》，《法律适用》2008年第10期，第31-36页；王显勇：《工伤保险与侵权法竞合的理论与立法构想》，《社会科学》2009年第5期，第105-114页。

② 吕琳：《工伤保险与民事赔偿适用关系研究》，《法商研究》2003年第3期，第54-61页。

③ 王泽鉴：《民法学说与判例研究》第三册，中国政法大学出版社，2005，第255页。

④ 周江洪：《侵权赔偿与社会保险并行给付的困境与出路》，《中国社会科学》2011年第4期，第166-178页。

模式很难说何者正确或优越，而是各有功能特点和适用条件。依据不同补偿项目之间的关系特点和协调目标，灵活采纳不同的协调模式或许才是恰当的选择。

（二）立法现状及其缺漏

1. 关于侵权赔偿与社会保险的关系

在原《侵权责任法》（2009 年）立法过程中，各界对侵权赔偿与社会保险的关系存在巨大争议。[①] 该法最终对侵权赔偿与社会化救济机制的衔接问题未作出明确规定，仅于第 18 条第 2 款规定了被侵权人死亡情形下"支付被侵权人医疗费、丧葬费等合理费用的人"的侵权请求权。该条款仅在有限范围内为社保机构对侵权人的追偿权提供了依据。

《社会保险法》（2010 年）第 30 条规定，涉及工伤保险、第三人侵权等其他补偿来源的，不应纳入基本医疗保险，即相应的医疗费应由工伤保险或第三人补偿（第 1 款）；但第三人不支付或无法确定的，应由基本医疗保险基金先行支付并有权向第三人追偿（第 2 款）。第 42 条规定了在第三人造成工伤情形，第三人不支付或无法确定的，应由工伤保险基金先行支付"工伤医疗费用"并有权向第三人追偿。综合来看，这两个条文实际上仅针对医疗费确立了先第三人侵权赔偿，次工伤保险，后基本医疗保险的法定补偿顺序。由于《社会保险法》赋予了社保机构对第三人的追偿权，受害人不能再就医疗费向侵权第三人索赔是显而易见的，故而实质属于择一的赔偿关系。就协调模式来看，前述规定并不严格属于前述四种模式中的任何一种。此外，就社会保险（工伤保险）与侵权赔偿之间对医疗费以外的其他诸多赔偿项目应如何协调，《社会保险法》也未作出规定。

根据 2001 年《职业病防治法》第 52 条（2011 年修订为第 59 条）和 2002 年《安全生产法》第 48 条（2014 年修订为第 53 条）均规定，受害人除享受工伤保险外，若依照民事法律有获得赔偿权利的，有权向用人单位提出赔偿。鉴于这两个条文均使用了"除……外，有权……"的句式，从文义来看，应属肯定了工伤保险与侵权赔偿可以并存。但是，理论和实务上对此两个条文的理解却仍然有"兼得模式"与"补充模式"的分歧。[②]

---

① 全国人大常委会法制工作委员会民法室编：《侵权责任法立法背景与观点全集》，法律出版社，2010，第 1022-1025 页。

② 张新宝：《工伤保险赔偿请求权与普通人身损害赔偿请求权的关系》，《中国法学》2007 年第 2 期，第 52-66 页；王显勇：《工伤保险与侵权法竞合的理论与立法构想》，《社会科学》2009 年第 5 期，第 105-114 页。

由于相关法律规定不周全，审判实践中，法院就侵权赔偿与工伤保险的关系依旧会援引现行"法释〔2003〕20号"第3条（原第12条）的规定。一般认为，该条规定采纳了"混合模式"，即"在用人单位责任范围内以完全的工伤保险取代民事损害赔偿。但如果劳动者遭受工伤，是由于第三人的侵权行为造成，第三人不能免除民事赔偿责任"①。依照该解释第3条第1款的规定，因工伤事故遭受人身损害，起诉请求用人单位承担民事赔偿责任的，告知其按《工伤保险条例》的规定处理。从文义上理解，一般工伤案件应属"替代模式"无疑。但也有批评意见认为，"目前安全生产事故的实际处理中，90%以上的都是责任事故，有过错的用人单位都应当承担侵权责任"②。其次，就第三人侵权造成人身损害之情形，该条第2款规定"赔偿权利人请求第三人承担民事赔偿责任的，人民法院应予支持"。各界对此存在较大分歧。在文义上，该款仅仅明确了不能免除第三人侵权责任，至于受害人能否同时获得侵权赔偿和工伤保险，或者社保机构是否对第三人享有追偿权，则无法直接推断得出。最高人民法院民事审判第一庭（简称民一庭）认为，"因第三人侵权赔偿与工伤赔偿机制目前在法律上是并行不悖的，故从学理上理解，受害人有可能得到双份赔偿（即'兼得模式'）"③。但有学者认为，"在第三人加害行为致害的场合，该司法解释用语不明，从语义来看解释为兼得模式和选择模式均可……因此，对这一规定的正确理解应该是选择模式……"④可见，现行"法释〔2003〕20号"第3条对侵权赔偿与工伤保险的协调关系仍然没有定论。

2. 关于侵权赔偿与商业保险的关系

《保险法》对人身保险和财产保险与侵权赔偿的关系作了不同规定。该法第46条规定，保险人在人身保险中对第三人不享有追偿权，受害人及其家属仍可以向第三人请求侵权赔偿。学界对此兼得模式的规定存在不少反对意见。⑤由于人身保险中医疗费、护理费等本身属于财产性损失，禁止保险代位将导致受

---

① 陈现杰:《〈最高人民法院关于审理人身损害赔偿案件适用法律若干问题的解释〉的若干理论与实务问题解析》,《法律适用》2004年第2期, 第8页。
② 全国人大常委会法制工作委员会民法室:《侵权责任立法背景与观点全集》, 法律出版社, 2010, 第1023页。
③ 最高人民法院民事审判庭第一庭:《最高人民法院人身损害赔偿司法解释的理解与适用》, 人民法院出版社, 2015, 第185页。
④ 张新宝:《工伤保险赔偿请求权与普通人身损害赔偿请求权的关系》,《中国法学》2007年第2期, 第63页。
⑤ 胡鸿高、李磊:《保险代位求偿权在人身保险中的适用问题研究》,《当代法学》2009年第1期, 第113-117页; 樊启荣:《"人身保险无保险代位规范适用"质疑——我国〈保险法〉第68条规定之妥当性评析》,《法学》2008年第1期, 第16-25页。

害人不当得利的结果。根据第 60 条的规定，保险人在财产保险中于保险金范围内对第三人享有代位追偿的权利。再结合保险合同和保险索赔的私法属性，侵权赔偿与财产保险的关系应理解为择一性质。另外，由于责任保险本身以侵权责任为标的，并且，当事人在责任保险条件下几乎都会选择保险救济，责任保险与侵权赔偿在逻辑上是择一关系，但实际上近乎替代关系。

3. 关于商业保险与社会保险的关系

《保险法》未有涉及与社会保险的关系，《社会保险法》亦未涉及与商业保险的关系。基于《保险法》第 46 条中人身保险不影响其他补偿来源的立法精神[1]，人身保险与社会保险也应属兼得关系。鉴于责任保险是对侵权赔偿的替代，其与社会保险的关系通常应当取决于侵权赔偿与社会保险的关系。但在某些强制责任保险情形下，因保险人的赔偿责任明显独立于侵权人，他与侵权赔偿、社会保险和其他商业保险之间仍然存在特殊的协调问题。例如，《机动车交通事故责任强制保险条例》第 22 条规定，保险人在交强险限额范围内有垫付抢救费用的责任并享有相应的追偿权；第 24 条规定了道路交通事故社会救助基金对丧葬费、抢救费用有先行垫付责任和相应的追偿权。在这些情形，责任保险人也将因追偿权而与侵权赔偿、社会保险、第一方保险之间发生连接和协调问题。

（三）司法实践的混乱现状

立法的不完备也造成司法实践中的混乱局面。我国司法实践中涉及的问题也主要体现在侵权赔偿与社会保险（尤其是工伤保险）的协调方面。2015年最高人民法院《第八次全国法院民事商事审判工作会议（民事部分）纪要》（"第八次会议纪要"）第 9 条指出："被侵权人有权获得工伤保险待遇或者其他社会保险待遇的，侵权人的侵权责任不因受害人获得社会保险而减轻或者免除。根据《社会保险法》第 30 条和 42 条的规定，被侵权人有权请求工伤保险基金或者其他社会保险支付工伤保险待遇或者其他保险待遇。"相较于原"法释〔2003〕20 号"第 12 条第 2 款，"第八次会议纪要"第 9 条同样仅强调了侵权人责任不因受害人获得社会保险而减免，但并未指明是由受害人全部或部分兼得，或是由社保机构全部或部分追偿。现行法和最高院对此关键问题含糊不清，导致各地方法院的处理方式差异很大。

浙江省在 2009 年之前对第三人侵权造成工伤的案件主要采取"总额补差"

---

① 安建：《中华人民共和国保险法（修订）释义》，法律出版社，2009，第 81-82 页。

的模式（浙政发〔2003〕52号）。根据浙江省高级人民法院民 ˙庭《关于审理劳动争议案件若干问题的意见》（浙法民一〔2009〕3号）第37条，受害人应先提出侵权赔偿，再由社保机构或用人单位在工伤待遇总额内补足工伤待遇；若因各种原因先获得工伤待遇后主张侵权赔偿的，可在工伤保险待遇范围内按总额补差办法结算，并由社保机构或用人单位向侵权人追偿。随后，根据《浙江省人民政府关于进一步做好工伤保险工作的通知》（浙政发〔2009〕50号），将原"总额补差"模式调整为："在遭遇交通事故或其他事故伤害的情形下，职工因劳动关系以外的第三人侵权造成人身损害，同时构成工伤的，依法享受工伤保险待遇。如职工获得侵权赔偿，用人单位承担的工伤保险责任相对应项目中应扣除第三人支付的下列五项费用：医疗费，残疾辅助器具费，工伤职工在停工留薪期间发生的护理费、交通费、住院伙食补助费。"浙江省高级人民法院民一庭《关于审理劳动争议纠纷案件若干疑难问题的解答（2012）》在《社会保险法》实施后再次确认了该模式。也即对"五项费用"采取"不可兼得＋总额补差"模式，相关判例如"红松化纤有限公司与文永军工伤保险待遇纠纷案"（〔2015〕嘉秀民初字第115号）、"胡惠明与浙江兰亭高科股份有限公司工伤保险待遇纠纷案"（〔2014〕绍柯民初字第3756号）等；"五项费用"以外项目采取"兼得"模式，如"沈蔚珍诉马飞机动车交通事故责任纠纷案"（〔2014〕嘉海袁民初字第309号）。浙江省此种"五项费用以外的兼得模式"较2009年以前的做法有所改进，但对"五项"以外费用一律兼得是否合理，仍有疑问。例如在"沈蔚珍案"中，原告享受了单位的"停工留薪的工伤保险待遇"，同时向侵权人主张"误工费"。实际上，停工留薪工资与误工费的法律依据虽然不同，但在本质上均是对原告正常收入损失的补偿，二者兼得有重复补偿以致"不当得利"之嫌。值得注意的是，根据《浙江省工伤保险条例》（2017）第32条，浙江省司法实践又改回了"总额补差"模式。①

　　广东省与浙江省2017年以前的处理思路相同，但具体的扣除内容和范围不同，扣除范围包括医疗费、辅助器具费和丧葬费三项（广东高院、劳动人事仲

---

① 《浙江省工伤保险条例》〔2017〕第32条："因第三人的原因造成工伤，工伤职工可以先向第三人要求赔偿，也可以直接向工伤保险基金或者用人单位要求支付工伤保险待遇。工伤职工先向第三人要求赔偿后，赔偿数额低于其依法应当享受的工伤保险待遇的，可以就差额部分要求工伤保险基金或者用人单位支付。工伤职工直接向工伤保险基金或者用人单位要求支付工伤保险待遇的，工伤保险基金或者用人单位有权在其支付的工伤保险待遇范围内向第三人追偿，工伤职工应当配合追偿。法律、行政法规对因第三人原因造成工伤的赔偿作出明确规定的，依照法律、行政法规规定执行。"

裁委《关于审理劳动人事争议案件若干问题的座谈会纪要（2012）》）。

江苏省将侵权赔偿与工伤保险确定为"部分兼得，部分补充"的关系（江苏省高级人民法院《劳动争议案件审理指南2012》），即工伤保险中应扣除第三人已支付的医疗费、护理费、营养费、交通费、住院伙食补助费、残疾辅助器具费和丧葬费等实际发生费用，其余部分可以兼得。江苏省各级法院在审判中也完全采取了这一模式，如"南京苏绘贸易有限公司与刘导友、赵岐凤等工伤保险待遇纠纷案"（〔2015〕通中民终字第1106号）、"瑞宏精密电子（太仓）有限公司与李伟工伤保险待遇纠纷案"（〔2015〕太民初字第00432号）。江苏省相对于浙江省的"五项费用"再增加了营养费、丧葬费，并且还可以扩展至其他"实际发生费用"。此外，江苏省在护理费方面没有"在停工留薪期间发生"的限制，略为宽泛。较浙江省"五项费用"的列举相比，江苏省以"实际发生"的费用为准，似乎更为灵活、合理。

根据北京市劳动和社会保障局、北京市高级人民法院《关于劳动争议案件法律适用问题研讨会会议纪要（2009）》的要求，"如侵权的第三人已全额给付劳动者（或直系亲属）医疗费、交通费、残疾用具费等需凭相关票据给予一次赔偿的费用，用人单位则不必再重复给付"。很显然，北京市的处置重心在于费用支出的票据凭证，实践中操作简单、方便。但是，"需凭相关票据给予一次赔偿的费用"与"实际发生费用"可能会有出入，后者范围往往大于前者。

上海市将侵权赔偿与工伤保险具体补偿项目的关系分为三大类（《上海高级人民法院民一庭关于审理〈工伤保险赔偿与第三人侵权损害赔偿竞合案件若干问题〉的解答（2010）》）。一是重复赔偿项目（即不可兼得的项目），按照"就高原则"计算赔偿数额。存在重复赔偿的项目包括（工伤保险—侵权赔偿）原工资福利—误工费，医疗费—医疗费，护理费和停工留薪期间的生活护理费—护理费，住院伙食补助费—住院伙食补助费，交通费—交通费，外省市就医食宿费—外省市就医住宿费、伙食费，康复治疗费—康复费、康复护理费、适当的整容费、后续治疗费，辅助器具费—残疾辅助器具费，供养亲属抚恤金—被扶养人生活费，丧葬补助金—丧葬费。二是兼得项目，性质相同但受害人可以同时获得，包括一次性伤残补助金—残疾赔偿金、一次性工伤补助金—死亡赔偿金。三是专属项目，性质不同但受害人可以同时获得，工伤保险的专属项目包括伤残津贴、一次性工伤医疗补助金、一次性伤残就业补助金；侵权赔偿的专属项目包括营养费、精神抚慰金、陪护人员住宿费、伙食费。上海市的处理方式兼顾了工伤保险与侵权赔偿的不同功能和特点，较其他省市更为细致。

此外，关于侵权赔偿与工伤保险以外其他救济机制之间的关系，各地法院的相关解释和判例中也偶有涉及。如江苏省高级人民法院《劳动争议案件审理指南 2012》曾做出解释，认为工伤保险与商业保险不能相互替代，受害人获得人身意外保险或其他商业保险赔偿的，仍可以享受工伤保险赔偿。司法实践中关于侵权赔偿与医保或医保外费用的关系[①]、侵权赔偿与商业保险的关系[②]等，均在重大争议。

（四）当前处理模式存在的根本问题

在现行法和最高人民法院未对各救济机制的相互关系全面作出规定或指引的背景下，我国地方司法部门有较大的自由裁量空间，实际操作方法也灵活多样，但整体上均未超出前述学理上四种可能的模式。对于我国学理和司法实践中的协调模式，我们从系统论角度很容易发现其存在的不足：不论采用替代、选择、兼得或补充四种模式中的哪一种，均只是从救济机制层次进行简单化的操作，而没有进一步从补偿项目的终端层次上进行协调。甚至，该救济机制层次的协调本身也是不全面的，因为各救济机制的功能目标、补偿条件、补偿范围、补偿序位和追偿关系等重要因素均未被考虑在内。实际上，当前关于多元补偿机制协调的处理模式（主要适用于侵权赔偿与工伤保险）主要借鉴了民法中请求权竞合的相关理论。人们最早关注请求权竞合问题主要是针对侵权责任与违约责任的关系，逐步扩展到物上请求权等其他方面。[③]但在广义上，请求权竞合可以一般地理解为一个具体事实依不同法律规范而产生两项以上请求权，且请求权之间存在或可能存在冲突的法律现象。请求权竞合理论与多元补偿机制协调所涉及的问题非常相似。[④]然而，民法中多个请求权的竞合关系产生于完整的民法规范体系之内，可以在既有的规范体系内对它们进行顺序审查。[⑤]与之不同，多元补偿机制在传统上分别属于公法或私法的、公益性或商业性的

① "朱锦花诉支立成等机动车交通事故责任纠纷案"，浙江省海宁市人民法院〔2015〕嘉海民初字第 182 号判决书。
② "上海薇尚营销策划有限公司与邢晓美工伤保险待遇纠纷案"，上海市第二中级人民法院〔2015〕沪二中民三（民）终字第 542 号判决书；"李仁风诉陆雨、南京河西园林工程有限公司等及第三人南京市社会保险管理中心保险赔偿案"，江苏省南京市秦淮区人民法院〔2013〕秦民初字第 1507 号判决书。
③ 王泽鉴：《民法学说与判例研究》（第一册），中国政法大学出版社，2005，第 353-358 页。
④ 迪特尔·梅迪库斯：《德国民法总论》，邵建东译，法律出版社，2001，第 69 页。
⑤ 汉斯·布洛克斯、沃尔夫·迪特里希·瓦尔克：《德国民法总论》，张艳译，中国人民大学出版社，2019，第 366-370 页。

不同法律系统，现有的理论或模式无法在多元补偿机制所属的共同上层系统之内讨论它们之间的竞合或协调关系。因此，在综合救济系统的理念和架构建立起来之前，任何有关多元补偿机制的协调方案或模式都注定会缺乏完整性和科学性。

四、补偿项目的协调思路

（一）补偿项目协调的系统性要求——"分层协调"

补偿项目的协调是综合救济系统内在协调的最终环节，但仅是诸多环节之一。补偿项目作为综合救济系统的底层构成要素，只有在系统性的全面整合背景下才能真正实现其协调目标。综合救济系统的层次结构应是补偿项目协调面临的首要背景问题，也即作为一个多层次的系统，其内在协调必须先找到合适的协调层次或"协调界面"。拉兹洛曾指出：

"一个复杂系统中的各个子系统起着配位分界面（coordinating interfaces，协调界面）的作用。它们联络它们所控制的系统的那些（较低层次的）组成部分和对它们施加控制的那些（较高层次的）系统。它们起的作用是把它们自己各部分的行为结合成齐心协力的一种行为，然后又把这种共同的努力同更高一个层次系统内其他组成部分的行为结合在一起。"[1]

综合救济系统的内在功能作用同样发生在不同的层次，需要将各层次作为内在协调的界面。另外，作为一个多元的请求权规范系统，综合救济系统的内在关系还要受到法律规范适用的逻辑——请求权基础思维的影响。在私法实践中，法律规范适用的首要问题是"谁得向谁，依据何种法律规范，主张何种权利"[2]。而在综合救济的背景下，该问题则具体表现为侵权受害人可以通过侵权赔偿、责任保险、第一方保险、社会保险等何种机制（向谁，依据何法）获得救济？因此，综合救济系统的初次"协调界面"当然地存在于侵权赔偿等子系统层次，其次再进一步发生在补偿项目层次。换言之，综合救济系统的内在协调应当是一个从上到下逐层次协调的过程。如果请求权冲突在上一层次的协调界面已经解决，则无需进入下一层次；如果冲突在上一层次未能解决，则需要

---

[1]　E. 拉兹洛：《用系统论的观点看世界》，闵家胤译，中国社会科学出版社，1985，第 62-63 页。
[2]　王泽鉴：《民法思维：请求权基础理论体系》，北京大学出版社，2009，第 41 页。

在下一层次的界面进一步去解决。依照上述协调路径，综合救济系统的内在协调应当分别在两个层次的界面上进行。例如，依照我国现行法规定，工伤保险是对（用人单位）侵权赔偿的替代。当工伤保险与侵权赔偿并行，即应选择工伤保险救济，也就无需进入下一层次界面的协调。若损害超出工伤保险范围，且其余部分仍然需要侵权赔偿救济，就需要在下一层次界面上进行补偿项目的协调。

在综合救济系统背景下，补偿项目层次的协调以救济机制的并存为前提。救济机制的并存可能因为各自补偿项目的重叠使得受害人获得的补偿超出其实际损失，违背损害填补或禁止得利原理。"在被侵权人损失完全填补原则之下，通过损益相抵、代位求偿等制度的运用，既要避免侵权人不当免责，也要避免其承担不当责任。"[1] 损害填补与"禁止得利"是补偿项目协调的基本要求。在此基础上，补偿项目的协调还需进一步实现多元补偿机制和救济主体之间的关系优化。

（1）基于完全填补损失的目标，最大程度地实现对受害人的充分补偿。虽然损害救济以完全填补为原则，但由于制度上的种种限制，受害人从任何单一救济机制获得的补偿通常并不能真正填补其实际损失。多元补偿机制的存在无疑为更充分地补偿受害人创造了机会，但是这也仅以现行法救济机制的补偿项目可覆盖的范围为限。若受害人的损失处于各救济机制的补偿项目之外，即使某些损失的相关补偿项目可能存在重叠，也不能用于补偿其余部分的损失。其余部分的损失仍无法通过多元补偿机制的协作关系得到填补。借助集合关系来分析，如果将受害人的实际损失视为全集，各救济机制的补偿视为子集，综合救济系统的最大补偿范围就是各救济机制的并集（重叠部分为交集）；而在该并集之外，仍可能存在一定范围的补集。

（2）避免受害人获得超出其实际损失的重复补偿或不当得利。基于"不得从不幸事故中获利"的法理，完全填补受害人的实际损失不仅是多元补偿机制协调的积极目标，也是受害人可获补偿范围的限制性要求。"禁止得利"在综合救济系统内在协调中的作用实际上就是"做减法"，即评估哪些补偿对于受害人的损失存在重复并予以排除。在多层结构的系统中，协调操作的层次越高，其结果就会越粗放；反之，协调操作的层次越基础，其结果就会越精确。因此，

---

[1] 周江洪：《侵权赔偿与社会保险并行给付的困境与出路》，《中国社会科学》2011年第4期，第178页。

补偿项目层次上的"去重"操作可以让综合救济系统的整体补偿更接近受害人的实际损失。鉴于补偿项目本身也有一定的内在构成，补偿项目层次上的"去重"操作还应对各补偿项目的补偿对象、补偿水平、补偿方式等要素进行对比分析。

（3）在合理安排多元救济主体终局责任的基础上，尽可能减少追偿、"一事多诉"等额外环节，降低系统运行成本。"充分补偿"和"禁止得利"是仅从受害人角度提出的要求，尚未涉及损害救济关系的责任主体方。如何安排多元补偿机制责任主体的补偿序位，以及由谁承担损害救济的终局责任等，则是损害救济关系另一端的重要问题。依照我国《保险法》和《社会保险法》的相关规定，除责任保险情形以外，侵权人承担着综合救济系统中的终局责任，有关综合救济系统内的追偿也最终指向侵权人。就此而言，损害风险仍相对集中于侵权人一方，侵权赔偿仍然是我国综合救济系统中最末端的救济机制。此种现状与综合救济背景下的风险分散要求和社会化救济趋势似乎并不匹配。

（二）人身性与财产性补偿项目的"分类协调"

我国学界一般根据损害对象的性质将赔偿责任分为财产损害赔偿、人身损害赔偿和精神损害赔偿三类[①]；也有部分学者将人身损害相关的赔偿（如残疾赔偿金、死亡赔偿金等）归于财产损害赔偿，仅区分为财产损害赔偿和精神损害赔偿两类[②]。这两种分类方法一定程度上反映了我国学界对人身损害赔偿属性理解上的分歧。以人身为对象的损害可能涉及财产性补偿项目（如医疗费用），也可能涉及人身性补偿项目（如残疾赔偿）——此类补偿项目的直接补偿对象应为人格利益本身，但学理上对此存在争议。同时，以财产为对象的损害也可能涉及人身性补偿项目（如侵害人格物的精神损害赔偿）。此外，在相当程度上受私法传统思维的影响，《保险法》也依据"损害对象"的性质，将保险合同分为财产保险合同和人身保险合同两类。这种分类方式存在的最典型问题是医疗费被归于人身保险的范围，但一般又认为其应适用财产保险的原理和规范。[③]

当前，我国立法和学理上对赔偿责任的区分均是依照"损害对象"性质的不同，这种区分在单一救济机制的运作中并没有表现出明显不妥（前述保险法中的医疗费问题除外），但是，在涉及多元补偿机制的补偿项目协调时却显现出不

---

① 张新宝：《侵权责任法》，中国人民大学出版社，2016，第94-122页；方新军：《侵权责任法学》，北京大学出版社，2013，第190-202页；蒋云蔚、王康：《侵权责任法原理》，格致出版社，2010，第283-316页。
② 王利明：《侵权责任法研究》（上卷），中国人民大学出版社，2010，第670-719页；周友军：《侵权法学》，中国人民大学出版社，2011，第75-89页。
③ 胡鸪南、何璎栩：《意外险附加医疗险的损失补偿问题》，《浙江金融》2010年第9期，第54-55页。

足。其根本原因在于救济机制末端的补偿项目所直接对应的是最终的"补偿对象"，而非"损害对象"。侵害某类"损害对象"可能造成多个属性完全不同的实际损失，位于终端的具体损失才是补偿项目对应的"补偿对象"。从请求权角度来看，不论何种请求权，都属于财产性权利。但是，补偿对象不同，补偿的认定标准、总额限制等就会有所不同。

由于人身损害赔偿中既有财产性补偿项目，也有人身性补偿项目，故而以"损害对象"为依据并不能真正区分两类不同属性的赔偿责任。区分人身性补偿项目与财产性补偿项目的主要因素在于：财产性补偿项目对应的实际损失（即纯财产损失，如医疗费、劳动收入等）能够被客观估价，可以根据实际损害的价值来确定多个同类补偿项目的总额上限；人身性补偿项目对应的实际损失（即纯人身损害，如伤残、死亡、精神损害等）无法被客观估价，也就不能依据实际损害的价值来确定多个同类补偿项目的总额上限。必须指出，"实际损失"在侵权赔偿单一救济机制中虽然是确定补偿金额的评价基准，但其内涵和外延都较为模糊，并不一定真实反映了受害人的实际损失。在财产损失赔偿中，"实际损失"除直接损失外，间接损失和纯经济损失的界定在很大程度上取决于因果关系和法律政策等外在因素；在人身损害赔偿中，作为补偿金评价基准的"实际损失"事实上并非实际损失，而是参照受害人或其亲属的收入损失、生活费需求等外部标准计算的结果。侵权赔偿单一救济机制中的"实际损失"是对本子系统内各种因素进行利益平衡的产物；而在多元救济背景下，由于更多平衡因素的介入，"实际损失"的内涵和外延都有可能发生相应的变化。因此，为了实现多元补偿机制的协调，作为损害填补之判断依据的"实际损失"必须回归其本来含义，如此才能合理界定受害人通过多元补偿机制可以获偿的范围。损害填补原则中受害人的"实际损失"本指因侵权事件遭受的、应受补偿的全部损害，仅关乎受害人自身，与计算标准、法律政策等外部因素无关。由于两类补偿项目对应的实际损失的可估价性不同，它们在涉及多个具体补偿项目时的总体协调原则也应存在差别。

（三）基于补偿项目内在因素的"分项协调"

在"分类协调"的基础上，再对分属于同类性质的补偿项目的内在构成进行逐一对比，以确定受害人可获补偿项目的范围。当前，我国司法实践和学理上关于多元补偿机制的协调思路已经开始从救济机制层次转向补偿项目层次。但是，补偿项目层次的协调却尚未对补偿项目本身展开分析，仍然过于粗放。基于补偿项目的内在构成的对比，可以进一步鉴别某些同类或相近补偿项目之间的细微差别，以提高补偿项目层次的协调水平。

1. 具体补偿对象的对比

具体补偿对象是否一致是协调数个并行补偿项目的关键。在补偿项目层次的协调中，首先应当对比它们补偿对象或针对的实际损失的性质和内容是否相同。当然，具体补偿对象的对比又以数个补偿项目均属于同一项目类型（财产性补偿项目或人身性补偿项目）为前提。关于财产性补偿项目，具体补偿对象不同的补偿项目相互兼容，受害人可以并应当兼得；具体补偿对象的相同补偿项目相互排斥，受害人原则上不能兼得。若具体补偿对象不同，受害人可以兼得，补偿项目即无进一步协调的需要。具体补偿对象的相同补偿项目，不能排除其他构成要素仍然存在差异，因此还需要进一步对比分析。其次，关于人身性补偿项目，具体补偿对象对比的意义不在于确定相关补偿项目的兼容性——因为它们对应的损失没有补偿总额上限，而在于将不同的补偿项目纳入同一个平衡体系之中。例如侵权赔偿中的"残疾赔偿金"、工伤保险中的"伤残补助金"和人身意外伤害险中的"残疾保险金"，三者补偿对象均为身体伤残，属于人身性补偿项目，故而受害人原则上都可以兼得。[1] 但是，由于补偿来源的多元化和利益平衡的需要，仍可能需要对受害人可获得的总金额进行适当调整，以兼顾多元目标的实现。

2. 补偿水平、补偿方式等其他因素的对比

如前所述，补偿对象不同的项目应当由受害人兼得，无需进一步协调；补偿对象相同的项目原则上不能兼得，但仍需要进一步对比和分析补偿项目的其他要素。首先，两个以上的补偿项目虽然补偿对象相同，但补偿水平可能有差异且均不足以补偿受害人的实际损失。例如，侵权赔偿中的误工费和工伤保险中由单位支付的"治疗工伤期间的工资福利"，同属补偿受害人收入损失的项目，依照既有观点，受害人对二者不能兼得。[2] 但是，按照当前误工费计算标准和企事业单位病假期间工资支付的一般情况，误工费和"治疗工伤期间的工

① 有学者认为，工伤保险中的伤残补助金与侵权赔偿中的残疾赔偿金均在于补偿受害人因伤残造成的收入减少，主张二者具有损害填补上的"同质性"。笔者不能认同。理由如前文所述，收入损失是此类补偿项目中金额计算的外部参照，而非实际损失本身。周江洪：《侵权赔偿与社会保险并行给付的困境与出路》，《中国社会科学》2011年第4期，第176页。
② 周江洪：《侵权赔偿与社会保险并行给付的困境与出路》，《中国社会科学》2011年第4期，第175页。

资福利"往往达不到受害人正常工资收入的水平。因此，简单地对误工费和"治疗工伤期间的工资福利"进行选择的处理方式并不符合依照实际损失进行损害填补的原则，还需进一步对比两者补偿水平等其他构成要素。

假设针对某一特定损失的补偿项目有两类，其中，补偿项目 1 的金额为 A，补偿项目 2 的金额为 B，实际损失的金额为 S。（1）若 A 和 B 均等于（或约等于）S，则只需选择补偿项目 1 或补偿项目 2 即可。（2）若 A 和（或）B 小于 S，依照损害填补的原则，受害人可获得的补偿总金额应为 S，就不能在 A 与 B 之间任选其一。此时，S 在理论上可能有两种构成情形：$S=A+B'$（$B'=S-A$）或者 $S=B+A'$（$A'=S-B$）。也即，基于损害填补原则，当存在多个补偿来源且任何单一补偿来源不足以补偿全部实际损失的情形，必须采纳"补充模式"的协调方法。至于数个补偿项目之间的金额分配，则是需要进一步协调的问题。

其次，针对同一补偿对象的数个补偿项目可能还涉及补偿方式或支付时效等其他方面的差异，例如一次性支付或分期支付，诉前支付或诉后支付等。此外，责任主体的偿付能力也是补偿项目中应予考虑的一个重要因素。如果法律将责任分配给某一补偿项目并直接免除其他主体的责任，而该补偿项目的责任主体又欠缺偿付能力，必然会影响到受害人的最终获偿结果。以上因素在单一救济机制条件下或许根本不存在，或许因为救济来源的单一而无须予以考虑，但对于多元补偿机制的协调而言，必须全面考量不同补偿项目的内在差异，才能做出合理的安排。

3. 补偿项目的最终选择与序位安排

如前所述，根据补偿项目与实际损失的水平差距情况的对比，可以对因补偿对象相同而不能兼得或完全兼得的情形做进一步区分，并据以安排补偿项目的最终选择、序位和追偿关系。

其一，受害人仅能获得其中某个（些）项目的补偿，不能获得其他项目的补偿。此情形主要源于单一救济机制下的补偿项目基本可以填补实际损失，受害人只许在若干补偿项目中进行选择（即"选择模式"），或者依照法律强制规定的安排，受害人只能获得某个（些）项目的补偿（即"替代模式"）。然而，受害人之任意选择或法定选择（替代）仅解决了受害人单方面的问题，补偿项目之间的牵连关系并未因此而结束——相关责任人之间还可能涉及追偿问题。追偿关系产生的根本原理在于：在多元救济的背景下，受害人或法律选择的责任人（第一序位责任人）与最终责任人不一致，被选择的责任人自然有权向最终责任人追偿。基于系统优化的目标，补偿项目协调过程中应当尽可能避免或减少追偿。但是，只要存在补偿项目的选择或替代，且第一序位责任人与最终责任人不一致的情形，追偿就不可避免。

其二，受害人除了获得其中某个（些）项目的补偿，同时可以获得其他项目的部分补偿，但可获补偿的总额不得超过其实际损失。当数个补偿项目之一或部分未达到完全补偿实际损失的水平，则应以某一补偿项目进行优先补偿，其他补偿项目为补充（即"补充模式"）。然而，数个补偿项目当中何者优先，何者为补充，这仍然涉及补偿项目的选择和序位安排，并可能产生追偿问题。因此，尽可能安排最终责任人的补偿项目为优先项目，有助于避免或减少追偿关系的发生。

（四）不可兼得项目衍生的追偿问题

由于受害人不可兼得的补偿项目（即选择、替代、补充三种模式）涉及受害人选择和法定序位安排问题，被选择或序位在先的补偿项目责任人对其他相关责任人的追偿则成为协调流程中接下来的另一个重要问题。追偿不仅涉及相关责任主体之间的补偿序位和责任分配，也关系到受害人可以获得补偿的范围。允许责任人进行追偿则意味着受害人对相关补偿项目不能兼得。但是，禁止责任人追偿并不意味着受害人对相关补偿项目可以兼得，因为法律可以限制受害人只得向特定责任人请求补偿来排除其获得重复补偿的可能性。[1] 因此，对于受害人不可兼得的补偿项目，追偿并非唯一选项。

第三节　人身性补偿项目的协调

一、协调原则

（一）损害填补的修正

来自不同救济机制的若干补偿项目只有被置于共同的补偿对象之下，才能判断它们是否存在功能一致、重复补偿等需要协调的问题。前已述及，依据补偿项目对应的"补偿对象"的属性不同，可以将它们分为人身性补偿项目与财产

---

[1]　乌尔里希·马格努斯主编《社会保障法对侵权法的影响》，李威娜译，中国法制出版社，2012，第 371-372 页。

性补偿项目两大类。这两类补偿项目因为所对应的补偿对象属性不同，须依循不同的协调思路，采纳不同的协调原则。人身性项目的补偿对象为纯人身损害，而人身利益原本不能用金钱进行计价和"填补"。由于人身性项目的这一重要特征，作为损害救济之最高指导原则的损害填补不能完全适配人身损害领域，但并非完全没有指导意义。准确地说，损害填补仍然是对人身损害进行补偿所欲实现的目标，只不过因为人身利益的无价性，人身性补偿项目无法达到财产性补偿项目的同等填补程度。

鉴于人身利益的无价性，对人身性损害进行经济补偿是一种必要但不充分的救济手段。源于不同救济机制的多个人身性补偿项目的平行给付在理论上并不会构成重复补偿；受害人或其家属有权获得任何以其人身为直接补偿对象的补偿项目。基于人身利益的无价性，人身性补偿项目的协调理论上应当一律适用"兼得模式"。然而，"任何人都不可能根据某个单一的、绝对的因素或原因去解释法律制度。一系列社会的、经济的、心理的、历史的和文化的因素以及一系列价值判断，都在影响着和决定着立法和司法"[1]。在人身损害的补偿问题上，人身利益的无价性不能成为唯一的考量因素，否则，即使用世界上的所有财富，也无法填补一只手指的残疾损害。正是因为人身利益的无价性造成了人身损害补偿的"黑洞"，法律更应当引入其他价值或考量因素，以避免这种没有上限的价值抬高反而导致价值虚无的极端结果。

我国学理上关于残疾赔偿金的"所得丧失说""劳动能力丧失说""生活来源丧失说"和关于死亡赔偿金的"继承丧失说""扶养丧失说"等，通常将"二金"视为物质损失的赔偿。[2] 还有一种观点认为，对人身性损害进行补偿主要起到一种抚慰作用。[3] 我国原"法释〔2001〕7号"第9条将死亡赔偿金和残疾赔偿金均归为"精神损害抚慰金"，也体现了持此观点的明显倾向。[4] 抚慰虽然也带有一定的损害填补性质，但距以实际损失为基准的损害填补之原义相去甚远。将人身性损害的补偿理解为一种抚慰同样会导致对相关人身性补偿项目的误解，并进而影响到它们协调问题的处理。因为，如果对人身性损害的补偿目的在于抚慰，补偿的充分性要求就会减弱。当面临针对同一人身性损害存在多个补偿

---

[1] E. 博登海默：《法理学：法律哲学与法律方法》，邓正来译，中国政法大学出版社，2004，第218页。

[2] 方新军：《侵权责任法学》，北京大学出版社，2013，第195-196页。

[3] 曾世雄：《非财产上之损害赔偿》，台湾元照出版公司，1989，第25页。

[4] 最高人民法院民事审判一庭：《最高人民法院〈关于确定民事侵权精神损害赔偿责任若干问题的解释〉的理解与适用》，人民法院出版社，2015，第59-62页。

项目的情形，"抚慰"和损害填补将提出完全不同的要求："抚慰"的金额多一点或少一点都是可以接受的；损害填补则必须以填平实际损失为目标，如果实际损失本身无法填平，就应该尽可能多一点。

（二）生命至上的理念

尽管各种人身利益都具有无价性的特点，但依照人身利益对于人之生存和正常生活的重要性程度，仍然可以对不同人身利益进行价值排序。毫无疑问，生命的存续是个人享受一切利益的根本前提，是当然第一序位的人身利益。"生命至上"应当成为法律涉及人身利益时的最高原则。[①]

生命乃是人与生俱来、不证自明的最高利益，故损害最严重者莫过于致人死亡。尽管如此，各种法律理论对生命、生命权的理解有着巨大的分歧。这些分歧在一定程度上影响着法律对死亡赔偿的态度和处理方式。有人认为，生命不是权利，生命与人的权利能力相始终，生命丧失即人格消灭，故对于生命损失本身不得请求赔偿；也有人认为，生命附于人之身体，所以生命权仅是身体权的一部分；也有人认为，生命权是最重要的人格利益，是独立的人格权。[②]一些学者否认生命的权利属性并非贬低其价值，而是认为生命的内涵比"生命权"概念的内容要丰富得多。生命涉及人类关于宇宙人生的全部思考和意义，而"生命权"只是一个通过理论论证和法律实践不断被"型塑"和发展的概念。[③]生命的法律意涵和价值地位不能被局限在生命权的范畴之内。就生命损失的补偿而言，不能将生命简单地置于与一般权利客体的同等地位。生命存续作为自然人享受一切权利的前提和生命损失的绝对不可复原性是讨论其补偿问题时必须优先考虑的两个重要特征。

生命价值相对于经济价值属于无限大，故对生命损失的补偿本不应设任何上限。然而，由于资源的稀缺性，现实中对生命损失的经济补偿必然有一个特定的额度。此额度并不是对生命内在价值的评价，而是补偿资金来源局限下的外部限制。因此，在补偿资金相对充裕的多元救济背景下，资金来源的多元化应当成为提高生命损失补偿额度的背景条件。

① 上官丕亮：《要用生命权至上理念来理解医疗法规——"孕妇死亡"事件留给我们的启示》，《法学》2007年第12期，第8-12页。
② 翟滨：《生命权内容和地位之检讨》，《法学》2003年第3期，第48-65页。
③ 易军：《生命权：藉论证而型塑》，《华东政法大学学报》2012年第1期，第10-19页。

（三）利益平衡的适用

由于人身利益的无价性，经济补偿不能真正实现人身损害填补之目的。在资源稀缺的现实社会条件下，法律所能允许给予人身损害的经济补偿毕竟有限。当法律无法评价人身利益本身的经济价值，参照某些外在因素为人身损害的经济补偿确立一个合理的标准就成为必然的选择。于是，人身损害补偿的核心问题就转变成：哪些因素及这些因素如何来共同确立一个关于人身损害补偿的正当标准？这令法律处理人身损害较财产损害更为复杂，因为缺少一个内在标准而不得不寻求外部因素的评价就会面临社会共识的困难。诚如麦金太尔所言："我们的社会不是一个一致认同的社会，而是一个分化与冲突的社会——至少在关注正义的本性这一范围内是如此。"[1] 与人身利益相关的外部因素众多，而法律唯一能做的事情就是将各种相关因素考虑进来，进行利益平衡。

影响利益平衡结果最首要的因素是利益边界或考量范围。在侵权赔偿的单一救济机制内，有关人身损害的考量主要局限在加害人和受害人双方的封闭关系之内。对受害人一方需要考量的因素如伤残等级或伤害的严重程度、造成的经济困难、受扶养亲属生活的维持等；对加害人一方需要考量的因素如行为激励作用、经济偿付能力等。由于人身利益的无价性，对受害人一方因素考量的主要方向应是尽可能提高赔偿额度和补偿的充分性；限制赔偿额度的主要要素来自加害人或行为人一方，主要涉及其偿付能力和对其行为的反向激励。在多元救济背景下，法律对人身损害赔偿所需考量的范围和因素则更为宽泛，具体情形较之侵权赔偿单一机制条件也有所不同。一方面，由于加入了商业保险和社会保险机制，保险业的正当营利需要、道德风险、保险和社保基金的可持续性、巨大的风险分散能力和偿付能力等均是新的必要考量因素。其中，社会保险和商业保险的风险分散和偿付能力对受害人可获补偿的充分性是最重要的影响因素。由于在侵权赔偿单一机制内制约受害人可获补偿额度的主要因素是赔偿责任人的偿付能力，以及赔偿对其行为可能造成的过度威慑，那么，在社会保险和商业保险加入补偿来源的条件下，对受害人可获补偿额度的制约因素就被克服。另一方面，由于社会保险和商业保险的介入，围绕受害人的整体利益关系发生了扩张，就会产生法律上的"空缺结构"，必须在新的利益关系结构中

---

[1] 麦金太尔：《谁之正义？何种合理性？》，万俊人等译，当代中国出版社，1996，第 2 页。

重新进行平衡。[1] 显然，重新利益平衡的结果必然是——受害人在此条件下可获补偿的额度相应地提高。至于提高的尺度，则需要根据具体对象所涉及的利益关系来综合把握。

致人死亡或损人一发，肢体残损或精神压抑，均属人身损害。损害对象不可用经济价值实际评估的特性是人身性补偿项目协调中需要借助利益平衡的重要原因，但是，不同人身损害的（不）可修复程度和（不）可经济评估的程度也存在很大差别。"在无能填补损害消除痛苦之情形下，以金钱给付之方法另行创造舒适、方便或乐趣等享受，俾被害人因存在条件之调整而掩盖损害事故所引生之痛苦。"[2] 经济补偿对于某些纯粹精神痛苦确实可以起到较为有效的补偿作用；但是，即使补偿金额再高，也很难对死亡或严重残疾实现补偿效果。因此，依据人身损害中不同补偿对象的（不）可修复程度和（不）可经济评估程度，分别采纳不同类型或程度的协调方法，也是利益平衡的内在要求和具体表现。

（四）补偿对象的区分

依据补偿对象而非损害对象的属性差别，将全部补偿项目分为人身性补偿项目和财产性补偿项目是综合救济系统底层协调的基础。人身性补偿项目的补偿对象为纯人身损害，不包含因人身损害（损害对象为人身）而衍生的各种财产损害。人身权及具体损害对象的类型多样，包括生命、身体、健康、姓名、肖像、名誉、隐私、人身自由和人格尊严等物质性或精神性的利益。[3] 但综合来看，各救济机制中人身性补偿项目针对的却不外乎生命(生命利益)、肉体(物质性人格利益)、精神（精神性人格利益）三大类。除了生命利益具有特殊性而应作为独立的一类外，将人身利益分为肉体（物质性人格利益）和精神（精神性人格利益）两部分也完全符合关于人身利益区分的一般观念。[4] 据此，人身损害的结果或人身性补偿项目所涉对象无非三种形态：生命损失、身体伤残和精神损害。在此区分的基础上，同一侵权事故中涉及的各救济机制的人身性补偿项目均应分别归入这三类补偿对象之下，并据此判断它们的补偿对象是否相同。归于不同补偿对象之下的补偿项目之间原则上不存在冲突或重叠问题，彼此间也无协调之需要。归于相同补偿对象之下的补偿项目因"人身无价"，原本

---

① 梁上上：《利益衡量论》，法律出版社，2013，第170-177页。
② 曾世雄：《非财产上之损害赔偿》，台湾元照出版公司，1989，第25页。
③ 魏振瀛：《民法》，北京大学出版社，2017，第636页。
④ 马俊驹：《人格和人格权理论讲稿》，法律出版社，2009，第201-205页。

也不存在冲突或重叠，但基于利益平衡的原因，可能有进一步协调的必要。

二、生命损失

（一）生命损失的内涵

在广义上，生命权之"生命"可以包括"生物生命""精神生命"和"延伸生命（死者人格利益）"等内容。[①] 现行法中生命权之"生命"仅指生物生命，属于人格权的一种，而有关"精神生命"和"延伸生命"的救济均被置于精神损害的范畴。目前我国学理上一般认为生命权的内容仅指生命维持，不包含支配的权利。[②] 简言之，"生命权是指维持生命存在的权利，即活着的权利"[③]。但也有学者认为，"生命权本质上所体现的应当是自然人在不妨碍他人与社会的前提下对自我生命的掌握与支配，它不仅要维护物理意义上的生命延续，更要追求生命的高质量"[④]。这就意味着，生命权不仅包括消极防御和维持的内容，还包括积极支配和处置的内容。关于生命权的积极权能主要涉及安乐死等问题，理论上也可以作为侵权损害的对象。传统侵权法中有关生命损失的直接补偿为死亡赔偿金，表明其涉及的权利内容仅限于生命维持。然而，生命维持仅是生命权内容中最基础的部分，生命损失的内容还涉及生命所承载的一切利益。因此，仅以生物生命及其生命维持内容为基础对生命损失进行补偿自始就不充分。

（二）侵权赔偿与社会保险的生命损失补偿项目

侵权赔偿中以生命损失为直接对象的补偿项目为死亡赔偿金。丧葬费和死者家属的精神损害抚慰金虽然与之相关，但直接补偿对象分别为财产损失和精神损害，属于死亡造成的衍生损失。我国侵权法对生命损失的赔偿经历了从《民法通则》到"法释〔2003〕20号"，再到《侵权责任法》和《民法典》的转变。

在1986年《民法通则》第119条中，"死者生前扶养的人必要的生活费等费用"是除丧葬费以外唯一与死亡补偿相关的项目，但其实际的补偿对象显然应为生命损失。该条规定仅表明了对死者亲属的补偿，而没有对生命损失本身的补偿，反映了法律界当时普遍所持"生命不可用财产估价"的僵固思维。民法学界较有代表性的观点认为，死亡赔偿并非对生命本身进行的所谓"命价赔偿"，

[①] 易军：《生命权发展中的权利论证》，《法学研究》2009年第4期，第199-201页。

[②] 翟滨：《生命权内容和地位之检讨》，《法学》2003年第3期，第48-65页。

[③] 汪进元：《生命权的构成和限制》，《江苏行政学院学报》2011年第2期，第121-126页。

[④] 马俊驹：《人格和人格权理论讲稿》，法律出版社，2009，第251页。

死亡赔偿制度真正要救济的是因受害人死亡事件而受到利益影响的第三人。[①]

　　最高人民法院"法释〔2003〕20号"原第17条规定涉及人身死亡的补偿项目包括丧葬费、办理丧葬事宜的合理费用、被扶养人生活费和死亡赔偿金。丧葬费和办理丧葬事宜的合理费用显然属于死亡造成的财产性项目，暂且不论；被扶养人生活费和死亡赔偿金的性质虽然依照传统学说存有争议，但均与死亡补偿直接相关，首先应归入人身性补偿项目。从字面来看，原"法释〔2003〕20号"中"被扶养人生活费"显然是《民法通则》中"死者生前扶养的人必要的生活费用"的延续，而"死亡赔偿金"在当时则是一项新的补偿项目。自"法释〔2003〕20号"颁布以来，关于死亡赔偿金性质的理解，我国学理上有"扶养丧失说"与"继承丧失说"两种主要观点。[②]依照这两种观点，死亡赔偿金应属于对死亡造成的财产利益（可请求的扶养利益或可继承的预期财产）的补偿，须按照损害填补原则与其他救济机制中的相关补偿项目进行协调。但如前所述，我国学界普遍混淆了死亡赔偿金的直接补偿对象与其计算标准的外部参照对象。死亡赔偿金所补偿的对象既非受害人或其家属的财产损失（逸失利益），[③]也非精神损害，而是生命损失本身。但就规则本身而言，原"法释〔2003〕20号"中死亡赔偿金的性质确实存在可议之处，尤其该解释第29条以"收入"作为计算基准更让它看上去是一种财产性补偿项目。

　　2009年《侵权责任法》第16条仅规定了死亡赔偿金，取消了原"被扶养人生活费"一项。但依照最高人民法院《关于适用〈中华人民共和国侵权责任法〉若干问题的通知》（法发〔2010〕23号）第4条，如受害人有被扶养人的，应当依据"法释〔2003〕20号"原第28条的规定将被扶养人生活费"计入"残疾赔偿金或死亡赔偿金（"法释〔2003〕20号"现第16条）。司法实践中"计入"的含义仍存在较大争议。比较可接受的观点认为，所谓计入应指《侵权责任法》第16条的死亡赔偿金等于原"法释〔2003〕20号"中死亡赔偿金加上被扶养人生活费的总和。[④]无论如何，在相关赔偿总额基本不变的前提下取消被扶养人生活费的做法表明，《侵权责任法》在死亡赔偿方面有回归对生命损失本身进行补偿的倾向，至少相对于当初《民法通则》将死亡赔偿明确定性为对死者近亲属的

---

① 姚辉、邱鹏：《论侵害生命权之损害赔偿》，《中国人民大学学报》2006年第4期，第116-117页。

② 方新军：《侵权责任法学》，北京大学出版社，2013，第196页。

③ 张新宝：《〈侵权责任法〉死亡赔偿制度解读》，《中国法学》2010年第3期，第22-36页。

④ 梁慧星：《中国侵权责任法解说》，《北方法学》2011年第1期，第5-20页。

财产性补偿是一次重大的转变。如果回归死亡赔偿的原本属性——对生命损失本身的补偿，相关补偿项目的名称、"扶养丧失说"或"继承丧失说"，以及死亡赔偿金与被扶养人生活费的关系等问题均非重点，重点是应当以什么为参照来确定生命损失补偿的计算标准。且不管以何为参照，都只是一种外部因素，而非死亡赔偿金的真正补偿对象；死亡赔偿金的唯一补偿对象就是生命损失。

既然死亡赔偿金因为生命无价只能参照外部因素进行计算，那么，无论采纳"定额赔偿法"或"个体赔偿法"都不应涉及对错问题。[1]"法释〔2003〕20号"原第25条（现第15条）对死亡赔偿金的计算主要参照了人均收入，并兼及城乡和年龄两个因素。由于纳入了城乡差异因素，"法释〔2003〕20号"还曾一度招致了"同命不同价"的广泛批评。[2]此后，《侵权责任法》第17条对此做出了回应，允许在同一侵权致多人死亡的事故中采纳统一的赔偿标准，并由《民法典》第1180条所继承。（自2022年5月1日起，"法释〔2003〕20号第15条统一采用了城镇居民标准。"）如果回归生命损失补偿的本质，死亡赔偿金制度完全可以在定额赔偿的基础上，根据受害人年龄、职业、收入、文化程度、技能等因素建立一种可调整的灵活补偿机制。[3]

社会保险中的工伤保险、失业保险和养老保险对职工死亡均有相应的补偿项目。《社会保险法》第38条之（八）规定，因工死亡职工的遗属可以领取"供养亲属抚恤金"和"因工死亡补助金"〔《工伤保险条例》（2010）第39条表述为"一次性工亡补助金"〕；第49条第1款规定，失业人员在领取失业保险金期间死亡的，参照在职职工死亡的规定向其遗属发给抚恤金；第17条规定，参加基本养老保险的个人因病或者非因工死亡的，其遗属可以领取抚恤金。其中，一次性工亡补助金与侵权死亡赔偿金，供养亲属抚恤金、遗属抚恤金与侵权赔偿中被扶养人生活费，彼此关系较为接近，可以作为两个参照组分别对比。

（三）一次性工亡补助金与死亡赔偿金的协调

1. 现行观点

学理上关于一次性工亡补助金的性质，有"遗产说""精神抚慰金说""财产补偿说"等。[4]这些观点与侵权死亡赔偿金的"扶养丧失说"和"继承丧失说"

① 胡卫：《论被抚养人生活费的计入与析出》，《贵州大学学报（社会科学版）》2011年第6期，第50页。
② 佟强：《论人身损害赔偿标准之确定——对"同命不同价"的解读》，《清华法学》2008年第1期，第126-136页。
③ 胡卫：《论被抚养人生活费的计入与析出》，《贵州大学学报（社会科学版）》2011年第6期，第52页。
④ 刘夏：《关于一次性工亡补助金的性质与分配问题》，《山东审判》2013年第4期，第89页。

较为类似。基于"遗产说"的理论见解，一次性工伤补助金被认为是对工亡职工家属的经济补偿，属于财产性补偿项目。一次性工亡补助金作为工伤保险对职工死亡的经济补偿，当然应由家属进行继承和分配，对家属而言也具有一定的精神抚慰作用。然而，一次性工亡补助金的直接补偿对象应当是死亡职工的生命损失本身，对其家属的经济补偿或精神抚慰等均是间接作用。由于我国学界普遍否认与死亡直接相关的补偿金等是针对生命损失本身的补偿，而将之理解为死者未来收入或家属预期财产损失等的补偿，致使此类补偿均被划为财产性补偿项目。在此背景下，一次性工伤补偿金与侵权死亡赔偿金都被认为是针对死者近亲属预期财产损失的补偿，二者的功能和目的相同，且受财产损失的损害填补原则限制，故受害人及其家属不可以兼得。[①] 关于一次性工伤补助金与死亡赔偿金的关系，笔者认同二者原则上不可以兼得的协调观点，但理由有所不同，并且二者也并非绝对不可以兼得。

2. 一般情形：不可兼得（替代模式）

在综合救济系统中，救济机制是补偿项目的上层结构，必须先处理救济机制的关系才能向下进一步处理补偿项目的关系。如前所述，我国综合救济系统属于以"侵权赔偿＋责任保险"为核心的"流行模式"，其典型特征在于侵权人（责任保险人）负终局责任。在该模式中，一方面，社会保险与侵权赔偿并存于系统结构当中；另一方面，追偿机制又将侵权赔偿（责任保险）作为最终的责任机制。但是，工伤保险与侵权赔偿的关系却是当前综合救济系统内在关系安排的一个特别例外。依照现行"法释〔2003〕20 号"第 3 条第 1 款的规定，工伤保险是对用人单位工伤事故侵权责任的替代。工伤保险对侵权赔偿的替代关系类似于强制责任保险与侵权赔偿的关系。用人单位依法为职工缴纳工伤保险费相当于其他侵权责任人投保责任保险；在工伤事故发生后，工伤保险基金替代用人单位承担工伤损害的补偿责任属于法定义务。并且，依照《社会保险法》第41 条，即使用人单位未依法缴纳工伤保险费，用人单位仍然须依照工伤保险待遇标准对工伤职工进行补偿，而非另承担侵权责任。因此，基于工伤保险对用人单位的工伤事故侵权责任的法定替代，受害人家属不可以兼得一次性工伤补助金和死亡赔偿金，且只能请求一次性工伤补助金。

基于补偿项目的"分层协调、分类协调、分项协调"思路，除前述因素外，

---

① 周江洪：《侵权赔偿与社会保险并行给付的困境与出路》，《中国社会科学》2011 年第 4 期，第 178 页。

二者关系的协调还应进一步考量它们的补偿水平。一次性工亡补助金虽然是对死亡赔偿金的替代，但二者补偿标准不同。依照《工伤保险条例》（2010）第39条，一次性工亡补助金的标准为上一年度全国城镇居民人均可支配收入的20倍。侵权死亡赔偿金的补偿标准为受诉法院所在地上一年度城镇居民人均可支配收入的20倍。考虑到适用社会保险法的职工多属城镇户籍，二者补偿标准整体上较为接近。但由于我国当前区域经济发展不平衡，一次性工亡补助金处于全国各地侵权死亡赔偿金的中位水平，必然存在前者低于或高于后者的情形。一次性工亡补助金高于侵权死亡赔偿金的，以一次性工亡补助金为准，应无异议。一次性工亡补助金低于侵权死亡赔偿金的，工亡职工家属能否向用人单位请求补偿其余不足部分？

有学者认为，"因计算标准不同，两者在数额上可能不同，近亲属可依补差的方式分别向各自的给付义务人请求"[1]。所谓补差方式即工亡职工家属可以就该不足部分向用人单位请求补偿。依此观点，一次性工亡补助金与死亡赔偿金的协调方式属于"补充模式"，而非"替代模式"。然而，"补充模式"必须建立在多项补偿不超过实际损失总额的损害填补原则上，故而只能有效适用于财产性补偿项目之间。学者得出"补差"的结论也恰恰是基于将二者补偿对象均理解为财产性损失。[2] 关于这种理解上的分歧，前文已有分析，不再赘述。回答此问题的关键不在于补偿项目层次，而在于上一结构层次中工伤保险与侵权赔偿整体关系的定位。工伤保险和责任保险均是对侵权赔偿的替代，但二者情况又有明显不同。责任保险与侵权赔偿的协调关系在总体上实为"补充模式"。责任保险对侵权赔偿的"替代"仅限于保险范围之内；责任保险补偿不足的，当然应由侵权人赔偿不足部分。现行法中工伤保险对用人单位的侵权赔偿则是真正意义上的替代。我国立法上采纳"替代模式"的意图一定程度上体现在《社会保险法》第41条。依照该条规定，用人单位即使未缴纳工伤保险费的，所承担的补偿责任内容仍然是"工伤保险待遇"，而非侵权赔偿；并且，用人单位不承担的，由工伤保险基金先行支付再向其追偿。此与责任保险的情形明显不同。另外，从国外工伤保险的立法和实践情况来看，工伤保险替代侵权赔偿具有简化索赔程序，节约索赔成本的重要目的，故而国外普遍采纳"替代模式"。[3] 因此，

---

① 周江洪：《侵权赔偿与社会保险并行给付的困境与出路》，《中国社会科学》2011年第4期，第178页。

② 同上。

③ 乌尔里希·马格努斯主编《社会保障法对侵权法的影响》，李威娜译，中国法制出版社，2012，第366-369页。

受害人家属对一次性工亡补助金和侵权死亡赔偿金不能兼得的原因并非二者均属于财产性补偿项目而存在目的、功能相同；真正原因在于，工伤保险是对用人单位工伤事故侵权责任的强制性、完全性的替代。基于该判断，工亡职工家属应无权请求用人单位补足一次性工亡补助金与死亡赔偿金的落差部分。当然，出于公平和平衡的考量，最佳方案是对一次性工亡补助金和侵权死亡赔偿金采用统一的参照对象和计算标准，以消除二者之间的落差。

　　3.特殊情形（第三人侵权造成工亡）：可以兼得

　　职工在工作场合因第三人侵权造成死亡事故的，一次性工亡补助金和侵权死亡赔偿金的协调处理应当特殊对待。如前所述，用人单位是工伤保险费的付费人，工伤保险是用人单位工伤事故侵权赔偿的替代。但在第三人侵权导致工亡的情形下，工伤保险就没有理由被直接视为对侵权赔偿的替代。依照现行"法释〔2003〕20号"第3条第2款的规定："因用人单位以外的第三人侵权造成劳动者人身损害，赔偿权利人请求第三人承担民事赔偿责任的，人民法院应予支持。"据此规定，受害人及其家属对侵权第三人享有独立的赔偿请求权，在理论上有可能获得双份赔偿。[①]基于"分层协调"的思路，现行"法释〔2003〕20号"第3条第2款的规定首先确定了工伤保险与（第三人）侵权赔偿应属平行关系，有别于与用人单位侵权赔偿的替代关系。在此基础上，尚须依据"分类协调"的要求做进一步的判断，即两种救济机制中的财产性补偿项目和人身性补偿项目应依不同的原则和方式进行协调处理。一次性工亡补助金和死亡赔偿金同为针对生命损失的人身性补偿项目，依照修正的损害填补和"生命至上"的原则，理当由受害人家属兼得。

　　二者在涉及侵权第三人时应当由工亡职工家属兼得另有几点理由。第一，为职工安排工伤保险是因应现代工业风险赋予用人单位的法定义务，对工伤事故享受工伤保险补偿是职工的法定权利。该法定义务和权利没有理由因为涉及第三人的侵权赔偿而被排除。第二，在第三人侵权造成工亡的场合，工伤保险中的一次性工亡补助金类似于强制人身意外伤害险，应视为死亡赔偿金以外对工亡职工家属的额外保障。比照人身商业保险，一次性工亡补助金和死亡赔偿金的兼得不存在类似重复保险和超额补偿问题。第三，从"利益平衡"的角度考

---

① 最高人民法院民事审判第一庭：《最高人民法院人身损害赔偿司法解释的理解与适用》，人民法院出版社，2015，第185页。

量，工亡职工家属获得双重赔偿并无不公平，且有其必要性。通常，职工死亡对其家庭收入和正常生活的影响较之非在职人员的死亡显然更为重大。那么，工亡职工家属在第三人侵权赔偿之外另获得工亡补助金应属正当。

4. 名称统一

死亡赔偿金在侵权法中历经多次名称和内容的变化，目前已基本定型，其称谓应予保留。鉴于工伤保险的立法初衷是对用人单位工伤事故侵权赔偿的替代，一次性工亡补助金是由死亡赔偿金演变而来；二者补偿对象完全一致，补偿水平当前也基本接近，"补助金"的称谓并不能如实反映该项目的实质内涵。因此，一次性工亡补助金应更名为"工伤死亡赔偿金"为宜。一方面体现其与侵权死亡赔偿金的承继关系，另一方面体现其因"工伤"所致的特殊背景。

（四）供养亲属抚恤金、遗属抚恤金与被扶养人生活费的协调

根据《社会保险法》的相关规定，基本养老保险对因病或非因工死亡职工的遗属应给付抚恤金；失业保险对在领取失业保险金期间死亡的失业人员，应向其遗属发放抚恤金（两者均简称"遗属抚恤金"）；工伤保险对工亡职工家属的补偿除一次性工亡补助金外，还应给付供养亲属抚恤金。

基本养老保险中遗属抚恤金的发放对象包括退休和在职职工的遗属，但现行法对基本养老保险中的遗属抚恤金标准未有统一规定，各地规定不一。有的地方只规定按月发放"供养亲属救济费"，有的规定了"一次性抚恤金"和按月发放的"遗属生活补助费"。[①]失业保险中的遗属抚恤金更无明确标准，依照《社会保险法》第49条和《失业保险条例》第20条的规定，应当参照当地在职职工标准给付。这两种遗属抚恤金的给付目前在实践中都还不太完善。依照《工伤保险条例》（2010）第39条之（二）："供养亲属抚恤金按照职工本人工资的一定比例发给由因工死亡职工生前提供主要生活来源、无劳动能力的亲属。标准为：配偶每月40%，其他亲属每人每月30%，孤寡老人或者孤儿每人每月在上述标准的基础上增加10%。核定的各供养亲属的抚恤金之和不应高于因工死亡职工生前的工资。"就该规定内容来看，供养亲属抚恤金的主要功能在于保障无收入遗属的基本生活，对应侵权赔偿中的被扶养人生活费。但也有学者指出："虽然抚恤金也在一定程度上有助于保障遗属的生活来源，但更多体现了对遗属的抚慰功能，抚恤金是被作为遗属的福利保障制度来对待的，与侵权赔偿中的

---

① 信春鹰：《中华人民共和国社会保险法释义》，法律出版社，2010，第51页。

'被扶养人生活费'所强调'必要的生活费'的金钱补偿功能并不相同。"[①]事实上，不论某种补偿项目的名称为何，对遗属而言当然都有经济补偿和抚慰的功能。但必须认识到，除直接补偿遗属自身精神损害的抚慰金以外，所谓的供养亲属抚恤金、遗属抚恤金、被扶养人生活费等所补偿的直接对象均为死者的生命损失。在当前被扶养人生活费已被"计入"死亡赔偿金的情形下，供养亲属抚恤金和遗属抚恤金的性质问题也被衬托出来，二者也应属死亡赔偿的范畴。生命损失的补偿原本不同于财产损失的补偿。由于生命无价，生命损失的补偿额度只能依据各种外在利益关系进行综合平衡方能确定。从生命损失补偿的项目层次来看，一次性工亡补助金和死亡赔偿金等属于基础性补偿项目，而供养亲属抚恤金、遗属抚恤金和原被扶养人生活费等则可以理解为依据受害人家庭情况给予的平衡性补偿项目。作为平衡性补偿项目，供养亲属抚恤金、遗属抚恤金和原被扶养人生活费等在不同个案中的有无或多寡必然存在差异。若不从此角度来解释，同为涉及生命损失的不同个案中的补偿额度差异就无法获得合理性解释，"同命不同价"就会永远成为生命损失补偿制度的理论黑洞。

依照《社会保险法》第51条，失业人员在领取失业保险金期间享受基本养老保险待遇的，停止享受失业保险待遇。因此，失业保险和基本养老保险中的两项遗属抚恤金并存时，应法定选择养老保险的遗属抚恤金。此外，依照《社会保险法》的相关规定，在职职工因工伤死亡的，应享受工伤保险的供养亲属抚恤金；非因工伤死亡的，则享受基本养老保险的遗属抚恤金。二者为基于法定条件的择一关系。从系统层次的角度来看，遗属不能兼得三种社会保险的抚恤金项目是因为它们上一层次救济机制存在竞合关系，而非这三种补偿项目自身存在冲突。

关于供养亲属抚恤金或遗属抚恤金与被扶养人生活费的关系，前述认为二者功能和性质不同，故可以兼得的观点较具代表性。但如同上文分析一次性工亡补助金与死亡赔偿金时指出的那样，应当区别情况进行判断。在因工死亡场合，在无侵权第三人的情形下，因为工伤保险整体上取代了用人单位侵权赔偿，故供养亲属抚恤金和一次性工亡补助金共同替代了死亡赔偿金（含被扶养人生活费）；在有侵权第三人的情形下，供养亲属抚恤金与计入死亡赔偿金的被扶养人生活费可以兼得。在非因工死亡场合，遗属抚恤金与计入死亡赔偿金的被扶

---

① 周江洪：《侵权赔偿与社会保险并行给付的困境与出路》，《中国社会科学》2011年第4期，第177页。

养人生活费同样可以兼得。可以兼得的理由在于：在上层救济机制非为替代或选择关系的条件下，这些补偿项目均属对生命损失的补偿，不受实际损失的补偿总额限制，故不能采用补充模式，只能采用兼得模式。

关于名称问题。"抚恤金"作为具有公法色彩的概念由来已久，民间对其性质的理解已经基本固定，应予保留。但是，为区别社保以外其他来源的抚恤项目及内部统一称谓的必要，建议将工伤保险中的供养亲属抚恤金和另两种遗属抚恤金统一称为"社会保险抚恤金"。同时，为了区分其具体补偿基金的来源，"社会保险抚恤金"的概念在实际使用中应当注明其来源于工伤保险、基本养老保险或失业保险。

（五）商业保险中的生命损失补偿项目

死亡事故往往对受害人家庭经济状况造成很大影响，但侵权赔偿和社会保险因为受到法定条件限制可能不足以充分填补受害人家属的经济需要。在此背景下，商业保险在生命损失补偿中有很大的作用空间，主要涉及人身保险和责任保险。

人身保险中，以被保险人死亡作为给付保险金条件的保险通常被称为"死亡保险"，所支付的保险金为"死亡保险金"或"身故保险金"。[1] 死亡保险常见于意外伤害保险和人寿保险。相对于其他人身保险，死亡保险因道德风险较高而有更多的限制条件，如限制为无民事行为能力人投保、须经被保险人同意等。人身保险相对于财产保险具有一定的储蓄性质，尤其人寿两全保险有时也被直接称为"储蓄保险"。[2] 由于不受损失补偿原则的限制，人身保险中的死亡保险金与侵权死亡赔偿金、工亡补助金、社保抚恤金等法定补偿项目原则上均可兼得。若人身保险的投保人是被保险人本人或其亲属，当然不应受其他补偿来源的影响。但是，若人身保险的投保人是被保险人的用人单位或社保机构，其受益人对各类死亡补偿项目能否兼得尚存不同看法。

实践中，有的用人单位在工伤保险之外另为职工投保意外伤害险，或者，未办理工伤保险而仅投保了意外伤害险。此种情形下，工亡职工家属能否同时兼得工亡补助金和死亡保险金？在后一种情形，用人单位能否主张以意外伤害险的死亡保险金抵销其应承担的支付工伤保险待遇责任？目前，理论和实务界

---

① 邹海林：《保险法》，社会科学文献出版社，2017，第246页。
② 孙祁祥：《保险学》，北京大学出版社，2013，第137页。

的主流观点认为，依据《工伤保险条例》第2条第1款和最高人民法院《关于审理工伤保险行政案件若干问题的规定》（法释〔2014〕9号）第8条的规定，用人单位为职工办理工伤保险属于法定义务，而人身意外伤害险属于职工福利待遇，故职工或者其近亲属可以兼得工伤保险待遇和人身意外伤害险（医疗费用除外）。[①] 在最高人民法院公报案例"安民重、兰自姣诉深圳市水湾远洋渔业有限公司工伤保险待遇纠纷案"当中，其裁判要旨也认为："用人单位为职工购买商业性人身意外伤害保险的，不因此免除其为职工购买工伤保险的法定义务。职工获得用人单位为其购买的人身意外伤害保险赔付后，仍然有权向用人单位主张工伤保险待遇。"[②] 简言之，由于工伤保险的强行法性质，用人单位不得以为职工办理商业意外伤害保险替代工伤保险。然而，绝对禁止用人单位通过意外伤害保险获得免责利益，未必真正符合工伤保险的立法宗旨和包括职工在内的各方的实际利益。作为对用人单位工伤事故侵权赔偿的替代机制，工伤保险的立法宗旨一方面在于保障工伤职工的救治和补偿利益，另一方面在于分散用人单位的工伤赔偿风险（《工伤保险条例》第1条）。用人单位为职工投保意外伤害保险，对职工的救济和补偿有所保障，对自身也是一种风险分散方式。并且，用人单位没有为职工办理工伤保险而代之以意外伤害保险，背后原因可能多样，未必全然是恶意为之。在某些特殊场合，如果用人单位未能办理工伤保险，再打击其为职工投保意外伤害保险的积极性，或又没有充分的补偿能力，最终损害的还是遭受工伤的职工的利益。作为公法性和私法性两种不同的社会化救济机制，工伤保险和意外伤害保险本身各有优劣。比较法的研究也表明，各国在损害救济方面的私法机制和公法机制并没有清晰的界限，二者通常有彼此相通的不同解决办法；有的国家本身采用了私法和公法混合的解决方案，并且重心经常在二者之间进行转移。[③] 如果私法性的意外伤害保险同样能够实现公法性的工伤保险所欲之目标，我国法律为什么要绝对禁止呢？

此外，我国有些地方社保机构为社保参保人投保人身意外伤害险等商业保

---

① 周小强、万暄：《团体意外伤害保险受益权能否转让给单位》，《中国保险报》2018年7月5日，第007版；杨子：《约定意外伤害保险能否再享受工伤保险》，《劳动保障世界》2017年第34期，第53页。

② "安民重、兰自姣诉深圳市水湾远洋渔业有限公司工伤保险待遇纠纷案"，《最高人民法院公报》2017年第12期，第3页。

③ 威廉·范博姆、米夏埃·尔富尔：《在私法体系与公法体系之间的赔偿转移》，黄本莲译，中国法制出版社，2012，第296页。

险，以转移或减轻社保基金的责任风险。^①有学者认为，社保转投商业保险的措施混淆了政府职能和市场职能，不应当将意外伤害保险等并入社会保险当中。^②该问题主要涉及我国社会保险的政策及对社会保险和商业保险关系的定位，属于救济机制层次的问题。但在实践中，社保转投商业保险的情况并不少见，所以该问题之重点不在于可否转投，而在于转投利益的分配。此处需要具体关注的是，若社保机构转投商业保险，死亡参保人的家属对各类社保的死亡补偿项目与商业保险的死亡保险金能否兼得？社保转投商业保险无非两种情形：一种是以商业保险替代社会保险，由商业保险公司替代社保基金向参保人支付相应的保险金；另一种是以商业保险补充社会保险，由商业保险公司在社会保险金之外另支付保险金。两种情形的目的和功能完全不同。前者的实际受益人为社保基金，旨在分散社保基金的责任风险，纯属社保基金运行管理的特殊方式；后者的实际受益人为社保参保人，旨在为参保人提供额外的补偿。在逻辑上，社保机构以替代为目的转投商业保险的，参保人及其家属不可以兼得社保死亡补偿项目和商业保险的死亡保险金；社保机构以补充为目的转投商业保险的，参保人及其家属当然可以兼得。鉴于社会机构向参保人支付保险金为其法定义务，社保机构以替代为目的转投商业保险必须获得参保人的同意，且在商业保险不支付或拒绝支付的情形下，不能以此免除其支付社保保险金的义务。

责任保险中涉及致人死亡部分的保险金通常是对侵权死亡赔偿金的直接替代，二者不可以兼得。但是，责任保险死亡保险金低于侵权死亡赔偿金的，受害人家属当然有权在保险金以外请求侵权责任人补偿不足部分的金额。在强制责任保险条件下，责任保险死亡赔偿金与侵权死亡赔偿金属于"先替代后补充"模式，即受害人家属必须先请求责任保险死亡保险金，然后可以就不足部分请求侵权赔偿；在非强制责任保险条件下，责任保险死亡赔偿金与侵权死亡赔偿金的关系可以理解为一种自由的补充模式，即在死亡赔偿金范围内，赔偿方式由受害人家属、侵权责任人、责任保险人共同协商确定。责任保险死亡保险金与社会保险中工亡补助金、各类抚恤金的关系则取决于侵权死亡赔偿金与社保相关补偿项目的关系。例如，在第三人侵权造成工亡的情形下，因为侵权死亡赔偿金与一次性工亡补助金可以兼得，作为侵权死亡赔偿金的替代，责任保险

① 朱铭来、宋占军：《探索建立全民意外伤害保险制度——天津的经验和启示》，《中国医疗保险》2011 年第 11 期，第 65-66 页。
② 申曙光：《社会医保机构不应举办意外伤害保险》，《中国医疗保险》2011 年第 12 期，第 32-33 页。

死亡保险金与一次性工亡补助金自然也可以兼得。

三、身体伤残

（一）身体伤残补偿的误区和原理

造成他人财物损坏的，侵权人应赔偿相应损失的对价；而致他人身体毁伤或功能损害的，固然也应予赔偿。然而，此处面临与生命损失赔偿同样的难题：人的肢体、器官等原本无法以金钱衡量其价值。我国学界普遍认为，伤残赔偿的对象并非身体本身，而是因身体伤残所致受害人劳动能力、收入或生活来源等财产性损失。因此，侵权法学理上对残疾赔偿金的性质有"劳动能力丧失说""所得丧失说""生活来源丧失说"等解释。[①] 若做比较法上的考察，此规定实际源自《德国民法》第843条第1项。[②] 但在德国侵权法理论中，恢复原状乃是损害救济的优先选项，损害赔偿则被认为是恢复原状不能时根据利益平衡原则的代替方案，主要适用于人身伤害和物的损坏。[③] 实际上，对于损坏之物的金钱赔偿在多数时候可以被理解为一种较便捷的恢复原状的方式；只有当某物无法从市场上购买或具有特殊的情感意义时，损害赔偿才是对恢复原状的替代，如家传古董、婚戒、宠物等，而这些特殊物又通常具有一定的人格属性。[④] 身体伤残相关的赔偿在德国民法中原本就是恢复原状不能时的替代救济方案。伤残赔偿的直接对象本应该是受害人之身体伤残，而非受害人的劳动能力、收入等损失。

由于身体伤残不能直接用金钱进行评价，故需要参照外部标准并综合衡量各种相关因素来确定补偿的标准。与身体伤残关联最大的莫过于受害人因劳动能力的损害而造成的收入损失，以及对其受扶养人生活造成的困难等。虽然身体伤残在大多数情况下会造成受害人劳动能力和收入等方面的损失，但二者之间并不存在必然联系，例如受害人为退休人员、以收租为生的人员、原本无劳动能力的人员等。劳动能力、收入损失或生活需要等仅是对身体伤残进行补偿

---

① 王利明·《侵权责任法研究》（上卷），中国人民大学出版社，2010，第679页；方新军：《侵权责任法学》，北京大学出版社，2013，第195页；周友军：《侵权法学》，中国人民大学出版社，2011，第81页。
② "因侵害身体或健康，致使受害人的从业能力丧失或减弱，或其需要有所增加的，必须通过支付金钱定期金向受害人给予损害赔偿。"《德国民法典》，陈卫佐译注，法律出版社，2006，第312页。
③ 埃尔温·多伊奇，汉斯-于尔根·阿伦斯：《德国侵权法——侵权行为、损害赔偿及痛苦抚慰金》，叶名怡、温大军译，中国人民大学出版社，2016，第212页。
④ 关于"恢复（回复）原状"与"损害赔偿"关系更详细的讨论，可参见尹田：《物权法理论评析与思考》，中国人民大学出版社，2004，第166-168页。

的外部参照标准，而非补偿对象本身。否则，若受害人属于前述特殊人员的，就会推导出不需要对他们身体上的伤残予以赔偿的错误结论。此外，根据"法释〔2003〕20号"原第25条（现第12条）第2款："受害人因伤致残但实际收入没有减少，或者伤残等级较轻但造成职业妨害严重影响其劳动就业的，可以对残疾赔偿金作相应调整。"这表明最高法院一定程度上承认了收入损失只是伤残赔偿的外部参照，而非补偿对象本身。

总体上，我国司法解释主要以受害人伤残等级为基础，参照丧失劳动能力程度和收入损失，并兼及年龄因素，来确定残疾赔偿金的标准。我国相关司法解释非常契合现有的理论观点，并延续了大陆法系侵权赔偿的一贯标准。但基于侵权赔偿的平衡原理，该补偿标准不完全取决于受害人劳动能力或收入的损失水平，还取决于特定社会经济水平下一般侵权人的偿付能力等其他因素。

然而，平衡点的选择必须以平衡因素或系统边界的确定为前提，一旦平衡因素或系统边界发生变化，系统内的平衡状态将被打破。"法释〔2003〕20号"确立的伤残补偿标准体现的是单一侵权赔偿系统的内在平衡。在综合救济系统背景下，社会保险和商业保险中的诸多因素必须被纳入对平衡的考量，不应固守侵权赔偿中的既有标准。但是，如果坚持将伤残补偿视为对受害人财产损失的补偿，伤残补偿标准的调整就没有正当基础。反之，一旦确认伤残补偿的对象正是受害人的身体伤残，根据补偿机制和系统（平衡要素）的变化适当调整补偿标准，不仅正当，而且必要。

（二）侵权赔偿与社会保险的伤残补偿项目协调

1. 侵权残疾赔偿金的性质与标准问题

关于致人伤残的具体补偿项目，1986年《民法通则》第119条使用了"残废者生活补助费"的表述，在文义上属于对受害人生活来源减少或丧失的财产性补偿。1992年《道路交通事故处理办法》第36条笼统规定了"残疾者生活补助费"和"被扶养人生活费"。1993年《中华人民共和国消费者权益保护法》第41条首次使用了"残疾赔偿金"的概念，并另规定了"生活补助费"和"由其扶养的人必要的生活费"。2001年最高人民法院《关于审理触电人身损害赔偿案件若干问题的解释》（法释〔2001〕3号）第4条仍然将伤残补偿项目表述为"残疾人生活补助费"。直至最高人民法院"法释〔2003〕20号"的出台，"残疾赔偿金"作为伤残补偿项目的正式称谓才被固定下来，并被2009年《侵权责任法》

第 16 条和《民法典》第 1179 条所承续。

依照"法释〔2003〕20 号"原第 17 条第 2 款："受害人因伤致残的，其因增加生活上需要所支出的必要费用以及因丧失劳动能力导致的收入损失，包括残疾赔偿金、残疾辅助器具费、被扶养人生活费，以及因康复护理、继续治疗实际发生的必要的康复费、护理费、后续治疗费，赔偿义务人也应当予以赔偿。"其中，直接补偿对象为人身伤残的项目除残疾赔偿金外，还同样涉及被扶养人生活费。但同样依照"法发〔2010〕23 号"第 4 条，原被扶养人生活费应当计入《侵权责任法》第 16 条（《民法典》第 1179 条）的残疾赔偿金。

依照现行"法释〔2003〕20 号"第 12 条的规定，残疾赔偿金的基本计算公式为：受诉法院所在地上一年度城镇居民人均可支配收入 × 赔偿年限 × 伤残等级系数。结合该条内容来看，我国残疾赔偿金主要吸收了"劳动能力丧失说"，并兼及"所得（收入）丧失说"。[1] 若再考虑到所计入的被扶养人生活费，我国残疾赔偿金标准实际上也含有"生活来源丧失说"的因素。根据此三种学说的任何一种，残疾赔偿金似乎都应当属于财产性补偿项目。但是，这反过来也说明残疾赔偿金并不完全属于其中任何一种，劳动能力、收入所得或生活来源都只是残疾赔偿的外在参照对象。我国法律关于残疾赔偿金标准的规定，尤其是可调整的规定，恰恰表明残疾赔偿金的实际补偿对象有别于可确定实际价值的财产性损失。若残疾赔偿金应当根据受害人或其被扶养人的情况调整其额度，则同样应当根据救济来源的差异而调整其额度。

2. 社会保险伤残补偿项目的分析

工伤保险中关于伤残补偿的项目涉及《社会保险法》第 38 条规定的工伤保险基金支付的一次性伤残补助金和一至四级伤残职工按月领取的伤残津贴，以及第 39 条规定的用人单位支付的五级、六级伤残职工按月领取的伤残津贴。依照前文的分析思路，一次性伤残补助金的补偿对象为人身伤残毋庸置疑，但伤残津贴的性质可能存在争议。

工伤保险作为用人单位工伤事故侵权赔偿的替代，其补偿水平理应与侵权赔偿相当。依照《工伤保险条例》第 35 条第（一）项和第 36 条第（一）项，一至四级伤残的一次性伤残补助金为 27 个月至 21 个月的本人工资，五、六级伤

---

[1] 最高人民法院民事审判第一庭：《最高人民法院人身损害赔偿司法解释的理解与适用》，人民法院出版社，2015，第 295-296 页。

残的一次性伤残补助金分别为 18 个月和 16 个月的本人工资。以一般在职职工一级伤残情况进行比较，侵权残疾赔偿金标准为受诉法院所在地上一年度城镇居民人均可支配收入的 20 倍，一次性伤残补助金仅为本人月工资的 27 倍（年工资的 2.25 倍）。若忽略个人年工资收入与所在地居民人均可支配收入的差异，一次性伤残补助金与侵权残疾赔偿金单项比较的补偿水平相差近 9 倍。横向比较，一次性工亡补助金标准为上一年度全国城镇居民人均可支配收入的 20 倍，相当于城镇户籍人员侵权死亡赔偿金标准的全国中位数，基本符合工伤保险替代侵权赔偿的要求。纵向比较，死亡赔偿金与残疾赔偿金的补偿水平呈梯度下降（一级伤残赔偿金相当于死亡赔偿金），而一次性工亡补助金与一次性伤残补助金之间却完全不成比例。该如何解释此种现象？唯一合理的解释是，一次性伤残补助金并非工伤伤残赔偿的全部内容。

工伤保险中的伤残补偿较之死亡补偿另有一个重要项目——伤残津贴。依照《工伤保险条例》第 35 条第（二）项和第 36 条第（二）项，一至四级伤残的由工伤保险基金按月支付本人工资的 90% 至 75% 作为伤残津贴；五、六级伤残且难以安排工作的，由用人单位按月支付本人工资的 70%、60% 作为伤残津贴。若将一次性伤残补助金和伤残津贴总额合并计算，其补偿水平就与残疾赔偿金大致平衡。因此，一次性伤残补助金和伤残津贴应当一并理解为以伤残损害为直接补偿对象的人身性补偿项目。但是，从现行法安排来看，伤残津贴的性质更接近于工资收入的替代，其直接补偿对象似乎为收入损失。例如，《社会保险法》第 36 条规定，用人单位应发的治疗工伤期间的工资福利与伤残津贴并列。再如，《工伤保险条例》第 35 条规定，伤残津贴按本人工资的一定比例按月发放，一直发放至退休；退休后伤残津贴停发，代以享受基本养老保险待遇。因身体伤残影响劳动能力的，必然造成受害人的收入损失；伤残津贴的补偿标准也的确与工资收入水平呈正相关。但是，此情况非伤残津贴独有，一次性伤残补助金、一次性工亡补助金、残疾赔偿金、死亡赔偿金等其他项目的补偿水平同样与劳动能力、收入损失等存在密切关联。可见，个人工资水平虽然是确定伤残津贴补偿标准的外部参照，但并不能改变伤残津贴属于人身性补偿项目的本质。

基本养老保险中的病残津贴也属于伤残补偿相关的项目。《社会保险法》第 17 条规定："参加基本养老保险的个人，……在未达到法定退休年龄时因病或者非因工致残完全丧失劳动能力的，可以领取病残津贴。"从社会保险体系来看，在职职工遭受伤残损害的，若属于工伤，享受工伤保险待遇；若不属于工伤且完全丧失劳动能力的，由基本养老保险发给病残津贴。病残津贴与前述伤残津贴相对应，均应被认定为人身性补偿项目。现行法尚未就病残津贴制定全国统一标准，各地方的发放水平不一，但一般认为应当参照伤残津贴的补偿标准。[1]基本养老保险的功能与混合型人身保险十分相近，也可以作为病残津贴应当属于人身性补偿项目的佐证。

3. 侵权残疾赔偿金与社会保险伤残补偿项目的协调

目前学理上关于侵权残疾赔偿金与社会保险伤残补偿项目协调的代表性观点为：伤残补助金与残疾赔偿金不能兼得，伤残津贴或病残津贴与残疾赔偿金可以兼得。[2]由于学者没有从法律系统层次提出一套科学的协调方案，其结论未必恰当；即使结论恰当，其论证理由和论证过程也未必妥当。

依照"分层协调"的思路，补偿项目的协调首先取决于上层补偿机制的关系。如前所述，由于工伤保险是对工伤事故侵权赔偿的法定替代，受害人原则上只能获得工伤保险中的补偿项目，不能在工伤保险的范围内另向用人单位主张侵权赔偿。因此，工伤事故受害人对"一次性伤残补助金＋伤残津贴"（合称"工伤伤残补偿"）和残疾赔偿金不能兼得，且只能获得工伤伤残补偿。但是，如果工伤事故是由第三人侵权造成的，工伤保险就不再是侵权赔偿的替代，工伤伤残补偿与侵权残疾赔偿金应为并行关系。在此条件下，受害人对工伤伤残补偿与侵权残疾赔偿金能否兼得，应在补偿项目层次上做进一步判断。

在补偿项目层次的协调中，补偿对象的确定是关键步骤。根据前文分析，侵权残疾赔偿金和社会保险中的一次性伤残补助金、伤残津贴的直接补偿对象均为人身伤残。基于身体完整和健康的无价性，受害人对这些人身性补偿项目原则上均可以兼得，除非法律另有明确的排除规定（如伤残津贴和病残津贴）。因此，在第三人侵权造成工伤伤残的情形下，受害人对侵权残疾赔偿金和工伤伤残补偿项目可以兼得。具体理由可参照前文关于一次性工亡补助金与死亡赔偿金关系协调的论述。

在非因工伤造成人身伤残的情形，残疾赔偿金与病残津贴也存在协调问题。

---

① 信春鹰：《中华人民共和国社会保险法释义》，法律出版社，2010，第 52 页。
② 周江洪：《侵权赔偿与社会保险并行给付的困境与出路》，《中国社会科学》2011 年第 4 期，第 176 页。

首先，不同于与工伤保险的关系，侵权赔偿与基本养老保险之间本身无冲突，二者属于并行的救济机制。其次，残疾赔偿金与病残津贴（仅限伤残场合）的补偿对象虽然相同，但均属于人身性补偿项目。依据人身性补偿项目的协调原则，受害人对二者可以兼得。再次，就补偿水平和补偿方式来看，病残津贴目前的实际补偿水平较低，且为按月发放。况且，有资格获得病残津贴的受害人已经完全丧失了劳动能力（《社会保险法》第 17 条）。二者兼得对于此类受害人及家庭而言并不存在补偿水平过高的问题，甚至可能仍不够充分。

关于名称问题。依前文分析，工伤保险中的伤残补偿项目实际分为两部分——一次性支付的伤残补助金和按月支付的伤残津贴。因此，"一次性伤残补助金"中"一次性"的表述应当保留，但基于在综合救济系统中统一称谓的必要，"一次性伤残补助金"应改为"一次性工伤残疾赔偿金"较为合宜。基本养老保险中的"病残津贴"覆盖的是非工伤所致伤残，且还包括其他因病所致、完全丧失劳动能力的情况。"伤残津贴"与"病残津贴"分别归属于工伤保险和基本养老保险，并分别适用于工伤伤残和非工伤伤残两类情形，名称背后的逻辑关系清晰，可以保留。

（三）商业保险中的伤残补偿项目

责任保险作为侵权赔偿的替代，其伤残补偿也是对侵权残疾赔偿金的替代；责任保险不足以补偿残疾赔偿金的部分，仍应由侵权人补足。商业人身保险涉及伤残补偿的主要是意外伤害保险，其具体补偿项目为伤残保险金。意外伤害保险专门承保外来、突发、非自愿的风险原因造成的人身伤亡事故，有别于针对内生原因致病的健康保险和以人的生命为保险标的的人寿保险。[①] 在救济机制层次上，意外伤害保险与侵权赔偿、社会保险为平行机制，受害人获得侵权赔偿或社会保险的伤残补偿后，原则上仍可兼得伤残保险金。另外，关于社会保险机构或用人单位投保意外伤害保险的，所涉及伤残补偿项目的协调规则应同于死亡保险，此不赘述。

四、精神损害

（一）侵权法中的精神损害赔偿

精神损害在比较法中通常对应"非财产上损害"，即"生理上或心理上所感

---

① 温世扬：《保险法》，法律出版社，2016，第 222-223 页。

受之痛苦，且以依法律之规定可以获得赔偿之痛苦者"①。非财产损害包括了一切无关财产增减的损害，其外延近同于人身损害。我国现行法中"精神损害"一词采用最狭义的意思，指单纯的精神痛苦、疼痛或反常等。②传统理论和现行法以侵权损害对象为分类依据，但同一损害对象可能涉及多种不同的实际损失。精神损害通常只是侵害他人人身的损害结果之一，或为伤残、死亡、人格物的伴随损害，或为单一损害结果（如名誉受损的痛苦、死者家属的痛苦等）。

我国法律对精神损害及其补偿的理解和相应规定经过了若干变化。1986年《民法通则》第120条第1款列举了姓名权、肖像权、名誉权和荣誉权四种权利受到侵害的可以要求"赔偿损失"。当时学界的代表性观点认为，此处"赔偿损失"一般理解为既包括财产损失赔偿，也包括精神损害赔偿。精神损害赔偿兼具补偿性、抚慰性和惩罚性，主要适用于损害较为严重的情形。精神损害赔偿数额的确定主要考虑损害程度和过错程度，并兼及侵权行为方式、当事人经济状况、侵权获利、受害人情况等因素。③此后，最高人民法院的若干司法解释中也部分涉及精神损害的赔偿问题。随后，依据原最高人民法院"法释〔2001〕7号"，我国精神损害赔偿的适用范围不仅全面包含了传统的人格权和身份权，还扩展至"人格物"和"死者人格利益"，甚至残疾赔偿金和死亡赔偿金也被界定为"精神损害抚慰金"。④最终，2009年《中华人民共和国侵权责任法》第22条在立法层面正式作出概括性规定："侵害他人人身权益，造成他人严重精神损害的，被侵权人可以请求精神损害赔偿。"该条确定了我国精神损害赔偿的三个核心条件：适用范围为"人身权益"，包括所有人格权益和身份权益；精神损害必须达到"严重"的程度，轻微损害不能主张赔偿；请求权人为"被侵权人"，但未排除请求权的让与或继承。⑤

精神损害与生命损失、身体伤残均具人身性损害的共性，但又各具特征。每个人的生命只有一次且不可复得；生命存续是一切人格或财产利益的前提。生命价值对于每个人而言都是无限大的，故生命损失补偿理论上没有自设的上

---

① 曾世雄：《非财产上之损害赔偿》，台湾元照出版公司，2005，第6页。
② 张新宝：《侵权责任法原理》，中国人民大学出版社，2005，第521页。
③ 魏振瀛：《精神损害赔偿责任的性质和法律适用》，《政治与法律》1987年第6期，第24-27页。
④ 依照原"法释〔2003〕20号"，受害人或其亲属在获得残疾赔偿金或死亡赔偿金后还可以另主张精神损害赔偿。至此，残疾赔偿金和死亡赔偿金开始被认为属于财产性质的赔偿，有别于精神损害抚慰金。张新宝：《从司法解释到侵权责任法草案：精神损害赔偿制度的建立与完善》，《暨南学报（哲学社会科学版）》2009年第2期，第3页。
⑤ 原"法释〔2003〕20号"第18条第2款规定："精神损害抚慰金的请求权，不得让与或者继承。但赔偿义务人已经以书面方式承诺给予金钱赔偿，或者赔偿权利人已经向人民法院起诉的除外。"

限。身体伤残有的表现为物理性损害，有的表现为功能性损害；有的可以恢复，有的不可恢复。身体伤残介于死亡和正常健康状态之间，虽不能用金钱量化其损失，但可以客观评价其损害程度。精神损害则表现为受害人心理的痛苦或消极感受，虽然其损害事实具有客观性，但其损害对象和结果具有无形性、主观性特征。比较之，我国学界普遍将死亡赔偿和残疾赔偿视为对收入等财产损失的补偿，但精神损害自始至终被认为与财产损失无关。其原因在于，死亡或伤残总是客观的，很容易与财产损失之间建立某种联系，而精神痛苦则具有高度的主观性。当然，这并不是说精神损害没有客观性，而是指精神痛苦与否及其程度因人而异，难由他人完全以客观方式进行测度和评价。

由于心理痛苦或消极感受的内在主观性，精神损害比生命损失、身体伤残更难以用金钱进行评估。但是，这并不能弱化精神损害赔偿的正当性，而仅仅表明了确立精神损害赔偿标准的困难。在比较法上，主要有三种确定精神损害赔偿金额的方法：一是置换的方法，即通过评价为抵消所失乐趣而获得替代乐趣的成本，作为确定精神损害赔偿金额的依据；二是经济分析的方法，即考察一个理性人为消除精神损害风险所愿支付的成本，作为确定精神损害赔偿金额的依据；三是表格参照法，即编制详细的以往判例汇总表格，供法官判案时参考。[①] 原最高人民法院"法释〔2001〕7号"第10条（现第5条）仅规定了确定精神损害赔偿数额的若干考量因素，但无具体标准，给司法实践留下了很大的弹性空间。[②]《侵权责任法》第22条也仅作了概括性的规定，并由《民法典》第1183条所承续，仍需参照"法释〔2001〕7号"规定的考量因素。司法实践中一般以各地方高级法院的指导意见为依据，确定方法和标准不一。总体来看，目前各地方法院均采纳了"限额赔偿"的思路，精神损害赔偿金最高一般为5万至10万元，少数情况可能超过此标准。[③] 但是，我国学理上对精神损害赔偿金的确定方式和标准存在极大的争议。[④]

---

① 叶金强：《精神损害赔偿制度的解释论框架》，《法学家》2011年第5期，第94页。

② 最高人民法院民事审判第一庭：《最高人民法院〈关于确定民事侵权精神损害赔偿责任若干问题的解释〉的理解与适用》，人民法院出版社，2015，第63-66页。

③ 例如：《安徽省高级人民法院审理人身损害案件若干问题的指导意见》《山东高级人民法院关于审理人身损害赔偿案件若干问题的意见》《福建省高级人民法院关于审理人身损害赔偿案件若干问题的意见》《四川省高级人民法院贯彻执行最高人民法院〈关于确定民事侵权精神损害赔偿责任若干问题的解释〉的意见》《浙江省高院民一庭关于人身损害赔偿费用项目有关问题的解释》等。

④ 邓瑞平：《人身伤亡精神损害赔偿研究》，《现代法学》1999年第3期，第122-126页；关今华：《精神损害赔偿的类型化评定与法官自由裁量》，《东南学术》2000年第3期，第98-104页；王成：《侵权损害赔偿计算的经济分析——以人身及精神损害赔偿为背景》，《比较法研究》2004年第2期，第91-100页。

精神损害与死亡和伤残一样同属人身损害，均不能直接以金钱方式衡量其损失之大小。但是，当损害既已发生，法律对受害人及其家属所能施为的除金钱补偿外又别无他途。对于不可用金钱进行估价的事物勉强进行金钱估价，其结果不可能如财产损失的补偿一般精准。况且，精神损害赔偿尚不能如死亡和伤残赔偿一般与劳动收入、生活需要等外部经济指标密切关联，其补偿标准和额度就更难以确定。因此，精神损害赔偿的重点不在于它的精准性，而在于它的妥当性。[①] 那么，精神损害赔偿如何才能符合妥当性的要求？首先，在侵权赔偿系统中，精神损害赔偿必须参照其他人身损害形态的补偿标准，共同构成分级赔偿体系。在人身损害范围内，死亡为最严重的损害，其补偿标准理应处于最高水平；在死亡情形以下，再根据损害程度确立补偿梯度。当前残疾赔偿标准正是依此思路。精神损害虽不能完全对照伤残损害进行分级，但也应依照损害程度确定其赔偿额度。其次，鉴于精神损害的内在主观性特征，且很难与收入损失等外部参照对象直接关联，故而应当综合考察与之相关的更多外部因素。现行"法释〔2001〕7号"第5条规定了确定精神损害赔偿数额的因素包括侵权人的过错程度，侵害的手段、场合、行为方式等具体情节，侵权造成的后果，侵权人的获利，侵权人的经济能力，受诉法院所在地平均生活水平等六项。前五项因素与侵权人及其行为相关，后一项属于外部公共条件，但未纳入与受害人一方相关的因素，似有不足。

既然精神损害赔偿的额度并无绝对可以参照之标准，而是对诸多因素综合衡量的结果，那么，当背景因素发生重大变化，就应该根据新的背景因素重新衡量并进行额度调整。在综合救济系统的背景下，社会保险和商业保险的介入为整个系统增添了不少新的平衡因素，应当被纳入精神损害赔偿额度的考量因素范围。

（二）关于社会保险与精神损害赔偿的问题

社会保险不补偿精神损害似乎已是一条公理。鉴于医疗保险、养老保险和失业保险的补偿对象较为专一，它们对精神损害不予补偿实属当然。但是，工伤保险作为侵权赔偿的替代，其补偿项目和范围与侵权赔偿基本一致，唯精神损害除外，就不免让人产生疑虑。

工伤保险替代用人单位的工伤事故侵权赔偿，具有补偿来源可靠，补偿程

---

① 叶金强：《精神损害赔偿制度的解释论框架》，《法学家》2011年第5期，第88页。

序相对简化和迅速，有助于缓和劳资关系等优点。所以，工伤保险虽然在某些方面限制了受害人的补偿范围，但整体上对受害人更为有利。比较法研究也表明，各国立法上普遍抱持如此理念："缩水"的及时补偿比形式上充分但迟缓的补偿更能帮助受害人及其家属克服困难。[1] 然而，工伤保险不同于其他社会保险是对用人单位侵权赔偿的替代，其机制和功能类似于强制责任保险。工伤保险将精神损害赔偿排除在外并没有什么正当性可言，但可能的解释之一是，精神损害属于无形损害，与保险的确定性要求存在一定冲突。不过，就我国实际情况而言，精神损害赔偿有大致可确定的最高限额，其确定性并没有太大问题。当然，我国立法上还有完善精神损害赔偿定额化的空间。[2] 另一个可能的解释是，工伤保险作为社会保险的一种，其补偿的仅仅是受害人的基本生活需要，而非全部损失。从全球范围来看，各国对工伤保险（或雇主责任保险）的保障条件和范围不一，有些国家目前或者早期依据本国经济发展水平也只规定了较低的补偿标准。[3] 但值得注意的是，若社会保险仅作为工伤事故的兜底救济手段，就不应当排除受害人及其家属对用人单位（雇主）的侵权赔偿请求权。反之，如果工伤保险被当作侵权赔偿的替代机制，其补偿范围和水平原则上应与侵权赔偿相当。可见，精神损害赔偿被排除在工伤保险乃至整个社会保险系统之外并非当然合理，而是资源稀缺条件下政策选择的结果。

通常认为，"就赔偿范围而言，与侵权法不同，社会保障（险）法并不打算赔偿所有实际损失，只是为受害者提供克服危险处境所通常必需的金钱。因此，社会保障（险）赔偿通常以客观方式计算，与受害者的实际经济损失没有直接关联，但经常会与受害者的收入挂钩"[4]。既然社会保险仅提供基本需要的保障，而非完全补偿，受害人就有权在社会保险的基础上请求其余部分的侵权损害，也即应采取"补充模式"。考察我国现行法的规定，"法释〔2003〕20号"第3条第1款却对工伤保险与用人单位侵权赔偿的关系明确采纳了"替代模式"。照该规定，工伤事故受害人及其家属在获得工伤保险补偿后，无权另向用人单位请求精神损害赔偿。

但也有学者认为，精神损害赔偿是侵权法中的特有补偿项目，与社会保险

---

① 乌尔里希·马格努斯主编《社会保障法对侵权法的影响》，李威娜译，中国法制出版社，2012，第387-390页。
② 刘士国：《论人身死伤损害的定额化赔偿》，《法学论坛》2003年第6期，第22-26页。
③ 林义：《社会保险》，中国金融出版社，2011，第250-251页。
④ 乌尔里希·马格努斯主编《社会保障法对侵权法的影响》，李威娜译，中国法制出版社，2012，第352页。

待遇不具有"同质性"，不构成重复填补关系，即可以兼得。[①] 此观点从现行法框架下精神损害赔偿与社会保险的整体关系出发，似乎可以成立。然而，依据现行"法释〔2003〕20号"第3条第1款，对于用人单位的工伤事故责任只能适用工伤保险；《工伤保险条例》第五章（第30条至第45条）和《社会保险法》第38条、第39条关于工伤事故的补偿规定均缺少精神损害赔偿。在此背景下，虽然精神损害赔偿与社会保险（工伤保险）待遇不具有"同质性"，受害人及其家属并不能同时兼得工伤保险和精神损害赔偿。另外，依照《安全生产法》（2014）第53条和《职业病防治法》（2018）第58条，因生产安全事故受到损害的从业人员和职业病患者，除依法享有工伤保险外，依照有关民事法律尚有获得赔偿的权利的，有权向本单位提出赔偿要求。此即意味着这两种情形下的受害人仍然有权在获得工伤保险的基础上，就包括精神损害在内的其余损失向用人单位请求侵权赔偿。有的地方法院在内部指导文件中明确规定了该两种情形下用人单位的精神损害赔偿责任。[②] 相对于其他工伤事故，生产安全事故涉及用人单位的过错，职业病一般具有长期积累的特点。法律允许受害人在该两种情形下另向用人单位请求精神损害赔偿，具有加重用人单位责任和强化保护受害人的再平衡意图。

综上，依据"分层协调、分类协调、分项协调"的原理，应从三个层次来理解我国社会保险与侵权精神损害赔偿的关系。第一，受害人及其家属在获得社会保险的补偿后，原则上仍然有权获得侵权精神损害赔偿。第二，工伤保险是前述第一点的例外，受害人及其家属在获得工伤保险补偿后无权向用人单位请求包括精神损害在内的其余侵权损害的赔偿。第三，生产安全事故和职业病造成的工伤又是前述第二点的例外，即此两类工伤职工在获得工伤保险补偿后有权另向用人单位请求包括精神损害在内的其余侵权损害的赔偿。

（三）商业保险中的精神损害赔偿

商业保险中涉及精神损害赔偿的主要是责任保险，目前人身保险实务中对精神损害一般不予承保。人身保险中的意外伤害险以意外造成的死亡或伤残为给付保险金的条件，理论上也可以包括精神方面的损害。从保险原理上看，保

---

① 周江洪：《侵权赔偿与社会保险并行给付的困境与出路》，《中国社会科学》2011年第4期，第178页。

② 例如，广东省高级人民法院与广东省劳动人事仲裁委员会《关于审理劳动人事争议案件若干问题的座谈会纪要》第5条规定："劳动者因生产安全事故发生工伤或被诊断患有职业病，劳动者或者其近亲属依据最高人民法院《关于确定民事侵权精神损害赔偿责任若干问题的解释》的规定要求用人单位承担精神损害赔偿责任的，应予支持。"

险人不愿承保精神损害的主要原因在于精神损害价值的不确定性及其评估困难。不同于死亡或伤残，精神损害表现为当事人心理上的负面感受，无法对其进行客观评价，可测定性较差。[①] 在法学理论上，精神损害赔偿不同于侵权赔偿的一般项目，其惩罚性较强，而补偿性较弱。[②] 这也在一定程度上影响到保险人对精神损害进行承保的积极性。在法经济学上，精神损害一般被认为属于"财富中性事故"的范畴，对其投保不会给潜在的被保险人带来财产效用，以此可以解释现实中不存在痛苦保险市场的事实。[③] 与之不同，责任保险中的精神损害赔偿属于被保险人的侵权责任之一，表现为被保险人的直接财产损失，其价值评估通常完成于司法阶段，由此避免了保险实务直接面对上述不利因素。

即使在责任保险实务中，精神损害也常常被当作保险人的除外责任之一，或者被双方忽视而未在保险合同中明确约定。在责任保险合同未就精神损害作出明确约定的情形中，其是否属于保险责任的范围常会引起争议。一般认为，依照保险法和合同法的相关规定，精神损害赔偿作为侵权责任之一，若未被明确排除则应当属于责任保险的范围。[④]

围绕精神损害的保险赔偿的争议比较常见于机动车交通事故案件。争议焦点主要在于：交强险的保险范围是否包含精神损害？以及保险金请求权人对于交强险和第三者责任险是否享有关于精神损害赔偿的选择权？有人认为，交强险具有准社会保险性质，且为较低水平的限额赔偿，不宜将精神损害包括在内。[⑤] 也有人认为，精神损害赔偿应当属于交强险的死亡伤残赔偿限额范围。[⑥] 依照文义解释，《机动车交通事故责任强制保险条例》（2016）第23条规定的"死亡伤残赔偿"应包括事故伤亡相关的医疗费、死亡赔偿金、残疾赔偿金等各类赔偿项目，没有正当理由将精神损害赔偿排除在外。另外，精神损害虽然在无明确约定排除的情况下应解释为承保事项，但通常在商业第三者责任险合同中被明列为不保事项或者特别附加险。[⑦] 基于现代责任保险越来越侧重于保护受害人利益的事实，法律应当将精神损害纳入交强险的承保范围内，并允许保

[①] 魏巧琴：《新编人身保险学》，同济大学出版社，2018，第2页。
[②] 孙宏涛：《精神损害赔偿的惩罚性功能》，《政法论丛》2002年第6期，第37-39页。
[③] 刘凯湘、曾燕斐：《非财产损害赔偿之一般理论》，《北方法学》2012年第6期，第69页。
[④] 王卫东、苗合理：《精神损害抚慰金应属校方责任保险的赔偿范围》，《人民法院报》2015年9月2日，第007版。
[⑤] 周江：《精神损害纳入交强险赔偿范围之反思》，《中国保险》2018年第4期，第56-59页。
[⑥] 李霞：《精神损害抚慰金，保险怎么赔？》，《中国保险报》2019年4月11日，第005版。
[⑦] 例如：《中国人民财产保险股份有限公司机动车综合商业保险条款》（AODAAX0015X00）。

险金请求权人根据其利益最大化需要选择交强险的赔付对象。依照最高人民法院《关于机动车交通事故强制责任保险赔偿限额中物质损害赔偿和精神损害赔偿次序问题的批复》（〔2008〕民一他字第 25 号）："精神损害赔偿与物质损害赔偿在强制责任保险限额中的赔偿次序，请求权人有权选择。请求权人选择优先赔偿精神损害，对物质损害赔偿不足部分由商业第三者责任险赔偿。"

（四）余论

鉴于我国商业保险实务的现状，精神损害赔偿金基本上仅存在于责任保险和侵权赔偿当中。再者，因为责任保险与侵权赔偿的替代关系，精神损害赔偿实际上是侵权赔偿中的特有补偿项目。然而，针对精神损害的补偿或不限于侵权法中所谓的精神损害赔偿金（抚慰金），《社会保险法》中的抚恤金也常被认为具有"精神抚慰"的性质。[1] 那么，侵权精神损害赔偿金与社保抚恤金是否也存在并行给付的协调问题？依前文所述，社会保险抚恤金实为人身性补偿项目，直接补偿对象为生命损失，对应侵权赔偿中的被扶养人生活费。但是，社保抚恤金确实也可以从对家属进行精神抚慰的角度进行理解。即使如此，社保抚恤金与侵权精神损害赔偿金也应采用兼得模式，理由是：其一，社保抚恤金与侵权精神损害赔偿金的法律性质完全不同，分别属于公法和私法两种不同的补偿来源；其二，社保抚恤金与侵权精神损害赔偿金的补偿标准参照因素完全不同，前者主要与生活需要相关，后者主要与侵权事实相关；其三，精神损害属于人身损害，受损害填补原则的约束较弱，不应对其补偿总额设限。

第四节　财产性补偿项目的协调

一、协调原则

（一）损害填补原则

损害填补即以金钱补偿的方式使受害人之状况恢复至损害发生以前之"原有状况"或"应有状况"。然而，因损害对象性质的不同，金钱补偿所能恢复原状的效果也有所不同。对于生命损失、身体伤残及精神损害等人身性损害，金钱补偿纯属替代手段，并不具有真正的恢复效果；对于财产性损害，金钱补偿在绝大多数情形下可以实质性地恢复受害人的状况。损害填补虽为损害救济之

---

[1]　信春鹰：《中华人民共和国社会保险法释义》，法律出版社，2010，第 51、146 页。

最高指导原则，但对于人身性损害和财产性损害在恢复程度上有很大差别，在两类补偿项目协调中的地位也有不同。如前所述，损害填补在人身性补偿项目协调中的作用较为弱化，更需要借助"生命至上"和"利益平衡"等原则来共同协调补偿项目的并存关系。对于财产性补偿项目的协调，损害填补则是名副其实的最高指导原则。也即，针对同一损失、源自不同救济机制的多个财产性补偿项目在实际损失的价值范围内可以由受害人兼得，但总额不得超过实际损失的价值。

损害填补对财产性损害也从来不是百分之百有效，仍然会受到其他各种因素的影响。损害填补的前提是先确定"损害"，但即使财产性"损害"的认定也不是完全客观的，必然会渗入各种主观因素，如因果关系标准的认定、价格计算方法的选择等。若"损害"本身是不确定的，又如何通过"填补"将其恢复至原状？因此，对于财产性损害而言，损害填补的首要任务是确定"损害"范围，也即实际损失的大小。有些财产的损害范围或实际损失很容易确定，比如打破一个鱼缸的实际损失就是它的重购价格；但也有一些财产的实际损失评估可能较为复杂，比如一名出租车司机受伤停工一个月的收入损失。财产性损害的评估虽然相对客观，但也需要辅之以利益衡量的方法。

此外，尽管财产性补偿项目针对的实际损失可以客观估价，损害填补仍然是一个有关充分程度的问题。原因在于，鉴于世界的普遍联系和事实因果的无限性，实际损失的界定最终仍将取决于法律因果关系标准等责任构成因素。由于补偿来源的多元化和社会化救济机制的风险分散功能，综合救济系统框架内多元补偿机制的补偿理应比单一救济机制更为充分。况且，任何单一救济机制通常会因为补偿条件等产生"补偿落差"的情况。因此，综合救济系统内各救济机制下的财产性补偿项目在协调过程中可以参照"补偿落差"适当扩张其补偿范围。

（二）补偿对象分类

大陆法系关于财产性损害的传统分类为所受损害和所失利益，如法国、德国等。[①] 所受损害是因侵权行为受到损害的既有利益；所失利益是因侵权行为应得而未得的利益。我国学理上通常将财产性损害分为直接损失和间接损失，也

---

① 曾世雄：《损害赔偿法原理》，中国政法大学出版社，2001，第26页。

有人区分为积极损害与消极损害。①对财产性损害进行类型区分的主要意义在于，所受损害、直接损失或积极损害在法律上是必须赔偿的损失，但所失利益、间接损失或消极损害的赔偿有时会有争议，需要综合其他因素来判断。根据各救济机制的补偿项目内容，本书将财产性补偿项目对应的损害类型归纳为四大类：一般财产损失、医疗相关费用、劳动收入损失、其他衍生损失。此种分类方式并未严格遵照特定逻辑标准，只是根据现行法和实践情况对各救济机制中所涉财产性补偿项目的具体损害（补偿对象）的归纳。其中，一般财产损失是指传统分类中以财产为直接侵害对象且纯粹涉及财产性补偿项目的一类损失；医疗相关费用、劳动收入损失和其他衍生损失均为侵害人身造成的财产损失。

二、一般财产损失

（一）协调焦点：侵权赔偿与财产保险

此处所谓一般财产损失是指侵害物权、债权、知识产权、股权、各类投资性权利、网络虚拟财产等（非人身权益）造成的损失，不包括被侵害对象可能附着的人格利益损失。一般财产损失的损害对象与补偿对象（损害结果）均属财产性质，其补偿来源主要涉及侵权赔偿和财产保险（含责任保险），通常与人身保险和社会保险无关。侵权赔偿和商业保险中涉及一般财产损失的补偿非常普遍，但其协调关系相对简单，只需依照损害填补原则做加减法操作。不过，两种救济机制中关于一般财产损失的计算标准与补偿范围可能存在细微的不同，仍有从综合救济系统层次进行协调的必要。

（二）侵权法中的补偿项目与损失计算

关于侵权法中一般财产损失的相应补偿项目，可以概称为"一般财产损失"，以体现其损害对象与补偿对象（损害结果）的财产属性一致。若非要对一般财产损失的补偿项目进行再区分，可以根据我国学理观点和司法实践的情况分为"直接损失"和"间接损失"。一般认为，直接损失是受害人既得利益的减少，间接损失是可得利益的丧失。②二者的区分依据是所损失利益是否为受害人现实占有的财产。实际上，直接损失和间接损失补偿钊对的均是受害人的实际损失，此处区分的主要意义在于间接损失的边界较之直接损失存在一定的模糊性，需要引入各种平衡因素才能确定。

① 杨彪：《可得利益的民法治理：一种侵权法的理论诠释》，北京大学出版社，2014，第17页。
② 张新宝：《侵权责任法》，中国人民大学出版社，2020，第111页。

在侵权法中，一般财产损失的损失范围即受损财产的经济价值，其范围界定主要为其经济价值的计算。原《侵权责任法》第 19 条规定："侵害他人财产的，财产损失按照损失发生时的市场价格或者其他方式计算。"该规定由《民法典》第 1184 条所承续，仅将"其他方式计算"改为"其他合理方式计算"。

依照现行法的规定，受损财产的经济价值一般即其市场价格，即从市场买到相同或同类财产所需的金额。鉴于所损失财产的市场价格可能因时间和地点变化而有波动性，所损失财产的价格计算必须确定相应的参照时间和地点。关于价格计算的参照时间，学理上有三种观点：一是损失发生时，二是法庭辩论结束时；三是以损失发生时至法庭辩论结束时的最高价格为准。[①] 依照现行法的规定，经济价值计算的参照时间为损失发生时。如果从有利于受害人的角度来看，以损失发生时至法庭辩论结束时的最高价格为准才是最佳的选择。但是，立法选择以损失发生时为准有利于程序方便，也具有相当的合理性。关于价格计算的参照地点，有侵权行为地、损失发生地、受诉法院所在地等选择。现行法对参照地点虽然没有明确规定，但结合前述时间标准，可以合理推断应为损失发生地。

以市场价格作为损失补偿价格体现了损害填补的原理，即通过补偿受损财产的市场价格，受害人可以该价格从市场购买到替代财产或者替代失损部分。然而，市场价格是一种流通价格，只有通过市场交易才能形成。某些缺乏交易性或流通性的财物往往无法形成市场价格，如禁止流通物、限制流通物等，就必须通过"其他合理方式"计算其价值。"其他合理方式"的计算应当考虑受损财产的成本、合理的价值增减、价值的可预期性及其他影响价值的平衡因素等。[②] 也有学者认为，以其他方式计算的财产价格还包括纪念物品等的情感价格。[③] 此类物品的所谓情感价格实质上是"人格物"的精神损害部分，应当依照精神损害赔偿的标准另行计算，而不属于此处"其他（合理）方式计算"的范围。

（三）财产保险中的补偿项目与损失计算

相对于人身保险，作为财产保险标的的财产利益具有可金钱量化和补偿的特点，由此也决定了财产保险必须严格执行损失填补原则。财产保险合同覆盖

---

① 王利明：《侵权责任法研究》（上卷），中国人民大学出版社，2010，第 671 页。

② 张新宝：《侵权责任法》，中国人民大学出版社，2020，第 114 页；杨立新：《侵权责任法》，法律出版社，2020，第 152 页。

③ 王利明：《侵权责任法研究》（上卷），中国人民大学出版社，2010，第 672 页。

的风险范围非常广泛，但风险原因无非是自然灾害和意外事故。意外事故中往往涉及人的因素，也即侵权行为；自然灾害通常与人的因素无关，但也不能完全排除人为因素的介入。此外，因自然灾害引起的保险事故虽然较少牵涉侵权赔偿，但可能会获得社会救助，理论上仍然存在系统协调问题。总体上，由意外事故引起的财产保险与侵权赔偿的平行给付更为普遍，是关注的重点。

财产保险中的具体补偿项目由保险合同约定。通常，根据补偿对象或补偿范围的不同，财产保险中的具体补偿项目可以分为保险标的损失和费用损失两类。保险标的损失是因保险事故造成的直接损失，是保险标的本身的实际损失。费用损失是被保险人在事故发生后为防止损失扩大产生的合理施救费用，以及为查明保险事故而应支付的合理费用、仲裁或诉讼费用等。从因果关系来看，费用损失是保险事故引起的被保险人既得利益的损失，仍然属于侵权赔偿中的直接损失。可见，财产保险中的保险标的损失和费用损失的区分标准不同于侵权赔偿中的直接损失和间接损失。保险人对保险事故导致的市场价格降低、预期收益减少等间接损失通常不予赔偿。[①] 这部分损失就与前述一般财产损失的侵权赔偿计价标准存在落差。

财产保险中的损失计算除了保险标的及费用本身的价值以外，还涉及保险金额和保险价值的限制问题。保险标的损失和费用损失的计算可以参照市场价值。保险金额是投保人对保险标的的投保额度，也是保险人承担保险责任的最高限额。一方面，受损失填补原则的限制，保险金不能超过被保险人的实际损失，也即保险标的损失和费用损失的总额；另一方面，受保险合同约定的限制，保险金也不超过合同约定的保险金额。相对于侵权赔偿，财产保险的补偿范围受到法定和约定的双重限制。

此外，财产保险中的保险金额通常依照投保时保险标的的评估价值来确定。由于市场价值的波动性，保险事故发生时保险标的价值可能少于或超过投保时的评估价值，从而导致保险价值与保险金额不一致的情况。若保险事故发生时保险价值超过保险金额的，保险金最高限额仍以保险金额为准；若保险事故发生时保险价值低于保险金额的，保险金最高限额应以保险价值为准。

（四）两种救济机制的补偿项目关系及协调

在第三人侵权造成财产损失的情形下，根据损害填补原则，受害人（被保

---

① 李玉泉：《保险法》，法律出版社，2019，第156页。

险人）通过侵权赔偿和财产保险获得的补偿总额不得超过财产的实际价值，故两种机制的协调应首先排除兼得模式。根据《保险法》第60条和第61条的规定，我国现行法对侵权赔偿与财产保险关系的规定类似于前文提及的补充模式。现行法赋予了受害人（被保险人）在损失总额范围内对侵权赔偿和保险赔偿的选择权，同时保障了保险人的代位求偿权，并确立了侵权人的最终责任人地位。三方当事人的地位和关系恰好体现了补充模式的基本特点。然而，根据"分层协调、分类协调、分项协调"的思路，此处所谓补充模式仅涉及救济机制层次的关系。鉴于此处讨论的两类救济机制下的一般财产损失均属同类项目，分类协调无需再考虑，但在具体补偿项目及其实现的层次上仍然存在若干问题。

第一，财产保险中的具体补偿项目与侵权赔偿项目所覆盖的损失范围并不完全一致。根据《保险法》第60条的规定，保险人在赔偿金额范围内代位行使被保险人对侵权人的赔偿请求权。该规定仅限定保险人的代位权范围以其支付的赔偿金额为限，实际上假定了保险赔偿范围可能小于或等于侵权赔偿而不会超过侵权赔偿。如前所述，财产保险的补偿项目通常包括保险标的损失和费用损失。保险标的损失属于侵权赔偿中的直接损失，当然可以由保险人向侵权人追偿。费用损失又包括抢救费用、保险事故调查费用和法律费用等。其中，现场抢救费用一般也属于侵权赔偿中的直接损失，但是，保险事故调查费用和法律费用等并不必然属于侵权赔偿的范围。鉴定、评估等事故调查程序通常为保险索赔的必经程序，其相关费用对于保险而言属于必要支出，但是对于侵权赔偿却并非如此。例如，受害人与侵权责任人对损害范围均无异议，可以免于鉴定或评估；或者，鉴定、评估等属于受害人一方的举证责任，且相关费用因双方过错或程序原因未必全部应由侵权人承担。其次，被保险人一方的法律费用在侵权赔偿实践中也未必均由侵权人承担。可见，我国现行法规定并未在具体补偿项目层次上考虑两类救济机制之间存在的细微差异。很显然，保险代位作为侵权之债的法定转移，应当首先以该侵权之债的范围为限，再以保险人支付的赔偿金额为限。

第二，财产保险中的具体补偿项目背后的构成条件和认定标准等往往较侵权赔偿更为宽松。从理论上讲，在涉及第三人侵权的保险事故中，保险责任的损失认定标准应当与侵权赔偿中的认定标准一致。但既有的研究表明，司法实践中的损失认定标准在保险条件下相对于无保险时通常更为宽松。[①] 保险责任的损失认定标准宽松与否原本是保险人与受害人的内部关系。况且，假如该结果不会根本性妨碍保险人的运营，其对受害人和社会整体都应当是一件值得肯定的事。但是，由于保险代位权的存在，保险人承担的损失认定标准放松的不利后果将最终转嫁给侵权责任人，其实质结果是侵权责任的扩张。这种现象正是综合救济系统内各救济机制之间彼此作用和影响的体现。从侵权损害救济的历史趋势来看，通过侵权责任扩张将更多风险转移给侵权人承担并不符合风险分散及社会化救济的要求。对此，有两种可能的解决办法。一是尽可能使财产保险和侵权赔偿的损失认定标准一致。然而，损失认定或责任构成是相应法律机制内对多种因素综合平衡的结果。基于保险的风险分散机制与保险人的风险分散能力，财产保险相对于侵权赔偿采用了更宽松的损失认定标准实属正常。因此，试图使两种救济机制的损失认定标准一致恐难以完全实现。二是将侵权人额外承受的赔偿责任进一步转移和分散。虽然《保险法》表面上将侵权第三人设定为最终责任人，但侵权人仍然有机会通过责任保险来进一步分散风险。那么，因财产保险认定标准较宽导致扩张的侵权责任就进一步被转移和分散，而这又是综合救济系统内在作用的另一种体现。

　　第三，财产保险中涉及某些特殊的损失认定方式，可能通过保险追偿对侵权人造成不利影响，其中最典型者如海上保险中的推定全损。在海上保险中，如果受损船货的残值不足以抵消救援、运输等费用，被保险人可以将残余标的委付给保险人，并按推定全损赔偿。但是，实践中被保险人往往为了尽快获得赔付而达成赔偿协议，可能存在评估的标的残余价值大于相应部分赔付额的情形。[②] 在涉侵权人的保险案件中，为保障保险人的利益，受害人（被保险人）与侵权人之间达成赔偿协议必须经保险人同意，否则对保险人无效。被保险人要求按照推定全损赔偿向保险人委付保险标的，保险人可以选择接受或不接受（《中华人民共和国海商法》第 249 条）。在现实中，经侵权人与受害人协商一致，侵权人也可以在支付标的全款后获得受损物残余，与海上保险中的推定全损类似。但无论如何，此情形下的全额赔偿必须经侵权人与受害人双方协商同意，否则，侵权人仅就实际损失部分承担赔偿责任。然而，推定全损与委付是

---

① 叶延玺：《责任保险对侵权法的影响研究》，浙江大学出版社，2018，第 173-177 页。
② 余劲松、吴志攀：《国际经济法》，北京大学出版社，2014，第 123 页。

基于保险人与被保险人的双方协议，未经侵权人同意，却要侵权人承担最终后果。因此，保险人与被保险人之间有关损失认定和赔偿的协议，如果涉及保险人对侵权人的追偿，同样应当经由侵权人同意，否则不应对侵权人产生效力。

第四，财产保险的保险追偿权与受害人（被保险人）侵权赔偿请求权的序位问题。受害人（被保险人）在获得保险赔偿后，仍然有其他损失的，当然有权就该部分损失向侵权人进行求偿。在此情形下，保险人和受害人（被保险人）就同一事故损失的不同部分分别对侵权人享有赔偿请求权。若侵权人的财产不足以支付全部损失的赔偿，就存在受害人（被保险人）侵权赔偿请求权与保险人代位追偿权的优先序位问题。根据《保险法》第60条第3款的规定，保险人行使代位追偿权不影响被保险人就未取得保险赔偿部分继续向侵权人进行求偿的权利。该规定仅确认了两类请求权的并存，但并不涉及它们之间的赔偿序位。对此，理论上存在"被保险人优先说""保险人优先说"和"比例受偿说"三种不同观点。[1]"比例受偿"的观点实际上是基于债权平等的一般原理，将保险人的追偿权与被保险的侵权请求权同等对待。"保险人优先"的观点考虑到了保险人已经对被保险人进行了赔偿，理当比被保险人优先受偿。"被保险人优先"的观点则从最大化保障被保险人的受偿机会出发，赋予被保险人优先受偿的权利。以上三种观点各有所本。但参照《保险法》第62条中体现的保障被保险人实质受偿机会的精神，"被保险人优先"的观点更符合我国现行法的价值导向。

三、医疗相关费用

（一）侵权赔偿中的医疗相关费用

侵权造成他人人身损害首要的是医疗救治，由此产生的相关费用是一笔重要的财产负担。在整个医疗救治过程中，受害人及其家属不仅需要向医院支付挂号费、诊疗费、医药费、手术费、检查费、住院费等狭义的"医疗费"，还可能涉及护理、交通、食宿等与治疗相关的其他费用。依照《民法典》第1179条，侵害他人造成人身损害的，应当赔偿医疗费、护理费、交通费、营养费、住院伙食补助费等为治疗和康复支出的合理费用。"治疗和康复所需的合理费用"（简称"医疗相关费用"）意味着赔偿范围并不限于明列的若干项目，还包括医疗相关的任何其他合理费用。

---

[1] 李玉泉：《保险法》，法律出版社，2019，第201页。

由于不同等级的医疗机构、不同的治疗方法和处方用药等产生的实际费用往往不一，受害人一方总是希望获得更高水平的治疗，产生的费用也相对较高，而责任人一方通常希望采用最经济的治疗方式。故此，医疗水平及相关费用标准常常是司法实践中的争议焦点。① 依照现行"法释〔2003〕20号"第6条第1款："医疗费根据医疗机构出具的医药费、住院费等收款凭证，结合病历和诊断证明等相关证据确定。赔偿义务人对治疗的必要性和合理性有异议的，应当承担相应的举证责任。"也即，人身损害的医疗水平和费用支出应以必要性和合理性为准，并以医疗机构出具的单据为证明。尽管如此，不同生活背景和经济状况的人对医疗的必要性和合理性的要求仍存在很大差异，患者在医疗过程中对医疗方法也有一定的选择自由。因此，医疗水平及费用支出的必要性和合理性由医疗机构单方面决定不应绝对化，也应合理兼顾患者的个别化需求。

医疗相关费用在实际支出的基础上依照损害填补的原则进行补偿，但是，各种具体项目的产生方式和实际情形不一，其计算标准和确定方法也有所不同。现行"法释〔2003〕20号"具体规定了护理费、交通费、住院伙食补助费、营养费等的计算标准或方法。这些费用支出原则上也应符合必要性和合理性的要求。其中，有一些项目可以通过发票凭证证明或国家统一标准确定，如异地治疗的住宿费与伙食费、交通费、住院伙食补助费，补偿标准比较客观；另有一些项目的补偿标准有一定的弹性，如"营养费根据受害人伤残情况参照医疗机构的意见确定"。

由于医疗相关费用是伴随医疗过程逐步发生的，其实际数额只有待治疗结束才能最终确定。在司法审判或协商赔偿之时，医疗相关费用可能只有部分实际发生，其他部分虽尚未发生但必然会发生。因此，医疗相关费用的计算不仅包括已经发生的费用，还应包括虽未发生但必然发生的费用。依照现行"法释〔2003〕20号"第6条第2款："医疗费的赔偿数额，按照一审法庭辩论终结前实际发生的数额确定。器官功能恢复训练所必要的康复费、适当的整容费以及其他后续治疗费，赔偿权利人可以待实际发生后另行起诉。但根据医疗证明或者鉴定结论确定必然发生的费用，可以与已经发生的医疗费一并予以赔偿。"该规定明确了受害人就后续治疗费另行起诉的权利，并在可确定的条件下允许提前赔付，值得肯定。

① 方新军：《侵权责任法学》，北京大学出版社，2013，第191-192页。

（二）社会保险中的医疗相关费用

疾病或意外伤害不仅影响当事人及其家庭的收入能力，所产生的医疗费用更会带来巨大的经济负担。"不良健康问题可以导致严重的经济无保障性，一场不期而至的疾病或事故会引起收入的损失和大笔医疗费用。除非面临这些不幸的人们有足够的健康保险或其他收入来源来弥补医疗费用，否则经济上的无保障现象很快就会出现。"[1] 因此，医疗相关费用的补偿也一直是社会保险体系中的重要保障内容。

在我国社会保险体系中，基本医疗保险是独立险种之一，对在职、退休和失业人员均有广泛的保障作用。社会医疗保险是专门针对医疗相关费用支出的险种。基于费用控制的需要，社会医疗保险通常综合采纳起付线、比例共付和支付限额等费用分担形式，以防止过度医疗和降低道德风险。[2] 根据《社会保险法》第 28 条的规定，我国基本医疗保险中的医疗费用仅限于"符合基本医疗保险药品目录、诊疗项目、医疗服务设施标准以及急诊、抢救的医疗费用"的范围。但在实际医疗过程中，有许多药品、诊疗项目等并不在医保范围内，却为治疗实际所需。医保范围的医疗费用常常低于实际医疗费用，有些侵权责任人和商业保险人也主张以社会保险的医保范围作为其赔偿标准。有的商业保险合同中甚至明确规定以"国家基本医疗保险的同类医疗费用标准核定医疗费用的赔偿金额"[3]。对此，司法审判中肯定与反对的观点都有。也有折中观点认为，应在肯定医保适用范围限制的基础上，允许被保险人举证证明超出医保范围用药属于"治疗必需药品"，或者对超出医保范围的用药"应按医保范围内同种类或同功能药品的价格标准予以赔付"。[4] 基本医疗保险具有公益性，其收费标准较低，并由政府财政最后兜底，《社会保险法》为保证基金收支平衡对医疗费用报销范围进行限制有其正当性。[5] 但是，最高人民法院现行"法释〔2003〕20 号"第 6 条规定医疗费用支出应以必要性和合理性为准，并根据医疗机构出具的医药费、住院费等收款凭证，结合病历和诊断证明等相关证据确定。"法释〔2003〕20 号"规定的实际支出的

---

① 乔治·E.雷吉达：《社会保险和经济保障》，陈秉正译，经济科学出版社，2005，第 154 页。

② 林义：《社会保险》，中国金融出版社，2010，第 184 页。

③ 《中国人民财产保险股份有限公司机动车综合商业保险条款》（AODAAX0015X00）第 36 条。

④ 马荣、王松：《交通事故两险合并审理若干疑难问题探析》，《人民司法》2014 年第 13 期，第 88-93 页。

⑤ 张远金：《商业险的保险人对非医保费用应当理赔》，《人民司法》2015 年第 6 期，第 58-60 页。

医疗费用才是受害人应享受的医疗标准和侵权人应当赔偿的标准。至于商业人身保险中医疗费用的赔偿，首先应当以保险合同的约定为准；保险合同未约定的，则应参照现行"法释〔2003〕20号"第6条规定的必要性和合理性标准。总之，《社会保险法》第28条规定的医保范围应当仅限于基本医疗保险，而不应被扩大适用作为侵权赔偿及商业保险中的合理医疗费用标准。《最高人民法院关于适用〈中华人民共和国保险法〉若干问题的解释（三）》（法释〔2015〕21号）第19条的规定也持类似观点。

医疗相关费用也是工伤保险最主要的补偿对象之一。依照《社会保险法》第38条，工伤保险基金支付的与医疗相关的补偿项目有治疗工伤的医疗费用和康复费用、住院伙食补助费、外地就医的交通食宿费、生活护理费；以及终止或者解除劳动合同的，参保人还应当享受一次性医疗补助金。作为侵权赔偿的替代机制，工伤保险中医疗相关的补偿项目也与侵权赔偿基本相同，但补偿标准却不完全一致，尤其是直接的医疗费用。侵权赔偿的医疗费用以必要、合理的实际支出为准，而工伤保险的医疗费用标准往往存在待遇水平差别。

此外，在我国具体实践中，工伤保险与基本医疗保险的医疗标准也有所差别。《社会保险法》第42条规定的医疗费用也与第30条第2款不同。《社会保险法》未规定工伤医疗的具体标准，第42条规定的医疗费用应特指《工伤保险条例》（2010）第30条第3款规定的"工伤保险诊疗项目目录、工伤保险药品目录、工伤保险住院服务标准（三项目录）"之内的"治疗工伤所需费用"。[1] 同样，工伤事故的实际医疗费用也可能超出工伤保险规定的范围。对于超出《工伤保险条例》规定的"三项目录"范围的医疗费用，除因抢救需要并经社保经办机构核准的以外，地方社保部门在实践中原则上不予报销，用人单位也不承担。[2] 也有地方规定，超出"三项目录"的工伤医疗费用经用人单位同意的，由用人单位承担。[3] 但此类规定对用人单位没有强制力，无实际意义。社保部门不承担"三项目录"以外的医疗费用有其合理性，但用人单位不承担则有疑问。

---

[1] 《工伤保险条例》〔2010〕第30条第3款："治疗工伤所需费用符合工伤保险诊疗项目目录、工伤保险药品目录、工伤保险住院服务标准的，从工伤保险基金支付。工伤保险诊疗项目目录、工伤保险药品目录、工伤保险住院服务标准，由国务院社会保险行政部门会同国务院卫生行政部门、食品药品监督管理部门等部门规定。"

[2] 例如，厦门市人力资源和社会保障局：《厦门市工伤保险待遇管理办法》〔2018〕第14条第3款："三项目录内的药品和诊疗项目无法满足工伤职工急救、抢救需要的，可以使用三项目录以外的药品和诊疗项目，有关费用经经办机构核定后，由工伤保险基金支付。"

[3] 浙江省高级人民法院民一庭：《关于审理劳动争议案件若干问题的解答（二）》（浙高法民一〔2014〕7号）；广州市中级人民法院、仲裁院：《关于审理劳动人事争议案件若干问题的研讨会纪要》（2014年5月）。

如前所述，工伤保险与用人单位的侵权赔偿责任整体上属于替代关系，即受害人只能获得工伤保险赔偿（含用人单位应承担工伤保险待遇），不能再请求用人单位承担侵权责任。然而，在工伤保险不能覆盖一些合理、必要的医疗费用的条件下，免除用人单位的这部分责任可能会导致受害人无法获得充分治疗。因此，基于生命至上和治疗优先的理念，立法应当允许受害人对工伤保险不支付的其他合理、必要的医疗费用另向用人单位请求侵权赔偿。从整体来看，由于工伤保险已经承担了主体部分的医疗费用，责令用人单位承担其余部分的费用并不会过于加大用人单位的责任，与工伤保险的制度目标并不冲突。

依照《社会保险法》第 30 条第 1 款，应当由工伤保险基金、第三人或公共卫生负担的医疗费用不纳入基本医疗保险基金支付范围。在社会保险（障）体系内部，基本医疗保险实际上被定位为"基础的、兜底的"医疗救济机制，工伤保险和公共卫生（特别基金）属于"特殊的、优先的"医疗救济机制。再结合现行"法释〔2003〕20 号"第 3 条的规定，我国医疗相关费用的法定补偿顺序为：①侵权赔偿（用人单位工伤事故除外），②工伤保险；③ 基本医疗保险。

（三）商业保险中的医疗相关费用

人身损害产生的医疗费用无论对侵权责任人还是受害人均是重大的经济负担，故商业保险对医疗费用的替代支付和风险分散具有重要作用。

作为侵权赔偿的替代，责任保险承保风险通常都覆盖了医疗费用。例如，《机动车交通事故责任强制保险条款》（2016）第 8 条特别规定：医疗费用赔偿限额为 10000 元，无责任医疗费用赔偿限额为 1000 元；赔付范围包括医药费、诊疗费、住院费、住院伙食补助费、必要的合理的后续治疗费、整容费、营养费。[①] 相应地，如中国人保财险公司的"机动车第三者责任保险"在对接"交强险"的基础上，承保了意外事故所致第三者人身伤亡和财产直接损毁的赔偿责任。[②] 其中，人身伤亡赔偿责任当然地包括了医疗相关的补偿项目。责任保险对医疗相关费用的承保范围一要取决于侵权赔偿的范围，二要取决于保险合同的约定。

人身保险中涉及医疗相关费用的主要为意外伤害保险和健康保险。意外伤害保险承保保险期间因意外事件造成的死亡或伤残，除了死亡保险金或残废保

---

① 另外，死亡伤残赔偿限额为 110000 元，无责任死亡伤残赔偿限额为 11000 元。死亡伤残赔偿限额和无责任死亡伤残赔偿限额项下的护理费、康复费、交通费、住宿费等实际也属于"医疗相关费用"。
② 《中国人民财产保险股份有限公司机动车综合商业保险条款》（AODAAX0015X00）第 22 条。

险金外，承保损失也可以包括收入损失和医疗费用。意外伤害医疗保险专门承保被保险人因遭受意外伤害需要治疗时支出的医疗费用，通常是作为人身意外伤害保险的附加险。其赔付方式有两种：一是补偿式，在保险额度内根据实际支出的医疗费用进行补偿；二是定额式，在约定期限内按约定的保险金额给付因意外事故造成的医疗保险金。[①] 健康保险也对因意外伤害造成的医疗费用和收入损失提供保障，但应严格遵守损失补偿原则，有别于意外伤害保险的人身补偿性质。[②] 健康保险按照保障内容一般又可以分为医疗保险、疾病保险和残疾收入保险。医疗保险是最典型的健康保险险种，承保被保险人因疾病或伤残治疗过程中发生的医药费、手术费、检查费、住院费、护理费等相关支出。疾病保险在被保险人患有合同约定的疾病时，由保险人给付约定的保险金，而不考虑其实际医疗费用，故属于定额保险。[③] 综合来看，人身保险中有关医疗费用部分无非补偿保险和定额保险两种方式。鉴于医疗费用支出本身属于财产性损害，以医疗费用实际支出为准的补偿保险应无异议。但是，定额保险的金额在理论上有可能超过实际医疗费用的支出，从而违背财产保险的损害补偿原则。在此情形下，定额保险金的补偿对象应当解释为并不局限于医疗费用，还兼及人身伤残或疾病本身，如此，医疗费用定额保险就不会与损害填补原则产生冲突。

（四）医疗相关费用的整体协调

医疗相关费用在综合救济体系内的任何救济机制中均是重要的补偿对象，也都有相应的补偿项目。侵权赔偿中涉及医疗相关费用的名目众多，包括医疗费、护理费、交通费、异地治疗的住宿费和伙食费、住院伙食补助费、营养费、康复费、康复护理费、后续治疗费等；基本医疗保险的补偿项目仅限法定范围内的医疗费用；工伤保险中的补偿项目包括医疗费用、康复费用、住院伙食补助费、外地就医的交通食宿费、生活护理费和一次性医疗补助金等；商业保险中的补偿范围和具体补偿项目较为灵活，取决于保险合同的约定。比较之，各救济机制虽然均有医疗相关的补偿项目，但补偿范围和项目种类各不相同，即使工伤保险和侵权赔偿之间也有细微的差异。

根据"分层协调"的要求，救济机制层次的关系协调应当优先于补偿项目层次。首先，基于工伤保险对侵权赔偿的整体替代关系，一般工伤背景下发生

---

① 魏巧琴：《新编人身保险学》，同济大学出版社，2018，第 143 页。

② 孙祁祥：《保险学》，北京大学出版社，2013，第 160 页。

③ 魏巧琴：《新编人身保险学》，同济大学出版社，2018，第 163-169 页。

的医疗相关费用应当依照工伤保险条件进行补偿。工伤事故原本就属于侵权责任事故之一种，为众所公认。[①] 在逻辑上，当实际医疗费用超出工伤保险范围，工伤保险救济即已用尽；包括医疗费用在内的其余损失自然应当回归侵权救济，由用人单位依侵权法承担赔偿责任。虽然用人单位可以在工伤保险范围内免予赔偿，但工伤损害的侵权行为性质并未改变，用人单位承担工伤保险范围以外其余部分医疗费用的赔偿责任不应以其同意为条件。目前，世界上有不少国家和地区以工伤保险完全替代侵权赔偿，即受害人在获得工伤保险补偿后必须放弃对侵权人索赔其余损失的权利。这种安排正是立足于综合救济系统之整体，以降低索赔成本，提高救济效率。根据我国现行法的规定并不能确定工伤保险对侵权赔偿属于部分替代或完全替代，两种解释均有各自的合理性。但是，鉴于我国侵权损害的补偿水平整体并不算高，并考虑到医疗费用的特殊性，采用部分替代方式能更充分地实现对受害人的救济。其次，在第三人原因造成工伤事故的情形下，依照现行"法释〔2003〕20 号"第 3 条和《社会保险法》第 42 条，第三人侵权赔偿应为第一序位的救济机制，工伤保险仅在第三人无法确定或不支付医疗费用时先行支付。由于工伤保险与侵权赔偿的协调关系在此层次上已经基本解决，它们之间的若干不同补偿项目，如一次性工伤医疗补助金和现行"法释〔2003〕20 号"第 6 条中的"必然发生的费用"，在实践中通常不存在需要协调的现实冲突。[②]

因一般侵权或工伤事故产生的医疗费用优先通过侵权赔偿或工伤保险支付，故医疗保险中的医疗费用通常不会与前两者中的医疗费用项目发生并行给付。况且，实践中医疗费用的支出必须以发票等正式凭证为证明，医疗保险渠道支付的部分在凭证中也有记载，客观上限制了双重补偿的可能。但是，实践中也不能完全排除先通过医疗保险支付，后又向侵权人主张医疗费用，从而发生并行给付的情形。由于医疗费用损失的财产性和损害填补原则，受害人对此不能兼得。

鉴于我国当前基本医疗保险和工伤保险对医疗费用的报销有较多限制，医疗临床中许多实际所需的药品根本不在基本医疗保险和工伤保险的报销范围内。除药品目录的一般限制以外，社保报销还涉及起付金额、自付比例等其他限制，

---

① 王泽鉴：《民法学说与判例研究》（第三册），中国政法大学出版社，2005，第 238-239 页。

② 周江洪：《侵权赔偿与社会保险并行给付的困境与出路》，《中国社会科学》2011 年第 4 期，第 175 页。

使受害参保人面临较大的保障空缺。在此情形下，商业保险对填补社保范围以外医疗费用的支出，可以发挥重要的补充作用。

四、劳动收入损失

（一）劳动收入损失的界定

劳动收入损失是受害人通过正常劳动应得、可得而因人身遭受损害而未得的利益，属于财产损害中所失利益或消极损害的范畴。因为劳动收入损失为消极损害，内容具有不确定性，其损失的计算较之医疗费用等积极损害更为复杂。劳动收入损失的界定主要涉及以下几方面的问题。

1. 项目属性

所谓劳动收入必须是与受害人的体力或智力相关的、因人身损害而受到影响的收入，应当区别于投资性收入。在实践中，有些劳动收入与投资收入可能不易区分，尤其当受害人的收入需同时仰赖于其劳动技能和资产投入时，就需要对劳动收入部分进行鉴别。

2. 计算期限

劳动收入损失并没有包括受害人因人身损害妨碍其正常劳动的全部收入损失，通常仅限于伤残治疗期限内的收入损失。只有经过治疗之后才能确定人身损害程度和范围，其中也包括劳动能力的损害。若治疗结束之后受害人的劳动能力因伤残受到妨碍或者医治无效死亡的，此后的劳动收入损失补偿通常被视为已包含在伤残或死亡赔偿当中。但这并不影响将死亡赔偿金或残疾赔偿金视为对生命或身体的赔偿，因为生命存续与身体健康是从事包括劳动在内一切正常生活和社会活动的前提条件。

3. 补偿标准

劳动收入损失作为财产性损害，理论上应当完全贯彻损害填补的原则。但是，有的人收入固定，有的人收入不固定。固定收入的实际损失易于计算，非固定收入的实际损失计算则成问题。另外，鉴于某些明星、巨贾的劳动收入可能远高于社会平均水平，若按实际损失进行补偿，将给潜在责任人带来极不相称的行为风险。那么，是否对劳动收入损失的补偿设置平均倍数或上限，是一个比较矛盾的问题。

4. 主体范围

依照常理，只有劳动者遭受人身损害才会发生劳动收入损失，未参加劳动者不应存在劳动收入损失。此所谓劳动者不一定有某一固定或非固定的职业，如家庭主妇虽无职业，但毫无疑问也属于劳动者的范围。但是，显然并非任何人均应被视为劳动者而对其人身损害给予劳动收入损失的补偿。如果说家庭主妇属于劳动者的范畴，那么，退休在家的老年人呢？在读大学生或研究生呢？部分失能的精神病人呢？劳动收入补偿主体范围的界定可以有不同选择：成年人、完全民事行为能力人、具有劳动能力的人、实际参加劳动的人等。

（二）侵权赔偿中的误工费

依照《民法典》第1179条，侵权造成他人人身损害的应当赔偿"因误工减少的收入"。因误工减少的收入就是受害人从受到损害到恢复正常参加工作时止这段时间内的损失，其基本的计算方法是单位时间的实际收入乘以误工时间。[①]《民法典》中"因误工减少的收入"是对"法释〔2003〕20号"中"误工费"的承续。

在当前的司法实践中，"误工费"仍然是较为通行的称呼，计算方式也仍然依照现行"法释〔2003〕20号"第7条的规定。根据该条规定，误工费根据受害人的误工时间和收入状况确定。误工时间根据受害人接受治疗的医疗机构出具的证明确定，即指受害人从接受治疗至康复的时间。受害人因伤致残而在阶段性治疗结束后未能康复的，误工时间计算至定残日前一天。另外，"法释〔2003〕20号"未提及受害人医治无效而死亡的情形。依照类推解释，致人死亡的侵权赔偿也应包括误工费，误工费应计算至死亡日的前一天。关于收入状况，现行"法释〔2003〕20号"第7条区分有固定收入和无固定收入两种情况。受害人有固定收入的，误工费按照实际减少的收入计算；受害人无固定收入的，按照其最近三年的平均收入计算。该条规定没有对实际收入做出上限限制，符合财产损害赔偿的填补原则，但在某些特殊情形下可能造成行为人责任风险和责任体系的不平衡。对于一次出场费百万元甚至更高的少数超高收入的个体，以实际收入计算其误工费将远超出一般人的赔偿能力，造成行为与风险的严重不对称，尤其在非故意致人伤害的场合。在此情形下，根据个体差异计算的误工费损失也可能远远超出按照区域统一标准计算的残疾赔偿金和死亡赔偿金，造

---

① 王胜明：《中华人民共和国侵权责任法解读》，中国法制出版社，2010，第73页。

成侵权赔偿系统内各补偿项目之间的轻重失衡。因此，基于利益平衡对损害填补原则的修正，在前述特殊情形中对超高收入个体的误工费标准设置一定的上限有其合理性。该上限标准应当平衡因伤治疗妨碍工作和伤残、死亡影响劳动收入的关系，也即以残疾赔偿金和死亡赔偿金为参照，并以非故意致人损害为条件。

《民法典》和现行"法释〔2003〕20 号"均未提及可请求误工费的受害人范围。一般认为误工费的赔偿应当以有劳动能力的人为限，如果受害人没有劳动能力，也就不存在误工费损失。[①] 但是，有劳动能力而无直接收入的人能否主张误工费仍有疑问。我国司法实践一般支持家庭主妇、无业人员的误工费请求，但对于在校大学生、退休人员等的误工费请求则有很大争议。误工费作为对受害人所失利益的补偿，只要与加害行为有相当因果关系，无论其所失利益的大小，都应当给予补偿。[②] 从字面来看，误工费是对因耽误工作而损失收入的补偿，当然须以受害人"工作"和"收入"受损为前提。然而，我国司法实践支持家庭主妇的误工费请求表明，"工作"不必为直接获得经济收益的劳动，"收入"也不必局限于金钱成果。因此，误工费的请求权主体范围应当采用相对宽松的认定标准，将在校大学生、退休人员等包含在内。至于这类人员的误工费补偿标准，可以参照无固定收入人员的计算方法，或者采取类型化的方法确定。

（三）社会保险中的收入补偿项目及其与侵权误工费的协调

劳动收入是绝大多数个人和家庭的基本生活来源。社会保险以保障公民的基本生活为目标，其核心任务之一就是补偿参保人因年老、失业、工伤等造成的劳动收入损失。我国社会保险体系中的养老保险、失业保险、工伤保险和生育保险均涉及对参保人的收入补偿。

1. 养老金与误工费

职工退休后不能继续通过劳动获得收入，由社保支付养老金补偿其劳动收入。《社会保险法》第 16 条第 1 款规定："参加基本养老保险的个人，达到法定退休年龄时累计缴费满十五年的，按月领取基本养老金。"我国司法实践中有观点认为，养老金作为劳动收入的替代，与误工费具有同质性；除非该退休人员有证据证明其仍继续参加工作并有相应收入，否则，退休人员遭受人身伤害不

---

① 最高人民法院民事审判第一庭：《最高人民法院人身损害赔偿司法解释的理解与适用》，人民法院出版社，2015，第270 页。

② 张新宝：《侵权责任法原理》，中国人民大学出版社，2005，第 504 页。

能主张误工费损失。[①] 然而，退休人员遭受人身伤害能否主张侵权误工费是一回事，该退休人员对误工费和养老金能否兼得又是另一回事。前述观点实际上混淆了二者。基于误工费与养老金的"同质性"和退休人员可获养老金的事实，并不能直接得出退休人员不能主张误工费的结论。误工费与养老金能否兼得，不能一概而论。一般情形下，退休人员在退休后不再工作，因遭受人身伤害进行治疗并不会导致其退休金收入的减少。然而，退休人员受伤就医虽然不影响其退休金的正常发放，但其正常生活中可以提供的家庭劳动等仍会受到影响，比如无法再帮助其子女照看小孩。在退休金之外，部分退休人员因人身伤害受到的影响与家庭主妇类似。司法实践对退休人员和家庭主妇的误工费请求绝对区别对待，难以成立。其次，对于退休后仍继续参加劳动的人员，人身损害对其劳动和收入的影响又与一般在职人员近似。综合来看，退休人员是否继续参加劳动并不影响其误工费请求权：继续参加劳动的，等同于在职人员；未继续参加劳动但有劳动能力的，与家庭主妇情况类似。因此，前述两类退休人员遭受人身损害的，应当兼得养老金与误工费，除非能够反证侵权行为发生时其已经不具有劳动能力。虽然养老金与误工费的补偿对象均为劳动收入损失，但并不是同一损失。养老金补偿的是因年老退休的劳动收入损失，误工费补偿的是其退休后因受伤不能继续提供劳务的损失。当然，因为养老金已经部分补偿其劳动收入损失，退休人员的误工费补偿标准可以适当降低，除非其能证明自己另有固定工作和收入。

2. 失业保险金与误工费

失业保险是对因失业而中断劳动收入的人员在一定期限内向其提供经济补偿以保障其基本生活需要的制度。依照《社会保险法》第 45 条，失业人员符合法定条件的，可以领取失业保险金。失业保险金是对失业人员劳动收入损失的替代性补偿。但是，为了防止失业者宁可选择失业而不积极再就业，掉入"失业陷阱"，必须严格控制失业保险金对工作净收入的替代率。[②] 失业保险对劳动收入损失的补偿整体上属于较低的水平，主要表现在三个方面。（1）严格的领取条件。失业保险金的领取应同时符合三项条件：一是缴纳失业保险金满 1 年，二是非因本人意愿中断就业，三是已办理失业登记并有求职要求。（2）较短的

---

① 孟崭：《关于误工费赔偿的几个问题》，《人民司法》2010 年第 11 期，第 38 页。
② 李珍：《社会保障理论》，中国劳动社会保障出版社，2017，第 265 页。

领取期限。失业保险金的领取期限为 12 至 24 个月。（3）较低的补偿标准。当前，我国失业保险金的标准被明确限定低于当地最低工资标准，高于城市居民最低生活保障标准。^①当失业期间遭受人身伤害或者因遭受人身伤害而失业的，失业保险金与误工费平行给付的情形就可能发生。有学者认为，"失业保险金的领取与误工费侵权赔偿之间，虽然存在着一定的填补关系，但失业保险金本质上属于失业人员的最低生活保障，目的不在于补偿被侵权人因受侵权导致的工资收入损失"^②。其实，失业保险金和误工费不仅补偿目的有所不同，二者的补偿对象也不相同。领取失业保险金并不影响失业者在家庭内或其他方面从事相关的劳动，而人身伤害却会对此造成妨碍。误工费的补偿对象正是所造成的失业者可从事相关劳动的妨碍损失。鉴于它们补偿目的和补偿对象的不同，失业保险金和误工费的同时给付并不冲突，应当兼得。

3. "停工留薪待遇"与误工费

依照《社会保险法》第 39 条的规定，用人单位应当继续支付工伤职工治疗工伤期间的工资福利，也即"停工留薪待遇"。职工在停工留薪期内暂停工作接受工伤治疗的，由所在单位按月支付原工资福利待遇。停工留薪期一般不超过 12 个月；伤情严重或者情况特殊，经设区的市级劳动能力鉴定委员会确认，可以适当延长，但延长不得超过 12 个月（《工伤保险条例》第 33 条）。依照现行法规定，停工留薪期由用人单位发放原工资福利待遇，受害人的收入看上去并未减少。但是，原工资福利并不一定等于工伤职工的正常工资收入，某些奖励性收入等可能并不属于原工资福利的范围，因此，不能排除工伤职工在停工留薪期的收入实际少于正常工资收入的情况。

工伤保险对用人单位的侵权赔偿是法定替代关系。相应地，停工留薪待遇应是误工费的法定替代。工伤职工只能获得停工留薪待遇，而不能兼得或选择误工费。但是，我国司法实践中有的案例判决工伤职工兼得停工留薪待遇与误工费。例如，在"沈蔚珍诉马飞机动车交通事故责任纠纷案"中，法院判决认为，"虽然事故发生后原告用人单位支付了原告因其工伤而给予的停工留薪的工伤保险待遇，但其性质与误工费并不相同，同时也并无法律法规规定可在侵权人应赔偿的误工费中扣除受害人享受的工伤保险待遇"^③。依照"分层协调、分类

① 《失业保险条例》（1999）第 14 条、第 17 条、第 18 条。
② 周江洪：《侵权赔偿与社会保险并行给付的困境与出路》，《中国社会科学》2011 年第 4 期，第 175 页。
③ 浙江省海宁市人民法院〔2014〕嘉海袁民初字第 309 号判决书。

协调、分项协调"的思路，工伤保险与侵权赔偿为法定替代关系，受害人只能获得工伤保险赔偿。但是，此案为第三人侵权导致的工伤事故，属于前述法定替代之例外，需要进一步考察补偿项目的所属类型和具体内容。停工留薪待遇与误工费为收入损失，属于财产性补偿项目，应受损害填补原则限制。因此，此案中停工留薪待遇与误工费能否兼得应根据受害人在事故前的正常工资收入进行判断。若停工留薪待遇低于正常工资收入的，受害人可以在正常工资收入范围内要求侵权人进行补足，也即应当采用补充模式。

在涉及侵权第三人的情形下，虽然工伤职工不能完全兼得停工留薪待遇和误工费，但并不意味着侵权人赔偿责任的相应免除。应当注意到，在法律强制用人单位向工伤职工支付停工留薪待遇的情形下，用人单位支付了工资福利的对价却不能获得职工的相应劳动或服务，是真正受到损失的一方。因此，当然的逻辑是授权用人单位向侵权第三人追偿其已经向工伤职工支付的停工留薪待遇。《社会保险法》在第42条中规定了工伤保险基金对第三人的追偿权，但未规定用人单位对第三人的追偿权，属于立法上的疏漏。在解释论上，基于《社会保险法》中对侵权第三人终局责任的安排和依据第42条的类推解释，应当认为用人单位在支付停工留薪待遇后有权向侵权第三人追偿。

（四）关于人身保险中的收入损失保险

人身保险的承保风险不仅涉及人的身体健康等方面，也覆盖因年老、伤残、疾病等导致被保险人收入减少或丧失的风险，统称"收入损失保险"。收入损失保险在人寿保险、年金保险、意外伤害保险、疾病保险中广泛存在。

在以被保险人生存为保险标的的人寿保险（生存保险）中，当被保险人在保险期满或达到合同约定年限仍然生存的，由保险人一次性给付保险金或者定期给付保险金（年金保险）。[①] 人寿生存保险或年金保险与社会保险中的养老保险的运作机制和功能目标非常相近，均以被保险人前期投入资金为基础并具有收入替代功能。人寿生存保险和年金保险带有浓厚的储蓄性质，射幸性较弱，是私人应对未来经济收入不确定性的重要手段。因此，人寿保险和年金保险的保险金与社保养老金、误工费原则上并无冲突，当事人自然可以兼得。

意外伤害保险和健康保险中通常也会涉及所谓的丧失工作能力收入保险，或称残疾收入保险，也称收入保障保险。"丧失工作能力收入保险是当被保险人

---

① 温世扬:《保险法》，法律出版社，2017，第208、212页。

因疾病或意外事故而完全丧失工作能力时，由保险人定期给付保险金以补偿其收入损失的保险。"[①] 收入损失保险的承保风险为疾病或意外导致的工作能力丧失和相应收入损失，可能与社保养老金、失业保险金、"停工留薪待遇"及侵权误工费的补偿对象存在重叠。但是，该类保险与其他补偿项目在重叠基础上又可能存在部分错位。这主要是因为收入损失保险通常只对"全残"的被保险人给付全额保险金，其他则仅给付部分保险金或不给付保险金。另外，收入损失保险通常还约定了给付期限和等待期，而有可能与其他补偿项目的给付或计算期限发生错位。[②] 因此，在对这些收入补偿项目进行协调处理之前，应当首先确定它们之间的实际重叠内容。收入损失保险作为商业保险，其补偿条件当然应以保险合同的约定为准，但这不单纯是意思自治范围的问题。被保险人能否兼得收入保险与前述社会保险相关补偿项目或侵权误工费，仍然取决于人们对收入损失保险法律属性的理解，也即收入保险究竟属于人身保险还是财产保险。收入损失保险本是处于人身保险当中，但它的保险标的收入损失却不是单纯的人身风险，而是与人身相关联的可得利益的财产损失。若将其作为财产保险对待，就必须受到损害填补原则的严格限制，被保险人获得的收入损失保险金与其他补偿项目的总额就不能超过实际损失，也即不能兼得。收入损失保险与医疗费用保险的性质类似，但也有明显区别。医疗费用属于"所受损失"，其损失范围具有确定性，可由相关的票据或凭证作为证明。此处的工作能力丧失或收入损失则属于"所失利益"，具体的损失范围很难确定，其"不可估价性"更符合人身性损害的特征。综合来看，收入损失保险与社保相关补偿项目或侵权误工费理应由受害被保险人兼得，除非保险合同明确排除了社会保险或侵权赔偿可给予的相应补偿。

五、其他衍生损失

除前述项目以外，人身损害还可能造成受害人或其家属的其他衍生性财产损失，如劳动能力或伤残鉴定费、丧葬费、残疾辅助器具费等。

侵权赔偿、工伤保险或商业保险中均可能涉及受害人伤残程度或劳动能力鉴定，并产生相应费用。这些鉴定程序通常为特定救济机制所要求的，故其相关费用一般自然应当分别归入相应救济机制。但是，实践中不排除同一鉴定费

---

① 许谨良：《人身保险原理和实务》，上海财经大学出版社，2015，第 76 页。
② 魏巧琴：《新编人身保险学》，同济大学出版社，2018，第 174-175 页。

用存在多项救济机制的情形。由于鉴定费用的补偿对象类型和补偿项目性质非常明确，其主要涉及救济机制层次的协调问题，可以参照一般性财产损失项目。

《民法典》第 1179 条规定的致人死亡的补偿项目包括丧葬费。同时，社会保险也涉及基本养老保险丧葬补助金、工伤保险丧葬补助金和失业保险丧葬补助金等。根据《社会保险法》第 49 条，如果个人死亡同时符合该三项丧葬补助金条件的，其遗属只能领取其中一项。我国学理上一般认为："丧葬补助金是社会保险基金支付给遗属用以安排丧葬事宜的资金。侵权赔偿中的丧葬费，也是安葬死者的费用。两者在功能和目的上等同，构成重复填补的关系，遗属只能取得其中一份。"[1] 鉴于丧葬支出损失的财产性，侵权赔偿和社会保险的平行支付理当依照损害填补原则的要求进行处置，遗属不应兼得。但实际上，若社保丧葬补助金属于工伤保险，由于工伤保险本身是对侵权赔偿的替代，遗属只能获得工伤保险丧葬补偿金而无权选择；若属于养老保险和失业保险下的丧葬补助金，则必须授权社保机构对侵权人进行追偿，否则就不当地免除了侵权人的赔偿责任。《民法典》第 1181 条规定，在致人死亡的情况下，支付被侵权人丧葬费等合理费用的人有权请求侵权人赔偿费用，但侵权人已支付该费用的除外。此条中"支付合理费用的人"是指近亲属以外的其他亲友、其他人或其他组织，当然可以解释为包括社保机构在内。[2]

值得注意的是，社保丧葬补助金依现行法规定为定额化补偿，如《工伤保险条例》第 39 条之（一）规定丧葬补助金为 6 个月的统筹地区上年度职工月平均工资，而侵权丧葬费通常以实际支出为准，二者补偿标准的不同也在一定程度上反映了它们功能和目的的差异。社保丧葬补助金与实际丧葬支出并无直接关联，其功能侧重于抚恤而非补偿。从此角度来看，除工伤保险应当依照替代模式处理外，其他社保丧葬补助金与侵权丧葬费并不必然采纳选择模式。如果法律政策上承认社保丧葬补助金为抚恤性质（即非财产性补偿项目），它与侵权丧葬费就不构成重复给付，则可以由受害人的遗属兼得，或与实际支付人同时获得。

此外，侵权赔偿和工伤保险中还涉及残疾辅助器具费项目。在一般情况下，依照工伤保险与侵权赔偿的法定替代关系，受害人只能获得工伤保险待遇中的

---

① 周江洪：《侵权赔偿与社会保险并行给付的困境与出路》，《中国社会科学》2011 年第 4 期，第 177 页。
② 黄薇主编《中华人民共和国民法典解读（人格权编）（侵权责任编）》，中国法制出版社，2020，第 285 页。

残疾辅助器具费。在涉及侵权第三人的工伤保险事故中，由于残疾辅助器具费为财产性损失，受害人不能兼得。并且，鉴于受害人的选择自由及侵权赔偿为终局责任，残疾辅助器具费应由侵权人赔偿，或者在工伤保险补偿后向侵权人追偿。

总之，人身损害衍生的财产性损失补偿项目原则上均应当依照损失填补原则进行处理，即以实际损失为最高补偿限额。受害人或其家属在实际损失范围内对同一损失相关的不同补偿项目不能兼得。但是，由于此类补偿项目与人身损害相关，可能以财产性损失补偿为名而实际具有人身性损失补偿的性质，在实践中应注意鉴别。

第五章

侵权赔偿与社会化救济的追偿关系协调

第一节　追偿关系：综合救济的系统视角

一、追偿关系的系统论意义

私法中的追偿关系主要存在于涉及内部求偿关系的连带责任或债务当中。由于数人之间的共同过错、因果关系等主客观关联，法律要求数人中的任何一人均应对受害人承担全部赔偿责任，也即侵权连带责任。为了平衡数个侵权责任人的内部关系，法律必须同时授权承担了赔偿责任的人基于终局责任的分配就超出自己份额部分的责任向其他责任人进行追偿。[①] 此种追偿关系的基础是数个侵权责任人之间的内在连带关系，其作用范围仅限于单一侵权赔偿子系统。然而，由于侵权赔偿本身属于综合救济系统的一部分，侵权关系内的民事追偿也应当从综合救济系统的层次来看待。在隔离状态下，单一救济关系内的主体不可能与另一法律关系中的其他主体之间发生追偿关系。跨越不同救济机制的追偿关系的存在，实为综合救济系统功能作用的重要体现。

在综合救济系统背景下，追偿关系并不局限于侵权赔偿内部，还涉及社保机构对侵权第三人或商业保险人的追偿（简称"社保追偿"）和商业保险人对侵权人的追偿（简称"保险追偿"）。这两种追偿关系是综合系统层次上的特有现象，因为它们涉及综合救济系统内不同子系统的当事人的关系。社保追偿和保险追偿只有在各个救济机制从属于某个统一的上层系统才能发生。这两种追偿关系的存在也表明，综合救济系统并非理论想象的产物，而是法律规范相互作用的结果。社会保险、商业保险和侵权赔偿本是独立运行的子系统，其运行机制、补偿条件、法律关系等各不相同。若将它们彼此分割开来对待，每一种救济机制或子系统都应当对相关事件独立地进行反馈，不应受其他救济机制的干预和影响。在系统论视野下，追偿关系具有如下意义。

首先，追偿关系表明各救济机制子系统本身是开放的系统，而且向彼此开

---

① 叶延玺：《论责任保险对侵权连带责任的影响——兼谈侵权连带责任的未来》，《河南财经政法大学学报》2016年第4期，第27-36页。

放。开放性是系统存在和向上发展的必要条件。"只有开放，系统才可能自发组织起来，系统才有可能向更有序的状态发展。"[①]在一个多层次系统中，子系统必须保持自身的开放性并且向彼此开放，才能向上构成更高级的系统。社保追偿和保险追偿突破了社会保险、商业保险和侵权赔偿各自的封闭性，使它们的法律关系相互延伸至其他子系统当中。各救济机制子系统的相互开放性是它们向上共同构建综合救济系统的重要条件。

其次，追偿关系体现了各救济机制子系统之间的信息传递和相互协作。通过跨救济机制子系统之间的追偿，作为信息源的某一子系统向另一子系统表达了本系统对特定行为的规范处置；另一子系统在收到该信息后，需要做出相应的反馈。这种信息传递和反馈的过程是子系统相互协作的体现。以《社会保险法》第30条第2款为例，社会保险子系统表达了医疗保险对涉侵权第三人时医疗费用的先行支付和追偿。以侵权第三人为连接点，这一信息必然传递至侵权赔偿子系统中并相应地引起反馈：侵权人是医疗费用的第一序位承担人，也是终局责任承担人。

再次，追偿关系标示了各救济机制子系统之间的特定关联结构。追偿关系是综合救济系统内各救济机制之间的重要沟通渠道，反映了系统内某一救济机制对另一救济机制施加的直接影响，也体现了特定模式下系统的内在结构。拉兹曾提到："当且仅当一个法律是另一个法律存在的条件，或者一个法律严重影响另一个法律的意义和适用时，我们才说这两个法律之间存在着一种内部关系。此外的其他关系，都可以说是外部关系。一个法律体系的内部结构也就是它的内部关系的具体模式。"[②]谁得向谁在何种条件下进行追偿，标示出了各子系统之间的联结方式，而这些联结方式恰是综合救济系统内在结构的体现。

最后，追偿关系会产生额外的制度运行成本，故而属于综合救济系统的负涌现作用。跨子系统的追偿不会在单一子系统内发生，而是综合救济系统整体涌现性的体现。相应地，这类追偿的成本也是综合救济系统产生的额外成本。从消极方面来看，追偿关系的存在又是综合救济系统内部整合不足的表现，应予尽力消除。

---

① 魏宏森、曾国屏：《系统论：系统科学哲学》，世界图书出版公司，2009，第229页。
② 约瑟夫·拉兹：《法律体系的概念》，吴玉章译，中国法制出版社，2003，第29页。

二、追偿与补偿序位的关联

追偿关系是子系统之间相互作用的结果。当某一子系统中的主体在承担了补偿责任后向另一子系统中的主体进行追偿，子系统之间的信息传递、功能协作和结构联系就已经发生。但是，如同力或电磁作用一样，追偿也是一种带有方向性的作用关系。综合救济系统内的追偿总是从某一子系统或特定主体指向另一子系统或主体，而不会反转过来。跨子系统的追偿关系与侵权连带责任内的追偿有所不同，后者追偿关系的方向完全取决于受害人对其直接索赔对象的选择。

综合救济系统内的追偿关系及其方向性与各救济机制的补偿序位有重要关联。若补偿能够完全依照预先设计好的各救济机制的补偿序位正常进行，追偿本可以避免。甚至可以说，追偿制度是综合救济系统内各救济机制协作不周的相应补救措施。例如，在第三人侵权造成人身伤害的情况，若第三人或其责任保险人能承担法定条件和范围内的全部责任（含医疗费用），基本医疗保险基金即不存在先行支付问题，对第三人或责任保险人的追偿也就不会发生。《社会保险法》第 30 条第 2 款规定的社保追偿正是在"第三人不支付或无法确定"时，侵权赔偿或责任保险未能作为第一序位补偿机制正常作用的结果。相反，因人身保险与侵权赔偿下的补偿项目可以兼得（医疗费用例外），不存在补偿序位先后问题，人身保险中保险人也就不能享有对侵权人的追偿权。

可见，综合救济系统内追偿关系产生的根本原因是：一方面，法律要求序位在后的救济机制（责任主体）在特定条件下替代序位在先者的补偿责任；另一方面，法律再授权序位在后者在承担了补偿责任之后向序位在先者进行追偿。

追偿与各救济机制的补偿序位相关，并且会产生额外成本，那么，通过调整补偿序位以减少追偿就是综合救济系统内在整合的重要途径。如前所述，综合救济系统的模式选择基本确定了各救济机制在系统中的主次地位和补偿序位。在以"侵权赔偿＋责任保险"为核心的"流行模式"中，责任保险在理论上是核心的救济机制，侵权赔偿次之，社会保险和第一方保险为补充。[①] 若严格地以各救济机制在综合系统中的主次地位分配其补偿序位，绝大多数的追偿关系本可以避免。但是，现行法的规范安排和当事人的自由选择导致实际的补偿序位

---

① 叶延玺:《责任保险对侵权法的影响研究》，浙江大学出版社，2018，第 36-39 页。

并不完全符合相应系统模式的理想状态。

三、追偿与终局责任的设置

综合救济系统内的追偿还与终局责任的设置相关。由于终局责任与补偿序位有一定的关系，为了减少追偿，立法应当尽可能安排终局责任人为第一序位责任人。但是，终局责任与补偿序位安排又并非绝对相关，属于独立的问题。

另外，追偿关系也与损害填补原则相关。如果受害人获得补偿不受损害填补原则的限制，可以同时获得多个来源的补偿，追偿关系也不会发生。追偿关系发生的重要原因是受害人对数个补偿来源不能兼得，且直接获得的补偿来源并非终局责任人。追偿与受害人的补偿兼得之间通常存在冲突。但无论如何，如果系统中未设置终局责任人，补偿过程就会完成于某个个别救济，追偿就不会发生。

从比较法上考察，凡是采用"流行模式"的国家都以侵权人（责任保险）作为终局责任的承担者，都存在系统内的追偿问题，而且被追偿的对象均指向侵权人。如果该责任风险属于保险范围，追偿对象就会进一步指向责任保险人。但是，几乎所有国家针对工伤事故的社会保障（工伤保险）中对于雇主或同事作为侵权人的追偿都被原则性排除，除非存在故意致人损害的情形。[1]也即侵权人承担终局责任在工伤事故领域通常属于例外。甚至可以说，在工伤事故领域，几乎所有国家都采纳了"新西兰模式"。当然，雇主或同事在工伤事故中被免予追偿的一个重要原因在于他们本身是工伤保险费的支付者。工伤保险基金替代雇主或同事承担补偿责任类似于责任保险与侵权人（被保险人）的关系。从这个角度来看，在工伤事故中承担终局责任的仍然是侵权人，只不过承担的方式是缴纳工伤保险费，以此替代在事故发生后直接支付的赔偿金。总之，在侵权人终局责任的"流行模式"之下，追偿的方向和终点必然指向侵权人（责任保险人）。

我国现行法律和司法解释中有若干关于追偿或代位求偿的规定，如《保险法》第60条，《社会保险法》第30条、第41条和第42条，现行"法释〔2003〕20号"第4条等；但也有若干规定明确或可推定地排除了当事人的追偿或代位求偿权利，如现行"法释〔2003〕20号"第3条第1款等。综合来看，我国现行

---

[1]　乌尔里希·马格努斯主编《社会保障法对侵权法的影响》，李威娜译，中国法制出版社，2012，第366-372页。

法基本坚持了侵权人终局责任的理念，普遍地允许其他责任主体在承担补偿责任后向侵权责任人追偿。但有一个例外，工伤保险作为对用人单位工伤侵权赔偿的法定替代，工伤保险基金在正常情况下不得向用人单位追偿。此外，依据《保险法》第 46 条，人身保险的保险人不得向侵权第三人追偿，但允许受害人在人身保险金之外可以兼得侵权赔偿，故而与侵权人终局责任并不矛盾。

由于我国现行法事实上选择了"侵权赔偿＋责任保险"为核心的系统模式，侵权人（责任保险人）是我国综合救济系统中的终局责任人，追偿关系在当前恐怕无法避免。但是，考虑到追偿的系统运行成本和侵权人的风险分散需求，理当对我国综合救济系统内的追偿关系进行适当的优化。也即源自侵权人（责任保险人）的补偿项目应当尽可能序位前置，以尽量避免序位在先的责任人与终局责任人不一致的情况。此外，追偿关系的优化还可以包括前文已提及的"一揽子追偿"、将追偿条件限定在侵权人故意或重大过失范围内等措施。

追偿问题的根源在于补偿序位的"倒置"和终局责任的设置。追偿是补偿程序受到阻碍时的一种系统性反应，极大地增加了综合救济系统的整体运行成本。从综合救济系统的优化角度来看，追偿是系统内应当尽量避免或减少的事件。因此，如何避免或减少追偿也是综合救济系统设计和运行过程中的重要问题。

第二节　侵权追偿：连带责任的外溢效应

一、侵权追偿的系统效应

在侵权关系中，某一责任人依法承担了超出其固有份额的责任，而该责任本应由其他责任人承担的，有权向该其他责任人追偿。侵权赔偿中的追偿仅限于侵权关系之内，非如社保追偿和商保追偿跨越了不同的救济机制（子系统），因而属于纯粹的民事追偿。但是，依照系统理论，系统内的某一部分也必然具有某些一般系统的特征。[1] 侵权当事人之间的民事追偿也会因为系统作用对其他救济机制产生影响，这种影响可以称为侵权连带责任的外溢效应。

侵权法中的民事追偿与其损害风险的分配有着重要的关联。损害风险的分配（分散）并非商业保险和社会保险才有的问题，实际上，传统侵权法也一直

---

[1] Ludwig von Bertalanffy, *General System Theory: Foundations, Development, Applications*, New York: George Braziller, 1968, p.85.

试图在当事人之间进行损害风险的分配。近代过错责任是在加害人和受害人之间寻求风险分配的平衡点；无过错责任是对加害人和受害人之间风险利益的再平衡，试图将加害人作为一个风险分散的"总站"，并通过价格机制、保险等途径进行风险分散。除此以外，侵权法在涉及复数行为或责任主体的连带责任、不真正连带责任、补充责任等场合（广义的"连带责任"），也存在损害风险的分配或分散问题。不过，侵权法中的连带责任制度属于损害风险（部分责任人的赔偿不能风险）在侵权当事人内部的转移和分散，其风险分散程度相对于各种社会化救济机制比较有限。侵权法中的连带责任制度虽然在一定程度上起到了风险分散的作用，但实质上是侵权关系中的某些当事人替代了其他人的部分或全部责任，故而必须通过民事追偿尽力恢复至各人本应负担的责任状态。例如，《民法典》第 1203 条规定，产品缺陷由生产者造成的，销售者赔偿后有权向生产者追偿；因销售者的过错使产品存在缺陷的，生产者赔偿后有权向销售者追偿。产品损害本应由实际造成缺陷的一方承担，法律责令销售者和生产者承担连带责任不过是将实际责任人可能存在的赔偿不能风险分配给生产方和销售方来共同承担。

鉴于侵权责任人也是各类商业保险和社会保险的被保险人或参保人，侵权连带责任及其追偿关系虽然发生在数个侵权责任人之间，但可以通过改变侵权责任人的责任状态进而影响到他们所参与的商业保险和社会保险。在孤立的侵权系统中，连带责任及其追偿关系的影响仅及于侵权当事人；但在综合救济系统背景下，连带责任和追偿关系导致的利益变动必然会外溢至其他关联子系统。

二、对责任保险的效应

侵权法中的连带和追偿制度原本是依照自身逻辑独立发展出来的，根本未顾及可能对综合救济系统内其他救济机制的影响。由于侵权赔偿是"流行模式"系统中的核心机制，它的任何制度的作用效果都有可能外溢影响到其他救济机制。其中，由于责任保险与侵权赔偿的关系最密切，所受到的影响也最为直接。[①]

首先，在责任保险条件下，连带责任的最终责任和追偿权利将从某一侵权责任人转移给保险人，使原本侵权关系内的民事追偿变成保险追偿。当然，这

---

① 叶延玺：《论责任保险对侵权连带责任的影响——兼谈侵权连带责任的未来》，《河南财经政法大学学报》2016 年第 4 期，第 27-36 页。

本身还将面临一些前设性问题，如连带责任是否在责任保险的承保范围之内，责任保险合同中对连带责任约定不明时的解释等。例如，侵权责任人A向责任人B追偿，B已将该责任向保险人C投保；那么，A向B追偿就变成了A向C追偿。如果A和B均已投保，那么，追偿关系就会发生在他们各自的保险人之间。

其次，投保了责任保险的连带责任人必然成为受害人最理想的索赔对象。众所周知，对于受害人而言，重要的不仅是索赔理由是否成立，还有索赔对象是否具有实际的赔偿能力。很显然，责任保险让作为被保险人的侵权责任人获得了近乎绝对可靠的赔偿来源，也自然会吸引受害人对其索赔。所以，在涉及数个侵权人的连带责任关系中，责任保险不仅是风险转移机制，也是风险的"吸铁石"。

再次，更有意思的是，如果每一个连带关系中的侵权责任人都有责任保险，他们的赔偿不能风险就几乎不存在。侵权连带责任相对于按份责任的根本意义在于，在涉及数个侵权责任人的条件下，将其中部分责任人的赔偿不能风险从受害人转移至其他责任人，以加强对受害人的保护。当连带责任关系中的全体责任人均有保险，任一责任人均有充分可靠的赔偿能力，那么，侵权法中的连带责任及其相应的追偿制度反而失去了本来意义。

事实上，责任保险在不同角度和层次上对侵权赔偿具有整体重塑的作用。[①]反过来，侵权法制度也会在责任保险中产生相应的"纠缠效应"，连带责任和追偿制度只不过是产生该效应的环节之一。

三、对第一方保险和社会保险的效应

在侵权赔偿的延伸关系中，第一方保险和社会保险的直接受偿主体为受害人，因此，侵权追偿关系也可以通过受害人对第一方保险和社会保险产生作用。相对而言，责任保险的直接受偿主体为侵权责任人。由于直接受偿主体的不同，侵权追偿关系对第一方保险和社会保险的作用方向与责任保险恰好相反。

第一方保险人或社会保险机构在向受害人补偿后取得对侵权责任人的代位追偿权。通常，代位权人可以全面取代被代位人的地位和权利，也即代位权的内容应当与原债权的内容一致。因此，基于数个侵权责任人之间的连带关系，

---

① Tom Baker, "Liability Insurance as Tort Regulation: Six Ways That Liability Insurance Shapes Tort Law in Action", *Connecticut Insurance Law Journal*, Vol.12, 2005, pp.1-16.

取得代位权的保险人或社保机构可以选择侵权责任人之一主张全部赔偿，再由该侵权责任人向其他责任人进行内部追偿。于是，保险人或社保机构同时也取得了侵权连带责任的保障，将部分侵权责任人的赔偿不能风险转移给其他责任人。然而，保险人和社保机构相对于侵权责任人具有强大的风险承受和分散能力，那么，在代位追偿背景下，让保险人和社保机构继续享有对侵权责任人的连带请求权是否合理？

侵权追偿关系主要因数个侵权责任人的连带责任而生。设置侵权连带责任的根本目的是在数人侵权关系框架内，将部分侵权责任人赔偿不能的风险由受害人转移给其他侵权责任人。其他侵权责任人有可能因另一部分责任人没有偿付能力而承担超出自己实际份额的责任。在一定程度上，其他侵权责任人承受了法律强加给他的严苛结果。在数人侵权的法律关系内，将部分侵权责任人赔偿不能的风险由受害人转移给其他侵权责任人仍是基于利益衡量的结果。然而，利益衡量必须以特定的利益关系和衡量因素为前提，一旦利益关系或衡量因素发生变化，衡量的结果也就不同。当第一方保险人或社会保险机构取代受害人的地位，他们相对于数个侵权责任人处于更加优势的地位。那么，继续令数个侵权责任人对第一方保险人或社会保险机构承担连带责任并延续侵权追偿关系，就不符合利益衡量的要求。我国现行法显然没有从法律系统论的角度考虑到代位权造成的利益格局的变化。因此，第一方保险和社会保险机构取得代位权后只得依按份责任分别向各侵权责任人进行追偿，数个侵权责任人之间不再互负连带责任，侵权追偿关系在此范围内也就不复存在。

第三节　社保追偿：以医疗费用为中心

一、社保追偿的现行规定

《社会保险法》中涉及社保追偿的规定共有三条：第30条第2款、第41条和第42条。其中，第30条第2款和第42条是针对涉第三人情形下有关医疗费用的社保先行支付与追偿；第41条规定的是职工所在单位未依法缴纳工伤保险费且不支付工伤保险时，由工伤保险基金先行支付工伤保险费用并追偿。该法中其他条款虽然也有涉及并行支付的内容，如第17条和第49条，但均未明确与其他救济机制的补偿序位，实践中一般不存在追偿问题。第41条规定的追偿主要为社保机构与用人单位之间的社保行政管理关系，非此处考察之重点。可见，我国现行法中的社保追偿问题主要以医疗费用为中心而展开。

《社会保险法》规定社保先行支付的医疗费用可以追偿，也就意味着受害参保人在社保支付的范围内不得再向侵权第三人重复主张。《社会保险法》第30条第2款和第42条规定，医疗费用依法应当由第三人负担或者第三人原因造成工伤，而第三人不支付或者无法确定第三人的，应由基本医疗保险基金或工伤保险基金先行支付，再由社保基金向该第三人追偿。此即我国现行法中涉第三人情形下医疗费用的社保先行支付与追偿制度。社保基金为符合条件的参保人支付医疗费用原本不存在所谓先行问题，因为社保救济通常应当以参保人需要而非致害原因为基础。[①] 第三人的介入显然阻断了参保人社会保险权益的当然取得。[②] 相对于《保险法》中的模糊状况，《社会保险法》对医疗费用属于财产损失的定位十分明确。基于生命健康至上的原则，医疗费用补偿不仅应当充分，还必须及时。医疗费用补偿的及时性要求是《社会保险法》第30条第2款和第42条之法律解释的首要考虑因素。

医疗费用社保先行支付之立法目的原在于"保证受害参保人员能够获得及时的医疗救治"[③]。但是，前述两个条款并未明确先行支付和追偿的具体方法，社保机构当前在实务中须依照《社会保险基金先行支付暂行办法》（人社部令第15号）及各级地方制定的"社会保险经办规程"等办理相关业务。由于对《社会保险法》相关规定的理解偏差、经费支出控制、部门利益等原因，地方社保机构在当前的业务操作中普遍倾向于超出立法目的而过分严格地解释先行支付条件和追偿范围，使得参保人在涉及第三人时请求医疗费用补偿较之无第三人情形处于更为不利的境况。[④] 自2011年《社会保险法》实施以来，参保人因社保机构拒绝或拖延先行支付医疗费用而提起行政诉讼的案件不少，即反映了该两个条款在实践中存在不少问题。

由于增加了补偿来源和救济途径，参保人在涉及第三人的情形下理应得到

---

① 郑功成：《社会保障学——理念、制度、实践与思辨》，商务印书馆，2000，第127-131页。

② 杨华：《医疗费用先行支付的法律制度探源——以〈社会保险法〉第30条、42条为中心》，《社会保险研究》2014年第5期，第72页。

③ 信春鹰：《中华人民共和国社会保险法释义》，法律出版社，2010，第91页。

④ "包宇飞与佛山市南海区社会保险基金管理局"案，广东省佛山市南海区人民法院〔2016〕粤0605行初87号判决书；"方循托与芜湖市医疗保险管理中心"案，安徽省芜湖市镜湖区人民法院〔2016〕皖0202行初21号判决书；"傅雪根与绍兴市上虞区社会保险事业管理局"案，浙江省绍兴市中级人民法院〔2018〕浙06行终37号判决书。

更为充分可靠的保障，但现实情况却恰恰相反。该制度的实际适用已经产生了严重利益失衡的结果，违背了多元救济胜于单一救济的当然逻辑和及时救济参保人的立法初衷。

二、社保先行支付的性质

社保机构的先行支付究竟是为他人的垫付义务，还是自己的独立义务？对先行支付性质的不同理解必然会影响到对相关制度的正确理解与适用。

除本人故意以外，雇员在工作中不论因何遭受伤害，雇主均应承担相应的工伤事故侵权责任。依照现行"法释〔2003〕20号"第3条的规定，工伤事故符合工伤保险条件的，由工伤保险进行替代给付；第三人侵权造成工伤事故的，构成侵权赔偿与工伤保险的并行给付。工伤保险替代用人单位进行赔偿以工伤保险关系成立为前提条件。根据《社会保险法》第33条，工伤保险费由用人单位缴纳，职工不用缴纳。在用人单位未缴纳工伤保险费的情况下，工伤保险关系原本不能成立，须由用人单位承担职工工伤的相应待遇。用人单位在未缴工伤保险费情况下所应支付的工伤保险待遇本属于该单位应负的侵权责任。因此，《社会保险法》第41条规定的工伤保险基金的先行支付本质上是为了加强职工权益保障，对用人单位的工伤事故侵权责任的法定垫付，相当于民法中的替代责任。

《社会保险法》第30条第2款和第42条则以用人单位和职工已经缴纳社保费，社会保险关系正常有效为前提条件。在社会保险关系有效的条件下，无论参保职工因何原因患病或遭受工伤，基本医疗保险基金和工伤保险基金本身就有补偿责任。"社会保险的社会功能决定了社会保险给付的'无因性'，即社会保险制度不论损害发生的个别原因为何，都要给予被保险人相同的保险给付。"[1]根据欧洲侵权法与保险法中心针对十余个国家的比较研究，没有哪一个国家将社会保障与被保障者的伤害是否由第三人引起相关联。[2]基于社会保险给付的无因性，在涉及第三人侵权的情形下，虽然患病或遭受工伤的职工有权向侵权第三人索赔，但并不能免除社保基金的补偿责任。可见，无论是否涉及侵权第三人，也不论侵权第三人是否支付了赔偿金，《社会保险法》第30条第2款和第42条规定的先行支付不能简单地理解为社保基金替代他人进行支付，这

---

[1]　张荣芳：《先行支付制度法理分析》，《社会保障研究》2012年第6期，第89-95页。

[2]　乌尔里希·马格努斯主编《社会保障法对侵权法的影响》，李威娜译，中国法制出版社，2012，第348-349页。

是它本应承担的独立责任。

另外，根据《社会保险法》第 30 条第 1 款的规定，工伤保险优先于基本医疗保险提供救济，第 30 条第 2 款与第 42 条之间不存在适用冲突。但是，若单位未缴纳工伤保险费，工伤损害又是因第三人侵权所致且第三人不支付医疗费用的，有关医疗费用的社保先行支付究竟应适用第 41 条还是第 42 条？综合来看，该情形仍应适用第 41 条。理由在于：第 42 条同第 30 条第 2 款一样，其适用应以社会保险费已正常缴纳为条件；适用第 41 条可以在保证对受害人进行充分、及时救济的前提下，令不缴纳工伤保险费的单位承担不利后果，同时也符合"法释〔2003〕20 号"关于用人单位与侵权第三人责任关系的分配。[①]

三、社保先行支付的条件

（一）第三人的范围

《社会保险法》第 30 条第 2 款与第 42 条的适用虽然均涉及第三人，但二者表述略有不同。第 42 条表述为"由于第三人的原因造成工伤"；第 30 条第 2 款表述为"医疗费用依法应当由第三人负担"。由于工伤保险是对用人单位责任的替代，同时第 41 条又对用人单位未依法缴纳工伤保险费情形作了特别规定，用人单位应当首先被排除在前两个条款的第三人范围之外。在第 42 条中，第三人是造成工伤的原因，在民事责任关系中无非为侵权第三人或合同相对人。合同相对人违约造成人身损害属于加害给付，与侵权责任构成竞合。因此，第 42 条规定的第三人在文义上可以等同侵权第三人。但基于侵权赔偿与责任保险之间的特殊联系，第 42 条的适用通常也会牵涉到责任保险人。第 30 条第 2 款中的第三人为应当负担医疗费用之人，文义上可以包括侵权第三人和商业保险人。关于第三人范围的争议主要涉及商业保险人。

实践中，与社保有关的商业保险人有三种类型：侵权第三人的责任保险人、参保人的第一方保险人及与社保机构有合作关系的其他商业保险人。这三类商业保险人在侵权关系中的地位及与社保补偿的关系不同，应区分对待。

（1）侵权第三人的责任保险人。责任保险是侵权赔偿的替代，责任保险人在社会保险关系中自然应当与侵权第三人视为一体。司法实践中，受害参保人从侵权人的责任保险人处获得赔偿后能否获得、在什么范围内可以获得社保补

---

① "北京泰隆达咨询服务有限公司与北京市朝阳区社会保险基金管理中心"案，北京市第三中级人民法院〔2017〕京03 行终 271 号判决书。

偿，取决于不同法院对待侵权赔偿与社会保险一般关系的态度。就医疗费用而言，参保人已经从责任保险人处获得补偿的，依据《社会保险法》第 30 条第 1 款和"法释〔2014〕9 号"第 8 条第 3 款的规定，则应当在社保补偿中扣除。①

（2）参保人的第一方保险人。在全部损害救济关系中，第一方保险与社会保险均属对参保人的直接救济，二者处于并行地位。参保人从第一方保险人获得补偿后能否再请求社保补偿，或者从社保基金获得补偿后能否再请求第一方保险人补偿？如前所述，《保险法》并未排除人身保险的被保险人从其他渠道获得补偿的机会，被保险人原则上仍有权获得社保补偿，除非保险合同另有约定。②从《社会保险法》的角度来看，第一方保险与第 42 条没有交叉可能，但是否属于第 30 条第 2 款依法应当负担医疗费用的第三人则有不同看法。例如，在"王军与彭水苗族土家族自治县医疗保险局"案中，社保机构认为，参保人的医疗费用从（第一方）保险人处获得赔付的，社保不应报销；但审理法院认为，商业保险人的赔偿不构成"应当由第三人负担"的情况。③第一方保险与社会保险作为两个平行的请求权基础，解释论上将第一方保险人归入《社会保险法》第 30 条的第三人范围确实不妥。

（3）与社保机构有合作关系的其他商业保险人。在实践中，有的社保机构基于风险转移和基金管理目的，向商业保险人支付一定费用并经参保人同意，由该商业保险人向社保参保人代为支付保险金。例如，在"苏锡琴与元氏县医疗保险管理中心"案中，社保机构与参保人、商业保险人就意外伤害签订了三方合作协议。参保人在遭受意外伤害后，商业保险人为其支付了部分医疗费。审理法院认定该商业保险人不属于《社会保险法》第 30 条规定的第三人范围。④但是，基于三方之间的合同关系，商业保险人支付部分的医疗费用属于对基本医疗保险的替代，理应从社保补偿中扣除。如果该商业保险人不依合同规定支付医疗费用的，社保机构同样应当先行支付并有权追偿。虽然此情形因违约引起，但与第 30 条第 2 款的内在精神一致。

此外，在医疗事故责任中，医院作为第三人的情况应当引起社保机构的特

---

① "周玉琴等与郴州市工伤保险管理服务中心"案，湖南省桂阳县人民法院〔2018〕湘 1021 行初 117 号判决书。
② 李文中：《医疗保险理赔中的代位追偿问题研究——兼评〈保险法〉和〈社会保险法〉相关条款》，《保险研究》2012 年第 7 期，第 91 页。
③ 彭水苗族土家族自治县人民法院〔2014〕彭行行初字第 00054 号判决书。
④ 河北省元氏县人民法院〔2017〕冀 0132 行初 009 号判决书。

别注意。[①] 医院作为医疗过失责任中的侵权第三人本应承担相应的医疗费用，但同时又是医疗费用的收费人，医院很容易利用其双重身份将本应由其承担的责任不当地转移给社保基金。在区别患者原疾病医疗费用的基础上，对于因医院过错所致损害产生的相应医疗费用，社保基金先行支付后有权向医院追偿。

（二）第三人不支付的认定

第三人不支付医疗费用是社保先行支付的前提条件，包括第三人没有能力支付和拒绝支付两种情况。根据《社会保险基金先行支付暂行办法》第 2 条和第 3 条，参保人在申请社保先行支付时，应当向社保机构告知伤病原因或提供工伤认定书，并说明第三人不支付医疗费用的情况。但在当前的实务操作中，社保机构通常要求参保人穷尽对第三人的追索——必须对第三人提起仲裁或诉讼且经强制执行仍未支付，才认定第三人不支付。[②] 况且，在涉及《社会保险法》第 42 条的工伤医疗费用时还必须以工伤认定为前提，而工伤认定往往又需要先进行劳动关系认定。仅此两项先行认定程序就需要耗费较长的时间。如此严苛的条件和复杂的程序极大地增加了参保人获得社保先行支付的难度和时限。[③]

为确保公共资金的合理利用，社保业务部门严格审核支付条件本属正当。但是，业务审核程序不应当成为阻碍和拖延社保支付的理由。第一，社会保险相对于侵权赔偿的重大优势在于它的高效性和及时性。1942 年英国《贝弗里奇报告》即指出，统一社会保险取代传统救济模式的主要目标就是提高效率，方便参保人并节约运行成本。[④] 侵权赔偿的时间延迟和过高的管理成本，也正是1978 年新西兰《皮尔逊报告》建议以社会保险全面替代侵权赔偿的重要理由之一。[⑤] 第二，参保人申请社保支付在涉及第三人时不应该较无第三人时处于更不利的地位。社保救济与参保人的需要有关，而与损害发生的原因无关。"无论某人需要社会保障救济金的原因为何都给予他救济金，恰是社会保障制度的目标所在。"[⑥] 从利益衡量角度考虑，当前社保业务对第三人不支付的认定程序已

---

① 广东省东莞市中级人民法院〔2015〕东中法行终字第 157 号判决书。
② "周世奎与古蔺县医疗保险管理局"案，四川省古蔺县人民法院〔2017〕川 0525 行初 96 号判决书；"王修文与武威市社会保险事业管理局"案，甘肃省金昌市中级人民法院〔2015〕金中行初字第 50 号判决书；"密山市医疗保险管理局与李桂英"案，黑龙江省鸡西市中级人民法院〔2014〕鸡行终字第 4 号判决书。
③ 邹世允、尚洪剑：《第三人引起的工伤保险基金先行支付制度的立法完善》，《中国劳动》2013 年第 11 期，第 18-21页。
④ William Beveridge, "Social Insurance and Allied Services", HMSO, Cmd. 6404 *Beveridge Report*, 1942, Part II, §44.
⑤ John G. Fleming, "The Pearson Report: Its 'Strategy'", *The Modern Law Review*, Vol.42, No.3, 1979, pp.249-269.
⑥ 乌尔里希·马格努斯主编：《社会保障法对侵权法的影响》，李威娜译，中国法制出版社，2012，第 349 页。

导致相关的制度安排出现严重利益失衡。例如，在参保人与第三人均有过错的案件中，受害人对自己过错部分的医疗费用可以无障碍地获得社保补偿，而对自己无过错应由第三人承担部分医疗费用的补偿反而受到阻延。① 第三，参保人对医疗费用给付的及时性较之其他补偿项目有更高期待和需求，因为它关系到参保人的伤病能否得到及时救治，涉及生命健康之最高利益的保障。《社会保险法》在未对工伤保险和侵权赔偿之一般关系作出规定的背景下，仅就医疗费用单独规定社保先行支付，即表明了立法者优先保障医疗费用的意图。

对第三人不支付的认定应当在现行法律框架内平衡社保基金收支控制和参保人利益两方面的因素。相对于发达国家社会保险因超"度"支出而普遍存在严重财政赤字，我国社保基金总体支出控制显得比较严格。② 在医疗费用先行支付方面适度放宽标准，并不会对我国社保基金总体支出产生显著影响。再者，综合考虑放宽标准所能减少的程序成本和社保基金对第三人的追偿权，适度放宽第三人不支付认定标准的负面效应在相当程度上还可以被抵消。在此前提下，社保基金应当优先保证参保人的救治需要和先行支付的及时性。

我国社保机构在业务操作中不应当苛求参保人穷尽对第三人的追索，而仅需证明第三人不具备支付医疗费用的能力或者在医疗费用发生时拒绝支付即可。在司法实践中，有些地方法院对第三人不具备支付能力的认定就较为灵活，值得肯定。例如，在"陈英健与上饶县医疗保险事业管理局"案中，法院认为，参保人证明第三人为经济困难的残疾人、低保户，无须再提起民事诉讼，社保机构即应当认定第三人不支付。③ 在此类情形中，社保机构要求参保人先行起诉并强制执行，纯属浪费司法资源，拖延支付。另外，在参保人告知第三人未支付后，应由社保机构核实；第三人不能向社保机构证明其已支付医疗费用的，即应认定第三人拒绝支付，并应承担社保机构对其进行追偿的后果。

（三）第三人无法确定的认定

参保人在遭受人身伤害后，若侵权人逃逸，或无从追查，自然无法向其追偿，所以《社会保险法》第30条第2款和第42条规定应由社保机构支付参保人的医疗费用。然而，第三人无法确定或一时不能确定，或永久不能确定。究竟应以何时为界来判断第三人无法确定？对于医疗费用的社保先行支付影响甚

① "付成喜与南京市社会保险管理中心"案，江苏省南京市中级人民法院〔2018〕苏01行终247号判决书。
② 穆怀中：《社会保障国际比较》，中国劳动社会保障出版社，2014，第107-131页。
③ 江西省万年县人民法院〔2018〕赣1129行初85号判决书。

大。如果对此不设时限，要求参保人穷尽对第三人的追查，社保先行支付就会被无限拖延，甚至沦为实际拒付。实践中涉及第三人无法确定的多为肇事者逃逸的交通事故案件。公安机关对此类案件有的可以侦办查明，有的最终无法破案。社保机构在业务操作中常以公安机关结案为时限，认为结案之前不能认定第三人无法确定，拒绝先行支付医疗费用。由此引发的参保人对社保机构提起的行政诉讼案件很常见。法院在此类案件中一般都认为，交通事故责任认定书中已明确肇事者逃逸的，即应认定第三人无法确定。[①] 此种观点值得肯定，应当作为第三人无法确定的基本认定规则。另外，在有些案件中因致害物品或动物的归属不明，致参保人不知向何人追索，此时亦构成第三人无法确定之情形。[②] 概言之，基于医疗费用先行支付的及时性要求，第三人无法确定应以事故发生之时为时限标准。若公安机关介入事故调查的，公安机关初步查明第三人逃逸或下落不明即足以认定第三人无法确定。对第三人的进一步追查应当作为社保机构的追偿任务，但参保人应承担必要的协助义务。

四、社保基金对第三人的追偿

（一）追偿与先行支付的关系

从全球范围来看，虽然多数国家允许社保机构在支付保险金的范围内有权向侵权责任人追偿（工伤事故中非故意的雇主、同事等除外），但也有一些国家排除社保追偿权，如瑞典。[③] 再者，对医疗费用以外的其他补偿项目，我国现行法同样没有明确社保机构是否享有对第三人的追偿权；在司法实践持"兼得模式"之情形，社保机构的追偿权被实质排除。因此，社保先行支付与追偿权之间虽然有重要关联，但追偿权并不是社保先行支付的当然结果。设置社保追偿权的一个关键原因在于现行法体系将侵权损害的不利后果最终归于行为人的价值导向。然而，基于现代风险的技术性、系统性和概率性特征，社会保险的保

---

① 各地法院持此类观点的判决颇多，兹列举若干代表性判例如下："新乡市社会医疗保险管理局与马增林"案，河南省新乡市中级人民法院〔2018〕豫07行终293号判决书；"廖轶珍诉上思县城镇职工基本医疗保险管理所"案，广西壮族自治区上思县人民法院〔2014〕上行初字第14号判决书；"单军丽与漯河市医疗工伤生育保险管理处"案，河南省漯河市中级人民法院〔2016〕豫11行终90号判决书；"赵永根与唐山市医疗保险事业局"案，河北省唐山市路南区人民法院〔2017〕冀0202行初37号判决书；"张秀清与枣阳市医疗保险管理局"案，湖北省枣阳市人民法院〔2017〕鄂0683行初20号判决书；"张红梅与叙永县医疗保险管理局"案，四川省叙永县人民法院〔2017〕川0524行初44号判决书。
② "袁桂其与清远市社会保险基金管理局清城区直属分局"案，广东省清远市中级人民法院〔2016〕粤18行终90号判决书。
③ 乌尔里希·马格努斯主编《社会保障法对侵权法的影响》，李威娜译，中国法制出版社，2012，第366-373页。

障对象不应特别限于受害人，而是包括行为人在内的全体社会成员。[①] 如果考虑到保留对侵权行为人经济威慑功能之必要，社保追偿的对象也应当仅限于故意或重大过失侵权人。就此而言，社保追偿权的设置原本就是社会保险保障不足的表现。因此，社保机构在先行支付医疗费用后并不当然地应赋予其追偿权，二者之间并不存在必然联系。我国社保追偿权的设置是现行法综合平衡社保基金永续发展、侵权赔偿的威慑功能、参保人的补偿水平等因素的政策选择结果。

（二）对第三人追偿的性质

有学者认为，《社会保险法》第 30 条第 2 款和第 42 条规定的社保基金对第三人的追偿权是一种代位权，是继受的民事权利。[②] 也有学者将社保追偿权比附商业保险中的保险代位权，认为二者均因于损害填补和"禁止得利"原则。[③] 然而，《保险法》第 46 条本身明确排除了保险人在人身保险中对第三人的追偿权；最高人民法院"法释〔2015〕21 号"第 18 条也确认医疗费用不得从被保险人获得的医保金额中扣减，除非保险费按照扣减后的标准厘定和收取。即使依此规定允许保险人对医疗费用做相应扣减的，亦不存在对第三人的追偿问题。况且，商业保险中的代位权本质上是债权债务关系的自愿转移，而社保关系及其追偿权的设置均依照强制性规范产生，不存在各方的自主意思。其次，社保追偿与一般的民事追偿也有不同。以连带责任人的内部追偿为例，连带责任人在垫付了超出自己应付部分的责任后，向其他责任人进行追偿是一种当然的权利。社保基金的"先行支付"并非为他人"垫付"，因其本身就有支付医疗费用的义务。如果将社保基金对第三人的追偿权定位为民事权利，它也不同于作为继受权利的代位权，而是一项新的法定权利。如果非要比附商业保险代位权，当前社保基金对第三人的追偿权也应是一种特殊的代位权。

（三）追偿范围的限制

鉴于社会保险的公益性，对社保基金的追偿范围应当有所限制。《社会保险法》第 30 条第 2 款与第 42 条对第三人范围未作除外规定，在文义上自然应包括家庭成员在内。但是，此时社保机构的追偿是否合理？当前，我国法院通常判决社保基金对作为侵权第三人的家庭成员同样享有追偿权。例如，在"林三妹与衢州市柯城区社会保险事业管理局、衢州市人力资源和社会保障局"案中，

---

① 叶延玺：《风险社会与损害救济机制的转型》，《吉首大学学报》2016 年第 4 期，第 80-85 页。
② 林嘉：《社会保险基金追偿权研究》，《法学评论》2018 年第 1 期，第 91-92 页。
③ 张荣芳：《先行支付制度法理分析》，《社会保障研究》2012 年第 6 期，第 89-95 页。

侵权第三人为受害参保人的丈夫，法院认为，"是否以家庭共有财产负担医疗费用，不影响'该费用应由第三人负担'的基本性质"；[①] 在"柴青雅与江山市社会保险事业管理局、江山市人力资源和社会保障局"案中，侵权第三人为受害参保人与之共同生活的女婿，审理法院也持相同观点。[②] 比较而言，基于家庭成员之间的共同财产关系，保险人对被保险人家庭成员的追偿通常都被各国法律所限制。德国《保险合同法》第 67 条第 2 款和《社会法典第十部》第 116 条第 6 款直接排除了保险人对共同生活家庭成员的追偿权。[③] 英国在相关判例中就家庭成员侵权涉及保险的情形也做出了特别安排，以保障家庭共同体的实质利益。[④] 我国《保险法》第 62 条也规定，除故意造成保险事故以外，保险人不得对被保险人的"家庭成员或者其组成人员"行使代位请求权。此条中涉及的"家庭成员"应当指"与被保险人共同生活在一起，有一定的时间性和连续性，且相互间进行扶养、扶助或赡养的成员"[⑤]。与国外立法及《保险法》的规定相比，《社会保险法》第 30 条和与第 42 条显然未考虑到家庭成员作为侵权第三人的特殊性，属于立法上的重要疏漏。基于其制度价值和功能定位，社会保险应当实质性地为参保人及其家属提供基本生活保障。[⑥] 将家庭成员包括在该两条规定的第三人范围内，显然与我国社会保险的价值追求相抵触。因此，在现行法修订之前，我国应当在社保业务和司法审判中对"第三人"概念做目的性限缩，对社保追偿权做合理限制。[⑦] 此外，若侵权第三人有证据证明其确实存在经济困难的，尤其是非故意致人损害的受社会救助人员，社保基金可以酌情免予追偿。否则，社保追偿权就会与社会救助的功能发生冲突。

（四）追偿方式的改进

《社会保险法》第 30 条第 2 款和第 42 条对追偿方式未作规定，《社会保险基金先行支付暂行办法》第 12 条规定的方式为诉讼，而且显然应指民事诉讼。第 41 条明确规定对未缴费用人单位可依照第 63 条进行追偿，而第 63 条规定的追偿措施均为强制征缴（另见《社会保险基金先行支付暂行办法》第 13 条）。比

---

① 浙江省衢州市中级人民法院〔2015〕浙衢行终字第 66 号判决书。
② 浙江省衢州市中级人民法院〔2014〕浙衢行终字第 30 号判决书。
③ 马克西米利安·福克斯：《侵权行为法》，齐晓琨译，法律出版社，2006，第 322-323 页。
④ Dodds v. Dodds〔1978〕QB 543; Hunt v. Severs〔1994〕2 AC 350. Peter Cane: Atiyah's Accidents, *Compensation and the Law*, Cambridge University Press, 2006, pp.57, 255.
⑤ 王林清、杨心忠：《保险代位求偿权行使限制理论问题研究》，《法律适用》2011 年第 5 期，第 15 页。
⑥ 林义：《社会保险》，中国金融出版社，2010，第 18 页。
⑦ 梁慧星：《民法解释学》，法律出版社，2009，第 226 页。

较之，社保基金对未缴费用人单位的追偿权应是一种行政权，追偿方式依照行政程序；对第三人的追偿权是民事权利，追偿方式依照民事程序。此外，虽然《社会保险法》规定医疗费用先行支付和追偿的主体为基本医疗保险基金和工伤保险基金，但实际执行主体为社保经办机构。我国社保经办机构虽然形式上被置于保险人之地位，但并非社保基金的产权人或者占有人，而是以行政划拨经费为责任财产，并不对社保基金运营的盈亏承担责任。[①] 社保经办机构实际上是以行政管理人的角色行使对第三人的民事追偿权。因其角色配置的错位，致使社保经办机构在追偿权行使过程中既不能如一般行政主体享有强制执行的权力，又不能如一般民事主体享有自决权。在此情形下，社保经办机构一方面只能无条件地进行追偿，不能根据实际情形进行自主选择；另一方面，通过民事诉讼方式实现追偿权的效率极低且成本高昂。这也正是造成社保机构过分严苛地控制先行支付条件，并且不区分实际情况而一律进行追偿的重要原因。因此，有必要在现行规定的基础上对社保追偿的方式进行适当改进。第一，将《社会保险法》第 30 条第 2 款和第 42 条涉及的追偿权明确规定为社保机构的行政权力，并依行政程序进行追偿。第二，将侵权第三人中家庭成员或生活有困难的人员列为特殊追偿对象，并授予社保机构相应的裁量权。第三，尽量安排社保机构与相关商业保险人达成"一揽子追偿协议"，以降低追偿成本。[②] 追偿方式的改进将有助于提高社保机构追偿的效率和灵活性，也可促使社保机构更积极主动地履行先行支付的职责。

五、社保追偿的系统意义

事故损害的救济早已不单纯是侵权法的任务，而是一个跨法律部门的系统性问题。围绕对事故受害人的救济，我国现行法存在侵权赔偿、商业保险和社会保险等多元化的救济机制。医疗费用的社保先行支付与追偿实质上是多元补偿机制内在关系协调的一环。根据《社会保险法》第 30 条和第 42 条的规定，立法者对医疗费用采纳了侵权人终局责任和工伤保险先于基本医疗保险支付两项重要安排。由于我国现行法尚未对多元补偿机制的整体关系作出明确规定，该两个条款对多元补偿机制的整体理解也有重要意义。同样，医疗费用的社保先

[①] 李文静：《医疗保险经办机构之法律定位——论社会行政给付主体之角色与功能》，《行政法学研究》2013 年第 2 期，第 44 页。

[②] 乌尔里希·马格努斯主编《社会保障法对侵权法的影响》，李威娜译，中国法制出版社，2012，第 373-375 页。

行支付与追偿制度也必须被置于多元补偿机制的整体框架内才能得到正确适用。

司法实践中支持"双赔"的重要理由是《社会保险法》仅规定了医疗费用的追偿；对于医疗费用以外的其他项目，因为没有法律依据，社保基金无权追偿，也就必然导致"双赔"的结论。[①] 然而，各地方法院理解的"双赔"通常指侵权赔偿与社会（工伤）保险整体上可以并存，但并不意味着二者所含的具体补偿项目均可兼得。我国审判实践中对侵权赔偿与社会保险关系的处理方式不一，但基本上都以《社会保险法》第30条第2款和第42条关于医疗费用的处理模式为基准，并可以归纳为两类：一类依照文义解释视第30条第2款和第42条为"双赔"的例外规定，即除医疗费用以外，参保受害人对侵权赔偿和社会保险中的其他补偿项目均可兼得；[②] 另一类将参保受害人不可兼得的范围扩大至与医疗费用类似的其他实际支出项目，在法解释学上应属基于《社会保险法》第30条第2款和第42条规定的类推解释。[③] 采纳后一类处理方式的多为已出台相关地方性法规或指引文件的省市。例如，浙江省在2009年之前对第三人侵权造成工伤的案件采取"总额补差"的模式（"浙政发〔2003〕52号"），随后调整为"五项不可兼得＋总额补差"[④]，现又根据《浙江省工伤保险条例》（2017）第32条改回"总额补差"模式。江苏省将侵权赔偿与工伤保险确定为"部分兼得，部分补充"的关系，即工伤保险中应扣除第三人已支付的医疗费、护理费、营养费、交通费、住院伙食补助费、残疾辅助器具费和丧葬费等实际发生费用，其余部分可以兼得。[⑤] 北京市规定侵权第三人已全额给付劳动者（或直系亲属）医疗费、交通费、残疾用具费等凭相关票据给予一次赔偿的费用，用人单位则不必再重复给付。[⑥] 上海市将侵权赔偿与工伤保险具体补偿项目的关系分为"重复赔偿项目""兼得项目""专属项目"三大类。[⑦] 前述地方法院排除可兼得项目的范围略有不同，但均属于与医疗费用类似的实际支出项目。此类项目被排除的主要理

① 林嘉：《社会保险基金追偿权研究》，《法学评论》2018年第1期，第95页。
② "陈勇与岳阳市工伤保险基金管理服务处"案，湖南省岳阳市中级人民法院〔2015〕岳中行终字第164号判决书；"陈祖国、董秀英与新疆生产建设兵团第二师社会保险基金管理中心"案，新疆生产建设兵团第二师中级人民法院〔2015〕兵二行终字第00005号判决书；"德阳市医疗保险局与彭纯丝"案，四川省德阳市中级人民法院〔2017〕川06行终43号判决书；"安宁市社会保险局与王从秀等"案，昆明铁路运输中级人民法院〔2018〕云71行终25号判决书。
③ 除了前一类仅排除医疗费不可兼得的判决以外，其余基本属于后一类，故不列举。
④ 浙江省高级人民法院民一庭：《关于审理劳动争议纠纷案件若干疑难问题的解答（2012）》。
⑤ 江苏省高级人民法院：《劳动争议案件审理指南2012》。
⑥ 北京市劳动和社会保障局、北京市高级人民法院：《关于劳动争议案件法律适用问题研讨会会议纪要（2009）》。
⑦ 上海高级人民法院民一庭：《关于审理〈工伤保险赔偿与第三人侵权损害赔偿竞合案件若干问题〉的解答（2010）》。

由在于损害填补原则，受害人不应重复获利。[①]

任何一种法律体系内部关系的确立最终依赖于两个因素："个别化原则"与"法律体系最低限度的内容和复杂性"。[②] 现行法中各项零散规定和司法实践中建立的有关规则足以为我国多元补偿机制的体系提供最低限度的内容，而《社会保险法》第 30 条第 2 款和第 42 条则无疑是具有决定性作用的"个别化原则"安排。但有歧义的是，第 30 条第 2 款和第 42 条在多元补偿机制的内在关系中究竟发挥着"指导性"还是"限制性"作用？如前所述，我国司法实践中对第 30 条第 2 款和第 42 条有文义解释和类推解释二种。若依文义解释，第 30 条第 2 款和第 42 条则属于"限制性"作用，即排除了社保机构对其他补偿项目的追偿权，受害参保人对医疗费用以外的项目均可获得"双赔"；若依类推解释，第 30 条第 2 款和第 42 条则有"指导性"作用，社保机构的追偿权有可能延伸至其他补偿项目，受害参保人相应地也就不能获得"双赔"。虽然第 30 条第 2 款和第 42 条仅涉及医疗费用一项是明确的，但只要现行法未对其他类似的实际支出项目作出具体规定，司法实践中的类推问题就不可避免。[③] 因此，关于多元补偿机制内在关系的完整解决方案仍寄希望于我国基本法律对其作出规定。遗憾的是，我国《民法典》如同《社会保险法》和"法释〔2003〕20 号"一样选择了回避，未能基于法律系统内在协调的要求对侵权赔偿与社会保险的一般关系作出规定。

第四节　保险追偿：代位权的行使与例外

一、保险追偿的现行规定

我国《保险法》第 60 条第 1 款规定，因第三人侵权造成保险标的损害，保险人在赔偿保险金后有权在赔偿金额范围内向侵权第三人进行代位追偿。另外，该法第 46 条规定，因第三人侵权造成被保险人死亡、伤残或疾病的，保险人在向被保险人或受益人赔偿后，不享有对侵权第三人追偿的权利，但被保险人或受益人仍有权向侵权第三人索赔。因前述两个条文在《保险法》中分别处于财产保险合同和人身保险合同部分，所以一般认为，我国保险法原则上许可财产保

---

① 周江洪：《侵权赔偿与社会保险并行给付的困境与出路》，《中国社会科学》2011 年第 4 期，第 166-178 页。

② 约瑟夫·拉兹：《法律体系的概念》，吴玉章译，中国法制出版社，2003，第 169-170 页。

③ 乌尔理希·克卢格：《法律逻辑》，雷磊译，法律出版社，2016，第 150 页。

险的保险人向侵权第三人追偿，人身保险的保险人不得追偿。保险人对侵权第三人的追偿权又称为保险代位权或代位求偿权。通常认为，保险代位权因发生根据不同，分为法定代位权与约定代位权。[①] 依照《保险法》第 60 条第 1 款，保险人所行使的代位权为法定权利，即不论保险合同中是否约定有代位权，保险人依法都享有对造成保险标的损害的侵权第三人进行追偿的权利。同时，保险合同也可以对保险代位权的具体行使条件和方式等进行约定。

二、保险追偿的系统属性

有学者认为，保险代位权成立于保险合同成立之时，属于期待权。[②] 仅从保险角度来看，作此理解似无不妥。所谓期待仅说明保险代位权在保险合同成立时并非一项现实的权利，应当自保险人向被保险人赔付、被保险人向保险人转移对侵权人的赔偿请求权之后方能实现。从综合救济系统的角度来看，保险代位权已突破了保险关系，还涉及侵权赔偿关系。

保险代位权基于两项权利，即被保险人对保险人的补偿请求权和被保险人对第三人的赔偿请求权。[③] 保险代位权也相应表现为两方面的功能：一是防止被保险人获得超出其实际损失的不当利益，以实现保险的损失填补原则；二是避免侵权人逃脱责任，维护责任自负和侵权人终局责任的法理。这两项权利和两种功能的结合，使保险代位权成为一种连接商业保险和侵权赔偿的独立权利。保险代位权的独立性主要表现在，保险人在符合法律规定的条件下，可以无须被保险人的同意或协助而以自己的名义向第三人提出赔偿请求。基于债的相对性，保险关系中的权利义务原本不出于保险人与被保险人之间，故保险代位权也是对债权相对性和保险合同关系的突破。

保险代位权的系统属性还表现为对被保险人弃权的限制和侵权第三人对保险人的抗辩权利。依照《保险法》第 61 条，一方面，在保险金赔付之前，被保险人可以对侵权第三人弃权，但同时也免除了保险人的赔付责任；在保险金赔付之后，保险代位权已经产生——保险人取代了被保险人对侵权第三人的赔偿请求权，被保险人不再享有此权利，也即不存在弃权的可能。另一方面，侵权第三人对被保险人（受害人）关于赔偿责任成立和大小等的抗辩事由，同样可

---

① 邹海林：《保险法》，社会科学文献出版社，2017，第 365 页。

② 同上书，第 367 页。

③ 樊启荣：《保险法》，北京大学出版社，2011，第 137 页。

以用于对抗保险人的代位权。这些情形均表明，保险代位权并不局限于保险关系，而是跨越商业保险和侵权赔偿两个子系统的特殊权利。

在综合救济系统中，商业保险不同于社会保险的最大特点在于补偿的任意性，其补偿序位特征可以用"不确定性"或"机动性"来形容。商业保险与补偿序位先后无关并不代表其完全脱离了系统内补偿序位的安排，而仅仅是没有固定的序位，处于灵活机动的状态。并且，商业保险作为综合救济系统内的一员仍然受到损失补偿原则的限制。基于系统层次上的损失补偿原则，受害人不能就其已经获得商业保险补偿部分的损失再向侵权第三人索赔。于是只有两种选择：要么让侵权第三人免予承担赔偿责任，要么由商业保险人向侵权第三人追偿。让侵权第三人免予承担赔偿责任并非绝对不可行，"阿蒂亚模式"下的强制第一方保险（"无过错保险"）正是做出了这样的选择。[1] 然而，在侵权人承担终局责任的"流行模式"之下，由商业保险人向侵权第三人进行追偿就是自然的选择。

财产保险人虽然有法律上的追偿许可，但其中责任保险因其保险标的特殊性（被保险人的侵权责任）而原则上不存在追偿，除非法律另有规定。人身保险虽然因为不受损害填补原则的限制一般也不存在追偿，但其中的医疗费用等直接财产损害却是例外。

三、保险追偿的例外情形

如前所述，保险代位权的基本功能之一是避免侵权责任人逃脱责任。但是，责任保险的保险标的为被保险人的民事（侵权）责任，也即替代被保险人承担赔偿责任。保险代位权与责任保险的功能目的恰恰相反，故而责任保险原则上不存在代位追偿问题。然而，责任保险作为不得追偿之例外，又有其例外。在责任保险人依照法律或保险合同原本可以免责的情形，法律为了保障受害人的利益，责令保险人先行补偿后再向被保险人追偿。如《机动车交通事故责任强制保险条例》第 22 条规定，在驾驶人无证驾驶、醉驾、机动车被盗抢、被保险人故意肇事等情形下，责任保险人在交强险限额范围内垫付抢救费用，并有权向致害人追偿。责任保险中的此类先行"垫付"与追偿的规定与前述社会保险对

---

① L. Caesar Stair III, "No-fault Insurance", *Tennessee Law Review*, Vol.39, 1971, pp.132-156; James M. Anderson, Paul Heaton, Stephen J. Carroll, "The U.S. Experience with No-Fault Automobile Insurance: A Retrospective", *RAND Corporation*, 2010, p. xiii.

医疗费用的先行支付与追偿有类似之处。但是，在此情形当中，被保险人（加害人）应为第一序位补偿责任人，责任保险人原本无此补偿责任，而前述社会保险的所谓先行支付实为其本身应负的责任。但二者又有一个共同特点：均是从跨部门法的综合救济系统层次做出的整体性安排。

我国交强险中责任保险人对抢救费用的垫付与追偿是必须引起学界关注的现象。强制责任保险明显带有社会保险的许多公共职能特征，它们在系统内的功能在相当程度上可以彼此替代。如果我国立法继续朝着扩大强制责任保险范围的方向发展，社会保险在我国侵权损害救济中的作用必将进一步被弱化。此种趋势与"新西兰模式"下以公法救济取代私法救济的发展方向完全相反。[1]

其次，人身价值不能直接用金钱进行衡量，损害填补原则不能对人身损害补偿产生绝对的限制，故而人身保险不需要通过保险追偿来防止受害人（被保险人）获得超额利益。正因为前述特性，综合救济系统的各子系统对人身损害补偿就具有兼容性，可以由受害人（被保险人）兼得。或者说，由于各子系统对人身损害补偿兼容，综合救济系统在人身损害补偿方面属于自然的协调状态，不需要诉诸追偿程序。

---

① 威廉·范博姆、米夏埃尔·富尔：《在私法体系与公法体系之间的赔偿转移》，黄本莲译，中国法制出版社，2012，第296页。

第六章

侵权法内在统一与综合救济系统构建

第一节　侵权赔偿机制的碎片化

一、侵权法中的碎片化现象

一直以来，不仅综合救济系统内各救济机制之间缺乏有效的协调，而且作为其核心的侵权赔偿机制及侵权法本身就存在严重的碎片化问题。侵权损害救济中的价值矛盾和制度冲突不仅表现在多元补偿机制之间，也表现在作为我国综合救济系统构建核心的侵权赔偿机制本身中。综合救济系统的内部整合与构建必须以作为组成部分的各个救济机制的统一性为基础；而在"流行模式"下，作为系统核心的侵权赔偿机制自身的内在统一对整个综合救济系统的构建尤为重要。

侵权法应当建立在何种基础之上？一直是学理上的重大争议问题。早在 20 世纪初，阿特金（Atkin）法官在"多诺修诉斯特文森"（Donoghue v. Stevenson〔1932〕AC 562）案中就曾试图"将这些没有关联的注意义务用某个单一的理论进行统一"[1]。但受历史上诉讼程式制度的深远影响，英美侵权法至今仍然是一本令人眼花缭乱的"食谱"。[2] 1804 年《法国民法典》第 1382 条将"过错"作为近代侵权法建构的基石。但是，过错责任自始就未实现近代侵权法理论的统一，因为"过错"本身存在多种可能的解释，如行为不法、违反义务或错误行为等。[3] 更何况，法国民法最终也发展出了与过错责任理念相对立的严格责任。[4] 1900 年《德国民法典》当初也以过错责任为基础，但最后通过特别立法的方式发展了危险责任。[5] 当前，过错责任与无过错责任作为侵权法的两大支柱

---

①　Alastair Mullis, Ken Oliphant: *Torts*, New York: Palgrave Publishers Ltd., 1997, p.9.

②　Peter Cane, *The Anatomy of Tort Law*, Oxford: Hart Publishing, 1997, pp.2-10.

③　Richard Azarnia, *Tort Law in France: A Cultural and Comparative Overview*, 13 Wis. Int'l L.J. 1995, p.482.

④　1870 年，法国法院创立了一项不以过错为基础的"具有内在危险物的所有者的责任"；1898 年，严格责任原则首次在立法中被确认，但仅限于工业事故领域；1911 年，严格责任扩展至公共交通领域；1930 年，为监管范围内的他人行为或物品致害负责被明文写进第 1384 条。Richard Azarnia: *Tort Law in France: A Cultural and Comparative Overview*, 13 Wis. Int'l L.J. 1995, pp.480-481.

⑤　Basil Markesinis, et al. *Compensation for Personal Injury in English, German and Italian Law*, Cambridge: Cambridge University Press, 2005, p.5.

普遍并存于现代各法域，但它们的理论基础看上去完全不同。过错责任根源于"道德上之非难性"，无过错责任的基本思想却是"对不幸损害之合理分配"。它们甚至被认为从属于两种完全不同的正义形式：过错责任属于矫正正义，无过错责任属于分配正义。[①]

侵权赔偿以损害填补为目标，其意非在惩罚，"因为损害赔偿原则上并不审酌加害人的动机、目的等，其赔偿数额不因加害人故意或过失的轻重而有不同"[②]。但是，侵权法却往相反方向发展出一套奇怪的制度——惩罚性赔偿，甚至还被认为应不断扩大其适用范围。[③]受此影响，《民法典》"侵权责任编"相对于原《侵权责任法》增加了侵害知识产权的惩罚性赔偿（第1185条）和环境侵权的惩罚性赔偿（第1232条）；"总则编"第179条第2款还对惩罚性赔偿作了一般规定。侵权法以"责任自负"或"自己责任"为基础，但连带责任和替代责任的规定却充斥于整部侵权法。[④]侵权赔偿以因果关系为前提，但有的国家却发展出"市场份额规则"——完全无视实际因果联系之必要。侵权法在发展过程中似乎从未真正追求过理论基础的统一，它总是以现实需要为导向，而不关心其内在逻辑的一贯性。我国原《侵权责任法》和《民法典》也不例外。例如，关于"高楼抛物"的规定实质上超出了侵权法的功能范围，试图通过私法救济来弥补我国社会保障制度的不足，完全未顾及侵权赔偿理论的自洽性；再如，关于医疗机构和医务人员的过错责任并没有彻底贯彻风险责任的理念，而是在复杂的利益博弈中选择了弱化患者保护，偏向医方利益。

"侵权责任"的笼统称谓在很大程度上掩盖了各种责任形态之间的实质差异。在两大法系中，所谓的侵权责任不过是各种基于相异理念的责任形态的混合物，极像一幅"马赛克拼图"。这幅拼图远看是一个整体，但走近观之，却是由形色各异的板块拼凑而成的。然而，法律多元价值的协调、司法的安定性等重要目标只有在一个连贯统一的体系中才能实现。[⑤]甚至可以说，"缺少了一种

---

① 王泽鉴：《民法学说与判例研究》第二册，中国政法大学出版社，2005，第140-141页。
② 王泽鉴：《侵权行为》，北京大学出版社，2009，第8页。
③ 王利明：《惩罚性赔偿研究》，《中国社会科学》2000年第4期，第113-122页；王利明：《关于殴打、辱骂与惩罚性赔偿的适用》，《法学》2000年第1期，第32-37页；鲁晓明：《论惩罚性赔偿在我国侵权责任法上的适用》，《法学杂志》2009年第4期，第74-77页；陈年冰：《大规模侵权与惩罚性赔偿——以风险社会为背景》，《西北大学学报（哲学社会科学版）》2010年第6期，第154-160页。
④ 叶延玺：《论责任保险对侵权连带责任的影响——兼谈侵权连带责任的未来》，《河南财经政法大学学报》2016年第4期，第27-36页。
⑤ 黄茂荣：《法学方法与现代民法》，法律出版社，2007，第523-524页。

系统性，私法作为一种可识别的秩序就会消失"①。侵权法的碎片化状态必然导致它在运行过程中发生价值对立、规则冲突、功能紊乱等问题，并影响到整个综合救济系统的建构和运作。

二、侵权责任的边界问题

不论在何法域中，侵权法均围绕"加害人对受害人造成的损失应由谁来承担"这一基本问题而展开。②责任认定是侵权法的中心议题，"侵权责任"也是侵权法中当然的核心概念。同其他许多重要法律概念的情况一样③，"侵权责任"的中心区域是较为明晰的，但其边界却模糊不清。

哈特曾指出："有时候，对标准事例的偏离并非仅仅是程度的问题，而是发生于当标准事例事实上是由通常相互伴随而又各具特质的要素结合而成时，缺乏其中某个或某些要素，可能就会引发异议。"④此处讨论作为侵权法之整体的建构基础问题，但不仅要关注那些"清楚的标准事例"，更要特别注意那些"引发异议的边缘事例"。"边缘事例"在法律中俯首可拾，而在当代侵权法中，由于"边缘事例"是如此之多，人们已经很难区分何者为"标准事例"，何者为"边缘事例"。例如，过错责任作为侵权法的典型归责标准没有疑义，但无过错责任究竟属于例外还是典型？⑤再者，所谓公平责任是否已超越侵权责任的边界太远？⑥从历史的角度来看，侵权责任边界分明的状态仅仅短暂地存在于以"过错责任"为代表的近代侵权法时期。在此之前，古代法中的"侵权责任"因"民刑不分"而处于一种混沌状态；在此之后，随着"危险责任"的兴起，侵权责任的边界又重新变得模糊。侵权责任的边界不清大致存在两方面的原因：一是学理上对侵权法建构的哲学基础本身缺乏共识，从而影响对侵权责任的内涵和外延的界定⑦；二是侵权责任在近代以后不断顺应社会变化而呈现出扩张的趋势，一些新产生的制度和规则从未与侵权法的传统理论达成内在的和谐统一。

侵权责任是外延不断扩展的概念，但无论如何，都不应超出其内在的某些

---

① 欧内斯·J.温里布：《私法的理念》，徐爱国译，北京大学出版，2007，第10页。

② 王泽鉴：《侵权行为法》，北京大学出版社，2009，第11页；马克西米利安·福克斯：《侵权行为法》，齐晓琨译，法律出版社，2006，第1-2页；吉村良一：《日本侵权行为法》，张挺译，中国人民大学出版社，2013，第1页；海因茨·雷伊：《瑞士侵权责任法》，贺栩栩译，中国政法大学出版社，2015，第8页。

③ 霍菲尔德：《基本法律概念》，张书友译，中国法律出版社，2009，第10-20页。

④ H.L.A.哈特：《法律的概念》，许家馨、李冠宜译，法律出版社，2011，第4页。

⑤ James A. Henderson Jr., "Why Negligence Dominates Tort", *UCLA Law Review*, Vol.50, 2002, pp.377-405.

⑥ 王利明：《侵权责任法研究》（上卷），中国人民大学出版社，2010，第268-296页。

⑦ Gerald J. Postema, eds, *Philosophy and the Law of Torts*, Cambridge: Cambridge University Press, 2001, pp.1-21.

特别规定，即"质的规定性"。侵权责任是一个内涵不断丰富的概念，可以包容各种不同的理念、制度和规则，但其包含的范围也应有一定之限度，即"量的规定性"。通过探究侵权责任"质的规定性"，可以为形态各异的诸类侵权责任提取"最大公约数"，并揭示现代侵权法建构的统一哲学基础；通过分析侵权责任"量的规定性"，可以解释具有统一哲学基础的各种侵权责任和制度在不同时空背景下的变异及其可以达致的界限。

三、侵权法解释的多元化

侵权法涉及的根本问题是私人之间的损害。对侵权损害采取"填平式"的赔偿方案并非自古有之；矫正正义作为侵权法之理论基础也并非理所当然。在文明之初，复仇是针对私人损害最平常的回应方式；"以眼还眼，以牙还牙"体现了最原始的私人"报复正义"。盖因私人复仇之种种问题，渐被文明社会所禁止，而代之以体现社会公意或国家意志的"公共正义"——古代法中的责任。[①]在民刑不分的条件下，代表"公共正义"的法律责任仅仅是侵权法演进历史中的一个过渡阶段。在罗马法中，对犯罪（或"不法行为"）最初也是不作区分的，尔后才根据其侵犯利益的性质区分为"公犯"和"私犯"。[②]"私犯"虽然在早期可"以钱赎罚"，但仍然以刑罚为主，直至"私刑"最后消失，唯剩下"赔偿"，近现代意义上的侵权法才逐渐成形。[③]所以，一般认为侵权法是在矫正正义基础上发展起来的一套规则体系。矫正正义概念对侵权法规则具有整合作用，并使它们区别于其他法律规则。[④]

"亚里士多德对矫正正义特殊形式的分析标志着侵权法哲学验证的开端。"[⑤]然而，亚里士多德对矫正正义的经典论述却十分抽象和宽泛，远不能直接用来为侵权法提供理论解释。继亚里士多德之后，虽然托马斯·阿奎那（Thomas Aquinas）、胡果·格劳秀斯（Hugo Grotius）、康德（Immanuel Kant）等人不断为

---

① 梅因认为："十二铜表法"、盎格鲁-撒克逊法和日耳曼法对现行盗窃的处罚比事后被抓捕者均要明显严苛，乃是因为财产所有人在前一场合下的愤怒或报复心理通常要强于后者；若交由私人处理，前一场合的报复措施也必然要重于后者。也即，"在决定赔偿损害时，他们以在该案件的情况下一个被害人可能要采取报复的程度作为他们的指南。"这有力地说明了代表"公共正义"的古代法律正是对私人"报复正义"的替代。参见梅因：《古代法》，沈景一译，商务印书馆，1959，第213-214页。

② 黄风：《罗马法》，中国人民大学出版社，2009，第226页。

③ 彼德罗·彭梵得：《罗马法教科书》，黄风译，中国政法大学出版社，2005，第307页；江平、米健：《罗马法基础》，中国政法大学出版社，2004，第368-369页。

④ See Hanoch Sheinman, "Tort Law and Corrective Justice", *Law and Philosophy*, Vol.22, 2003, p.21.

⑤ Mark C. Modak-Truran, "Corrective Justice and the Revival of Judicial Virtue", *Yale Journal of Law & the Humanities*, Vol.12, 2000, pp.250-251.

矫正正义增补实质内容，但他们对矫正正义内容的阐述仍然是十分概括、抽象的。直到 1881 年霍姆斯在《普通法》一书中才首次尝试就普通法的侵权法基本问题进行哲学性阐述。但在霍姆斯之后的几十年中，仍然很少有人对此问题展开深入研究。① 对侵权法理论解释的争议真正肇端于 20 世纪六七十年代法经济学学者从经济效率角度对侵权法制度进行正当化解释的努力——这些学者后来被对方阵营称为"机能主义"或"功能主义"者。由于法经济学者对效率的过分推崇，结果引来许多传统道德论者的强烈反弹。② 当然，在所谓的道德论阵营中，又存在矫正正义论、自由意志论、交互风险论等众多不同观点。在两大阵营的对垒过程中，同时还存在将经济学理论和道德理论进行结合的"混合理论"路线③，以及对寻求侵权法统一理论持怀疑态度的"否定论"者。④

当前，侵权法正处于内外交困的复杂处境，也给侵权法的理论解释造成艰难的局面。在侵权法内部，各种制度和规则背后的理念不一、目标迥异，它们"不过是在各种不同场合下为着不同目标的事物的松散组合"。⑤ 在其外部，责任保险、第一方保险和社会保险等社会化救济机制又从不同层面全面渗透和冲击着侵权法体系，侵权法的调整范围和侵权责任的边界越来越模糊不清。在此背景下，亟须一种新的理论来对现代侵权法的建构基础进行重新解释。否则，不仅侵权法自身将因缺乏正确的理论指导而在社会巨变的历史潮流中迷失方向；同时，也会因其内在混乱而无法与其他社会救济机制进行有效的系统化整合。

在理想状态下，侵权法的解释理论应当对以下三个问题做出说明。其一，侵权法中主要制度（若非全部）的共同基础是什么？或者，形态各异的诸种侵权责任何以能统一于侵权法之中？其二，侵权法系统或侵权责任何以在本质上区别于其他法律系统和法律责任（救济），如刑罚、行政责任、商业保险、社会保障等？其三，如何理解侵权法的历史演进并预见其未来走向？如果从质量分析视角来看，理想的侵权法解释理论必须在准确界定侵权责任的"质"的规定性

① 戴维·G.欧文：《侵权法的哲学基础》，张金海等译，北京大学出版社，2016，第1-2页。
② 格瑞尔德·J.波斯特马：《哲学与侵权行为法》，陈敏等译，北京大学出版社，2005，第6-25页。
③ Gary T. Schwartz, "Mixed Theories of Tort Law: Affirming both Deterrence and Corrective Justice", *Texas Law Review*, Vol.75, 1997, p.1801.
④ Christopher J. Robinette, "Can There Be a Unified Theory of Torts? A Pluralist Suggestion from History and Doctrine", *Brandeis Law Journal*, Vol.43, 2004, pp.369-414.
⑤ John C. P. Goldberg, "Ten Half-truths about Tort Law", *Valparaiso University Law Review*, Vol.42, 2008, p.1223.

的同时，对侵权责任构成在历史演进中的"量"的变化做出合理的解释。在已有的各种侵权法解释理论中，尚未有任何一种理论能够达到上述目标。不过，真理往往是从对立面的相互转化中发现的；我们有可能从当前彼此对立的矫正正义理论和功能主义理论等的分析中找到侵权法内在统一的真正基础。

第二节　侵权责任法的内在统一

一、侵权责任"质"的规定性

"质是与存在同一的直接的规定性，……某物之所以是某物，乃由于其质，如失掉其质，便会停止其为某物。"[1] 任何事物作为一个独立的存在必有其内在质的规定性；质的规定性决定了事物之间的界分。例如，"车"可以有各种形态，包括火车、轿车、牛车、自行车、独轮车等；但是，任何能被称为"车"的事物至少应当具备"有轮子并可以滚动""能载物"等基本要素，此即"车"的质的规定性。再如，"房"可能是一栋摩天大楼，也可以是一间茅草屋，一口窑洞，但是，一堆土或一堆砖无论如何不能称之为"房"；由此便知，凡是能被称为"房"的事物至少应有一定的"内部空间"，"能容得下人"等，这便是"房"的质的规定性。"质也同样必须在无的规定中建立起来"[2]，某物要成为某物，必须否定其质的规定以外的东西。质的规定性是对事物"自我"的肯定，也是对"非我"的否定。对事物质的规定性的分析实际上是做减法，减去事物独立存在的非必要要素，直到不可再减的程度——否则，其将不能作为独立的事物而存在。换言之，质的规定性的分析就是要透过事物的表象以探究其作为独立存在的必要要素。

侵权责任若要作为一项法律上独立的事物，也应有其质的规定性。在哲学上，"质"的分析有一个层次或维度的问题。例如，可以从生化、物理、心理、社会等不同维度对"人"进行分析，从而得出关于"人"的质的规定性的不同理解。但是，为了避免一些哲学上元问题的困扰，我们不必像罗素分析他的"桌子"那样来对待侵权责任。[3] 对侵权责任质的规定性的分析仅在于发现侵权责任

---

[1]　黑格尔:《小逻辑》，贺麟译，商务印书馆，1980，第 202 页。

[2]　同上书，第 103 页。

[3]　罗素:《哲学问题》，何兆武译，商务印书馆，2007，第 2-9 页。

构成的最大边界和最简要素，使之既能区别于违约责任、刑事责任、社会化救济等，又能概括各种具体侵占责任形态的共性。从历史角度来看，结果责任应是侵权责任的最简形态，也是侵权责任从"民刑不分"的混沌状况分离出来后的最初形态。犹如我们不应根据一座摩天大楼，而应当从"房"的最初模样——茅草屋或窑洞，去分析"房"的质的规定性一样，结果责任才是界定侵权责任的质的规定性的最佳参照对象。据此，可以从两个方面分析侵权责任质的规定性。

首先，侵权责任质的规定性须明确它在外部的最大边界，或者说，侵权责任不是什么。作为私法责任之一种，不言而喻，侵权责任应当是"平等主体之间的损害填补责任"。"平等主体关系"和损害填补两个要素决定了侵权责任的私法属性，也是其区别于刑事责任、行政责任、社会救济等的质的要求。"平等主体关系"使侵权责任区别于公法上的责任，尤其是国家赔偿责任。[1] 根据损害填补的要求，受害人的实际损失是确定侵权责任的基准，也是加害人的最大责任限度。与之比较，刑事责任的确定基准是行为的"社会危害性"[2]；社会保障的确定基准是保障对象的"基本生活需要"[3]。

其次，侵权责任质的规定性还须明确它在内部的最简构成，即侵权责任是什么。侵权责任应是"原本无法律关系的一方当事人对其行为导致另一方的损害而承担的责任"，包括一个背景条件和三个基本要素："原本无法律关系"和"行为""损害""因果关系"。所谓最简构成意味着，某类具体的侵权责任形态可以有该三项以外的其他要素，但绝不能少于这三项。须特别指出，"原本无法律关系"本是侵权责任区别于违约责任的背景条件，但由于它是一项消极的规定，可能在现实中引发违约责任与侵权责任的竞合。对于合同关系中发生的损害，从"有"法律关系可以产生违约责任；同时，"有"包含了"无"，"无"可以做加法成为"有"，故而也可以产生侵权责任。有"行为"而无实际"损害"，可能产生公法上的责任，但绝不可能产生侵权责任（对照刑法上的"危险犯"和"行为犯"）；有"损害"而无对应的"行为"，可以进行公法上的救济，但也不能产生侵权责任（此乃我国"高空抛物"责任和英美法中的市场份额责任遭受严厉批评的根本原因）。"行为"是因，"损害"是果，二者之间具有"因果关系"，才可能

---

① 江必新：《国家赔偿与民事侵权赔偿关系之再认识——兼论国家赔偿中侵权责任法的适用》，《法制与社会发展》2013 年第 1 期，第 126-135 页。

② 陈兴良：《刑法哲学》（下），中国政法大学出版社，2009，第 850 页。

③ 刘晓梅、邵文娟：《社会保障学》，清华大学出版社，2014，第 3 页。

（但非必然）归咎于特定的当事人，即成立侵权责任。

以结果责任作为参照并得出侵权责任质的规定性包括上述一个背景条件、三个要素的观点必然会遭到一些传统道德论者的反对，因为这里并没有过错的一席之地。学理上普遍持有一个似是而非的观念：侵权责任的道德基础是行为的可责难性。[①] 从历史和逻辑的角度看，侵权责任的道德基础应在于权利的"绝对性"或"不可侵性"，而不是行为的可责难性。侵权责任的中心是"损害"而非"行为"，"行为"和"因果关系"只是将责任后果归于特定加害人而非受害人或其他某人承担的条件。侵权法所关注的自由意志应是受害人的权利意志，而非加害人的行为意志。基于权利的不可侵性和对外效力，任何人只要造成他人权利的损害，就应该对此负责，这才是侵权法的基本道德准则。这正是为何人们哪怕是无心对他人造成微不足道的伤害或者不便，也应当向对方表示歉意的缘由。即使在过错责任当中，加害人承担侵权责任的第一位的原因在于他造成了损害，而非他的行为具有可责难性（过错或不法性）；行为的可责难性仅仅是加害人承担侵权责任的第二位的加强性原因。过错不能成为侵权责任"质"的构成要素，而仅是侵权责任这座大厦中一个华丽的添附物。霍姆斯早就认识到，过错责任体现的是法律将原本应由行为人承担的损害风险部分地分配给受害人的社会政策。[②] 这也顺便解开了存在于过错制度中的一个重大谜团：过错虽然多数时候是侵权责任的成立要件，却与侵权责任大小无关；侵权法关注的重点是受害人的损害程度，除了少数特殊场合外，基本上不过问行为人的过错程度。[③]

综上可知，侵权责任质的规定性体现在结果责任当中；结果责任才是侵权责任的"底色"。该结论意味着两点：其一，任何侵权责任都必须满足结果责任的最低构成，否则就不符合侵权责任质的规定性要求；其二，在结果责任的基础上，可以增加其他条件要求，如过错、不法性、可预见性、近因、行为的风险性等，此即侵权责任"量"的规定性问题。

二、侵权责任"量"的规定性

众所周知，任何事物均是质与量的统一。质是事物在特定层次上作为整体

---

① Gerald J. Postema, Philosophy and the Law of Torts, Cambridge: Cambridge University Press, 2001, pp.2-3.

② O. W. Holmes, *The Common Law*, London: Macmillan & Co., 1982, p.95.

③ John C. P. Goldberg & Benjamin C. Zipursky, "Tort law and Moral Luck", *Cornell Law Review*, Vol.92, 2007, pp.1123-1175.

单一存在区别于其他事物的规定性；量是事物在特定层次上作为局部、多的存在以及局部之间关系存在的规定性。[①] 事物因其质的一致而有内在的同一性；事物因其量的差别而有外在的差异性。结果责任包含的构成要素是侵权责任不可再减的质的要求，但也是最低的"量"的要求。从本书视角来看，过错责任、危险责任及侵权法范围内的其他责任，如市场份额责任、共同责任、雇主责任、公平责任等，均是在侵权责任质的基础上进行"量"的增减。黑格尔曾指出："……量的性质便与存在相外在，量之多少并不影响到存在。譬如，一所房子，仍然是一所房子，无论大一点或小一点。同样，红色仍然是红色，无论深一点或浅一点。"[②] 但他同时也认为："不过这种'不影响'同时也是有限度的。通过更加增多，或更加减少，就会超出此种限度，从而那些事物就会停止其为那些事物。"[③] 用恩格斯的话来说，"纯粹的量的分割是有一个极限的，到了这个极限它就转化为质的差别"[④]。量的增减通常不会影响事物的存在。一般情况下，各种侵权责任的构成要素虽然不同，但也仅仅是量的差别，并不会改变它们作为侵权责任的本质属性。然而，各种要素量的变化达到一定程度，就有可能发生质的变化——超出侵权责任的范畴。

（一）损害程度

一般而言，损害程度的大小与侵权责任的构成无关，但损害程度极小或极大则不然。若损害极小甚至远远低于追索成本，例如"一元钱官司"的情形，不仅涉及程序法上的正当性问题，此时侵权责任本身的制度意义也存疑。[⑤] 另一方面，对于某些"巨灾"事故，如印度博帕尔事故、苏联切尔诺贝利核泄漏、日本水俣病事故、日本福岛核泄漏等，因其损害程度过于巨大，显然超出了侵权法的应对能力。其根本原因在于，侵权责任制度以受害人的获偿为终极目标，若加害人无力清偿，侵权责任的制度意义也将归零。侵权责任关系是 种封闭的二元关系，其以加害人的全部资产为唯一赔偿来源。单个加害人（无论大企业或个人）的资力毕竟有限，而损害程度却可能无限扩大。若损害大至任何单个加害人均无力承担的程度，侵权责任作为私法救济的手段即已用尽，而必须

---

① 洪昆辉：《量质转化论》，《云南社会科学》2002 年第 2 期。
② 黑格尔：《小逻辑》，贺麟译，商务印书馆，1980，第 188 页。
③ 同上。
④ 《马克思恩格斯选集》，第四卷，人民出版社，1995，第 313 页。
⑤ 唐莹莹等：《"一元钱诉讼"与纠纷解决机制》，《法律适用》2004 年第 2 期，第 60-63 页。

求助于社会化的救济机制。就"巨灾"事故的救济而言，从侵权责任到社会化救济的转变无疑是损害程度增加到某种程度而发生了"量变引起质变"。

（二）行为标准

学理和实践中对"侵权行为"一词的使用较为含糊，有时包含了侵权责任构成的全部要素，或者将"侵权责任的构成要件"表述为"侵权行为的构成要件"。[①] 但"侵权行为"的本意应指单纯的"加害行为"，即与损害结果、因果关系等其他责任构成要素并列的行为。[②] 加害行为依其分类有自己行为与他人行为、直接行为与间接行为、积极行为（作为）与消极行为（不作为）。从侵权法起源及人类认识过程来看，作为侵权责任最简构成的行为标准应为自己实施的、直接的、积极的行为；[③] 他人行为、间接行为和消极行为（不作为）应属从不同方向对加害行为范围的扩展——量的增加。从归责原理来看，作为结果责任构成要素的行为只要求行为人有一定的动静就足够，而无其他"量"的要求。但在过错责任和危险责任当中，"侵权行为"一词的蕴意却十分丰富。在拉丁语、英语、法语等欧洲语言中，侵权行为一词本身就包含了过错的含义，所以侵权行为常被称为"有过错的行为"，[④] 也即人身动静以外再加上主观过错。而在德国法中，对加害行为尚有主观或客观上的"违法性"要求。[⑤] 此外，"危险责任传统上是建立在形体化的一定危险来源之上"[⑥]，其要求行为本身带有一定之"危险性"。在责任构成上，危险责任与结果责任区别的关键在于前者相关的行为具有一定概率范围内造成损害的潜在危险性。若无此行为标准上量的差别，危险责任即与结果责任无异。

（三）因果关系

古代法中的侵权责任构成通常表现为某种直接或直观的因果关系。例如，《十二表法》第八表中的"毁伤""折断""侵辱""烧毁""砍伐""行窃"等均表现为直

[①] 此种情况缘由在于我国学界长期以来混用"侵权行为法"和"侵权责任法"的概念。王利明：《侵权责任法研究》（上），中国人民大学出版社，2010，第298页。

[②] 张新宝：《侵权责任法原理》，中国人民大学出版社，2005，第50-53页。

[③] 例如，在《阿奎利亚法》中，间接损害或不作为造成的损害是不产生赔偿责任的，除非裁判官许可提起"扩用诉讼"。巴里·尼古拉斯：《罗马法概论》，黄风译，法律出版社，2010，第202-204页。
另外，虽然《十二表法》和《阿奎利亚法》中存在主人须对因物件、动物或奴隶致人损害承担责任的规定，但鉴于物件、动物和奴隶无人格，物主或奴隶主的责任实为自己责任，不同于后世侵权法中为他人行为负责。

[④] 王利明：《侵权责任法研究》（上），中国人民大学出版社，2010，第3-4页。

[⑤] 埃尔温·多伊奇，汉斯－于尔根·阿伦斯：《德国侵权法——侵权行为、损害赔偿及痛苦抚慰金》，叶名怡、温大军译，中国人民大学出版社，2016，第39-43页。

[⑥] 王泽鉴：《侵权行为法》，北京大学出版社，2009，第17页。

接因果关系；① 在《阿奎利亚法》中，"那些与所涉对象之间不存在直接接触的加害行为被排除适用"，尔后才通过罗马法学家的解释扩展到间接因果关系。② 对英美法系侵权法的历史研究表明，早期法律对责任的追究也要求"责任人必须与致害物具有直接接触或控制"；而在令状制度时期的"侵害之诉"则仅适用于"直接使用暴力侵害"，以区别于"间接侵害之诉"。③ 据此可以认为，直接因果关系至少在经验上应属侵权责任最简的量的规定性要求。

因果关系作为加害行为与损害结果之间的连接，对它的分析无法完全独立于后两者；因果关系的认定也同样会影响后两者的认定。正因如此，通过延长因果关系的链条来调节侵权责任的范围——调节加害行为和损害结果的范围，遂成为侵权法历史发展的主线之一。到目前为止，大陆法国家已发展出条件说、原因说、相当因果关系说、法规目的说、盖然因果关系说及疫学因果关系说等众多的因果关系理论或证明方法。④ 英美法国家又有双层次因果关系理论、可预见性或近因说、限制性可预见说等。⑤ 鉴于事物之间的普遍联系，特定侵权事件引起的关联事件会像涟漪一样从中心点不断向外扩散，永无边止。侵权责任构成中的因果关系问题本质上不过是要通过因果链条的截取将无限扩散的损失限制在合理的责任范围之内。

然而，从侵权因果关系标准的历史演进来看，其整体上呈现出不断扩张的趋势——量的增长，而且当前似乎正在突破其量的规定性的极限，如美国法中的市场份额责任即是最好的例证。美国普通法侵权诉讼要求受害人损失与单个或数个行为人的过失之间必须具有"充分的因果关系"。⑥ 而在市场份额责任中，它仅将"（特定）缺陷产品与原告损害之间存在明确的因果联系"作为法院的考量因素之一，不要求所有被告的行为（产品）与原告损失有实质关联，但每一被告都应当根据其对整个市场形成风险的比例支付赔偿金。⑦ 不可否认，市场

---

① 徐国栋、阿尔多·贝特鲁奇、纪蔚民：《〈十二表法〉新译本》，《河北法学》2005 年第 11 期。

② 黄文煌：《阿奎流斯法——大陆法系侵权法的罗马法基础》，中国政法大学出版社，2015，第 64 页；巴里·尼古拉斯：《罗马法概论》，黄风译，法律出版社，2010，第 201-205 页。

③ 冯垚：《英美侵权法中的因果关系》，中国社会科学出版社，2009，第 86-93 页。

④ 刘士国：《论侵权责任中的因果关系》，《法学研究》1992 年第 2 期；陈伟：《疫学因果关系及其证明》，《法学研究》2015 年第 4 期；曾世雄：《损害赔偿法原理》，中国政法大学出版社，2001，第 95-117 页；王泽鉴：《侵权行为法》，北京大学出版社，2009，第 178 页；王利明：《侵权责任法研究》（上），中国人民大学出版社，2010，第 372 页。

⑤ 文森特·R. 约翰逊：《美国侵权法》，赵秀文等译，中国人民大学出版社，2004，第 110-138 页。

⑥ The American Law Institute, *Restatement of the Law, Second, Torts*, §430, 1965.

⑦ "…each defendant should pay for harm in proportion to the risk that it caused in the market at large." The American Law Institute, *Restatement of the Law, Third, Torts: Product Liability*, §15, 1998.

份额责任案件中所涉受害人确应获得必要救济，但问题在于，以产品的市场占比而非因果关系作为赔偿依据是否恰当？实际上，许多美国州法院和学者也都因其违背了传统因果关系规则而拒不接受市场份额规则。[①] 相对于其他因果关系规则或标准，市场份额责任无疑是因果关系要件在量的方面的极大扩展，并有使侵权责任构成发生质变之虞。此外，我国现行法中的"高楼抛物"责任也饱受各方质疑。[②] 但很少有人注意到，其问题关键乃在于某个真正加害人之外的其余"建筑物使用人"与受害人损害之间并无任何因果关系。其余"建筑物使用人"甚至连致害行为都不存在，何谈其行为与损害结果的因果关系。通常情况下，责任人的行为与损害结果之间的因果关联性不仅是侵权责任成立的必要基础，也是侵权法实现其两项不可分割的基础功能——补偿与威慑的前提。如果行为与损害之间并无因果关联——而不仅是因果关系太远的问题，责令无关联的人承担赔偿责任也就完全起不到相应的威慑作用。美国法中的市场份额责任和我国的"高楼抛物"责任与其说是一种侵权责任，毋宁说是一种社会责任，因为它们均已超出了侵权因果关系最大的量的范畴而发生了责任形态的质变。

（四）责任主体

一般而言，侵权行为主体即责任主体，而有行为必有其实施者，故前文在论及侵权责任的质的规定性时并未将责任主体单列为构成要素的一种，责任主体当然地被包含在行为要素之中。然而，在论及侵权责任的量的规定性时，该问题仍然值得特别一提。

首先，行为主体与责任主体的分离（替代责任）已成为现代侵权法中的重要现象，主要涉及监护人责任和雇主责任。监护人责任和雇主责任是通常意义上的替代责任，即为他人行为承担责任后果。[③] 虽然在法理上一般以监护人未履行监护义务为其责任承担之基础，但真正决定监护人为被监护人行为负责的原因在于后者通常不具备经济赔偿能力。[④] 责任能力归根结底还是经济赔偿能力问题，否则，我国《民法典》第 1188 条第 2 款（原《侵权责任法》第 32 条第

---

① 孙大伟：《市场份额规则理论研究——以普通法侵权解释理论为基础》，上海人民出版社，2012，第 28-29 页。

② 韩强：《论抛掷物、坠落物致损责任的限制适用——〈侵权责任法〉第 87 条的困境及其破解》，《法律科学》2014 年第 2 期，第 136-143 页；阳庚德：《高空抛物侵权连带责任制度否定论》，《广东社会科学》2010 年第 1 期，第 159 页；梁剑兵：《为什么说"高空抛物连坐"是恶法》，《法治论丛》2010 年第 2 期，第 145 页。

③ 周友军：《侵权法学》，中国人民大学出版社，2011，第 421 页。

④ 金可可、胡坚明：《不完全行为能力人侵权责任构成之检讨》，《法学研究》2012 年第 5 期，第 103-120 页。

2 款）就无法得到合理的解释。[①] 因此，监护人责任实质上是责任主体的延伸和扩张。关于雇主责任，比较法上主要有无过错责任和过错推定两说。[②] 包括我国在内采用无过错责任立法例的国家认为雇员行为受雇主指示并体现雇主意志，应直接归属于雇主行为。[③] 采用过错推定立法例的国家则认为雇员行为有其独立性，雇主可以通过证明其无选任过失而免责。此两种观点均有其合理性，但都未揭示其背后的真正原因——通过扩张责任主体的范围来提高受害人实际获得赔偿的可能性。因此，所谓行为主体与责任主体的分离（替代责任）实为责任主体的量的增长。

其次，多数人侵权责任的分担也是侵权案件中的常见问题。责任自负和自己责任（按份责任）是侵权法的基本规则，但在同案中涉及多数责任人的，有时需要责令其承担连带责任。《民法典》"侵权责任编"规定了多数人侵权责任的分担规则。其中，共同侵权行为、共同危险行为和原因叠加行为的数个行为人负连带责任；分别侵权行为的数个行为人负按份责任。关于多数人侵权责任的分担方式及其原理争议颇多，非此处讨论之重点。[④] 但从侵权责任构成角度来看，针对同一损害或受害人的一个或数个行为，可以存在多个行为主体或责任主体。

再次，在责任保险条件下，保险人替代原侵权责任人成为最终的赔偿主体，对现代侵权法造成了极大的冲击。在许多人的陈旧观念中，"责任问题与保险问题相互区隔并独立于彼此，两个世界之间存在严格的界限"[⑤]。但事实上，责任保险已经完全嵌入侵权责任关系中，尤其在当前已经实施强制责任保险的领域。如前文所述，不论行为主体与责任主体的分离（替代责任）或是多数人侵权责任时的连带责任，责任主体扩张的关键在于解决主体的赔偿能力问题。替代责任人和连带责任人均属侵权法中的"深口袋"，而责任保险人相对于前者则是一个更大的"深口袋"。[⑥] 因此，若能排除部门割据的旧观念的干扰，不可否认责

---

① 朱广新：《被监护人致人损害的侵权责任配置——〈侵权责任法〉第 32 条的体系解释》，《苏州大学学报（法学版）》2011 年第 6 期，第 12-19 页；刘保玉：《监护人责任若干争议问题探讨》，《法学论坛》2012 年第 3 期，第 38-47 页。
② 王泽鉴：《民法学说与判例研究》（第一册），中国政法大学出版社，2005，第 1-33 页。
③ 王胜明：《中华人民共和国侵权责任法解读》，中国法制出版社，2010，第 159 页；最高人民法院民事审判第一庭：《最高人民法院人身损害赔偿司法解释的理解与适用》，人民法院出版社，2015，第 142-154 页。
④ 李中原：《多数人侵权责任分担机制研究》，北京大学出版社，2014，第 99-122 页；杨会：《数人侵权责任研究》，北京大学出版社，2014，第 6-36 页。
⑤ 格哈德·瓦格纳：《比较法视野下的侵权法与责任保险》，魏磊杰等译，中国法制出版社，2012，第 396 页。
⑥ 叶延玺：《论责任保险对侵权连带责任的影响——兼谈侵权连带责任的未来》，《河南财经政法大学学报》2016 年第 4 期，第 27-36 页。

任保险在实践中已然是侵权责任构成的一种要素[①]，而责任保险人正是对侵权责任主体的替代。

总之，替代责任、多数人侵权的连带责任和责任保险均属侵权责任构成要素中责任主体的量的扩张。不过，前两者的量变尚处于侵权责任的最大边界范围内，而责任保险人对侵权责任人的替代则显然打破了侵权责任的传统界限，正在引发侵权责任的"质变"进程——侵权赔偿与其他社会化救济机制相互融合为更高层次的综合救济系统的过程。

三、矫正正义与侵权法的统一

依照亚里士多德在《尼各马可伦理学》中的经典解释，矫正正义就是在自愿或非自愿的私人交易中的公正。"……法律只考虑行为所造成的伤害。它只问是否其中一方做了不公正的事，另一方受到了不公正对待；是否一方做了伤害的行为，另一方受到了伤害。既然这种不公正本身就是不平等，法官就要努力恢复平等。"[②]法官在面对不公正时所做的是"加减法"——减去不公正的所得以补偿不公正的所失，使之重新达到平等状态。矫正正义涉及的既非孤立个体，也非社会整体，而是对个人之间相互交易的平衡。[③]在矫正正义当中，一方之所得即另一方之所失，双方主体及其得失构成一个两极的封闭结构。矫正正义的结构特征与近现代侵权法的基本结构有着严密的内在契合性。故此，矫正正义不仅为侵权法提供了统一的哲学基础，还界定了侵权法最基本的关系结构和功能范围。

然而，亚里士多德描述的仅仅是矫正正义的"骸骨"，而未展示它的"血肉"。在本来意义上，《尼各马可伦理学》中的矫正正义及其"加减法"规则仅涉及"所得等于所失"的情形（如侵占他人财产），而不能直接适用于"有所失而无所得"和"所得与所失不对称"等其他情形（如一般人身伤害）。为了使矫正正义具有更宽泛的解释力，后世学者往往根据自身理论的需要对相关概念进行主观阐发。侵权法究竟在多大程度上体现了矫正正义？矫正正义对侵权法的建构究竟起到什么样的作用？当然这还要取决于人们对矫正正义概念本身的理

---

① Tom Baker, "Liability Insurance as Tort Regulation: Six Ways That Liability Insurance Shapes Tort Law in Action", *Connecticut Insurance Law Journal*, Vol.12, 2005, pp.4-6.

② 亚里士多德：《尼各马可伦理学》，廖申白译，商务印书馆，2003，第137页。

③ Allan Beever, "Corrective Justice and Personal Responsibility in Tort Law", *Oxford Journal of Legal Studies*, Vol.28, No.3, 2008, p.477.

解。① 在此，我们可以先就侵权法理论中的若干代表性学者的观点略作分析。

爱泼斯坦认为，因果原则为侵权责任提供了唯一的基础，因果关系内容的原则性运用可以帮助解决具体侵权案件，侵权责任规则应当基于造成的事实损害而非被告行为的合理与否。因此，应当将严格责任作为侵权法的基础，以避免过失责任引发经济上或道德上的不公正和困难。② 他认为，其他理论均过于依赖平衡检测，而"规则应当优于平衡检测"；③ 某人一旦造成他人损害就被置于侵权法的规制范围，虽然这并不意味着只要造成了损害，在任何情形下都应该承担责任——可以通过证明其行为的可谅解或正当性以免责。④ 爱泼斯坦的整体论证思路是：基于平等自由在陌生人之间具有的初始优先性——作为不言自明的命题，个人享有行动的自由，但受到不得"致损害（causing harm）"于他人的限制。由于"致损害"即等同于对他人的人身或财产施加力量，也就实现了对"因果关系（causation）"的解释。这种对因果关系的解释也与人们对正义的直觉方式相同⑤，因为根据矫正正义原则，权利受到侵害之人即可以请求救济。⑥ 通过"平等自由"的假定，并将"致损害"语法结构与"因果关系"进行配对，爱泼斯坦最终将侵权法的建构指向了矫正正义，认为"普通法中的过错责任和严格责任均将侵权法作为矫正正义体系"。⑦

斯蒂芬·佩里（Stephen R. Perry）的重要理论标签是"结果责任（outcome-responsibility）"——不同于一般意义上的结果责任，此概念与"行为责任（action-responsibility）"相对应。"结果责任"的核心是"可避免性的解释"，也即"当且仅当行为人对其造成的损害结果能够预见并有能力采取避免措施时，行为人方对损害结果负结果责任"⑧。佩里认为，"结果责任"不仅有向前看的方面——可预见性，也有向后看的方面——因果关系；⑨ 可避免性意义上的"结果责任"能

---

① 戴维·G. 欧文主编《侵权法的哲学基础》，张金海等译，北京大学出版社，2016，第 54 页。

② Richard A. Epstein, "A Theory of Strict Liability", *The Journal of Legal Studies*, Vol.2, 1973, pp.160-189.

③ Richard A. Epstein, "The Risks of Risk/Utility", *Ohio State Law Journal*, Vol.48, 1987, p.469.

④ Richard A. Epstein, "A Theory of Strict Liability", *The Journal of Legal Studies*, Vol.2, 1973, p.204.

⑤ Richard A. Epstein, "Causation and Corrective Justice: A Reply to Two Critics", *The Journal of Legal Studies*, Vol.8, 1979, p.479.

⑥ Richard A. Epstein, "Nuisance Law: Corrective Justice and Its Utilitarian Constraints", *The Journal of Legal Studies*, Vol.8, 1979, p.50.

⑦ Richard A. Epstein, "Defenses and Subsequent Pleas in a System of Strict Liability", *The Journal of Legal Study*, Vol.3, 1974, p.214.

⑧ Stephen R. Perry, "Responsibility for Outcomes, Risks, and the Law of Torts", *Philosophy and the Law of Torts*, ed. Gerald J. Postema, Cambridge: Cambridge University Press, 2001, p.81.

⑨ Stephen R. Perry, "Responsibility for Outcomes, Risks, and the Law of Torts", *Philosophy and the Law of Torts*, ed. Gerald J. Postema, Cambridge: Cambridge University Press, 2001, p.95.

够解释侵权法中的某些核心原理，并构成基于矫正正义理论的侵权法的内核。[①]很显然，相对于爱泼斯坦单纯地通过因果关系来解析侵权法的矫正正义理论并排斥任何主观因素，佩里则刚好相反，试图在矫正正义框架内兼容主客观两个方面——可预见性与因果关系。同样基于这种复合性思维，佩里坦言："我并不预先排除侵权法建构中的道德多元主义，这可能意味着，纯粹的（矫正正义）补偿原则应当与经济效率准则相平衡，或者至少要受到后者的限定。"[②]

朱尔斯·科尔曼（Jules L. Coleman）关于矫正正义理论的解释十分令人费解，而且前后不一。他将自己早期观点归纳为"消除理论（annulment thesis）"，而将其后来经修正的观点称为"混合理论（mixed view）"。[③] 这两者较明显的区别在于：在早期消除理论中，不当所得和不当所失的概念均是矫正正义原则的中心，矫正正义就是要求消除不当所得与所失[④]；但在后期混合理论中，"修复不正当'所失'才是侵权法的核心，而修复不正当'所得'不是"[⑤]。依照科尔曼自己的说法，前后两种理论的区别在于矫正正义要求的行动原因有所不同。[⑥] 在消除理论中，不当损失应当被消除，但矫正正义并未要求某个特定人承担赔偿损失的责任。而混合理论不仅强调了不当损失的道德意义，并且把赔偿不当损失与矫正正义要求的"行动的个人原因"联结了起来，即综合了消除理论及其批评者的主要观点。[⑦] 此外，科尔曼还提出过一个非常奇怪的观点：矫正正义赋予加害人和受害人之间的分析性关系以意义，但矫正正义仅需要确定赔偿请求的合法性。一旦某人能够合法地请求赔偿，矫正正义就不再要求必须是加害人对受害人进行赔偿。矫正正义并不要求"加害人—受害人"的结构形式来决定"谁赔偿谁"，尽管它可能需要一种形式来确定"谁有赔偿请求权"及"谁有赔偿义务"。[⑧] 科尔曼给人的深刻印象是他对矫正正义论的解释缺乏一贯、确定的立场，而这也表现在他对矫正正义论与法经济学关系的暧昧表述方面。完全不同于其他矫正正义理论的支持者，他认为"矫正正义的一般原则含有效率的内容"[⑨]；并在自己

---

① Stephen R. Perry, "Responsibility for Outcomes, Risks, and the Law of Torts", *Philosophy and the Law of Torts*, ed. Gerald J. Postema, Cambridge: Cambridge University Press, 2001, p.120.

② Stephen R. Perry, "The Moral Foundations of Tort Law", *Iowa Law Review*, Vol.77, 1992, p.514.

③ Jules L. Coleman, "Risks and Wrongs", *Harvard Journal of Law & Public Policy*, Vol.15, No.3, 1992, p.644.

④ Jules L. Coleman, "Corrective Justice and Wrongful Gain", *The Journal of Legal Studies*, Vol.11, 1982, p.427.

⑤ Jules L. Coleman, "Tort Law and the Demands of Corrective Justice", *Indiana Law Journal*, Vol.67, 1992, p.358.

⑥ Jules L. Coleman, "Risks and Wrongs", *Harvard Journal of Law & Public Policy*, Vol.15, No.3, 1992, p.645.

⑦ Jules L. Coleman, "The Mixed Conception of Corrective Justice", *Iowa Law Review*, Vol.77, 1992, p.444.

⑧ Jules L. Coleman, "The Structure of Tort Law", *The Yale Law Journal*, Vol.97, 1988, p.1250.

⑨ Jules L. Coleman, "Tort Law and the Demands of Corrective Justice", *Indiana Law Journal*, Vol.67, 1992, p.359.

的书评中提到，"我并不否认经济方法可以描述侵权法的某些方面。……但是我不认同在陌生人之间分摊成本是侵权法的中心议题"①。科尔曼将赔偿的正当化分为三种情形：一是责任人造成受害人损失是不当行为的结果；二是责任人的行为正当，但受害人仍然有权请求赔偿；三是只有向受害人赔偿的前提下，责任人的行为才属正当（在此情形下，赔偿仅仅使得行为是被容许的，而非纠正某个不当行为）。在他看来，侵权法涵盖了全部三类情形，但只有前两类属于矫正正义问题，而第三类必须用经济学来解释。②以至于让人相信，科尔曼的混合理论不仅混合了矫正正义中的若干概念和论点，而且是对矫正正义理论与法经济学理论的混合。这种暧昧立场也最终使得他走向了统一侵权法解释理论的反对面。他在《风险与过错》一书中坦言："我反对（侵权法的）实践能被理解为一个统一整体的观念。相反，我认为事故法（侵权法）执行着多种不同的原则和政策，它们有些是经济的，其他则是道德的。"③相对于佩里略带松动和开放的态度，矫正正义在科尔曼的理论中仅能为侵权法提供部分的解释力，也就不再占据侵权法核心地位之全部。

此处也不得不提及弗莱彻著名的"交互风险理论"。交互风险理论的核心观点是：受害人有权就高于其自身风险水平——"非交互风险（nonreciprocal risks）"造成的损害获得补偿，但行为人因外力强制或完全不知情而造成的损害可以免责。④弗莱彻认为，交互风险理论可以同时适用于对过失责任和严格责任的解释。他以飞行器事故为例，飞行器相对于地面人员存在非交互风险，当发生意外造成地面人员损失，飞行员或飞行器所有人应当承担严格责任；而对于在相近航道飞行的两架飞行器而言，它们彼此的风险是交互的，在发生事故时，只有当一方存在过失——使得其风险高于另一方而产生非交互风险时才承担责任，否则不承担责任。⑤弗莱彻在交互风险规则或"交互范式（paradigm of reciprocity）"的基础上还引入了"合理范式（paradigm of reasonableness）"的概念。交互范式下的非交互风险问题在合理范式中"塌陷"为单一的问题，即风险是否合理。风险的合理性决定受害人是否有权获偿和加害人应否负责；合理性

---

① Jules L. Coleman, "Risks and Wrongs", *Harvard Journal of Law & Public Policy*, Vol.15, No.3, 1992, p.644.
② Stephen R. Perry, "Comment on Coleman: Corrective Justice", *Indiana Law Journal*, Vol.67, 1992, pp.383-384.
③ Jules L. Coleman, *Risks and Wrongs*, Cambridge: Cambridge University Press, 1992, p.303.
④ George P. Fletcher, "Fairness and Utility in Tort Theory", *Harvard Law Review*, Vol.85, No.3, 1972, p.542.
⑤ George P. Fletcher, "Fairness and Utility in Tort Theory", *Harvard Law Review*, Vol.85, No.3, 1972, pp.542-556.

又取决于成本和收益之间的平衡。若风险超过净社会效用，则受害人无权从风险行为人处获偿；反之，若风险超过净社会效用，则受害人有权获偿。引入合理范式的重要意义在于过滤社会背景风险，以使受害人必须吸收合理风险的成本，以最大化社会群体的综合效用——它们可能由社会背景风险共同产生。不过，弗莱彻进一步指出，交互范式区分了严格责任、过失和故意侵权责任，而合理范式只能用于解释过失责任。[①] 弗莱彻在阐述交互风险理论时并未直接涉及矫正正义，但在评论其他学者时提到，亚里士多德的矫正正义仅适用于被告所得恰好等于原告所失的失衡状态，但现代侵权法面临的并非亚里士多德的矫正失衡问题，而是霍姆斯指出的"将损失从一方转移给另一方"的问题。所以，现代侵权法的中心问题是分配正义而非矫正正义。[②] 虽然也有学者认为[③]，超出受害人风险水平部分的非交互风险即相当于矫正正义中的不当所得，而非交互风险本身即是受害人的不当所失——且不要求该风险转化为实质损害。[④] 但无论如何，弗莱彻显然没有在他的理论中给矫正正义一个正式位置，更不用说将其作为侵权法建构的核心基础。

如上所述，在爱泼斯坦到弗莱彻等重要侵权法学者的理论观点中，矫正正义的地位依次从侵权法理论建构的核心滑向其边缘。而所有弱化矫正正义地位的学者往往提到亚里士多德经典叙述中存在的先天不足：矫正正义只能严密契合于不当"所得"等于不当"应得"的有限场合，而不能适用于日益扩张的现代侵权法的其他领域。的确，矫正正义的原始概念相对于现代侵权法中的复杂境况确实显得陈旧和简陋。但问题在于，侵权法在历史上经过了多次的变革和扩张，而矫正正义基本上还是两千多年前《尼各马可伦理学》中那个古老概念。难道不可以同样对矫正正义的内涵进行适当扩展来解释现代法中的侵权责任？在此方面，温里布功不可没。

温里布坚定地将矫正正义作为其理论核心，但他也承认，亚里士多德的解释是非常不完整的。[⑤] 温里布认识到，只有财产侵占才明确地符合亚里士多德的矫正正义要求，而在交通损害等多数侵权案件中，被告并没有从原告的损失

---

① George P. Fletcher, "Fairness and Utility in Tort Theory", *Harvard Law Review*, Vol.85, No.3, 1972, pp.542-543.

② George P. Fletcher, "Corrective Justice for Moderns", *Harvard Law Review*, Vol.106, 1993, p.1668.

③ 陈皓:《侵权法的矫正正义论》，黑龙江大学出版社，2014，第108-110页。

④ Heidi M. Hurd, "Nonreciprocal Risk Imposition, Unjust Enrichment, and the Foundations of Tort Law: A Critical Celebration of George Fletcher's Theory of Tort Law", *Notre Dame Law Review*, Vol.78, No.3, 2003, pp.711-729.

⑤ Ernest J. Weinrib, "Corrective Justice", *Iowa Law Review*, Vol.77, 1992, p.404.

中获得相应的利益。据此，温里布在亚里士多德学说的基础上对矫正正义的内涵进行了扩展。他提出，亚里士多德的所得与所失的相关性实指权利与义务的相关性；它们不是"物质的（material）"所得与所失，而是"规范的（normative）"所得与所失。理解两类概念差别的关键在于它们所依循的基准：前者为各方先前的资源，后者为各方根据相关规范的应得。物质的所得就是一方资源的增加，所失即资源的减少；规范的所得就是一方超出其应得，所失即少于其应得。[①] 在关于矫正正义的众多学说中，温里布的形式主义解释可自成一派，是目前为止最为纯粹的矫正正义论者，而在他之外的其他观点均被他本人贴上功能主义的标签——甚至包括其他矫正正义理论的倡导者。[②] 温里布提出了三个相互加强的命题：其一，私法只能从其内在予以把握，而非某些外在目的的司法表达；其二，亚里士多德的矫正正义所提供的形式结构及其相关性使得私法具有内在可理解性；其三，矫正正义的规范力来自康德权利概念中的自由意志。[③]

虽然温里布是从整个私法的层面来阐述其矫正正义理论，但其论述的主要方面仍然是侵权法。相对于前述其他学者，温里布才真正抓住了侵权责任构建基础的本质问题——如何自成一体而区别于其他责任形态？对侵权法构建基础的解释只是程度问题，但对侵权责任本质的把握却是是非问题。侵权法总是处于加害人与受害人、行为与损害、所得与所失、威慑与补偿等此类两极关系之中。爱泼斯坦从因果关系角度很好地解释了侵权关系的两极性，但也仅限于此，更何况它本身需要被合理界定。佩里的"结果责任"和科尔曼的"混合理论"在实质上都是一种多元的复合解释，与侵权法内在统一的追求背道而驰。弗莱彻的"交互风险理论"有很强的统一倾向，但以"非交互风险"而非实际损害作为责任正当化基础与侵权法的实践相去甚远。"只有按照侵权法的相关性结构及其作为个人责任原则体系的本质，才能获致对侵权法的功能和作用的正确理解"。[④] 温里布理论的成功之处正在于它准确把握了侵权责任的质的规定性。

如前所述，侵权责任的质的规定性应当从两方面来把握：一是它的外部最

① Ernest J. Weinrib, "The Gains and Losses of Corrective Justice", *Duke Law Journal*, vol.44, 1994, pp.277-297.

② Matthew S. O'Connell, "Correcting Corrective Justice: Unscrambling the Mixed Conception of Tort Law", *The Georgetown Law Journal*, Vol.85, 1997, pp.1717-1737; Hanoch Sheinman, "Tort Law and Corrective Justice", *Law and Philosophy*, Vol.22, 2003, pp.21-73.

③ Ernest J. Weinrib, *The Idea of Private Law*, Oxford: Oxford University Press, 2012, pp.5-2; Ernest J. Weinrib, *Corrective Justice*, Oxford: Oxford University Press, 2012, pp.1-8; Ernest J. Weinrib, "The Jurisprudence of Legal Formalism", *Harvard Journal of Law & Public Policy*, Vol.16, No.3, 1993, pp.583-595.

④ 彼得·凯恩：《侵权法解剖》，汪志刚译，北京大学出版社，2010，第230页。

大边界，二是它的内部最简构成。从私法的基本属性来说，侵权责任的最大边界应当是"平等主体"之间的损害填补关系无疑。若超出"平等主体"关系，就属于公法救济或惩罚的范围；而"平等主体"之间的损害救济只能进行"填平"处理。"填平"的正当性来自双方主体地位的"平等"，体现的恰是矫正正义的规范要求，因为在亚里士多德的理论框架中，"公正就包含着平等"[1]。简言之，"填平"即"矫正"。在最狭隘的意义上，"填平"指的是一方将从对方那里不当获取之物返还对方。但要达到"填平"的目的，其重心应在于受害人的"所失"，而非加害人的"所得"。因此，即使受害方物质的"所失"与加害方物质的"所得"不对称，仍以"所失"大小为准进行填平。实际上，亚里士多德并非完全没有注意到该问题，他指出："……尽管在严格意义上有些事不能这么说，比如一个人打了另一个人就不能说有什么得，被打的人也不能说有什么失。总体上，在估量所遭受的痛苦时，这类行为可以说是得，遭受这类行为可以说是失。"[2]由此可见，亚里士多德的"所得"与"所失"确属观念性、规范性的概念。故而温里布指出："亚里士多德的所得与所失的相关性应指权利和义务的相关性。这一理解继承自康德对亚里士多德经典观念的再解读。"[3]既然"所得"与"所失"的现实不对称问题已解决，矫正正义对侵权法的解释力和限定意义就可以完全凸现出来。犹如一堆建筑材料不能被称为"房"，一堆汽车部件加上四个独立的轮胎不能被称为"车"，同理，各种责任构成要素之间若无特定关联性同样不能称之为侵权责任；侵权责任的各个要素之间必须具有内在的相关性，从而使侵权责任的特性能够从整体上被理解。[4]温里布形式主义的矫正正义展示了侵权责任可理解性的三个方面——特性、种类、统一。"特性使某个事物具备统一体的系列特征，并与其他相同种类的实体相区分。"[5]经过温里布阐发的矫正正义可以将侵权责任的各个要素连接起来，使之具有内在的可理解性。矫正正义不仅限定了"平等主体之间的损害填补关系"应当作为侵权责任的最大外延，同时还确定了侵权责任的内部最简构成——通过因果关系连结"所得"与"所失"的填平关系。矫正正义的规范力来自康德权利概念中的自由意志，即受害人的权

---

① 亚里士多德：《尼各马可伦理学》，廖申白译，商务印书馆，2003，第134页。

② 同上书，第137-138页。

③ Ernest J. Weinrib, "The Gains and Losses of Corrective Justice", *Duke Law Journal*, vol.44, 1994, pp.279.

④ Ernest J. Weinrib, "The Jurisprudence of Legal Formalism", *Harvard Journal of Law & Public Policy*, Vol.16, No.3, 1993, pp.583-595; Ernest J. Weinrib, "Causation and Wrongdoing", *Chicago-Kent Law Review*, Vol.63, 1987, pp.444-445.

⑤ Ernest J. Weinrib, *The Idea of Private Law*, Oxford: Oxford University Press, 2012, p.28.

利（所失）——而非过错或其他，才是侵权法中一切问题的起点。因此，"有损害即有补偿"构成侵权法的初始规则；结果责任恰是矫正正义投射在侵权法中的最初影像。

四、矫正正义框架内的动态平衡论

矫正正义及其在侵权法中的最初表现形态结果责任界定了侵权责任的质的规定性——侵权责任的最大边界和最简构成。根据量变和质变关系原理，侵权责任只能在其最简构成——结果责任的基础上增加其他构成要素，但不得突破其最大边界，否则，所谓的侵权责任就有可能因为"量变"而发生"质变"转化为其他责任形态；同理，对于非最简构成的侵权责任——如过错责任而言，可以在其基础上减少若干构成要素，但不得突破其最简构成，否则，也可能因"质变"而转化为其他责任形态。矫正正义和结果责任为侵权责任提供了一个最基础的框架结构，但并未给定侵权责任的全部内容。以矫正正义和结果责任为参照，可以界定"侵权责任不是什么"，但不能确定"侵权责任是什么"。从历史的角度观察，侵权法及侵权责任的演化正是在矫正正义提供的两极框架内的动态平衡过程，也是以结果责任为基准不断增减和调整责任构成要素的过程，也即在侵权责任的质的规定性范围内的量变过程。

侵权责任的量变及其责任范围的调整可以通过侵权责任的任何内在要素进行。首先，侵权责任量变或其责任范围调整最核心的部分应在于归责标准。从结果责任到过错责任——其中又包括过错客观化和过错推定，再到无过错责任（危险责任），均属侵权法演进过程中的标志性量变事件。其次，因果关系、损失范围、责任主体、加害行为等主要构成要素认定的宽紧程度是侵权责任量变及其调节的重要途径。在责任构成要素的量变调节过程中，因果关系处于十分关键的地位，因为其他构成要素的扩展总是相应地伴随着因果关系的扩张。再次，侵权法中的其他具体制度的设置、存废或调整，如连带责任、免责事由、赔偿限额、过失相抵等，亦均可视为对侵权责任范围的量的"微调"。①

侵权责任的量变总是与侵权法背后的特定社会政策调整相关。从侵权法的历史演进来看，侵权责任的量变方向主要取决于效率与公平两大社会价值——在侵权法中又具体表现为行为自由与权利保护——在某一特定时期的博弈结果。

---

① 叶延玺：《论侵权法中的价值平衡思想——权利保护与行为自由的平衡》，《行政与法》2012 年第 9 期，第 109-113 页。

自资本主义在近代勃兴以来，整个社会对效率价值的追求显然胜于公平价值，这也是以法经济学派为代表的功能主义在侵权法领域取得优势地位的背景原因。虽然法经济学者承认在权衡生命与金钱时市场的方法并非唯一，但是，当"我们的社会没有允诺不惜一切成本保护生命"，那就必然要将"减少事故的成本"作为其现实目标。[①] 将效率作为首要价值追求的社会政策正是近代侵权法制度形成的根本动因。近代侵权法中的过错责任并非道德论支持者想象中对行为人主观道德的关注[②]，其真实目的是对行为自由的鼓励和对效率价值的追求[③]。诚如霍姆斯所言："当行为不可避免而且有利于公共福利的时候，显然没有一项政策是将那些可欲而必然的风险留给行为人。"[④] 过错责任总是被强调其主观道德性的一面，而被有意或无意地忽视了与结果责任相比缩小了行为人责任范围的事实——无过错即无责任，即使损害是由行为人所造成。似乎很少有人注意到，结果责任更具道德论上的正当性，只不过它关注的是受害人的权利意志，而非如过错责任关注的是加害人的行为意志。过错责任背后的经济算计是，以牺牲受害人的部分赔偿利益为代价以获得社会整体经济效益。可以说，近代法上的过错责任实为功能主义的胜利，而非道德论的成功。再以因果关系为例，从古早的直接因果关系到近代的相当因果关系等，除应肯定事实因果（此为质的规定性）之绝对要求外，从未有过任何一种普适之标准，盖因具体因果关系标准取舍的背后实为价值判断。故此，具体因果标准之采纳须最终仰赖司法中对特定社会政策及侵权责任宽松程度的掌握。[⑤]

侵权责任的量变应以矫正正义的框架范围为限，尤其不得超出"平等主体关系"和损害填补两项质的基础性规定。局部量变是事物发展过程中的必然现象，也是事物在环境中持续生存的必要条件。但是，当量变超越某个临界点，就会引发事物属性的改变而产生质变。矫正正义的两极性决定了侵权责任仅存在于平等主体关系之内；矫正正义的实质内容是损害填补。损害认定是损害填补的前提，但由于因果关系的普遍性特征，损害认定同样不全然是一个事实问题，而必然伴随着价值判断。在矫正正义的两极框架内，整个侵权法在特定社

① 盖多·卡拉布雷西：《事故的成本——法律与经济的分析》，毕竞悦等译，北京大学出版社，2008，第16-30页。
② David G. Owen, "The Five Elements of Negligence", *Hofstra Law Review*, Vol.35, No.4, 2007, p.1671; "Expectations in Tort", *Arizona State Law Journal*, Vol.43, 2011, p.1287.
③ John G. Fleming, "Is There a Future for Tort?" *Louisiana Law Review*, Vol.44, 1984, p.1143.
④ O. W. Holmes, *The Common Law*, London: Macmillan & Co., 1982, p.95.
⑤ John G. Fleming: *The Law of Torts*, Sydney: Law Book Company, 1998, p.218.

会政策和价值的导向下动态地调整其具体制度的内容，以实现行为人与受害人双方利益的平衡。

　　整部侵权法及其历史形态的演进可以被如此理解：矫正正义的两极性及其内在连贯性界定了侵权责任的质的规定性——最简构成和最大边界；不同时代背景下的特定社会政策指引侵权责任构成要素不断发生量变，以实现位于矫正正义两极的平等主体之间利益关系的动态平衡。该解释思路可以称之为"矫正正义框架内的动态平衡论"。基于其质的规定性，侵权责任不可以超越矫正正义的基本框架，否则就会发生"质变"而成为别的责任形态。我国现行法中的"高空抛物"责任、美国法中的"市场份额责任"即是因超越矫正正义的基本框架而发生"质变"的例证。另外，责任保险也因破坏了矫正正义的两极性及其内在连贯性而对侵权法体系造成了重大冲击。[①] 至于侵权法中其他具体制度的"碎片化"问题，如自己责任与他人责任、过错责任与危险责任、补偿性赔偿与惩罚性赔偿等，只要未超出矫正正义的基本框架，就可以共存于侵权法的体系之中。这些制度的规则和理念虽然存在差异，但均共同致力于实现矫正正义两极关系整体平衡之目的。

　　现有的诸多矫正正义理论仅侧重于揭示侵权责任质的规定性，但未能对侵权责任的量变现象给出合理解释；相反，各种功能主义理论可以解释侵权法自近代以来的量变方向，但疏忽了侵权责任质的规定性要求。"矫正正义框架内的动态平衡论"兼顾了侵权责任"质"与"量"两方面的规定性，不仅可以为侵权法内在的各种制度提供统一基础，也划清了侵权责任与其他责任形态的外在边界。动态平衡论不但可以解释侵权法的演进历史及现实状态，也为侵权法的未来发展预留了解释空间。

---

① 叶延玺：《论责任保险对侵权法正义基础的影响》，《河南财经政法大学学报》2017 年第 3 期，第 92-99 页。

第三节　侵权损害综合救济系统的构建

一、综合救济系统的生成过程

"法律必须稳定，但又不能静止不变。"[1]庞德这句话简明扼要地表达了法律系统的封闭性和开放性双重特征。系统必须在一定程度上保持封闭，才能维持其存在并被识别。基于指引功能和秩序价值的要求，法律系统更应是追求稳定性和倾向封闭性的系统。但是，法律作为社会关系的调整系统，必须始终保持对社会现实环境的开放和信息交换。开放性又决定了法律系统必须在社会环境的作用下不断调整和发展。

如前所述，侵权损害救济机制的演进与社会风险情境的发展相并行。从单一侵权赔偿到多元补偿机制，所伴随的正是社会风险形势日渐复杂化的进程。在后工业社会背景下，包括我国在内世界各国都面临现代风险的严峻挑战，而所谓现代风险有别于传统风险的重要特征在于其系统性。系统性风险必须系统性应对。由于保险技术的广泛应用，当前多元化救济机制已经达到一定的系统化程度，但相对于社会环境风险的系统性，仍然不足。因此，对多元补偿机制进行整合，使之真正系统化成为以救济受害人为中心的"侵权损害综合救济系统"，自然成为法律演进的方向。

首先，综合救济系统的生成过程是侵权损害救济向上一层次系统发展的过程。"系统的层次性是系统发展的连续性和阶段性的统一。"[2]从某个特定视角观察，单一层次的系统演化至多层次系统代表原系统发展到了临界，再向前发展必须通过增加系统层次和多元结构才能适应外部环境的挑战。进化的组织层次并不决定系统的结构复杂性，因为上层系统并不一定比下层系统更复杂。但是，当一个新的等级层次出现了，这个新层次上的系统就会朝逐步变得更复杂的方向前进。[3]侵权赔偿、责任保险、第一方保险、社会保险等的结合并不会直接改变它们各自的结构，但在它们共同构成的综合救济系统层次上，彼此间的相互作用会产生综合系统层次上的新特征。

其次，综合救济系统的生成过程是多元补偿机制相互整合的过程，也是

---

[1]　罗斯科·庞德：《法律史解释》，商务印书馆，2016，第 4 页。

[2]　魏宏森，曾国屏：《系统论：系统科学哲学》，世界图书出版公司，2009，第 223 页。

[3]　E. 拉兹洛：《进化——广义综合理论》，闵家胤译，社会科学文献出版社，1988，第 34-35 页。

"自创生"的过程。侵权赔偿、商业保险和社会保险等本身自成系统，各有独立的内部结构和运行机制。综合救济系统作为侵权赔偿等子系统的上层次系统，必须向下对各子系统进行整合，才能在新的更高层次上产生自己的系统特性。侵权赔偿等子系统并非被随机选择整合成为综合救济系统的构成部分，而是共同致力于实现对侵权受害人的救济目标。综合救济系统正是以"侵权受害人的救济"为中心，以传统侵权赔偿为基础，将商业保险和社会保险等涉及侵权损害救济的机制整合进来的系统。它可以被定位为专职救济侵权事故受害人的"领域法"或"行业法"系统。以侵权受害人的救济为中心，各类相关救济机制相互整合在一起，也是综合救济系统的自我生成过程。法律作为社会系统类型，其生成和发展过程不可避免地受到人的意志作用的影响。但是，这并不妨碍其自我生成、自我创生的过程，因为排除人的介入作用，各构成部分在外在环境的诱发下自然地以"吸引子"为中心相互结合。"严格意义上的自创生应指在没有样本或母体的条件下，一种全新的结构、模式、形态从无到有地自我产生出来。"① 由侵权赔偿等整合而成的综合救济系统具有单一子系统所没有的整体结构和功能特征，该整合过程完全符合系统自创生的特征。

再次，综合救济系统的生成过程也是对外部环境开放、交流并进化的过程。法律系统是"规范上封闭的系统"，又是"认知上开放的系统"。② 该判断既适用于全体法律系统，也适用于法律系统之内的某个子系统。就综合救济系统而言，自身以外的其他法律和社会环境一并构成它的外部环境。系统必须适应环境，随着环境的变化而调整自身的结构、功能等。但是，系统在进行自我调整乃至自创生为新的系统后，又通过与环境的信息交换对外部产生干涉作用。法律系统与外部环境之间的输入输出作用不断循环，促使法律系统持续地自我关联、自我组织和自我创生。③

二、综合救济系统的基本结构

系统的组成部分简称系统组分，其中，构成系统的不可再分的最小组分即系统元素。组分（或元素）及组分之间的结合方式——系统结构，是决定系统属性的两个关键方面。作为社会系统的子系统，法律系统是一种意义或目的系

① 苗东升：《系统科学精要》，中国人民大学出版社，2010，第149页。
② 尼克拉斯·卢曼：《法社会学》，宾凯、赵春燕译，上海人民出版社，2013，第425-426页。
③ 贡塔·托依布纳：《法律：一个自创生系统》，张琪译，北京大学出版社，2004，第27-29页。

统，总是为实现特定的功能目标而存在。为了实现特定功能，系统需要对其组分及其结合方式进行选择和调整，此即系统的功能结构。当前，综合救济系统的组分（补偿机制或补偿项目等）基本上已被限定，那么，对其组分结合方式（结构）的安排就成为综合救济系统功能定位和调整的关键。

侵权赔偿作为综合救济系统中的核心子系统，本身有其特定的功能结构。王泽鉴先生认为侵权法中存在"三层结构"："构成要件"居于最上层，"违法性"其次，"故意或过失（兼责任能力）"处于底层。我们固然可以从不同层次、不同意义来识别侵权法的系统结构，但参照系统结构的一般定义，侵权法的系统结构应当是将过错或无过错、因果关系、违法行为等元素有机连接起来，并使之作为一个整体进行运作的结合方式。也即侵权法的系统结构应当是就其系统整体并区别于其他相关系统而言的联系方式。"亚里士多德矫正的正义概念，作为单一的结构，它使私法关系具有内在的可理解性。矫正的正义是一种正当理由连贯性的模式，它潜在地存在于原告／被告两极的私法关系中。"[①] 综合观之，能够对整个侵权法系统进行有机统合的唯有矫正正义框架下的"损害—受偿"二元结构。

通过"损害—受偿"结构，侵权赔偿机制将损害风险在行为人与受害人之间进行初次分配，再进一步通过综合系统内的社会化救济机制向两端进行分散。当风险被分配给行为人——侵权责任成立，则通过行为人一端的责任保险进行分散；当风险被分配给受害人——侵权责任不成立，则通过受害人一端的第一方保险或社会保险进行分散。因此，"损害—受偿"二元结构不仅是侵权赔偿的基本结构，也是"流行模式"下整个综合救济系统的核心结构。

作为自创生系统，综合救济系统的结构和功能其实不应人为确定，而是特定社会环境选择和演化的结果。"新西兰模式"以社会保险为核心，弱化侵权赔偿，辅之以商业保险，只有在少人口、高收入、高福利的社会环境下才可能产生。世界上绝大多数国家都不可能放弃侵权赔偿，因为侵权赔偿对一般社会中损害事故的经济威慑作用几乎不可替代。并且，受到一种与生俱来的"归咎文化"心理影响，侵权赔偿比任何其他救济机制更容易被受害人所接受。但同时，在现代风险条件下，充分补偿和风险分散也是社会所应追求之目标。因此，在侵权赔偿二元结构的基础上结合各种社会化救济机制的"流行模式"是目前大多

---

① 欧内斯特·J. 温里布：《私法的理念》，徐爱国译，北京大学出版社，2007，第19页。

数国家和地区综合救济系统的现实选择。综合救济系统的基本结构可以从以下
三个方面来分析。

其一，综合救济系统在纵向上表现为层次结构。层次结构即在综合救济系
统之下，作为子系统的各救济机制可以再细分为若干子系统，直至具体的补偿
项目层次。层次结构使整个综合救济系统的内部构成立体化，可以逐层地对各
救济机制进行更细化的协调。层次结构是多元救济机制整合为综合救济系统的
必然结果，也是综合救济系统存在的标志。

其二，综合救济系统在横向上表现为非均衡结构。现有的三种系统模式都
是非均衡的内部结构。"新西兰模式"和"阿蒂亚模式"分别以社会保险和第一
方保险为核心，其他救济机制处于边缘地位；"流行模式"以侵权赔偿（责任保
险）为核心，辅之以第一方保险和社会保险。基于系统横向结构的不同，"流行
模式"与另外两种模式安排的最大功能差异在于必要威慑功能的保留。

其三，综合救济系统在整体上还存在一种平衡结构。前两种结构体现在各
救济机制的具体制度或规范关系当中；平衡结构则表现为各救济机制或其规范
之间的价值平衡关系，较为抽象。在"流行模式"系统中，作为核心机制的侵权
赔偿体现了权利保护和行为自由的平衡。在此基础上，责任保险通过替代补偿，
对权利保护和行为自由的平衡施加影响。第一方保险体现的意思自由价值与社
会保险的人权保障价值等进一步对侵权赔偿和责任保险共同构建的基础价值关
系施加影响，促成综合救济系统内的整体价值平衡。

三、综合救济系统的内部协调

在侵权赔偿与责任保险、第一方保险、社会保险等多元补偿机制并存的背
景下，必须对侵权赔偿与各种社会化救济机制进行有机整合，才能进一步实现
法的社会治理的整体目标。然而，我国当前的学理、立法和司法实践均缺乏对
侵权赔偿和各种社会化救济机制进行全面整合的意识自觉，更未能从方法论上
找到一种科学、有效的整合途径。多元补偿机制的整合必然涉及组分或元素、
结构、功能、层次、多元性、相关性与整体性等方面，属于典型的系统论问题。

法律作为一个"自创生"的系统，既是封闭的，又是开放的。"开放性预设
了一种封闭的自我再生产，它会或多或少地依赖于封闭性。"[1] 封闭性决定了系

---

① 尼克拉斯·卢曼:《法社会学》，上海人民出版社，2013，第 424 页。

统在应对环境变化时首先依赖于内部组分和结构的调整；通过内部调整仍不足以应对的，系统就只能通过向环境开放并进一步整合渗入系统的元素来适应环境变化。

在侵权损害救济的演进历史中，随着社会风险环境的变化，侵权赔偿从古代法的结果责任逐步调整到近代法的过错责任，再到现当代的无过错责任，都是单一侵权赔偿系统的内部调整和整合的过程。尤其在19世纪以后，鉴于社会风险在大规模工业化背景下呈系统化的特征，侵权赔偿系统通过采纳无过错责任再度进行内部调整，并与责任保险等社会化救济机制相连接。[①] 至此，侵权损害救济进入多元化补偿的时代，单一的侵权赔偿系统向综合救济系统升级。从侵权赔偿法的立场来看，综合救济系统正是各种社会救济机制向其渗入并相互整合的结果。在此整合过程中，无过错责任是连接侵权赔偿与责任保险的重要通道。当侵权赔偿系统先通过无过错责任将社会风险分配给行为人，行为人通过责任保险进一步分散风险就是顺理成章。[②] 在采纳无过错责任的同时，过错责任仍然是侵权赔偿中的主导归责制度。换言之，现代侵权赔偿系统可以视为由过错责任和无过错责任两个子系统构成。关于仍然保留过错责任的部分，因为行为人无错而不赔偿的损失实际上是分配给了受害人自己承担。相应地，受害人可以将此部分损失风险通过第一方保险和社会保险进行分散。侵权赔偿虽然只是综合救济系统的多元补偿机制之一，但是，二元侵权关系中的风险分配乃是整个综合救济系统内在分工和协作的基础。

综合救济系统包含了侵权赔偿、商业保险、社会保险等多个独立子系统，其多层次的内部关系相对于单一侵权赔偿子系统要复杂得多。虽然各救济机制均具有补偿救济受害人的共同作用和目标——此为彼此相互结合的基础，但是，它们的运行机制和其他功能目标各不相同。因此，综合救济系统首先面临各子系统的功能冲突和整合的问题。如前所述，我国综合救济系统的整体功能可以定位为必要威慑、充分补偿、风险分散和风险自主等若干项。综合救济系统的整体功能虽然源于各子系统的功能，但并非子系统功能的简单叠加，而是它们相互作用、妥协、配合的结果。例如，威慑是侵权赔偿的两大基本功能之一。风险与责任越集中，威慑效果越显著，因此，威慑功能与商业保险和社会

---

① 叶延玺：《风险社会与损害救济机制的转型》，《吉首大学学报（社会科学版）》2016年第4期，第80-85页。

② 王泽鉴：《侵权行为法》，北京大学出版社，2009，第22-24页。

保险的风险分散功能必然冲突。然而，风险分散又是现代风险条件下的必然价值追求和综合救济系统的必备功能。所以，综合救济系统必须对威慑和风险分散进行妥协，其妥协结果自然是适当弱化威慑而采取较低限度的必要威慑。其次，综合救济系统内各子系统的补偿条件、补偿范围、补偿项目等也各不相同，彼此相对地存在补偿重叠和补偿漏洞。在综合协调这些救济机制时不应简单地以全有或全无方式进行选择，但我国司法实践中恰恰采用的是这种简单的处理办法。

按照"分层协调、分类协调、分项协调"的思路，前文尝试对综合救济系统内各救济机制的关系进行了协调处理。这种协调思路的根本立足点仍在于从综合救济系统之整体来处理多元补偿机制和补偿项目的关系，以应对日益系统化的风险环境。分层协调从补偿机制和补偿项目两个层次进行比较分析，其中补偿机制又主要从补偿条件、补偿范围和补偿序位三个方面进行了展开。在补偿项目层次上，根据财产性补偿项目和人身性补偿项目的不同属性，尤其是在适用损害填补原则方面的差异，对不同补偿机制下各具体补偿项目的关系进行了协调分析。在对补偿项目进行分类协调的过程中，同时还纳入了分项协调的方法，不是简单依据补偿项目的名称来判断它们的关系，而是通过比较它们的实际补偿对象、补偿水平和补偿方式等方面的细致差异进行判断。通过上述思路和方法的处理，基本上可以实现综合救济系统内部关系的协调。

四、综合救济系统的演化方向

由古老的同态复仇到近代侵权赔偿，再到各类商业保险和社会保险的介入，侵权损害救济处于不断发展和演化的过程当中。从多元补偿机制到综合救济系统的生成与建构，又是侵权损害救济法发展的一个新阶段。世界上的一切事物均是以系统化方式存在、运作、发展的整体。法律是社会治理系统的一环，而它本身又自成一个独立的系统。[①] 在法律系统的内部，又存在多个不同层次的子系统。侵权赔偿与各种社会化救济之间的协调本质上是法律内部子系统之间的冲突和整合。在传统法律系统中，损害救济完全出属于私法范畴的侵权法子系统调整，有关损害救济的一切也均属侵权法子系统的内部问题。但随着社会保障的兴起和商业保险的繁荣，损害救济逐渐成为侵权赔偿、社会保险、商业

---

① 上海交通大学钱学森研究中心:《智慧的钥匙——钱学森论系统科学》，上海交通大学出版社，2015，第245-247页。

保险等法律子系统的共同调整对象，子系统之间的冲突和协调问题由此而生。这一发展趋势本身也符合系统论中系统生成演进的过程和规律。

"一切现实的系统都既是存在的，又是演化的。"[①] 或者说，系统作为动态存在的事物本身就预示着演化的必然。系统各个层次上、各种关系中的组分或元素之间不断发生作用是系统演化的内部原因；系统环境因素的持续变化及其与系统的交互作用是系统演化的外部原因。系统演化根据其所处的发展阶段和性质可以分为成型演化、保型演化和转型演化，其中，转型演化可以视为旧形态的保型演化和新形态的成型演化的矛盾统一。[②] 从侵权损害救济法的整体发展过程来看，目前正处于从彼此孤立的多元补偿机制向综合救济系统转型演化。但就综合救济系统自身来说，其仍然处于成型演化的过程当中。

综合救济系统目前在实践和理论上的三种模式反映了它在相异社会环境和制度理念下的演化结果，也代表了三种不同的演化路线。"新西兰模式"和"阿蒂亚模式"均表现出弱化侵权赔偿的共同倾向，却又分别朝着公法性的社会保险和私法自治的第一方保险两个完全不同的方向演化。"流行模式"代表了保留侵权赔偿并兼及各种社会化救济手段的中间路线，但由于侵权赔偿与责任保险的特殊关系，二者担当"流行模式"中的核心机制，而社会保险和第一方保险则处于相对边缘的位置。这三种模式或路线各有优缺点，也很难判断或预测哪一种才是综合救济系统演化的未来方向。在某些国家的某些领域，侵权损害越来越倾向于通过公法救济，如绝大多数国家的工伤事故救济领域。但是，在另一些国家或另外某些领域，侵权损害却又朝着完全不同的方向演进，例如交通事故、旅行事故等领域的强制责任保险。在法律没有特别干预的其他许多领域，依赖于自愿选择的第一方保险仍然是潜在受害人分散风险的最佳途径。虽然综合救济系统演化的方向捉摸不定，但有两点十分明确：一是社会风险环境的变化是促使综合救济系统演化的根本动因；二是综合救济系统的演化终究以加强受害人的保护为皈依。[③]

受限于本国所处特定历史阶段的社会风险环境和法律政策等，综合救济系统的模式选择和演化方向是较为确定的。理论研究对此仅有发现之功，主观改

---

① 苗东升：《系统科学精要》，中国人民大学出版社，2010，第47页。
② 同上书，第48页。
③ 威廉·范博姆、米夏埃尔·富尔：《在私法体系与公法体系之间的赔偿转移》，黄本莲译，中国法制出版社，2012，第287-288页。

造余地较小；立法实践则应当顺势而为，不得逆其法理。但是，在认清其演化趋势和发展方向的前提下，学理和立法却可以通过对综合救济系统内部元素、结构、关系、功能等的认识，对诸构成部分进行取舍和调整，以达成系统内部的有效与和谐。此种系统内部的调整正是理论研究和立法实践在综合救济系统演化进程中所能施为的有限空间。

第四节　侵权损害综合救济的哲学基础（代结语）

一、系统性风险与系统性救济

"系统性风险，系统性救济。"这是本书对当今侵权损害救济领域面临的根本问题及其解决之道的总结。乌尔里希·贝克（Ulrich Beck）准确地断言了现代社会的风险来源状况："财富的社会生产系统地伴随着风险的社会生产"；"在现代化进程中，生产力的指数式增长，使危险和潜在威胁的释放达到了一个我们前所未知的程度"。[1] 现代风险主要来源于大规模的工业生产，是现代文明的副产品，是现代社会必须为之付出的代价。

工业化社会的生产不仅决定了现代风险的基本特征，也影响着人们对待社会风险的态度。现代工业化生产通过生产过程的标准化，追求资源配置的最优化和生产效率的最大化。在标准化的生产过程中，偶然发生的事故或损害可以通过统计学的方式计算其概率，也即表现为系统性风险。所谓系统性风险即表明在系列生产过程中风险的发生具有概率性；风险的发生不是单一偶然事件，而是一定生产和生活范围内的必然事件。风险的概率性意味着风险在一定范围内是不可避免的，并且可以在事故发生之前对其造成的损害成本进行估算。对于工业化生产而言，理性选择并非不惜一切代价去防范风险事故，而是将其控制在成本和收益计算的可行范围之内。虽然工业社会背景下的现代风险总是可以归结为人的因素（即风险的技术性特征），如设计缺陷等，但通常不具有道德上的可责难性。因此，原属于非常态的风险事故在人们的一般观念中成了一种常态事件。法律对此类损害事故的处置态度也不再是将其作为不法行为进行制裁，而是对其不幸后果进行合理分配。[2]

---

[1]　乌尔里希·贝克：《风险社会》，何傅闻译，译林出版社，2004，第15页。
[2]　王泽鉴：《侵权行为》，北京大学出版社，2009，第15页。

　　工业化背景下现代风险情境的转变对损害救济领域的法律政策和制度具有根本性的影响。考夫曼（Arthur Kaufmann）曾指出，在多元的风险社会中，人类无法免于所有风险，并且也无法确实地知道，哪些风险必须被承担，而哪些风险无论如何都不能被接受。因此，法律必须采纳宽容原则，以服务于减少人类不幸与痛苦的公共福祉。[①] 应对风险情境的转变，侵权法率先调整其归责标准，采纳了无过错责任原则。无过错责任原则虽然加重了行为人责任，但实际上是倾向于将损害事故作为中性事件来对待，淡化甚至消除了过错责任条件下的道德责难。再结合对责任人通过价格机制等分散事故成本的考虑，无过错责任只是在二元的侵权赔偿关系中选择了行为人一方作为风险分散的端口。当然，受限于私法关系的对称封闭性和内在融贯性的要求，侵权赔偿最远只能走到无过错责任这一步，再往前就有越界之虞。虽然侵权赔偿为了因应现代风险形势的转变进行了最大程度的扩张，但显然无法完全应对系统性风险带来的挑战。在此背景下，通过商业机构或公共机构运作的保险机制介入侵权损害事故的救济就成为必然的选择。保险与现代社会的风险环境具有天然的契合性：保险的概率理论对应现代风险的概率性特征；保险适于处理不具有道德责难性的意外风险的特点对应现代风险的技术性特征；保险所依据的大数法则对应现代风险的系统性特征。保险技术正是在因应现代风险形势变化的基础上逐渐发展起来的一种风险管理手段。[②]

　　现代风险概念的提出并不意味着现代社会的所有风险都与工业化生产过程相关，传统风险在现代社会中也依然广泛存在。就社会整体而言，所谓的系统性风险当然同时包括现代风险和传统风险两类，甚至这两类风险还会相互作用、相互叠加，如司机主观过失和驾驶行为固有风险对事故后果的共同作用。因此，现代社会在将保险技术引入风险管理领域的同时，也应当继续利用侵权赔偿来应对传统风险。而且，所谓系统性救济不只是各种风险应对手段的简单叠加，其本身也应达到系统化的程度。因此，以综合救济系统统摄各种多元救济机制，才能最终实现"系统性风险，系统性救济"的目标。

---

① 考夫曼：《法律哲学》，刘幸义等译，法律出版社，2004，第 474-476 页。
② 徐文虎、陈冬梅：《保险学》，北京大学出版社，2014，第 15-23 页。

二、个人责任与社会化救济的统一

侵权法本质上是一套关于人们如何行为的个人责任的伦理原则。[①]个人责任要求行为人为其造成的损害后果负责，并由受害人负担其余部分的损害。个人责任是侵权赔偿私法属性的体现，也是侵权赔偿相对于其他救济机制的关键特征。然而，商业保险和社会保险恰恰都是要突破个人责任，将损害风险通过商业的或公共的保险机制分散给社会大众。因此，个人责任与社会化救济（责任集中与责任分散）的冲突是综合救济系统内的根本矛盾。

在私法关系中，个人责任与意思自治具有紧密的逻辑关联。任何具有自由意思的人必须为其自主决定的行为后果负责，否则就会对他人的意思自由造成妨碍。个人责任不仅是侵权法的逻辑起点，也是整个私法体系赖以存在的伦理基础。但是，个人责任在现代系统性风险背景下也有显而易见的局限性。现代社会中的大量损害虽然是由个人行为直接引起的，却往往涉及个人意思以外的各种社会原因。如果将此类损害风险完全根据个人责任原则归咎于特定行为人，不仅对行为人有失公正，也不能充分实现对受害人的救济。在此情形下，基于保险技术的社会化救济相对于个人责任更能有效应对此类系统性风险，也更具正当性。

在形式上，社会化救济的风险分散机制与个人责任将风险集中于特定个人的方式必然存在冲突。但是，鉴于各自所针对风险形态的错位，个人责任与社会化救济又并不必然冲突，且具有互补性。在理想状态下，如果分别将个人责任适用于由个人意思所决定的行为风险，社会化救济适用于非完全由个人意思决定的行为风险，它们就能各行其道，并行不悖。但问题在于，现实中的风险损害往往是由个人意思与各种外部因素结合而发生的，所以，法律无法准确地划定个人责任与社会化救济彼此适用的明确界线。况且，在当前缺乏协调的多元补偿机制中，个人责任与社会化救济处于制度上平行而适用对象交叉的状态，无法为它们各自分配独立的适用空间。因此，只有通过多元救济机制的系统化——综合救济系统的内在协调，才有可能实现个人责任与社会化救济的统一。

三、综合救济系统的内在价值体系

侵权赔偿关系主要涉及权利保护（安全）与行为自由两种基本价值。由于

① Peter Cane, "Distributive Justice and Tort Law", *New Zealand Law Review*, 2001, p.403.

侵权赔偿关系的封闭性，侵权法的根本任务就是要在权利保护与行为自由之间寻求平衡。[①]从古代的结果责任到近代的过错责任，再到无过错责任，不过是侵权赔偿在两大基本价值之间动态平衡的过程。甚至于，侵权赔偿中其他制度的调整和变化，如因果关系、惩罚性赔偿、免责事由等，也都会对权利保护和行为自由两大价值的平衡关系产生微妙的调整作用，因为所有的制度调整和变化最终都会表现为权利保护的加强或行为自由的扩大。在侵权赔偿的封闭二元关系中，两种基本价值具有显性的冲突，彼此间的关系平衡或再平衡也容易实现。但是，当侵权赔偿与责任保险、第一方保险、社会保险等其他社会化救济机制融合在一起，综合救济系统内的价值关系就变得异常多元和复杂。

在综合救济系统中，侵权赔偿追求权利保护和行为自由的平衡(矫正正义)，商业保险以经济效率和意思自由为优先价值，社会保险侧重于人权保障和分配正义。相对于功能和制度的表层冲突，各救济机制之间的价值取向差异才是造成综合救济系统内在矛盾的根源。因此，综合救济系统的内在协调还必须安排好各救济机制的基本价值关系，以建立综合救济系统的内在价值体系。"在具体的价值关系中，并非每一价值都是同等重要的。单独的每一个价值都是法的目的。而在众多的价值之中，就会出现这样的情形，有的价值只是另一些价值得以实现的手段，而有的价值则是其他价值的目的。"[②]综合救济系统内的各救济机制均有各自独立的价值，它们在所属的救济机制中都是独特而不可替代的。但是，在综合救济系统层次上，某些价值相对于其他价值可能处于优先的地位。

权利保护中的人权保障（尤其是生命健康权的保障）作为综合救济系统的最优先价值应无异议，例如，前文所述医疗费用的社保先行支付即是一种体现。但是，除人权价值外，综合救济系统内其他价值的排序则可能存在困难和争议。一是因为各救济机制的价值相互独立，彼此不完全具有可比性；二是因为所谓的价值本身依赖于人的主观判断，没有绝对客观的标准。然而，这并不意味着综合救济系统内在价值体系的建立完全缺乏依据。价值具有主观导向性，而法律的价值导向性主要表现为法律政策的选择。不同国家或理论模型的综合救济系统体现了不同的价值导向。"新西兰模式"和"阿蒂亚模式"的价值导向是十分明显的，前者侧重于分配正义的导向，后者则将经济效率和意思自由置

---

① 王泽鉴:《侵权行为》，北京大学出版社，2009，第7-8页。
② 卓泽渊:《法的价值论》，法律出版社，2018，第131页。

于优先的地位。"流行模式"选择了折中路线，以尽可能兼顾各救济机制的功能作用，其价值导向看似不明显。但从与前两种系统模式的对比中可以发现，"流行模式"的所谓折中路线本质上是要在吸收商业保险和社会保险优势的基础上，尽可能保留侵权赔偿的作用，更确切地说，保留侵权赔偿独有的威慑功能。侵权赔偿威慑功能体现了促进权利保护和限制行为自由的价值导向，而这正反方向的两种价值合而为一即安全价值。

综合救济系统的内在价值体系构建并不意味着需要对其所涉的全部价值进行排序——虽然某些价值确实在诸多价值中处于相对优先的地位，而是要确定多元救济机制之间的价值关系。比较之，多元救济机制之间的价值关系无非三种情形：价值重合、价值矛盾、价值互补。价值重合即两种或两种以上救济机制有着同样的价值追求。例如，鉴于各救济机制对侵权受害人的补偿作用，它们均具有一定的人权保障和权利保护的价值。价值矛盾即两种或两种以上救济机制的价值追求不同，并且存在冲突。例如，侵权赔偿的安全价值与商业保险的效率价值在某些情形下可能存在冲突。价值互补即两种或两种以上救济机制的价值追求不同，但彼此互不冲突，可以相互补充，例如商业保险体现的意思自由与社会保险的分配正义的关系。多元救济机制的价值重合与价值互补是它们能够相互结合并构成综合救济系统的基础。在价值层面上，综合救济系统内在协调的主要任务是要协调处理好相互矛盾的价值的关系。

法律的抽象价值总是体现在具体的制度或规范及它们的实际运行过程当中。综合救济系统的内在价值矛盾问题只能通过制度或规范的协调予以缓和，而无法根本消除。价值矛盾不能根本解决的原因在于，任何相互冲突的价值均是各救济机制的基本价值，不可能被完全放弃。例如，侵权赔偿的安全价值与商业保险的效率价值虽然存在冲突，但彼此都体现了所属救济机制的根本属性。如果放弃安全价值（威慑作用），侵权赔偿就失去了独特属性，完全可以被其他救济机制所取代；如果放弃效率价值，商业保险也就不再是"商业"保险。从法律系统论角度来看，价值矛盾并不完全是消极的，因为它使系统的内部关系产生了一定的张力。甚至可以说，价值矛盾本身是法律作为意义系统存在的必要条件之一。

四、侵权损害综合救济的道德基础

法律调整人的行为，而道德总是关涉人的内在思想。然而，人的行为并非纯生物或机械式的活动，而是内在思想的外在表现。因此，正义的法律必须建立在合于道德规范的基础之上。诚如拉德布鲁赫（Gustav Radbruch）所言："道德一方面是法律的目的，也就因此，在另一方面，道德是法律约束力的基础。"[①] 故法理学上的普遍观点认为，法律不全是由权威性指令所构成，至少其中部分的内容是由道德推理而来。[②] 旧的法律总是以某些传统道德观为基础，而新的制度必须以新的道德论为支撑。法律制度演进的背后总是伴随着人们对相关事物的道德观念的转变。

侵权赔偿作为最古老的法律制度之一，本身是特定历史文化背景下伦理道德观念的产物。[③] "侵权行为法的首要目标是支持因他人不当行为而受到不公正侵害的个人具有道德上的权利，同时使加害人负有道德义务并赔偿因其不当行为而对受害者造成的损失。"[④] 古代侵权法作为同态复仇的替代，反映了早期社会中直观的原始道德观念。近代侵权法中的过错责任将侵权责任与行为人的主观过错联系起来，进一步强化了侵权赔偿的道德性。"过错"一词在日常生活中本身就有道德否定的意思。过错责任的道德内涵在于，行为人应该且仅仅为其主观上存在道德缺陷的行为负责；行为人主观上尽到注意义务的，在道德上不应受责难，也就无须承担侵权责任。但是，受限于侵权赔偿关系的私法属性，过错仅影响责任成立，而与责任大小没有必然联系；决定责任大小的主要因素是受害人遭受损害的大小。近代侵权法自始就没有将过错道德论贯彻到底，为其反对者提供了批判的机会。

对过错道德论的最大挑战来自法经济学。卡拉布雷西提出，侵权法的首要目标是"事故成本的减少"，具体包含三个子目标：减少事故的数量与严重程度，减少由事故产生的社会成本，减少处理事故的管理成本。[⑤] 在侵权赔偿领域，法经济学的解释对传统过错道德论确实造成了很大冲击，但并没有完全摒弃道德论，而只是更新了道德论的内容。波斯纳指出："在一个资源稀缺的世界里，浪费（不符合

---

① G. 拉德布鲁赫：《法哲学》，王朴译，法律出版社，2005，第 44 页。

② 安德瑞·马默：《法哲学》，孙海波、王进译，北京大学出版社，2014，第 88 页。

③ 马克西米利安·福克斯：《侵权行为法》，齐晓琨译，法律出版社，2006，第 2 页。

④ 格瑞尔德·J. 波斯特马：《哲学与侵权行为法》，陈敏、云建芳译，北京大学出版社，2005，第 2 页。

⑤ 盖多·卡拉布雷西：《事故的成本——法律与经济的分析》，毕竞悦等译，北京大学出版社，2008，第 22-26 页。

效率原则——作者注）是一种不道德的行为。"① 换言之，追求效率正是基于道德要求的一种行动方式。可以说，突破过错归责的道德观念是法经济学对侵权赔偿制度演进的重要贡献之一，尤其是为无过错责任（严格责任）的采纳提供了理论支撑。"除了简单的案件外，司法界是无力对最佳行为量作出判断的，这是过失制度潜在的重大缺陷之一。相反，受严格责任规则制约的潜在加害人将在决定是否预防事故时自动考虑行为量的可能变化和注意费用的可能变化。"② 无过错责任体现了为风险行为后果负责的道德观，是侵权法在过错道德观基础上的一次重大演进。

　　然而，不论侵权法如何调整其制度及背后的道德观，均不能突破私法关系的内在限制，无法背离"所有人自负其责"的逻辑起点和道德基础。③ 但是，责任保险的介入使侵权事故中的行为人与最终责任人相分离，突破了侵权赔偿二元关系的约束，也对侵权赔偿的道德基础造成巨大冲击。从"自负其责"的道德立场来看，责任保险使侵权行为人逃脱赔偿责任是违反道德的，而这也是责任保险在诞生之初被人指责的原因。④ 但是，责任保险可以有效弥补侵权赔偿因责任构成和责任人偿付能力限制产生的救济漏洞，而这又是责任保险的道德合理性所在。责任保险已被广泛应用于侵权损害救济的事实表明，立法政策完全接受了责任保险的"道德缺陷"，而将其道德合理性置于侵权赔偿的传统道德性之上。第一方保险虽然对侵权赔偿没有直接干涉作用，但赋予了受害人一方风险自主与自我救济的机会，仍会对侵权赔偿的道德基础产生间接影响。如果再结合社会保险对侵权受害人的基本生活保障作用，法律整体上表现出强化对受害人补偿救济的明显倾向。反过来看，由于保险制度能够更低成本、更高效率地补偿受害人，侵权赔偿便可以聚焦于实现对保障安全的激励（即威慑功能）。⑤

　　由于价值的多元化，综合救济系统内部充斥着各种不同的道德观念，但相对于侵权赔偿单一机制而言，综合救济系统整体的关注重点却已从侵权行为人或责任人转向受害人。当事故损害来自不可避免的系统性风险，受害人成为多方社会关系中的绝对弱势一方，那么，在系统性风险分散的基础上加强对受害人的补偿就成为当代法律最根本的道德要求。

① 理查德·波斯纳：《法律的经济分析》，蒋兆康译，法律出版社，2012，第 36 页。
② 同上书，第 254 页。
③ 周友军：《侵权法学》，中国人民大学出版社，2011，第 4 页。
④ Kenneth S. Abraham, *The Liability Century: Insurance and Tort Law from the Progressive Era to 9/11*, Cambridge: Harvard University Press, 2008, pp.23-26.
⑤ 斯蒂文·萨维尔：《事故法的经济分析》，翟继光译，北京大学出版社，2004，第 344 页。

参考文献

一、中文专著

[1] A.米切尔·波林斯基.法和经济学导论 [M].郑戈，译.北京：法律出版社，2009：14-22.

[2] E.博登海默.法理学：法律哲学与法律方法 [M].邓正来，译.北京：中国政法大学出版社，2004：218.

[3] E.拉兹洛.进化——广义综合理论 [M].闵家胤，译.北京：社会科学文献出版社，1988：34-35.

[4] E.拉兹洛.用系统论的观点看世界 [M].闵家胤，译.北京：中国社会科学出版社，1985：13，62-63.

[5] G.爱德华·怀特.美国侵权行为法：一部知识史 [M].王晓明，李宇，译.北京：北京大学出版社，2014：23.

[6] K.茨威格特，H.克茨.比较法总论 [M].潘汉典，等，译.北京：法律出版社，2003：219-224.

[7] P.S.阿蒂亚."中彩"的损害赔偿 [M].李利敏，李昊，译.北京：北京大学出版社，2012：23-73，92-100.

[8] 埃尔温·多伊奇，汉斯-于尔根·阿伦斯.德国侵权法——侵权行为、损害赔偿及痛苦抚慰金 [M].叶名怡，温大军，译.北京：中国人民大学出版社，2016：3，4，39-43，212，229.

[9] 安建.中华人民共和国保险法(修订)释义 [M].北京：法律出版社，2009：81-82，105-107.

[10] 巴里·尼古拉斯.罗马法概论 [M].黄风，译.北京：法律出版社，2010：201-205.

[11] 彼得·凯恩.侵权法解剖 [M].汪志刚，译.北京：北京大学出版社，2010：230.

[12] 彼德罗·彭梵得.罗马法教科书 [M].黄风，译.北京：中国政法大学出版社，2005：307.

[13] 卞耀武，等.《中华人民共和国安全生产法》读本 [M].北京：煤炭工业出版社，2002：93.

[14] 伯恩·魏德士.法理学 [M].丁晓春，吴越，译.北京：法律出版社，2013：59.

[15] 曹艳春，等.工伤损害赔偿责任研究 [M].北京：法律出版社，2011：338-345.

[16] 曾世雄.非财产上之损害赔偿 [M].台北：台湾元照出版公司，1989：6，25.

[17] 曾世雄.损害赔偿法原理 [M].北京：中国政法大学出版社，2001：16-26，81，95-117，157，238.

[18] 常敏.保险法学 [M].北京：法律出版社，2012：38.

[19] 陈聪富.侵权归责原则与损害赔偿 [M].北京：北京大学出版社，2005：45.

[20] 陈皓.侵权法的矫正正义论 [M].哈尔滨：黑龙江大学出版社，2014：108-110.

[21] 陈旻.最新工伤事故索赔指南与赔偿计算标准 [M].北京：中国法制出版社，2015：29-103.

[22] 陈兴良.刑法哲学，下 [M].北京：中国政法大学出版社，2009：850.

[23] 戴维·G.欧文.侵权法的哲学基础 [M].张金海，等，译.北京大学出版社，2016：1-2，54，203.

[24] 丹尼·皮特尔斯.社会保障基本原理 [M].蒋月，王铀镱，译.北京：商务印书馆，2014：5-7，9.

[25] 德内拉·梅多斯.系统之美：决策者的系统思考 [M].邱昭良，译.杭州：浙江人民出版社2012：25.

[26] 迪特尔·梅迪库斯.德国民法总论 [M].邵建东，译.北京：法律出版社，2001：69.

[27] 迪特尔·梅迪库斯.德国债法总论 [M].杜景林，卢谌，译.北京：法律出版社，2004：428.

[28] 恩斯特·A.克莱默.法律方法论 [M].周万里，译.北京：法律出版社，2019：55-56.

[29] 樊启荣.保险法 [M].北京：北京大学出版社，2011：137.

[30] 范冬萍.复杂系统突现论——复杂性科学与哲学的视野 [M].北京：人民出版社，2011：80-81.

[31] 方新军.侵权责任法学 [M].北京：北京大学出版社，2013：8-87，171-185，190-202.

[32] 冯·贝塔朗菲.一般系统论：基础、发展和应用 [M].林康义，魏宏森，等，译.北京：清华大学出版社，1987：34.

[33] 冯珏.英美侵权法中的因果关系 [M].北京：中国社会科学出版社，2009：86-93.

[34] 盖多·卡拉布雷西.事故的成本——法律与经济的分析 [M].毕竞悦，等，译.北京：北京大学出版社，2008：15-30，56，57.

[35] 高圣平.《中华人民共和国侵权责任法》立法争点、立法例及经典案例 [M].北京：北京大学出版社，2010：264.

[36] 格哈德·瓦格纳.比较法视野下的侵权法与责任保险 [M].魏磊杰，等，译.北京：中国法制出版社，2012：396.

[37] 格瑞尔德·J.波斯特马.哲学与侵权行为法 [M].陈敏，等，译.北京：北京大学出版社，2005：6-25.

[38] 贡塔·托依布纳.法律.一个自创生系统 [M].张骐，译.北京：北京大学出版社，

[39] 2004：5，14，23-24，27-29，40.

[40] 国家药典委员会.中华人民共和国药典 [M].北京：化学工业出版社，2015.

[41] 海尔姆特·库齐奥.侵权责任法的基本问题：第一卷 [M].朱若，译.北京：北京大学出版社，2017：2，15-17.

[42] 海因茨·雷伊.瑞士侵权责任法 [M].贺栩栩，译.北京：中国政法大学出版社，2015：8.

[43] 汉斯·布洛克斯，沃尔夫·迪特里希·瓦尔克.德国民法总论 [M].张艳，译.北京：中国人民大学出版社，2019：366-370.

[44]　河本英夫.第三代系统论：自生系统论 [M].郭连友，译.北京：中央编译出版社，2016：108，117.

[45]　黑格尔.法哲学原理 [M].范杨，张企泰，译.北京：商务印书馆，1961：104.

[46]　黑格尔.小逻辑 [M].贺麟，译.北京：商务印书馆，1980：103，188，202.

[47]　黄风.罗马法 [M].北京：中国人民大学出版社，2009：226.

[48]　黄茂荣.法学方法与现代民法 [M].北京：法律出版社，2007：523-524.

[49]　黄薇.中华人民共和国民法典解读（人格权编）(侵权责任编)[M].北京：中国法制出版社，2020：286-290.

[50]　黄文煌.阿奎流斯法——大陆法系侵权法的罗马法基础 [M].北京：中国政法大学出版社，2015：64，260-266.

[51]　霍布斯.利维坦 [M].黎思复，黎廷弼，译.北京：商务印书馆，1985：94.

[52]　霍菲尔德.基本法律概念 [M].张书友，译.北京：中国法律出版社，2009：10-20.

[53]　吉村良一.日本侵权行为法 [M].张挺，译.北京：中国人民大学出版社，2013：1.

[54]　贾林青.保险法 [M].北京：中国人民大学出版社，2009：69，72，74-75，143.

[55]　江朝国.保险法的基础理论 [M].北京：中国政法大学出版社，2002：82.

[56]　江平，米健.罗马法基础 [M].北京：中国政法大学出版社，2004：368-369.

[57]　蒋云蔚，王康.侵权责任法原理 [M].上海：格致出版社，2010：283-316.

[58]　卡尔·恩吉施.法律思维导论 [M].郑永流，译.北京：法律出版社，2004：73.

[59]　凯尔森.纯粹法理论 [M].张书友，译.北京：中国法制出版社，2008：81-82.

[60]　凯尔森.法与国家的一般理论 [M].沈宗灵，译.北京：商务印书馆，2013：175.

[61]　李昊.纯经济上损失赔偿制度研究 [M].北京：北京大学出版社，2004：7，10-15.

[62]　李钧.古罗马侵权法律制度与现代沿革 [M].北京：中国政法大学出版社，2015：4-7.

[63]　李适时.中华人民共和国安全生产法释义 [M].北京：中国物价出版社，2002：120.

[64]　李珍.社会保障理论 [M].北京：中国劳动社会保障出版社，2017：51，60-61，265.

[65]　李中原.多数人侵权责任分担机制研究 [M].北京：北京大学出版社，2014：99-122.

[66]　李中原.欧陆民法传统的历史解读——以罗马法与自然法的演进为主线 [M]，北京：法律出版社，2009：286-299.

[67]　梁慧星.民法解释学 [M].北京：法律出版社，2009：226.

[68]　梁上上.利益衡量论 [M].北京：法律出版社，2013：170-177.

[69]　林嘉.社会保险法教程 [M].北京：法律出版社，2011：252，300-301.

[70]　林义.社会保险 [M].北京：中国金融出版社，2011：10-11，14，18-21，22，28，64-65，97，184，244-245，250-251.

[71]　刘海鸥.大陆法系侵权法历史研究 [M].北京：法律出版社，2012：33-56.

[72]　刘敏.生成的逻辑——系统科学"整体论"思想研究 [M].北京：中国社会科学出版社，2013：58.

[73]　刘晓梅，邵文娟.社会保障学 [M].北京：清华大学出版社，2014：3，5，31-34，183.

[74]　卢梭.论人类不平等的起源和基础 [M].高煜，译.广西：广西师范大学出版社，2009：

134.

[75] 鲁道夫·冯·耶林. 罗马私法中的过错要素 [M]. 柯伟才，译. 北京：中国法制出版社，2009：77-78，117-118.

[76] 罗伯特·考特，托马斯·尤伦. 法和经济学 [M]. 史晋川，等，译. 上海：格致出版社，2010：300-301，316-317.

[77] 罗斯科·庞德. 法律史解释 [M]. 邓正来，译. 北京：商务印书馆，2016：4.

[78] 罗素. 哲学问题 [M]. 何兆武，译. 北京：商务印书馆，2007：2-9.

[79] 洛克. 政府论：下篇 [M]. 叶启芳，瞿菊农，译. 北京：商务印书馆，1996：80.

[80] 马俊驹. 人格和人格权理论讲稿 [M]. 北京：法律出版社，2009：201-205，251.

[81] 马克思，恩格斯. 马克思，恩格斯选集：第四卷 [M]. 中共中央翻译局，译. 北京：人民出版社，1995：313.

[82] 马克西米利安·福克斯. 侵权行为法 [M]. 齐晓琨，译. 北京：法律出版社，2006：1-2，4，8，322-323.

[83] 马宜斐，段文军. 保险原理与实务 [M]. 北京：中国人民大学出版社，2015：5，24，202.

[84] 麦金太尔. 谁之正义？何种合理性？[M]. 万俊人，等，译. 北京：当代中国出版社，1996：2.

[85] 梅因. 古代法 [M]. 沈景一，译. 北京：商务印书馆，1959：213-214.

[86] 美浓部达吉. 公法与私法 [M]. 黄冯明，译，北京：中国政法大学出版社，2003：1.

[87] 苗东升. 系统科学精要 [M]. 北京：中国人民大学出版社，2010：20，22-24，29，31-34，47，48，65-68，105-106，149.

[88] 穆怀中. 社会保障国际比较 [M]. 北京：中国劳动社会保障出版社，2014：30-34，107-131.

[89] 尼克拉斯·卢曼. 法社会学 [M]. 宾凯，赵春燕，译. 上海：上海人民出版社，2013：423-426.

[90] 尼克拉斯·卢曼. 社会的法律 [M]. 郑伊倩，译. 北京：人民出版社，2009：17，23，29，38，44，233.

[91] 欧内斯·J. 温里布. 私法的理念 [M]. 徐爱国，译. 北京：北京大学出版，2007：10，19，67.

[92] 齐佩利乌斯. 法学方法论 [M]. 金振豹，译. 北京：法律出版社，2010：52.

[93] 钱学森，等. 论系统工程 [M]. 长沙：湖南科学技术出版社，1988：10.

[94] 乔治·E. 雷吉达. 社会保险和经济保障 [M]. 陈秉正，译. 北京：经济科学出版社，2005：13，29，32，154.

[95] 全国人大常委会法制工作委员会民法室. 侵权责任法立法背景与观点全集 [M]. 北京：法律出版社，2010：1022-1025.

[96] 上海交通大学钱学森研究中心. 智慧的钥匙——钱学森论系统科学 [M]. 上海：上海交通大学出版社，2015：245-247.

[97] 史柏年. 社会保障概论 [M]. 北京：高等教育出版社，2012：5，8-10，94.

[98] 斯蒂文·萨维尔. 事故法的经济分析 [M]. 翟继光，译. 北京：北京大学出版社，2004：344.

[99] 宋晓梧. "十三五"时期我国社会保障制度重大问题研究 [M]. 北京：中国劳动社会保障出版社，2016：9，56-57.

[100] 孙大伟. 市场份额规则理论研究——以普通法侵权解释理论为基础 [M]. 上海：上海人民出版社，2012：28-29.

[101] 孙祁祥. 保险学 [M]. 北京：北京大学出版社，2013：21-22，32，137，160.

[102] 谭璐，姜璐. 系统科学导论 [M]. 北京：北京师范大学出版社，2009：27.

[103] 唐德华. 最高人民法院《关于确定民事侵权精神损害赔偿责任若干问题的解释》的理解与适用 [M]. 北京：人民法院出版社，2015：41-44.

[104] 特瑞斯·普雷切特，琼·丝米特，等. 风险管理与保险 [M]. 孙祁祥，等，译. 北京：中国社会科学出版社，1998：10，35，40-41.

[105] 托马斯·莱塞尔. 法社会学基本问题 [M]. 王亚飞，译. 北京：法律出版社，2014：196.

[106] 王利明，杨立新. 侵权行为法 [M]. 北京：法律出版社，1996：24-25.

[107] 王利明. 侵权责任法研究：上卷 [M]. 北京：中国人民大学出版社，2010：3-4，134-141，163-170，199，268-296，298，670-719.

[108] 王胜明. 中华人民共和国侵权责任法解读 [M]. 北京：中国法制出版社，2010：1-4，73，85-86，89-91，159，427.

[109] 王晓军，孟生旺. 保险精算原理与实务 [M]. 北京：中国人民大学出版社，2014：198-201.

[110] 王延中. 中国社会保障发展报告 (2015)No.7——"十三五"时期的社会保障 [G]. 北京：社会科学文献出版社，2015：2-7，94-127.

[111] 王泽鉴. 民法思维：请求权基础理论体系 [M]. 北京：北京大学出版社，2009：41.

[112] 王泽鉴. 民法学说与判例研究：第三册 [M]. 北京：中国政法大学出版社，2005：238-239，244-246，252-255.

[113] 王泽鉴. 民法学说与判例研究：第二册 [M]. 北京：中国政法大学出版社，2005：140-141.

[114] 王泽鉴. 民法学说与判例研究：第一册 [M]. 北京：中国政法大学出版社，2005：1-33，59-61，353-358.

[115] 王泽鉴. 侵权行为法：第一册 [M]. 北京：中国政法大学出版社，2001：7.

[116] 王泽鉴. 侵权行为法 [M]. 北京：北京大学出版社，2009：3，8-15，17，22-24，27，35-37，86-88，298-306.

[117] 威廉·范博姆、米夏埃尔·富尔，等，在私法体系与公法体系之间的赔偿转移 [M]. 黄本莲，译. 北京：中国法制出版社，2012：45，138，276-297.

[118] 魏宏森，曾国屏. 系统论：系统科学哲学 [M]. 北京：世界图书出版公司，2009：207，211-212，219-223，229，232，294，297-299.

[119] 魏巧琴. 新编人身保险学 [M]. 上海：同济大学出版社，2018：2，143，163-169，174-

175.

[120] 魏振瀛 . 民法 [M]. 北京：北京大学出版社，2017：636.

[121] 温世扬 . 保险法 [M]. 北京：法律出版社，2007：208，212-223，324.

[122] 文森特・R. 约翰逊 . 美国侵权法 [M]. 赵秀文，等，译 . 北京：中国人民大学出版社，
2004：110-138.

[123] 乌尔里希・贝克 . 风险社会 [M]. 何博闻，译 . 南京：译林出版社，2004：18-19.

[124] 乌尔里希・马格努斯 . 社会保障法对侵权法的影响 [M]. 李威娜，译 . 北京：中国法制出
版社，2012：348-349，351-353，355-360，366-375，387-390.

[125] 乌尔理希・克卢格 . 法律逻辑 [M]. 雷磊，译 . 北京：法律出版社，2016：150.

[126] 乌杰 . 系统哲学 [M]. 北京：人民出版社，2008：85，108.

[127] 吴于廑，齐世荣 . 世界史・近代史编：上卷 [M]. 北京：高等教育出版社，2011：232.

[128] 信春鹰 . 中华人民共和国社会保险法释义 [M]. 北京：法律出版社，2010：43，51-52，
91，106-107，126-127，146-147.

[129] 徐文虎，陈冬梅 . 保险学 [M]. 北京：北京大学出版社，2014：45.

[130] 雅克・盖斯旦，吉勒・古博 . 法国民法总论 [M]. 陈鹏，等，译 . 北京：法律出版社，
2004：99.

[131] 亚里士多德 . 尼各马可伦理学 [M]. 廖申白，译 . 北京：商务印书馆，2003：134，137-
138.

[132] 杨彪 . 可得利益的民法治理：一种侵权法的理论诠释 [M]. 北京：北京大学出版社，
2014：17.

[133] 杨会 . 数人侵权责任研究 [M]. 北京：北京大学出版社，2014：6-36.

[134] 杨佳元 . 侵权行为损害赔偿责任 [M]. 台北：台湾元照出版公司，2009：7.

[135] 杨立新 . 侵权责任法 [M]. 上海：复旦大学出版社，2010：57-58，282.

[136] 杨燕绥 . 社会保障 [M]. 北京：清华大学出版社，2011：76-77.

[137] 杨忠海 . 保险学原理 [M]. 北京：清华大学出版社，北京交通大学出版社，2011：10-
11，16，26.

[138] 姚志明 . 侵权行为法 [M]. 台北：台湾元照出版公司，2014：358.

[139] 叶延玺 . 责任保险对侵权法的影响研究 [M]. 杭州：浙江大学出版社，2018：12-13，
34，29-39，40-46，91-98，102-122，126，279-281.

[140] 尹田 . 物权法理论评析与思考 [M]. 北京：中国人民大学出版社，2004：166-168.

[141] 于敏 . 日本侵权行为法 [M]. 北京：法律出版社，2006：38.

[142] 约瑟夫・拉兹 . 法律体系的概念 [M]. 吴玉章，译 . 北京：中国法制出版社，2003：29，
72-73，169-170.

[143] 张春丽 . 我国基本医疗保险制度研究 [M]. 北京：中国政法大学出版社，2016：54.

[144] 张文显 . 法理学 [M]. 北京：高等教育出版社，2011：48-49，63-77.

[145] 张新宝 . 侵权责任法 [M]. 北京：中国人民大学出版社，2016：78，87，94-122.

[146] 张新宝 . 侵权责任法原理 [M]. 北京：中国人民大学出版社，2005：50-53，479，504，

521.

[147] 郑功成 . 社会保障学——理念、制度、实践与思辨 [M]. 北京：商务印书馆，2000：19，127-131，165.

[148] 周永坤 . 法理学——全球视野 [M]. 北京：法律出版社，2016：161-175，177.

[149] 周友军 . 侵权法学 [M]. 北京：中国人民大学出版社，2011：35-37，41，75-89，127-128，421.

[150] 邹海林 . 保险法 [M]. 北京：社会科学文献出版社，2017：19，149-150，246，289，365，367.

[151] 最高人民法院民事审判一庭 . 最高人民法院《关于确定民事侵权精神损害赔偿责任若干问题的解释》的理解与适用 [M]. 北京：人民法院出版社，2015：59-66.

[152] 最高人民法院民事审判一庭 . 最高人民法院人身损害赔偿司法解释的理解与适用 [M]. 北京：人民法院出版社，2015：142-154，185，266-270，295-296，373.

二、中文论文

[1] 宾凯 . 法律悖论及其生产性——从社会系统论的二阶观察理论出发 [J]. 上海交通大学学报 (哲学社会科学版)，2012(1)：68.

[2] 陈年冰 . 大规模侵权与惩罚性赔偿——以风险社会为背景 [J]. 西北大学学报 (哲学社会科学版)，2010(6)：154-160.

[3] 陈诺 . 医疗责任保险的困境破解与路径选择 [J]. 中国保险，2019(6)：53-56.

[4] 陈伟 . 疫学因果关系及其证明 [J]. 法学研究，2015(4)：127-146.

[5] 陈现杰 .《最高人民法院关于审理人身损害赔偿案件适用法律若干问题的解释》的若干理论与实务问题解析 [J]. 法律适用，2004(2)：8.

[6] 陈小君 . 财产权侵权赔偿责任规范解析 [J]. 法商研究，2016(6)：7.

[7] 邓瑞平 . 人身伤亡精神损害赔偿研究 [J]. 现代法学，1999(3)：122-126.

[8] 翟滨 . 生命权内容和地位之检讨 [J]. 法学，2003(3)：48-65.

[9] 樊启荣 ."人身保险无保险代位规范适用"质疑——我国《保险法》第 68 条规定之妥当性评析 [J]. 法学，2008(1)：16-25.

[10] 樊启荣 . 论定值保险之合法性及其边界——以《中华人民共和国保险法》第 55 条第 1、2 款为中心 [J]. 法商研究，2013(6)：52.

[11] 方晓栋 . 美国责任保险市场发展现状 [J]. 中国保险，2015(8)：60-64.

[12] 关今华 . 精神损害赔偿的类型化评定与法官自由裁量 [J]. 东南学术，2000(3)：98-104.

[13] 海尔穆特·库齐奥 . 动态系统论导论 [J]. 张玉东，译 . 甘肃政法学院学报，2013(4)：41.

[14] 韩强 . 论抛掷物、坠落物致损责任的限制适用——《侵权责任法》87 条的困境及其破解 [J]. 法律科学，2014(2)：136-143.

[15] 洪昆辉 . 量质转化论 [J]. 云南社会科学，2002(2)：18-22.

[16] 胡鹄南，何璎栩 . 意外险附加医疗险的损失补偿问题 [J]. 浙江金融，2010(9)：54-55.

[17] 胡鸿高，李磊：保险代位求偿权在人身保险中的适用问题研究 [J].当代法学，2009(1)：113−117.

[18] 胡卫.论被抚养人生活费的计入与析出 [J].贵州大学学报 (社会科学版)，2011(6)：45−53.

[19] 江必新.国家赔偿与民事侵权赔偿关系之再认识——兼论国家赔偿中侵权责任法的适用 [J].法制与社会发展，2013(1)：126−135.

[20] 金福海，王林清.论工伤保险赔偿与侵权赔偿之关系——写在《工伤保险条例》施行之时

[21] [J].政法论坛，2004(4)：70−75.

[22] 金可可，胡坚明.不完全行为能力人侵权责任构成之检讨 [J].法学研究，2012(5)：103−120.

[23] 李菁，王庆廷.无明确约定的连带责任不宜纳入保险责任范畴 [J].人民司法，2010(11)：106−109.

[24] 李文静.医疗保险经办机构之法律定位——论社会行政给付主体之角色与功能 [J].行政法学研究，2013(2)：44.

[25] 李文中.医疗保险理赔中的代位追偿问题研究——兼评《保险法》和《社会保险法》相关条款 [J].保险研究，2012(7)：91.

[26] 李霞.高空抛物致人损害的法律救济——以《侵权责任法》87 条为中心 [J].山东大学学报 (哲学社会科学版)，2011(1)：1−6.

[27] 梁慧星.中国侵权责任法解说 [J].北方法学，2011(1)：5−20.

[28] 梁剑兵.为什么说"高空抛物连坐"是恶法 [J].法治论丛，2010(2)：145.

[29] 林嘉.社会保险对侵权救济的影响及其发展 [J].中国法学，2005(3)：90−97.

[30] 林嘉.社会保险基金追偿权研究 [J].法学评论，2018(1)：91−92，95.

[31] 刘保玉.监护人责任若干争议问题探讨 [J].法学论坛，2012(3)：38−47.

[32] 刘剑文.论领域法学：一种立足新兴交叉领域的法学研究范式 [J].政法论丛，2016(5)：3−16.

[33] 刘凯湘，曾燕斐.非财产损害赔偿之一般理论 [J].北方法学，2012(6)：69.

[34] 刘士国.论侵权责任中的因果关系 [J].法学研究，1992(2)：46−49.

[35] 刘士国.论人身死伤损害的定额化赔偿 [J].法学论坛，2003(6)：22−26.

[36] 刘夏.关于一次性工亡补助金的性质与分配问题 [J].山东审判，2013(4)：89.

[37] 刘玉林，康雷闪.从传统到现代：保险损失补偿原则之修正 [J].保险研究，2017(1)：108−117

[38] 鲁晓明.论惩罚性赔偿在我国侵权责任法上的适用 [J].法学杂志，2009(4)：74−77.

[39] 吕琳.工伤保险与民事赔偿适用关系研究 [J].法商研究，2003(3)：54−61.

[40] 马宁.保险法因果关系论 [J].中外法学，2013(4)：860−879.

[41] 马荣，王松.交通事故两险合并审理若干疑难问题探析 [J].人民司法，2014(13)：88−93.

[42] 孟崭.关于误工费赔偿的几个问题 [J].人民司法，2010(11)：38.

[43] 聂尚君，等.论保险代位权的行使对象 [J].保险研究，2013(10)：80−86.

[44] 偶见.也谈保险公司拒签附加险合同是否合法 [J].中国保险，2010(7)：37−38.

[45] 潘红艳.医疗保险法律适用问题探究 [J].法学杂志，2018(2)：89−97.

[46] 任燕燕，等.逆向选择和道德风险：基于老年基本医疗保险市场的考察 [J].上海财经大学学报，2014(4)：54−63.

[47] 山本敬三.民法中的动态系统论——有关法律评价及方法的绪论性考察 [C].解亘，译.民商法论丛（第 23 卷），2002：181.

[48] 上官丕亮.要用生命权至上理念来理解医疗法规——"孕妇死亡"事件留给我们的启示 [J].法学，2007(12)：8−12.

[49] 申曙光.社会医保机构不应举办意外伤害保险 [J].中国医疗保险，2011(12)：32−33.

[50] 孙成聚.保险公司拒签附加险合同是否合法 [J].中国保险，2010(2)：60−61.

[51] 孙宏涛.精神损害赔偿的惩罚性功能 [J].政法论丛，2002(6)：37−39.

[52] 孙笑侠.论行业法 [J].中国法学，2013(1)：46−59.

[53] 覃有土，晏宇桥.论侵权的间接损失认定 [J].现代法学，2004(4)：28.

[54] 唐莹莹，等."一元钱诉讼"与纠纷解决机制 [J].法律适用，2004(2)：60−63.

[55] 佟强.论人身损害赔偿标准之确定——对"同命不同价"的解读 [J].清华法学，2008(1)：26−136.

[56] 瓦尔特·维尔伯格.私法领域内动态体系的发展 [J].李昊，译.苏州大学学报（法学版），2015(4)：107−116.

[57] 汪进元.生命权的构成和限制 [J].江苏行政学院学报，2011(2)：121−126.

[58] 王成.侵权损害赔偿计算的经济分析——以人身及精神损害赔偿为背景 [J].比较法研究，2004(2)：91−100.

[59] 王利明.惩罚性赔偿研究 [J].中国社会科学，2000(4)：113−122.

[60] 王利明.关于殴打、辱骂与惩罚性赔偿的适用 [J].法学，2000(1)：32−37.

[61] 王林清，杨心忠.保险代位求偿权行使限制理论问题研究 [J].法律适用，2011(5)：15.

[62] 王显勇.工伤保险与侵权法竞合的理论与立法构想 [J].社会科学，2009(5)：105−114.

[63] 魏振瀛.精神损害赔偿责任的性质和法律适用 [J].政治与法律，1987(6)：24−27.

[64] 乌杰.关于自组（织）涌现哲学 [J].系统科学学报，2012(3)：1−6.

[65] 武亦文.保险法因果关系判定的规则体系 [J].法学研究，2017(6)：129−145.

[66] 解亘，班天可.被误解和被高估的动态体系论 [J].法学研究，2017(2)：41−57.

[67] 徐国栋，阿尔多·贝特鲁奇，纪蔚民.《十二表法》新译本 [J].河北法学，2005(11)：2−5.

[68] 阳庚德.高空抛物侵权连带责任制度否定论 [J].广东社会科学，2010(1)：195.

[69] 杨桂通.涌现的哲学——再学系统哲学一规律：自组织涌现律 [J].系统科学学报，2016(1)：10−12.

[70] 杨华.医疗费用先行支付的法律制度探源——以《社会保险法》第 30 条、42 条为中心 [J].

社会保险研究，2014(5)：72.

[71] 杨勇.任意责任保险中受害人直接请求权之证成 [J].政治与法律，2019(4)：85-96.

[72] 杨子.约定意外伤害保险能否再享受工伤保险 [J].劳动保障世界，2017(34)：53.

[73] 姚辉，邱鹏.论侵害生命权之损害赔偿 [J].中国人民大学学报，2006(4)：116-117.

[74] 叶金强.精神损害赔偿制度的解释论框架 [J].法学家，2011(5)：88，94.

[75] 叶延玺.风险社会与损害救济机制的转型 [J].吉首大学学报 (社会科学版)，2016(4)：80-85.

[76] 叶延玺.论惩罚性赔偿的可保性 [J].河北法学，2016(3)：49-57.

[77] 叶延玺.论美国二十世纪 80 年代保险危机以来的侵权法改革运动 [J].云南大学学报 (法学版)，2014(1)：126-132.

[78] 叶延玺.论侵权法中的价值平衡思想——权利保护与行为自由的平衡 [J].行政与法，2012(9)：109-113.

[79] 叶延玺.论责任保险的基本预防机制及其效果——以侵权法的预防功能为参照 [J].广西政法管理干部学院学报，2015(2)：110-116.

[80] 叶延玺.论责任保险对侵权法正义基础的影响 [J].河南财经政法大学学报，2017(3)：92-99.

[81] 叶延玺.论责任保险对侵权连带责任的影响——兼谈侵权连带责任的未来 [J].河南财经政法大学学报，2016(4)：27-36.

[82] 易军.生命权：藉论证而型塑 [J].华东政法大学学报，2012(1)：10-19.

[83] 易军.生命权发展中的权利论证 [J].法学研究，2009(4)：199-201.

[84] 于欣华，郑清风.海峡两岸工伤补偿先行支付法律制度比较——兼论大陆工伤保险基金先行支付立法完善进路 [J].台湾研究集刊，2012(4)：28.

[85] 张力毅.交强险中受害人直接请求权的理论构造与疑难解析——基于解释论的视角 [J].法律科学，2018(3)：110-119.

[86] 张平华，郭明瑞.关于工伤保险赔偿与侵权损害赔偿的关系 [J].法律适用，2008(10)：31-36.

[87] 张荣芳.先行支付制度法理分析 [J].社会保障研究，2012(6)：89-95.

[88] 张新宝.《侵权责任法》死亡赔偿制度解读 [J].中国法学，2010(3)：22-36.

[89] 张新宝.从司法解释到侵权责任法草案：精神损害赔偿制度的建立与完善 [J].暨南学报 (哲学社会科学版)，2009(2)：3.

[90] 张新宝.工伤保险赔偿请求权与普通人身损害赔偿请求权的关系 [J].中国法学，2007(2)：52-66.

[91] 张远金.商业险的保险人对非医保费用应当理赔 [J].人民司法，2015(6)：58-60.

[92] 周江.精神损害纳入交强险赔偿范围之反思 [J].中国保险，2018(4)：56-59.

[93] 周江洪.侵权赔偿与社会保险并行给付的困境与出路 [J].中国社会科学，2011(4)：166-178.

[94]　周理乾 . 论系统科学的一个统一理论范式——谈迪肯的涌现动力学理论对系统科学的意义 [J]. 自然辩证法研究，2017(6)：99-104.

[95]　朱广新 . 被监护人致人损害的侵权责任配置——《侵权责任法》第 32 条的体系解释 [J]. 苏州大学学报 (法学版)，2011(6)：12-19.

[96]　朱铭来，宋占军 . 探索建立全民意外伤害保险制度——天津的经验和启示 [J]. 中国医疗保险，2011(11)：65-66.

[97]　祝向军 . 道德风险与保险商品价格形成的博弈分析 [J]. 财经研究，2004(3)：4-13.

[98]　邹世允，尚洪剑 . 第三人引起的工伤保险基金先行支付制度的立法完善 [J]. 中国劳动，2013(11)：18-21.

三、英文专著

[1]　ALASTAIR M, KEN O. Torts[M].New York: Palgrave Publishers Ltd,1997:9.

[2]　BASIL M,et al. Compensation for Personal Injury in English, German and Italian Law[M]. Cambridge: Cambridge University Press,2005:5.

[3]　ERNEST J W. Corrective Justice[M].Oxford: Oxford University Press,2012:1-20.

[4]　ERNEST J W. The Idea of Private Law[M].Oxford: Oxford University Press,2012:1-21, 28,63-66.

[5]　GERALD J P. Philosophy and the Law of Torts[M].Cambridge: Cambridge University Press,2001:81,95,120.

[6]　GERALD J. POSTEMA. Philosophy and the Law of Torts[M].New York: Cambridge University Press,2002:1-23.

[7]　JEFFREY Y F. General Systems Theory: Foundation, Intuition and Applications in Business Decision Making[M].Cham: Springer Nature Switzerland AG,2018:28.

[8]　JOHN G F. The Law of Torts[M].Sydney: Law Book Company,1998:218.

[9]　JULES L C. Risks and Wrongs[M].Cambridge: Cambridge University Press,1992:303.

[10]　KENNETH S A. The Forms and Functions of Tort [M].New York: Foundation Press, 2002:14-19.

[11]　KENNETH S A. The Liability Century: Insurance and Tort Law from the Progressive Era to 9/11[M].Cambridge: Harvard University Press,2008:23-26.

[12]　LUDWIG V B. General System Theory: Foundations, Development, Applications[M].New York: George Braziller,1968:78,85.

[13]　MAURO B, VERNON V P. Pure Economic Loss in Europe[M].Cambridge: Cambridge University Press,2003:3.

[14]　O. W. HOLMES. The Common Law[M]. New York: Macmillan & Co.1882:77-129.

[15]　PETER C. Atiyah's Accidents, Compensation and the Law[M].Cambridge: Cambridge University Press,2006:57,180,255,408-439.

[16]   PETER C. The Anatomy of Tort Law[M].Oxford: Hart Publishing,1997:2-10.

[17]   WILLIAM H,et al. Torts in New Zealand: Cases and Materials[M].Oxford: Oxford University Press,1997:138.

四、英文论文

[1]   AILSA D. The Common-law Response to the Accident Compensation Scheme[J]. VUWLR,2003,34:384.

[2]   ALLAN B. Corrective Justice and Personal Responsibility in Tort Law[J].Oxford Journal of Legal Studies,2008,28(3):477.

[3]   CHRISTOPHER J R. Can There Be a Unified Theory of Torts? A Pluralist Suggestion from History and Doctrine[J].Brandeis Law Journal,2004,43:369-414.

[4]   CHRISTOPHER J R. Can There Be a Unified Theory of Torts? A Pluralist Suggestion from History and Doctrine[J].Brandeis Law Journal,2004,43:369-414.

[5]   DAVID G O. Expectations in Tort[J].Arizona State Law Journal,2011,43:1287.

[6]   DAVID G O. The Five Elements of Negligence[J].Hofstra Law Review,2007,35(4):1671.

[7]   ERNEST J W. Causation and Wrongdoing[J].Chicago-Kent Law Review,1987,63:444-445.

[8]   ERNEST J W. Corrective Justice[J].Iowa Law Review,1992,77:404.

[9]   ERNEST J W. The Gains and Losses of Corrective Justice[J].Duke Law Journal,1994,44:277-297.

[10]   ERNEST J W. The Jurisprudence of Legal Formalism[J].Harvard Journal of Law & Public Policy,1993,16(3):583-595.

[11]   FLEMING J J. Nature of Negligence[J].Utah Law Review,1953,3(3):275-293.

[12]   FLEMING J J. The Future of Negligence in Accident Law[J].Virginia Law Review,1967,53: 911-918.

[13]   FLEMING J J. Tort Law in Midstream: Its Challenge to the Judicial Process[J]. Buffalo Law Review,1959,8:315-344;

[14]   GARY T S. Mixed Theories of Tort Law: Affirming both Deterrence and Corrective Justice[J]. Texas Law Review,1997,75:1801.

[15]   GEOFFREY P. New Zealand's Accident Compensation Scheme: Twenty Years on[J].The University of Toronto Law Journal,1994,44(3):223-273.

[16]   GEORGE L P. The Current Insurance Crisis and Modern Tort Law[J].The Yale Law Journal,1987,96:1521-1590.

[17]   GEORGE P F. Corrective Justice for Moderns[J].Harvard Law Review,1993,106:668.

[18]   GEORGE P F. Fairness and Utility in Tort Theory[J].Harvard Law Review, 1972,85(3):542-556.

[19]   GERHARD W. Tort Law and Liability Insurance[J].The Geneva Papers, 2006,31:277-292.

[20] GUIDO C. Fault. Accidents and the Wonderful World of Blum and Kalven[J].The Yale Law Journal,1965,75:216-238.

[21] GUIDO C. Some Thoughts on Risks Distribution and the Law of Torts[J].The Yale Law Journal,1961,70:499-553.

[22] HANOCH S. Tort Law and Corrective Justice[J]. Law and Philosophy,2003,22:21.

[23] HANOCHSHEINMAN. Tort Law and Corrective Justice[J].Law and Philosophy,2003,22:21-73.

[24] HEIDI M H. Nonreciprocal Risk Imposition, Unjust Enrichment, and the Foundations of Tort Law: A Critical Celebration of George Fletcher's Theory of Tort Law[J].Notre Dame Law Review, 2003,78(3):711-729.

[25] JAMES A H J. Why Negligence Dominates Tort[J].UCLA Law Review,2002,50:377-405.

[26] JOHN C P G. Ten Half-truths about Tort Law[J].Valparaiso University Law Review, 2008,42:1123-1175,1223.

[27] JOHN C P. GOLDBERG & BENJAMIN C. ZIPURSKY. Tort Law and Moral Luck[J].Cornell Law Review,2007,92:1123-1175.

[28] JOHN G F. The Pearson Report: Its "Strategy"[J].The Modern Law Review, 1979,42(3):249-269.

[29] JOHN G F. Is There a Future for Tort?[J].Louisiana Law Review,1984,44:1143,1194.

[30] JULES L C. Corrective Justice and Wrongful Gain[J]. The Journal of LegalStudies,1982,11:427.

[31] JULES L C. Risks and Wrongs[J].Harvard Journal of Law & Public Policy,1992,15(3):644-645.

[32] JULES L C. The Mixed Conception of Corrective Justice[J].Iowa Law Review,1992,77:444.

[33] JULES L C. The Structure of Tort Law[J].The Yale Law Journal,1988,97:1250.

[34] JULES L C. Tort Law and the Demands of Corrective Justice[J].Indiana LawJournal, 1992,67:358-359.

[35] KENNETH S A. Prosser's The Fall of the Citadel[J].Minnesota Law Review,2016,

[36] 100:1823-1844.

[37] L. CAESAR STAIR III. No-fault Insurance[J].Tennessee Law Review,1971,39:132-156.

[38] LUDWIG V B. The History and Status of General System Theory[J].The Academy of Management Journal,1972,15(4):407-426.

[39] MARK C M. Corrective Justice and the Revival of Judicial Virtue[J].Yale Journal of Law & the Humanities,2000,12:250-251.

[40] MATTHEW S. O'CONNELL. Correcting Corrective Justice: Unscrambling the Mixed Conception of Tort Law[J].The Georgetown Law Journal,1997,85:1717-1737.

[41] P. S. ATIYAH. No-Fault Compensation: A Question That Will Not Go Away[J].The Insurance

Law Journal,1980:625-640.

[42]   PETER C. Distributive Justice and Tort Law[J].New Zealand Law Review,2001:403-404.

[43]   PETER M. The Compensation Scheme No One Asked for: The Origins of ACC in New Zealand[J].VUWLR,2003,34:195.

[44]   RICHARD A E. A Theory of Strict Liability[J].The Journal of Legal Studies,1973,2:160-189, 204.

[45]   RICHARD A E. Causation and Corrective Justice: A Reply to Two Critics[J].The Journal of Legal Studies,1979,8:479.

[46]   RICHARD A E. Defenses and Subsequent Pleas in a System of Strict Liability[J].The Journal of Legal Study,1974,3:214.

[47]   RICHARD A E. Nuisance Law: Corrective Justice and Its Utilitarian Constraints[J].The Journal of Legal Studies,1979,8:50.

[48]   RICHARD A E. The Risks of Risk/Utility[J].Ohio State Law Journal,1987,48:469.

[49]   RICHARD A. POSNER. A Theory of Negligence[J].The Journal of Legal Studies,1972,1:29-96.

[50]   RICHARD A. POSNER. Strict Liability: A Comment, The Journal of Legal Studies[J]. 1973,2:205-222.

[51]   RICHARD A. POSNER. The Cost of Accidents: A Legal and Economic Analysis[J].The University of Chicago Law Review,1970,37:636.

[52]   RICHARD A. Tort Law in France: A Cultural and Comparative Overview[J]. Wisconsin International Law Journal,1995,13:480-482.

[53]   RICHARD B S. Crisis in Tort Law? The Institutional Perspective[J].The University of Chicago Law Review,1987,54(1):184-199.

[54]   RICHARD M. New Zealand's Accident Compensation Scheme: A Reassessment[J].The American Journal of Comparative Law,1992,40:159-211.

[55]   RICHARD S M. The Future of New Zealand's Accident Compensation Scheme[J].University of Hawaii Law Review,1989,11(1):1-80.

[56]   RICHARD W W. Principled Adjudication: Tort Law and Beyond[J].Canterbury Law Review,1999:28.

[57]   STEPHEN R P. Comment on Coleman: Corrective Justice[J].Indiana Law Journal, 1992,67:383-384.

[58]   STEPHEN R P. The Moral Foundations of Tort Law[J].Iowa Law Review,1992,77:514.

[59]   TOM B. Liability Insurance as Tort Regulation: Six Ways That Liability Insurance Shapes Tort Law in Action[J].Connecticut Insurance Law Journal,2005,12:1-16.

[60]   WILLIAM L P. The Fall of the Citadel (Strict Liability to the Consumer)[J]. Minnesota Law Review,1966,50:791-848.